大清十二帝

大清十二帝

曲波 清馨 编著

中国华侨出版社

北京

图书在版编目(CIP)数据

大清十二帝 / 曲波，清馨编著.—北京：中国华侨出版社，2013.9（2021.1重印）
ISBN 978-7-5113-4089-4

Ⅰ.①大… Ⅱ.①曲… ②清… Ⅲ.①皇帝—生平事迹—中国—清代 Ⅳ.①K 827-49

中国版本图书馆CIP数据核字（2013）第226954号

大清十二帝

编　　著：曲　波　清　馨

责任编辑：茂　素

封面设计：阳春白雪

文字编辑：张　鹏　杨　君

美术编辑：宇　枫

经　　销：新华书店

开　　本：720mm×1020mm　1/16　印张：24　字数：352千字

印　　刷：北京德富泰印务有限公司

版　　次：2013年11月第1版　2021年1月第5次印刷

书　　号：ISBN 978-7-5113-4089-4

定　　价：45.00元

中国华侨出版社　　北京市朝阳区西坝河东里77号楼底商5号　　邮编：100028

法律顾问：陈鹰律师事务所

发 行 部：（010）88866079　　传　　真：（010）88877396

网　　址：www.oveaschin.com　　E-m a i l：oveaschin@sina.com

如果发现印装质量问题，影响阅读，请与印刷厂联系调换。

目 录

1

【总论】

大清王朝是由女真族（满族）建立起来的封建王朝，是中国历史上继元朝之后第二个由少数民族建立起来的统一政权，也是中国最后一个封建帝制国家。从顺治元年（1644年）清兵入关到1912年中华民国成立，清帝退位，清王朝统治全国共268年。自此之后，中国脱离了封建帝制而转入了民主革命时期。清王朝处于封建社会晚期，盛衰隆替，风云变幻，它的崛起为封建社会注入了新的生机，它的衰落又导致了封建社会的瓦解。

皇帝是封建王朝政权和神权的象征，是王朝最高统治者，有至高无上的权力。整个来说，清朝是专制主义中央集权发展的顶峰时期。皇帝掌军国大权，举凡军事、政治、经济、科举、法制、外交等方面的大政方针无不由他决定。皇帝与这个朝代的兴亡，关系十分密切，所谓"一言兴邦，一言废邦"，并不完全是夸张。

清朝共12个皇帝——入关前两帝：努尔哈赤和皇太极；入关后10帝：顺治，康熙，雍正，乾隆，嘉庆，道光，咸丰，同治，光绪，宣统。每个皇帝都有年号，这些年号都暗含美好的意思[1]。但是清太宗皇太极有两个年号：先叫天聪，后来改元叫崇德。在这个特定时代中的十二位皇帝，自然有开国之君，治世之帝，也有平庸之君，堕落之帝。

清太祖努尔哈赤是女真酋长猛哥帖木儿后裔，出生在建州左卫苏克素护部赫图阿拉城（辽宁省新宾县）的一个满族奴隶主家庭。明万历十一年（1583年），努尔哈赤不屈奋起，以父、祖遗甲13副起兵，"自中称王"。

他率领八旗子弟转战于白山黑水之间，临大敌不惧，受重创不馁，以勇悍立威，受部众拥戴，历时 30 多年，统一女真各部，推动了女真社会的发展和满族共同体的形成。他创立八旗制度，万历四十四年（1616 年）建立大金（史称后金），建都赫图阿拉城。努尔哈赤兵势渐强，势力日增，天命三年（1618 年）以七大恨②祭天，誓师征明，攻占沈阳，进入辽河流域，迁都沈阳，开始为清王朝的建立艰苦创业。他实行"计丁授田"制，建立大贝勒共治国政制度。

清太宗皇太极继位后，踔厉风发，将父业推向更高阶段。即位不到 10 年，皇太极就统一了整个东北，并南下朝鲜，西征蒙古，屡挫大明官兵。天聪十年（1636 年）四月，皇太极改国号为"大清"，将族名改称"满洲"。他将满洲贵族部分奴仆编为民户，实行中央集权，控制正黄、镶黄、正蓝三旗，排除三大贝勒，获得独自南面权。他效法汉族中央组织机构，设六部、内三院，建立起完善的中枢机构。他以武力征服了漠南蒙古和朝鲜，又雄心勃勃地挥师西进，兵锋所指，京畿震惊。崇德七年（1642 年）皇太极攻下松山、锦州，尽歼明军精锐，山海关外，东北地区除宁远四城外全部为清所有，为进军中原做好了准备。皇太极博览群史，气度恢宏，军事上有勇有谋，政治上极富开拓精神，既有强烈的民族意识，又十分向往汉族文化，兴利除弊，优礼汉官，堪称"上承太祖开国之绪业，下启清代一统之宏图"的创业之君。他猝死于清军入关前夕，未能实现夺取全国政权的宿愿。

清世祖顺治帝 6 岁即位，由睿亲王多尔衮与郑亲王济尔哈朗辅政，实权掌握在多尔衮手中。辽东总兵吴三桂投降，多尔衮率兵入关，迁都北京，然后派兵镇压各路抗清力量，吸取明朝统治经验，建立起全国性的封建政权。他完成了一系列治国的基础工程，例如仿效明朝制定职官，制定大清律等。他一方面免除明朝的三饷，安定民心，但另一方面则又实施 5 大弊政，加深了民族矛盾。顺治七年，多尔衮出塞射猎，死于塞外。14 岁的福临提前亲政。少年天子顺治帝变多尔衮对西南农民和桂王的抗清力量一味镇压为镇压与诱降相结合的政策，终于消灭了西南抗清力量；对东南的郑成功则实行海禁，郑成功被迫迁往台湾，全国基本得到统一。顺治帝天资聪颖，

2

读书勤奋，他审时度势，对成法祖制有所更张，且不顾满洲亲贵大臣的反对，拨乱反正，倚重汉官，并学习先进的汉族文化。为了使新兴的统治基业长治久安，他以明代兴亡为借鉴，警惕宦官朋党为祸，重视整饬吏治，注意与民休息，取之有节。顺治帝纠正多尔衮的5大弊政，安定了民心，发展了生产。但他少年气盛，刚愎自用，急躁易怒，当他宠爱的董妃去世后，转而消极厌世，终于英年早逝，匆匆走完短暂的人生历程。他是清朝历史上唯一公开归依禅门的皇帝。

圣祖康熙帝、世宗雍正帝、高宗乾隆帝可同时而论，此三帝在位100多年，乾纲独断。他们志存高远，励精图治，汉文化水平又高，是清兵入关后最有统治才能，功绩最突出的皇帝。

康熙帝玄烨自幼勤奋好学，文韬武略样样精通，在清除鳌拜，撤除三藩，统一台湾，平定准噶尔叛乱等一系列军事行动中或御驾亲征，或决胜千里，充分显示了他的军事才能。他慎选人才，表彰清官，修治河道，笼络汉族知识分子等，又反映了康熙是一个出色的政治家和睿智的君主。

雍正帝胤禛是在康乾盛世前期——康熙末年社会经济出现停滞的形势下登上历史舞台的。复杂的社会矛盾，为雍正提供了施展抱负和才干的机会。他有步骤地进行了多项重大改革，高瞻远瞩，又惟日孜孜，励精图治，在13年的统治生涯中取得了卓有成效的业绩，为后代的乾隆盛世打下了扎实雄厚的基础。他的历史地位，同乃父康熙和乃子乾隆相比，毫不逊色。尽管他猜忌多疑，刻薄寡恩，统治严酷，但比起他的业绩来，毕竟是次要的。

乾隆帝弘历即位之初，实行宽猛互济的政策，务实足国，重视农桑，在停止捐纳，平定叛乱，网罗人才，访求书籍等一系列治国举措中，充分体现了他的政治才能与文治武功。乾隆帝精于骑射，向慕风雅，笔墨留于大江南北，还是一个有名的文物收藏家，清宫书画大多是他收藏的。他在位期间编纂的《四库全书》收书宏富，其卷数是《永乐大典》的3倍，成为我国古代思想文化遗产的总汇。但乾隆为人重奢靡，晚年时国库财用耗竭，并重用贪官和珅，以至农民起义在其晚年层出不穷，清王朝从强盛走向衰败。

三帝治国风格不同，康熙宽大，雍正严酷，乾隆宽严并用，但都能适应他们统治时期的实际情况。三帝统治期间，先后通过剪除保守势力鳌拜，设置南书房、军机处，建立密折制度等措施，把皇权推向顶峰。三帝重视边疆的经营，实行恩威并施、因地制宜的政策。三藩平定、台湾统一、噶尔丹和罗卜藏丹津叛乱的镇压、回部统一、西南少数民族地区实行改土归流，这些措施促进了边疆的稳定、王朝的安宁和版图的扩大（相对于明朝而言）。乾隆二十四年（1759年）平息叛乱，天山南北两路皆平，清朝疆域空前广大[3]，形成统一巩固的多民族的幅员辽阔的封建帝国。三帝重视治理黄河、海塘，奖励开荒，实行地丁合一政策，蠲免钱粮，减轻百姓负担，改革财政，推广作物，使农业生产获得较大发展，手工业和商业也都兴旺起来，财政状况不断好转，人口也增加很快。康熙六十一年，户部库存800余万两，乾隆四十二年增至81824044两[4]。文化事业大兴，文学、哲学、书画艺术和图书业历代很少能与之比美。从清除鳌拜的康熙八年到乾隆三十九年是清朝最辉煌的时期，被誉为"康乾盛世"[5]。由于国家渐强，从崇德二年到乾隆末年，周边10多个国家俯首称臣，先后成为清朝的藩属。

然而三帝也有一些错误做法。首先他们在思想上实行专制，推崇儒家理学，大兴文字狱，压制有反清思想的知识分子，迫使知识分子钻进故纸堆，脱离现实，抑制了社会的发展。三帝统治期间尤其是乾隆朝，由于实行束缚自己的闭关自守政策，妨碍了对外贸易和航海事业的发展，妨碍了对国外先进科学技术的吸收。乾隆帝晚年生活奢侈，官吏管理不严。雍正年间，尽管取消"耗羡"，实行养廉银制度，在一定程度上解决了薪俸过低的问题，有利于廉政建设，但始终没能刹住顺治以来就存在的贪污现象，反而愈演愈烈，出了像和珅那样在整个封建社会都少见的大贪官。吏治败坏，土地兼并现象严重，"富者连阡陌，而贫者无立锥"[6]。乾隆朝多次征伐，耗费繁巨，导致乾隆末年国库存银骤减，农村经济转衰，经制兵八旗和绿营的战斗力也大大丧失。阶级矛盾加剧，乾隆朝农民起义此起彼伏：乾隆三十九年山东王伦起义，四十六、四十八年甘肃苏十四和田五领导的起义，五十一年台湾林爽文起义，六十年湖南、贵州、四川苗族起义。

仁宗嘉庆帝与宣宗道光帝两朝共55年。嘉道年间，官吏贪污，吏治日益败坏；自然灾害频仍，人口激增，土地兼并，教派、会党众多，社会矛盾尖锐。清朝颓势形成，其标志是频繁的农民起义。陈旭麓先生说："从白莲教起义这一年到道光二十年（1840 年）的这四十四年，《东华录》所记起义共九十三次。这些起义标志着清朝的封建统治已由盛变衰。"⑦

嘉庆帝是一位勤政图治的守成之君，他亲政后采取的一系列政策措施，对于改变乾隆后期的种种弊政起了一定的作用，但他没有也不可能从根本上扭转清代中衰之势。对一大批"尸禄保位"的官僚嘉庆帝只能警告恫吓，最终徒呼奈何而已，他始终开不出一个根治日趋严重的腐化和怠惰的药方。他对西方殖民主义者的侵略有一定的认识，但一个日趋衰弱的封建制度的古老国家不可能真正有效地对付外来侵略者。

才智平庸的道光帝徒以俭德著称。他处于历史转折的关键时刻，"守其常而不知其变"。来自东南海上的鸦片流毒和英军入侵，使他寝食不安。他想严厉禁烟，也曾下决心抗击侵略者，但他不知英国来自何方，不知殖民主义为何物。他平素无知人之明，临危无应变之策，以至战守茫然，毫无方略，只能在自恨自愧中顿足叹息。道光二十年，大清帝国终于为英国的坚船利炮所破，道光帝成为第一个被迫签订不平等条约《南京条约》的清帝。清朝的外交政策从此由自主转向妥协投降，中国从此沦为半封建半殖民地社会。鸦片战争结束后，道光帝仍没吸取教训，没有创意改革。要说有变化的话，那就是《南京条约》签订后，实行五口通商，清政府不得不设立了五口通商大臣，闭关自守政策再也没法坚守下去了。道光帝秉政30 年，朝纲独断，事必躬亲，但内政事务，如吏治、河工、漕运、禁烟等均无起色。勤政图治而鲜有作为，正是他一生的悲剧。

文宗咸丰帝、穆宗同治帝、德宗光绪帝和宣统帝是清王朝最后四个皇帝。他们在位期间，主要发生了三个方面的大事。首先是列强频频侵略中国，爆发了第二次鸦片战争（1856~1860 年）、中法战争（1883~1885 年）、中日甲午战争（1894~1895 年）、八国联军侵略中国战争（1900 年）。其次是王朝内部斗争和为了自身的生存而进行的改革。内部斗争有北京政变（1861 年）、恭亲王奕䜣与全体军机大臣被慈禧太后逐出军机处（1884 年）；

改革有同光时期的洋务运动，戊戌政变（1898年）和新政（1901~1911年），总理衙门的设立，闭关自守政策被迫取消，大量举用汉人督抚。再次是人民革命运动的兴起：太平天国起义（1851~1864年）、捻军起义（1851~1888年）、义和团运动（1899~1900年）和辛亥革命（1911~1912年）接连不断。孙中山领导的辛亥革命最后推翻了清王朝。

咸丰即位时，以洪秀全为首的太平天国起义在广西紫荆山前金田村爆发。曾国藩领导的湘军，勾结列强，镇压了太平天国。但接踵而来的英法联军之役，迫使咸丰逃往热河承德。第二次鸦片战争失败，圆明园被毁，清政府被迫签订不平等条约，割地赔款。咸丰在位11年，民怨沸腾，"大局糜烂，不可收拾"，他往往中夜彷徨，一筹莫展，于是颓废起来，贪恋女色，戕害了身体。志高才疏的咸丰帝陷于祖制，忧虑终生。

同治帝在位14年，在此期间，清朝政府依靠曾国藩、李鸿章、左宗棠等一批重臣镇压了太平天国等一系列农民起义。为挽救清朝灭亡，慈禧太后支持洋务运动，发动了新政，最后还实行了宪政改革。洋务运动推动了中国的工业建设，新政对中国的政治进步产生了积极作用，但是亡羊补牢，不能挽狂澜于既倒。宪政改革促进了中国法制的进步，使中国民主建设开了步，但"皇族内阁"的产生使宪政改革最后破产，立宪派从拥戴朝廷走到了它的对立面，加速了清朝的灭亡。但这些与同治皇帝都没多大关系，当时的统治者实际上是慈禧。载淳幼年是一个少不更事的顽童，作为一个皇帝，确实辜负了朝野上下对他的殷切期望。亲政2年后，他死于天花。

光绪帝19岁亲政，他富有年轻人的进取精神，愿意接受新思想，有振兴大志，"不甘作亡国之君"，支持康有为戊戌变法，一度成为维新派心中的"救世主"。但变法危及封建守旧势力的利益，遭到以慈禧为首的清室贵族的阻挠。戊戌变法的失败，使清王朝改变旧章的一线生机被扼杀。光绪帝没有勇气冲破封建伦理思想的束缚，"天颜戚戚，常若不悦"，心境悲怆。八国联军占领北京时，慈禧只好携光绪帝仓皇逃到西安。义和团运动后，各地反清武装起义此起彼伏，民主革命思潮在全国广泛传播，清王朝濒于覆灭的边缘。

在位 3 年的宣统帝还是孩子，晚清实权长期为慈禧太后篡夺，最后三四年则落在载沣和隆裕太后手里。孙中山倡导的资产阶级民主革命条件日趋成熟，清王朝的败亡已经不可逆转，清廷只得以光绪帝的未亡人隆裕皇太后和末代皇帝宣统的名义颁发退位诏书。1931 年溥仪在侵华日军策划下被挟持至东北，1932 年 3 月出任日本傀儡政权"满洲国"执政。日军战败后被俘，溥仪经改造，曾任中华人民共和国政协委员。

比较而言，清朝十二帝中，努尔哈赤、皇太极、顺治、康熙、雍正和前期的乾隆帝，是艰苦创业、励精图治之帝。他们有气魄、有能力，善于学习先进的汉族文化，制定的政策多数比较适合国情，促进了政治、经济、军事等发展，使清王朝从地方政权发展为全国性的政权，并使王朝发展成为一个强盛的封建帝国。但是从顺治帝开始，因为死守自然经济和长期坚持闭关自守政策，限制了中国的发展。自乾隆朝晚期起吏治逐步败坏，而皇帝或纵情挥霍，或株守平庸，或贪恋女色，或只作偶像而已。

清朝的兴亡，除与十二帝有关外，应当说还与慈禧太后有关。咸丰帝死后，慈禧发动政变，诛杀肃顺，终于实现了"垂帘听政"。在这以后的近 50 年里，她独断朝纲。在此期间，地球上的许多国家科技发展，经济繁荣，政治改良，而中国却被这样一个充满权力欲的女人把持着，死气沉沉，发展迟缓。为了一己私利，她施展阴谋，倒行逆施，置民族的利益于不顾，她死后 3 年清王朝国破家亡，给我们民族留下了沉重的包袱。

此外，清朝的兴亡还与其他因素有关。明朝的腐朽为其兴起开了绿灯；李自成推翻明朝为其入关并建立全国性政权排除了障碍；吏治腐败、闭关自守、封建制度的腐朽则使它衰落；外国侵略和农民起义使它丧尽元气；辛亥革命则直接导致了它的垮台。

总之，大清王朝的兴衰荣辱，令人荡气回肠。在漫长的岁月中，演绎着一个王朝的兴衰隆替。大清王朝的 12 位皇帝，文治武功各有千秋，在他们离去的背影中，显露出一个帝国的沧桑。

注释：

①高阳《清朝的皇帝》解释清朝皇帝年号大意如下：顺治，入关之初，天下未定，愿顺民意，以求大治。康熙，天下已定，与民休息，安居乐业。雍正，雍为雍亲王，正为正位。乾隆，乾卦象征君王，乾隆者，乾运兴隆。嘉庆，此号为乾隆内禅时所定，嘉是对嗣君的嘉勉，庆表示祝贺。道光，广大道统。咸丰，当时国势衰颓，财用不足，为求富足，因称咸丰。同治，表示愿与大臣亲贵共同治理国家。光绪，光是光大，绪表示兄终弟及的先后次序。宣统，明白宣告，溥仪入继为穆宗之子，兼祧（tiāo）德宗。

②据《清太祖高皇帝实录》，1618年（万历四十六年，天命三年）四月十三日，后金汗努尔哈赤以七大恨告天，其文曰：

我之祖、父，未尝损明边一草寸也，明无端起衅边陲，害我祖、父，恨一也。明虽起衅，我尚欲修好，设碑勒誓："凡满、汉人等，毋越疆圉，敢有越者，见即诛之，见而故纵，殃及纵者。"讵明复渝誓言，逞兵越界，卫助叶赫，恨二也。明人于清河以南、江岸以北，每岁窃踰疆场，肆其攘夺，我遵誓行诛；明负前盟，责我擅杀，拘我广宁使臣纲古里、方吉纳，挟取十人，杀之边境，恨三也。明越境以兵助叶赫，俾我已聘之女，改适蒙古，恨四也。柴河、三岔、抚安三路，我累世分守疆土之众，耕田艺谷，明不容刈获，遣兵驱逐，恨五也。边外叶赫，获罪于天，明乃偏信其言，特遣使臣，遗书诟詈，肆行陵侮，恨六也。昔哈达助叶赫，二次来侵，我自报之，天既授我哈达之人矣，明又党之，挟我以还其国。已而哈达之人，数被叶赫侵掠。夫列国之相征伐也，顺天心者胜而存，逆天意者败而亡。何能使死于兵者更生，得其人者更还乎？天建大国之君即为天下共主，何独构怨于我国也。初扈伦诸国，合兵侵我，故天厌扈伦启衅，惟我是眷。今明助天谴之叶赫，抗天意，倒置是非，妄为剖断，恨七也。欺陵实甚，情所难堪。因此七大恨之故，是以征之。

现代文解释七大恨：一、明朝无故杀害努尔哈赤父、祖；二、明朝偏袒叶赫、哈达，欺压建州；三、明朝违反双方划定的疆域，强令努尔哈赤抵偿所杀越境人命；四、明朝派兵保卫叶赫，抗拒建州；五、叶赫由于得明朝的支持，背弃盟誓，将其"老女"转嫁蒙古；六、明当局逼迫努尔哈赤退出已垦种之柴河、三岔、抚安之地，不许收获庄稼；七、明朝辽东当局派遣守备尚伯芝赴建州，作威作福。七大恨反映了满族对明朝的愤恨，成为讨明檄文。

③参见葛剑雄《分久必合，合久必分——统一分裂与中国历史余论》。又柳诒徵《中国文化史》概括了拓广疆土的过程："清起满洲，抚有东胡及内蒙诸部。入关后，奄有明代两直隶十三布政司之地。康熙二十二年，收台湾。三十六年，平外蒙古。乾隆二十二年，平准部。二十四年，平回部，遂合为新疆省。而青海、蒙古、西藏喇嘛，亦于康、雍间，先后用兵平之，其幅员之辽阔，远非宋、明所及，故清代诸帝恒以此自诩。"

④葛剑雄《分久必合，合久必分——统一分裂与中国历史余论》。

⑤根据仲伟民《康乾盛世》第2页，上海古籍出版社，1997年。郭康成《康乾盛世的成就与隐患》把康乾盛世定在康熙二十三年到嘉庆四年之间。

⑥崔述《无闻集》卷一。

⑦《近代史思辩录·农民起义与人口问题》，广东人民出版社，1984年。

一代天骄兴建州
——清太祖努尔哈赤

□帝王档案

⊙姓名：爱新觉罗·努尔哈赤
⊙属相：羊（1559年）
⊙年号：天命
⊙在位：1616~1626年
⊙享年：68岁（1559~1626年）
⊙庙号：太祖
⊙谥号：承天广运圣德神功肇纪立极仁孝睿武端毅钦安弘文定业高皇帝
⊙陵寝：福陵（沈阳东陵）
⊙配偶：16人，皇后（大福晋）乌拉纳喇氏
⊙子女：16子，8女
⊙继位人：皇太极（太宗）

爱新觉罗的祖先

传说中的故事

很久以前，在东北长白山上有一座布库里山，山上有一个湖泊，叫布勒瑚里湖。已经久远得忘记了是何年何月，天宫里的恩古伦、正古伦、佛库伦三位仙女突然心血来潮，想要到凡间去玩玩。于是，她们想办法躲过了天庭守卫的法眼，偷偷地溜到人间，来到布勒瑚里湖畔。

湖水分外清冽晶莹，对三个终日里闷在天廷的仙女有着莫大的吸引力。她们合计一番，打算先在湖里洗个澡，再痛快地玩去。

正在这三位仙女玩得开心之时，一只喜鹊突然飞了过来，在三仙女中最小的佛库伦头上久久盘旋不止。佛库伦感到很奇怪，伸出手去想要摸摸这只看起来十分可爱的喜鹊。没想到，喜鹊恰巧将口中衔着的一枚朱果吐到了她的手中，随后长鸣着展翅飞远，不见了踪影。

细看喜鹊留下来的这枚朱果色泽红艳，散发着一股诱人的香气，让佛库伦爱不释手。见两位姐姐都有穿衣服离开的意思，佛库伦忙把朱果放在嘴里，匆忙着衣。忙中出错，一不留神却把果子囫囵着吞进肚里。没过多大一会儿，佛库伦便感到小腹有下坠的异状，像是怀孕的征兆，当两位姐姐要飞走时，自己的身体却已经沉重不堪，无法再驾云飞升。

两位姐姐见妹妹神色不对，便问妹妹怎么了，得知事情的来龙去脉之后，安慰她道："我们早已长生不老，时间的流逝对我们来说没有任何意义。你就在这里把孩子生下来吧，等身子轻了再飞回去也来得及。"

就这样，佛库伦独自一人留在了布库里山上，等待婴儿的降生。

没过多久，一个长相奇异的男孩呱呱落地。奇异的是他竟然生下来就会说话，迎风就长，没用多长时间，便已经长大成人。佛库伦给他起了个名字：爱新觉罗·布库里雍顺，将自己的身世和他诞生的经过详细地讲与他听，并告诉他："你是上天安排出生的人，你的使命就是平息天下的战乱。现在，你沿着这条溪水一直往下游走，那里有你成名立业的地方。"说完这番话，佛库伦便消失不见了。

布库里雍顺划着母亲留下来的一叶用桦树做的独木舟，顺流而下，来到长白山东南一个叫鄂谟辉的地方，在溪水边用柳枝和野蒿搭起一座窝棚，暂时居住了下来。

在布库里雍顺居住的地方，有一座鄂多理城，也就是今天的吉林省敦化市。城里有三姓人家，各以姓为派别，形成三派，终日里为了争夺鄂多理城的控制权而打个不休。正因为如此，这座小小的城里终日上演着刀光剑影的闹剧。

一天，城中有人去提水，发现溪边起了一座窝棚。由于那个时候的交通极为不便，陌生人很少见，所以他很是惊讶。走近一看，见里面住着个相貌奇异、举止不凡的年轻人——布库里雍顺。

当下，布库里雍顺便向来者友善地介绍了自己，也将自己的使命告知对方。来者一听，满心欢喜，连忙奔回城里，找到仍在械斗的三家首领，将情况一一讲明，并说："我想他会公平解决我们之间的争斗的，为什么不去问问他呢？"三家首领忙率一干人等来到了布库里雍顺的窝棚前。

布库里雍顺进行了自我介绍。三家首领一商议，决定结束争斗，让这个上天派下来的使者担任城中领袖。于是，众人用手臂结成人轿，抬起布库里雍顺，浩浩荡荡地走回城中。

从此以后，布库里雍顺便成了鄂多理城之主，娶了城中如花似玉的百里氏之女为妻，称其国号为满洲。鄂多理城终于迎来了安定、平静的日子。

然而好景不长。布库里雍顺死后没过几代人，鄂多理城再次陷入危机之中。在一次极大的叛乱中，布库里雍顺的子孙几乎被斩杀殆尽，只有一个名叫樊察的小男孩逃出生天。当他逃到荒野上时，身后的追兵越来越近，眼见就要被擒，几只乌鸦突然落在他的肩膀上。追兵误以为樊察是一段枯树，从他的身边呼啸而去。就这样，樊察方才侥幸逃脱，将爱新觉罗氏唯一的血脉传承了下去。

这就是爱新觉罗氏始祖起源的故事。现在，当我们看到这则故事时，大多会毫不怀疑地将之归入神话传说中去。但这却是正大光明记载于《清实录》《清史稿》等重要史料中的"历史"。

布库里雍顺存在与不存在之争

大多数人认为，布库里雍顺虽然不是什么仙女之子，但可以肯定他就是爱新觉罗氏的始祖。其证据在于，历史上确实存在过布库里雍顺这个人物。在史料记载中，此人乃元代首任斡朵里万户府万户，而据《元地理志》记载，斡朵里确实设有万户一职，这就与传说中布库里雍顺在鄂多理（与斡朵里谐音，应当是不同时代的音译问题）城起家相符合。

传说中的鄂多理城三姓家族，即为"（布库里雍顺）所居之地为元代合兰府水达达等路之斡朵里。夫合海府领混同江南北两岸之地，以今三姓地为其中心，则《清实录》所谓雍顺往定三姓之乱者，亦不无关合"。也就是说，元代时的鄂多理其实是三个行政单位交界之处，在传说里转换成了"三姓"，这也正符合布库里雍顺的故事。

也有人认为并不存在布库里雍顺这个人。其证据在于《清实录》中在提到鄂多理城时说该城在长白山的东侧，而清代官方所修的史书，乃至追溯到《元地理志》上均称鄂多理城位于长白山之北。一东一北，史料中出现了地理位置上的矛盾，因此日本学者便断定，《清实录》的记载并不可信，历史也不存在布库里雍顺这个人，爱新觉罗氏的祖先，实际上是清肇祖猛哥帖木儿。

先辈都非等闲人

虽然爱新觉罗氏的祖先带有很强的神话色彩，且是真是假也是众说纷纭，但努尔哈赤的先辈却都不是等闲人。努尔哈赤姓爱新觉罗，号淑勒贝勒，明嘉靖三十八年（1559 年），出生在建州左卫苏克素护部赫图阿拉城（辽宁省新宾县）的一个满族奴隶主塔克世的家中。

满洲人从周代开始曾有过肃慎、挹娄、勿吉、靺鞨、女真等名称。满语中，"爱新"意为"金"，"觉罗"意为族，"努尔哈赤"意思是野猪皮。努尔哈赤的祖先原居黑龙江北岸，大约金朝灭亡以后，迁徙到松花江下游的斡朵里（黑龙江省依兰县）地区。到了明初，为了躲避兀狄哈人和蒙古人的不断侵扰，几经辗转，直到正统年间，才在苏子河上游的广大地区定居下来，这里气候温和，雨量充沛，土壤肥沃，森林繁茂，为后来建州女真社会的发展提供了优越的自然条件。

努尔哈赤的先人都非等闲之辈，从六世祖猛哥帖木儿开始就受到明朝册封。努尔哈赤的祖父觉昌安、父亲塔克世，都曾先后担任过明朝的官职，史籍中有的说是"都督"，有的说是"都督企事"。努尔哈赤的母亲是建州右卫都督王杲的长女，姓喜塔拉氏，名额穆齐，她生了三子一女，即努尔哈赤、舒尔哈齐、雅尔哈齐和一个女儿。努尔哈赤为长子，生得龙颜凤目，伟躯大耳，声若洪钟，而且聪敏机智，喜爱习武，勤于劳作，因此颇受父母的喜爱。然而，努尔哈赤10岁时慈母便不幸病逝，他幼小的心灵遭到沉重的打击。继母纳喇氏为人十分尖刻，刻薄寡恩，弄得家里极不和睦，兄弟们都闹着分家。父亲塔克世听了继母挑唆，给他的产业极少，甚至不够维持正常的生活。

万历元年（1573年），15岁的努尔哈赤带着弟弟舒尔哈齐离开家，到外祖父王杲那里生活。王杲本名阿突罕，曾被明朝巡抚张学颜带往抚顺，教授汉文和武艺，并赐名为王杲。史书上说他"黠慧剽悍"，"有才辩，能解番汉语言字义"，是个文武兼备的人，以至于"建州诸夷，悉听杲调度"，成为当时建州女真的著名领袖。努尔哈赤对外祖父非常崇敬，而王杲对机智勇敢的外孙努尔哈赤亦十分喜爱，孜孜不倦地教努尔哈赤弓马骑射、汉语文化、兵书战策，可谓努尔哈赤的第一任最好的启蒙老师。

不幸的是，万历二年（1574年），由于反对明王朝在女真地区推行民族压迫政策，王杲带兵进犯明辽东首府辽阳，杀死指挥王国栋。明辽东总兵李成梁率军攻破王杲屯寨，王杲只身逃走，最终被明朝捕获，被解送到北京，明廷将其处死，暴尸于京城的槁街。建州右卫也遭到明军的残酷掠杀，此时正在王杲家中的努尔哈赤兄弟也双双做了俘虏，机敏的努尔哈赤当即跪在李成梁马前，痛哭流涕，用汉语请赐一死。李成梁见他聪明伶俐、乖敏可怜，不仅赦免了他，而且把他留在帐下做了书童，专门伺候自己。努尔哈赤从七八岁就开始练习骑射，到这时十六七岁，已是弓马娴熟、武艺高强。因而在李成梁帐下，每逢征战，他总是勇猛冲杀，屡立战功。李成梁对他非常赏识，让他作了自己的随从和侍卫。两人形影不离，关系密切，情同父子。

然而，努尔哈赤只是表面上对李成梁表示恭顺和效忠，实际上他对外祖父的被杀始终怀恨在心，只是慑于李成梁的威名，暂时不敢轻举妄动。私下里他早已另有打算，只待时机成熟再采取行动。在李成梁帐下生活了3年左右，努尔哈赤以父亲捎信让他回家成亲为由，借机离开李成梁，回到了阔别已久的故乡。遵照父命，19岁的努尔哈赤与佟佳氏结了婚。

这种血与火的现实，无疑给以后努尔哈赤勃兴女真点燃了火花。但此时的努尔哈赤还需要面对生存的难题，他每天去挖人参、采蘑菇、拣榛子、摘木耳、拾松子，然后将这些东西运到抚顺、清河（今本溪北清河城）等地去卖，以此来维持生活。就在这一时期，努尔哈赤广交朋友，学会蒙、汉语言文字，逐渐受到汉人文化的影响，据说他十分喜爱读《三国演义》及《水浒传》，从中学习韬略兵法，渐知辽东山川形胜与道里险夷。

十三副遗甲起兵

努尔哈赤25岁那年，更大的不幸降临了。这一年，努尔哈赤的祖父和父亲，遭受池鱼之殃，同时死于明军攻城的炮火。这一事件，对努尔哈赤以后的人生道路产生了决定性的影响。

这一事件还要从王杲之死说起。王杲惨死京城，他的儿子阿台为报父仇，屡屡带兵袭杀明军。万历十一年（1583年）二月，李成梁领兵直捣阿台的驻地古勒城。古勒城位于抚顺"马市"与赫图阿拉的中间位置。李成梁招诱了叶赫部图伦城主尼堪外兰合兵攻打古勒城。阿台已成瓮中之鳖，努尔哈赤的祖父觉昌安带着儿孙们前去营救，为了减少伤亡，觉昌安同努尔哈赤的父亲塔克世一同进城，打算劝说阿台投降。而尼堪外兰则利用内奸，引明朝大军入城，并向城上守军喊话说："李太师有令，谁杀死阿台，谁就做古勒城的城主！"很快城被攻破，明军屠城。努尔哈赤的祖父、父亲死于其中。

噩耗传来，努尔哈赤悲痛欲绝。他愤然来到了辽东都司，义正辞严地质问明廷边吏，为何杀他一向忠顺于朝廷的祖父和父亲。明朝边吏自觉理亏，便送还觉昌安和塔克世的遗体，并派人跟他解释说："非有意也，是误杀耳！"后朝廷又赐予努尔哈赤敕书 30 道，战马 10 匹，让他袭任祖父之职，当了建州左卫都指挥使。

这一事件的发生对努尔哈赤的生活道路的影响是巨大的，袭任祖父之职，使他在东北地区女真各部间开始知名；祖父、父亲一贯忠于明朝却落得个惨死，使他与明室产生了对立情绪，暗暗下决心要报仇雪恨，但他清楚，此时若与明朝闹翻，就无异于自取灭亡。

于是他表面上接受了明朝的抚慰，而把满腔怒火发泄到尼堪外兰身上。他奏请明臣执送尼堪外兰交由他处置。不料这一要求，竟惹恼了骄横跋扈的明朝边将，被视为无理取闹，一口拒绝，并宣称筑城，令尼堪外兰为"满洲国主"，因而尼堪外兰威望大升，"于是国人信之，皆归尼堪外兰"，甚至连亲族子弟也"对神立誓"，欲杀努尔哈赤以归之，尼堪外兰则乘机逼努尔哈赤"往附"，俨然以建州国君自居。

此时努尔哈赤处境异常艰难，祖父、父亲冤死，部众叛离，族人心变，兼之得罪了明朝边臣，仇人尼堪外兰气焰嚣张，确是四面楚歌，危急万分。但是，这种艰苦的环境，反而激发了努尔哈赤的斗志。

万历十一年（1583 年）五月，时年 25 岁的努尔哈赤，以报父、祖之仇为名，以遗甲 13 副和部众 30 人，联合嘉木湖寨主噶哈善，沾河寨主常书、扬书，向尼堪外兰的驻地——图伦城进攻。尼堪外兰外强中干，他被努尔哈赤的气势吓破了胆，丢下部将，只带着家人仓皇逃窜到浑河部的嘉班去了。努尔哈赤不费吹灰之力便攻破图伦城，凯旋而归。万历十四年（1586年），努尔哈赤再次发兵进攻尼堪外兰。尼堪外兰闻风而逃，企图得到明廷抚顺关守将的保护。但他没有想到，此时明廷对两人的态度已经发生变化。守将将尼堪外兰拒于边台之外，努尔哈赤的部下赶到，砍死了尼堪外兰。努尔哈赤终于报了父祖的大仇，了却了一桩心愿。

自此以后，努尔哈赤声威大振，但他并未就此罢手，而是将目光投向了更远的地方。在追杀尼堪外兰的过程中，努尔哈赤已经成长为一名帅才。统一整个女真族的大业在激励着他。

统一女真各部

女真族在明代中叶分为建州、海西、野人三大部，属于奴儿干都司。

三部分女真生产水平不同：野人女真以渔猎为主，"无市井城郭，逐水草而居。"其他两部生产水平略高，以农业为主，开始学会冶炼，会制造农业用的斧头、镰刀和军事用的箭镞和甲衣，有了阶级，到了氏族制末期家长奴隶社会阶段。

女真各部又分为若干个小的部落，如苏克素护部便有图伦、萨尔浒、嘉木湖、沾河、安图瓜尔佳等城寨。如此多的女真部落，"群雄蜂起，称王号，争为雄长。各主其地，互相攻战。甚者兄弟自戕，强陵弱，众暴寡，争夺无已时。"

努尔哈赤首先将战争矛头指向建州女真。他起兵之后，很快便征服了苏克素护部，然后又分别于万历十二年（1584年）、十三年、十五年、十六年连克董鄂部、浑河部、哲陈部和完颜部，将建州五部置于他的控制之下。建州有东珠、人参、紫貂、玄狐、猞猁狲等土产，努尔哈赤与明朝于抚顺、清河、宽甸、瑷阳开展贸易活动，粮食更多，兵力更强。此后，努尔哈赤又于万历十九年统一鸭绿江部。

　　努尔哈赤接连胜利，引起了以叶赫为首的海西四部的恐慌。万历二十一年（1593 年）六月，海西四部联合蒙古科尔沁、锡伯、卦勒察三部加上长白的珠舍哩、讷殷二部一共九部 3 万人马分三路攻打努尔哈赤。努尔哈赤半夜听说九部之兵正往驻地攻杀而来，就告诉诸将，为了不惊扰已经安歇的百姓，天亮后再开拔部队，说完就去睡觉了。妃子富察氏听说有敌军攻来，心里十分着急，就把努尔哈赤叫醒，说："九部兵打来，为什么反而酣睡呢？是方寸乱了，还是害怕？"努尔哈赤以天命之说回答："我如果害怕，哪能睡得着？我如果输给九部之师，上天厌恶我，哪里会不害怕？现在我顺天命，安疆土，他们不喜欢我，纠集九部之师来戕害无罪之人。上天一定不保佑他们。"说完努尔哈赤仍然继续安寝如初。

　　第二天，建州派出的探子回报敌兵人数众多，将士们听了也有点害怕。努尔哈赤就解释说："别害怕，现在我们占据险要地形，敌兵虽然多，不过是乌合之众，一定互相观望。如有哪一个领兵先攻，我们就杀他一二个头目，不怕他们不退。"士兵斗志鼓动了起来。努尔哈赤把兵带到古勒山据险布阵。九部之师攻扎喀、黑济格两城，均不得手，就来到了古勒山下，建州兵在山上严阵以待，努尔哈赤令额亦都带领 100 名骑兵迎战。叶赫部一个头目布斋冲来，马被木桩绊倒，额亦都部将吴谈上去把他杀了，另一头目科尔沁贝勒明安看到这情景吓坏了，所骑的马受惊陷进了泥淖，他掉头逃跑了。九部之师大败，兵马俘获不计其数。努尔哈赤乘机灭了讷殷、珠舍哩，将整个建州女真置于他的统治之下。

　　九部之师大败后，努尔哈赤开始统一海西女真。二十七年（1599 年）乘哈达饥荒，并与叶赫不和之机，灭了哈达。万历三十五年（1607 年），乌拉部所属东海瓦尔喀部归附努尔哈赤，努尔哈赤派其弟舒尔哈齐迎接其首领家眷，布沾泰率兵于图们江之乌碣岩企图截获。努尔哈赤又打了个大胜仗，将布沾泰俘虏，斩首 3000 人，获马 5000 匹，得甲 3000 副。乌拉大衰，辉发部被灭。四十一年（1613 年）灭了乌拉。

　　哈达、辉发、乌拉灭掉后，海西就剩下叶赫了。叶赫向明朝求救，明朝派出千人持火器相助。努尔哈赤攻下 7 城，下 19 寨而归。四十七年努尔哈赤再次率兵攻打叶赫。攻下 20 余寨，就回师了。明杨镐指挥四路兵马大举进攻努尔哈赤，萨尔浒之战打响，叶赫派兵援明。努尔哈赤败其四路进攻后就灭了叶赫。萨尔浒之战，是明朝与努尔哈赤争夺辽东的关键性一战，成为战争史上的一个出色战役。在这场战役中，努尔哈赤运用集中兵力、各个击破的战略，5 天之内连破三路明军，歼灭明军约 5 万人，缴获大量军用物资。

经过 30 多年时间，努尔哈赤终于统一了建州五部、海西四部和东海大部分。

从明万历十一年以遗甲 13 副兴师起，努尔哈赤取图伦，斩尼堪外兰，败九部联军，10 年内统一了建州女真部落。接着，他又灭哈达，并辉发，亡乌拉，降叶赫，取东海女真。36 年内，统一了建州、海西女真及大部分野人女真部落，"自东北海滨，迄西北海滨，其间使犬、使鹿之邦，及产黑狐、黑貂之地，不事耕种、渔猎为生之俗，厄鲁特部落，以至斡难河源，远迩诸国，在在臣服。"就是说，东起鄂霍次克海，西北到贝加尔湖，西至青海，南濒日本海，北跨外兴安岭的地域，实际辖境大约有 500 万平方公里，和明朝实际控制的面积大致相等。东北地区的重新统一，为康熙二十八年（1689年）中俄《尼布楚条约》的签订奠定了基础。

后金政权的建立

创制满文

长久以来，女真人只有语言而没有文字，一直到努尔哈赤时，仍然是借用蒙文和汉文。女真人讲女真语，写蒙古文，这十分不利于政令的通行，特别是战争时期，常常贻误战机。万历二十七年，努尔哈赤命巴克什额尔德尼和扎尔固齐噶盖用蒙古字母拼写满语，创制满文，颁行全国。这就是无圈点满文（老满文），皇太极时改进成为有圈点满文（新满文）。满文是拼音文字，有 6 个元音字母、22 个辅音字母和 10 个特定字母。创制和颁行满文是满族文化史上的一件大事，它促进了满族社会的进步，扩大了与相邻民族的交往，并为后来女真的全面统一，建立"后金"政权，以至于入主中原都起到了非常重要的作用。满文成为清朝官方语言和文字，促进了民族的统一和清王朝的建立与巩固。特别是它为我们留下了大批满文档案，成为今天研究满族和清朝历史的宝贵财富。

建立八旗制度

女真族是一个主要以狩猎、采集为生的民族，在长期的社会组织生活中，形成了所谓的"牛录"制。"凡遇行师出猎，不论人之多寡，照依族寨而行……出猎开围之际，各出箭一枝，十人中立一总领，属九人而行，各照方向，不许错乱，此总领呼为牛录额真"（《清太祖武皇帝实录》）。"牛录制"利于小规模的征战，但它只是为狩猎而设，组织结构非常松散，不利于努尔哈赤的统一大业。努尔哈赤看到了这一制度的弊端，逐渐对其进行改造。万历二十九年（1601 年），努尔哈赤编牛录为"四固山"，"固山"是满文，汉语译为"旗"。"四固山"以黄、白、红、蓝四种颜色的旗帜为标志。四旗颜色的确定，源于女真人射猎时各方所用旗之色。总领四方的，为居于北方的"汗旗"，以黄旗为标志。居于东方、西方、南方的，则是贝勒旗，分别以白旗、红旗和蓝旗为标志。后来又增加了四个旗，将原来的四色旗帜周围镶上边，黄旗、白旗、蓝旗镶红边，红旗镶白边。这样，共有八种不同颜色的旗帜，称为八旗。明朝万历四十三年（1615 年），具有军事、行政和生产职能的八旗制度正式确立。

努尔哈赤规定，所有人员都必须全部编入设定的八旗里面。一牛录有三百丁，设立牛录额真一员、代子二人、章京四人。五牛录为一个甲喇，设立一名甲喇额真。五甲喇为一个旗，置固山额真一名、梅勒额真两名。八旗人员居住同一地区，互为婚娶，耕田种地，牧马放羊，采参打猎，遵守国法，纳赋服役，听从汗、贝勒统率，使用满语满文。服装发式亦须一律，妇女不得缠脚，男子皆要剃发留辫。这样一来，使原先来自不同地区、制度相异、习俗不一的几十万女真、蒙古、汉人，在生产力、生产关系、赋役负担、国家法令、语言文字和风俗习惯等等方面，大体上达到了同样的水平，旧有的差异迅速消失，一致性愈益增多，逐渐成为一个在经济条件、语言文字、心理状态等方面基本一致的新的民族共同体——满族。满族是以建州女真为核心，以海西女真为主体，吸收部分汉人、蒙古人、锡伯人、达斡尔人、朝鲜人等组成的一个新的民族。皇太极于天聪九年（1635年）十月十三日诏谕曰："我国建号满洲，统绪绵远，相传奕世。自今以后，一切人等，止称我国满洲原名，不得仍前妄称。"从此，满洲族的名称正式出现。满族肇兴的领袖，就是清太祖努尔哈赤。

八旗制度"以旗统军，以旗统民"，是努尔哈赤的一个创造，也是清朝前期的一个重要的社会制度，它对清初的入关、平三藩等战役具有决定性的作用。

"天命皇帝"即位

万历四十四年（1616年）正月，努尔哈赤在赫图阿拉城（今辽宁新宾县）举行登极大典，自称"承奉天命覆育列国英明汗"，定国号为后金，建元天命，隐喻有天命所归的意思。他还将赫图阿拉城改名兴京，定为国都。赫图阿拉城是一个地理位置很重要的宝地，西距抚顺200里，既有关山阻隔，也有大路通辽沈。努尔哈赤以这里为基地，图谋发展，将后金领土扩大到东至日本海、北至库页岛和外兴安岭、西至青海、西北至贝加尔湖、南至长城的广大地区。一个辖地数千里、臣民数十万的强大的后金国，出现在中国的东北地区。

后金建立后，努尔哈赤自称"天命皇帝"，他致朝鲜国王书即钤"后金天命皇帝印"。努尔哈赤以天命思想来维持他的汗位和奴隶社会的等级制。他宣称，汗是天之子，汗之子是贝勒、大臣，而贝勒和大臣之子又是阿哈（奴隶）。随着努尔哈赤在东北割据的军事实力的扩大，以及明王朝统治势力的进一步衰落，他公开同明朝决裂，把攻伐明朝提上了日程。

七大恨告天

努尔哈赤建立后金，明朝立刻感到这是一大威胁，于是在政治上、经济上进行限制，例如利用叶赫部干扰努尔哈赤统一女真，停止贸易，挑起边界纠纷等。

明万历四十六年（1618年，后金天命三年），恰是努尔哈赤六十大寿，这一天后金兴京的宴殿上，红烛将大厅照得如同白昼，努尔哈赤的儿子们频频向他敬酒。酒过三巡，努尔哈赤郑重向众宣布："我已下了决心，今年内一定要征讨大明！"

努尔哈赤说的这些话，并非酒后胡言。正因为他对当时的形势十分了解，才敢于公开与明朝翻脸。明朝晚期，因统治者忙于镇压关内人民起义，无力顾及辽东防务。驻守辽东的明军，训练荒废，装备陈旧，缺粮缺饷，兵力虚额10余万，实有不过数万。加上长期处于和平环境，守备又极分散，军队战斗力差。明军的这些弱点，给了努尔哈赤打胜仗的信心。很快，他召集贝勒诸臣讨论方略，具体制定了攻打明军、兼并女真叶赫部，最后夺取辽东的战略方针。尔后努尔哈赤厉兵秣马，扩充军队，刺探明军军情，积极从事战争准备。

同年四月十三日，努尔哈赤在兴京"告天"誓师，宣读了与明朝结有七大恨的讨明檄文。努尔哈赤的七大恨，是指责明朝政府欺凌自己和广大女真的七条大罪。第一恨为明军无故生衅于边外，杀其祖父觉昌安与父亲塔克世。第二恨是明朝违背誓言，遣兵出边，护卫叶赫。第三恨系明臣违背誓言，指责建州擅杀出边采参挖矿的汉民，逼令建州送献十人斩于边上。第四恨，乃明朝遣兵出边，支持叶赫，助长叶赫将其许聘与努尔哈赤之女转嫁蒙古。第五恨，明廷遣兵驱逐耕田种谷的女真，不容许收获。第六恨为明帝听取叶赫谗言，遣人持函，备书恶言，侮辱建州。第七恨是明廷逼迫努尔哈赤退出已经吞并的哈达地区。

　　七大恨集中反映了东北地区少数民族对明朝君臣欺凌所产生的愤怒之情。明朝的皇帝，从太祖朱元璋到万历帝朱翊钧，都要女真尊他们为"天皇帝"。辽东的明朝文武官将，也对各个少数民族采取歧视的态度，称蒙古为"西虏""北虏"，称建州女真为"东夷"，称努尔哈赤为"奴儿哈赤""奴酋"，这引起当地民众的极大不满。建州女真进入抚顺马市贸易时，"例于日晡时开市，买卖未毕遽即驱逐胡人，所赍几尽遗失"，这样的公开抢夺更增加了东北少数民族对明朝的愤恨。

　　七大恨的基本思想和主要目标，对激励女真（满族）奋发图强，英勇冲杀，反抗明朝政府的压迫，起了巨大的作用。

　　以七大恨告天之后的第二天，努尔哈赤便披甲上马，亲率步骑兵马2万，直扑辽东明军边防重镇抚顺。在进军前，努尔哈赤向全军申明军纪："阵中所得之人，勿剥其衣，勿淫其妇，勿离其夫妻；拒敌者杀之，不拒敌者勿妄杀。"同时颁布《兵法之书》，修器械，严军令。八旗官兵士气昂扬，飞驰前进。

　　抚顺城濒临浑河，是建州女真同明朝互市的重要场所。努尔哈赤青年时，常来这里贸易，因此这里的山川地理形势，他了如指掌。当时守卫抚顺的是明游击将军李永芳，以前努尔哈赤也曾同他打过交道。努尔哈赤派出先遣部队假冒商人来抚顺，将抚顺商人和军民诱出城外贸易。然后后金主力乘机突入城内，守将李永芳投降，抚顺遂不战而下。同日，后金军左四旗兵又攻占东州（今沈阳东南）、马根单（在赫图阿拉西南）两座城池。当后金军撤走时，明广宁（今辽宁北镇）总兵张承胤领兵万余人仓促来追。努尔哈赤派军环攻，利用风沙大作的有利天时，全歼明军，俘战马9000匹，甲7000副，兵仗器械，不可胜计。努尔哈赤在初战大捷后，又于同年七月，亲统八旗军，进鸦鹘关，围清河城（今辽宁本溪东北）。明朝守将闭门固守，城上施放火器，八旗兵死伤千余人。努尔哈赤命军士头顶木板，从城下挖墙而入，城陷，守将及兵民万人皆战死。后金军攻入鸦鹘关，攻占清河。至此，明抚顺以东诸堡，大都为后金所占。努尔哈赤厚待抚顺降将李永芳，将其从游击擢升副将，又把孙女嫁给他，尊称为"抚顺额驸"，并赏赐降民大量牛、马、猪、犬、衣物、房、田，依照明制设官，令李永芳统管。后金军袭占抚顺、清河后，曾打算进攻沈阳、辽阳，但因力量不足，侧翼受到叶赫部的威胁，同时探知明王朝已决定增援辽东，便于九月主动撤退。

抚顺、清河被后金兵攻陷的消息很快就传到了北京，神宗皇帝以及众臣"举朝震骇"。明神宗慌忙召集九卿科道会议，商讨"大举征剿"赫图阿拉的办法。

努尔哈赤经过一段时间的休整，又于万历四十七年（1619 年）正月亲率大军进攻叶赫部，给予重大打击。叶赫部向明廷告急。明神宗感到边事十分危急，立即从福建、浙江、四川、甘肃等地调集了 9 万余人的军队齐集沈阳，任命兵部左侍郎兼右金都御史杨镐为经略辽东（经略是朝中派出的总制一方的军务重臣），并特赐先斩后奏尚方宝剑一口。经过调兵、点将、筹饷和置办武器等一系列准备，明军决定出兵。

杨镐采用分兵合击的战术，兵分四路，进攻后金都城兴京，企图一举摧毁努尔哈赤政权。他以总兵杜松为主力，出抚顺关，从西南进攻；以总兵马林合叶赫兵，出靖安堡攻其北；以总兵李如柏经清河堡、鸦鹘关，从南面进攻；以总兵刘𫓹会合朝鲜兵，出宽甸攻其东；以总兵秉忠率一部驻辽阳，作为机动；以总兵李光荣率军驻广宁保障后方交通。杨镐本人则坐镇沈阳，居中指挥，限令四路明军于三月初二会攻赫图阿拉城。但是明军出动之前，作战计划已经泄露了。

当时，后金的八旗兵力共 6 万余人，与明军相比，处于劣势。努尔哈赤正确分析判断敌情，认为明军东、南、北三路道路险远，不能即至，遂决定采取"凭尔几路来，我只一路去"，即集中优势兵力，然后各个击破的战法，集大军于赫图阿拉城附近，准备给予明军以迎头痛击。

中国古代军事史上教科书式的经典战役"萨尔浒之战"，就此拉开了序幕。对于后金政权来说，这是一场你死我活的较量。羽翼已然丰满的努尔哈赤，将经历自 13 副遗甲起兵以来的最大考验。

萨尔浒、开原、铁岭之战

萨尔浒大捷

万历四十七年三月初一，明东路刘𬘩军正由宽甸向西开进；北路马林军由开原出发，叶赫军尚未行动；南路李如柏虽已由清河堡出发，但行动迟缓；西路军将领杜松虽"勇健绝伦"，却是个有勇无谋之人，他为了抢头功，竟不顾将令，"违期先时出口"，日驰百余里，赶至浑河时，努尔哈赤已在山林深处埋下精兵，并遣人堵住上游，一待杜松见水很浅而率军渡河时，后金军决堤，河水骤涨，"水深没肩"，明兵"没于河者几千人"。三月一日，杜松军驰至萨尔浒后，分兵为二，以主力在萨尔浒扎营驻守，自率万人攻打吉林崖（在萨尔浒东北）。

努尔哈赤认定杜松的西路军是明军的主力，只要破了杜松，"则他路不足患"。因此只派 500 人防守自宽甸来攻的刘𬘩先头部队，集中主力迎战杜松军。他派遣大贝勒代善等率两旗兵力增援吉林崖，截击杜松，使杜松两部不能互援；自己则亲统八旗铁军冲向萨尔浒，进攻萨尔浒的杜松军主力。明军战车阵发射巨炮，炸弹爆发，血肉横飞。后金铁甲骑兵奋力冲击，在呐喊声中，狂扑明军萨尔浒大营。铁骑集中一点，攻陷方阵，突破战线，纵横驰突。经过激烈的战斗，萨尔浒的明军被击溃，伤亡甚重。而后，努尔哈赤又驰兵与代善会师，击破进攻吉林崖的杜松军另一部。进攻吉林崖的杜松军，听到萨尔浒大营失陷的消息，军心动摇，又遇到从吉林崖山下压过来的后金军，士气更加低落。杜松率官兵奋战数十余阵，企图占据山头，忽然大风扬尘，对面看不见人，明军打起火把，从明击暗，铳炮都打到丛林中去了；后金军从暗击明，发无不中。后金军以数倍于杜松军的兵力四面围攻，杜松左右冲击，矢尽力竭，落马而死，他率领的主力西路军全军覆没。

次日，努尔哈赤乘胜挥戈北上，攻击进至尚间崖（在萨尔浒西北30余里）的明北路马林军。当时马林已知杜松被歼，遂在尚间崖一带就地驻扎防御。后金军队向马林军发起猛烈的进攻，两军短兵相接，骑兵横驰。正在酣战之时，主将马林怯战，策马先奔，逃回开原。副将麻岩战死，余众大溃，全营皆没。

夺占尚间崖后，努尔哈赤立即转兵南下，迎击明东路刘铤军。刘铤治军素称严整，行则成阵，止则成营，炮车火器齐备，装备精良。努尔哈赤根据刘铤军的这一特点，采取诱敌速进、设伏聚歼的打法，力求全歼刘铤军。当时，刘铤军不知西路、北路已经失利，正向距赫图阿拉约50里的阿布达里冈行进。努尔哈赤知道阿布达里冈一带重峦叠嶂、山路险隘，正是设伏的好地方。于是自率4000兵守城，派遣主力设伏于阿布达里冈，另以少数兵卒冒充明军，持着杜松令箭，诈称杜松已逼近赫图阿拉，要刘铤军速进，与杜松军会师攻城。刘铤中计，下令轻装急进。当驰进到阿不达里冈时，刘铤督令兵马单列行进。后金军弥山满谷，伏兵四起，首尾齐击，四围厮杀。刘铤军惨败，刘铤本人阵亡，努尔哈赤乘势迫降了协同刘铤作战的朝鲜军队。

杨镐坐镇沈阳，掌握着一支机动部队，但对四路明军，却未能作出任何策应。及至得到三路丧师的消息后，杨镐才慌忙急令南路李如柏军回师。李如柏军在回师途中，为小股后金哨探所骚扰，军士惊恐逃奔，自相踩踏，死伤千余人，但最终总算逃脱了全军覆灭的命运。至此，萨尔浒之战落下了帷幕。

萨尔浒之战，是明与后金争夺辽东的关键性一战。后金军以劣势兵力，在5天之内，连破三路明军，缴获大量的驼马、甲杖等军用物资，取得了决定性的胜利。努尔哈赤此战的胜利，不但使后金政权更趋稳固，而且从此夺取了辽东战场的主动权，为日后的进一步发展创造了有利条件。后来，乾隆皇帝称颂萨尔浒之战说清朝的"基业实肇乎此"，可见此役对后金的深远意义。

明军经此惨败之后，在战场上完全陷入了被动，被迫采取守势，辽东局势日趋危急。明军的失败，一是对后金军的作战能力估计不足，情况不明，料敌不确，筹划不周，准备不充分，因而分进不仅未能达成合击，反遭各个击破。二是杜松主力突出冒进，孤军深入，陷入重围，全军覆没，并使南北两路也陷入力单势孤的危境，为后金从容转移兵力，依次各个歼击造成了有利战机。三是杨镐掌握的机动部队置于辽阳，远离前线，既不能及时策应前队，也不能掩护败退。加上杨镐远处后方，对战况一无所知，前线又无人统一指挥和协调各军行动，其失败是必然的。另外，明军作战意图事先泄露，使后金预有准备，也是明军失败的一个重要原因。

反观努尔哈赤，在作战指挥上运用集中兵力各个击破的方针是十分成功的。首先，及时探明敌情，适时判明对方进攻的主次方向，正确决定首先反击对其威胁最大而又孤立突出的杜松军，形成对明军各路的中间突破。其次，善于集中使用兵力，除了以一部扼守要点外，八旗主力始终集中，尽管总兵力处于劣势，每战却能形成局部优势，保证战斗的胜利。再次，发挥骑兵快速机动的长处，及时迅速转移兵力，既弥补了兵力不足，又使明军猝不及防。另外，努尔哈赤善于用间行诈，也是取胜的重要原因。

智取开原、铁岭

萨尔浒丧师过去两个月之后，明廷对辽东局势并未作出有力的决策。努尔哈赤见时机有利，便乘胜率军进攻开原。

开原势据形胜，东邻建州，西接蒙古，北界叶赫。辽左三面临险，而开原孤悬一隅。开原不仅是明朝同蒙古和女真经济文化交流的重要场所，而且是明廷在辽东对抗蒙古贵族和女真贵族南进的前沿堡垒，努尔哈赤进兵辽、沈，自然要先摧毁明朝孤悬的堡垒开原。

万历四十七年即天命四年（1619年）六月初十日，努尔哈赤率八旗军4万人往征开原。他兵分奇正两路：以小股部队直奔沈阳为疑兵，沿途杀30余人、俘20人以虚张声势，主力部队进靖安堡，于十六日突抵开原城。明统领开原的推事官郑之范贪婪，昏庸不理防务，素失军心，总兵马林也一贯松懈疏忽，努尔哈赤的大军摧枯拉朽，斩杀马林等官将，占据开原。

智取开原之后，努尔哈赤更为重视对降服汉官的政策。他说："彼知天念佑我，又闻吾国爱养人民，故相继来归耳"，"我等应善养来投之人"。明原任开原城千总工一屏、戴集宾、金玉和、白奇策等 6 人，因妻子被掳，投降后金。他们分别受赐 50 人，马 50 匹、牛 50 头、羊 50 只、骆驼 2 头，银 50 两，缎布若干匹。其随从人员也被赐给妻仆、耕牛、乘马、衣物、粮食、田庐、器用等。这个优待投降后金汉官的政策表明，努尔哈赤要分化明朝官员，收买汉族地主，以便进占更多的辽东城镇。

七月二十五日，努尔哈赤又一举攻克明在沈阳北部的重要城堡铁岭，后金军威震天下。开原和铁岭的失陷，使明朝在辽东地区失去了御守后金军西进的屏蔽。明人评曰："铁岭、开原，为辽重蔽，既并陷贼，则河东已在贼握中。"

连夺辽沈

夺沈阳

正当努尔哈赤智取开原、铁岭，连连得志的时候，明兵部右侍郎兼右佥都御史、辽东经略熊廷弼，驰骑兼程，来到辽阳。熊的到来，使辽东形势发生急剧变化，后金进取辽沈计划遇到了困难。

熊廷弼，字飞百，江夏（今武昌）人，万历二十六年（1598 年）进士，后任御史。他身高七尺，雷厉风行，有胆知兵，刚直不阿，严明有声。熊廷弼镇辽一年，整顿了濒于溃散状态的军队，稳定了陷于混乱状态的前线，守备大固，功绩卓著。努尔哈赤在熊廷弼任辽东经略期间，见辽东军容整肃，边防改观，便改变了全力向辽东进攻的部署，转而北吞叶赫，西抚漠南蒙古，对明朝只进行一些小规模的试探性行动，等待时机攻取辽、沈。

当明朝辽东形势初步好转，后金挥戈南进屡受挫折的时候，明统治集团内部发生重大政治变化。万历四十八年即天命五年（1620 年）七月二十一日，明神宗死去。其长子朱常洛于八月初一日继位，是为光宗。光宗九月初一日因吞红丸死于乾清宫，"一月之内，梓宫两哭。"朱常洛长子朱由校袭受皇位，是为熹宗天启帝。天启朝统治集团内部的"党争"愈演愈烈。大臣之间，结党营私，排斥异己。熊廷弼因性情刚直，不曲意逢迎，得罪了一些人，在统治集团政治斗争中被挤下台，朝廷派袁应泰代熊廷弼为辽东经略。袁应泰虽为官"精敏强毅"，但不谙军事，他改变熊廷弼原来的部署，撤换许多官将，造成前线混乱；又收纳过多蒙古和女真降人，混入大量谍工，阴为后金内应。

此时，后金方面有得有失。一方面努尔哈赤灭叶赫，抚蒙古，女真实现统一，势力空前强大，军队约有10万人。同时，辽东大旱，赤地千里，粮食奇缺，数以千计的女真人沦为乞丐。努尔哈赤为摆脱经济困境，度过灾荒，需要向辽河流域兴兵。他紧紧地抓住明朝皇位更替，党争益烈，经略易人，军心涣散，辽东大饥，边防紊乱的有利时机，向辽、沈大举进兵。

沈阳是明朝在江东的重镇。明天启元年（天命六年，1621年）三月十日，努尔哈赤亲率诸贝勒大臣，统领八旗大军，将"板木、云梯、战车，顺浑河而下，水陆并进"，向沈阳进发。明军闻警，举烽传报。后金军十二日晨到达沈阳，在城东七里河的北岸筑造木城屯驻。沈阳城内有贺世贤、尤世功二位明朝的总兵官，各有将兵1万余人，明朝总兵官陈策、董仲揆又引领四川江浙一带的士兵1万余人从辽阳来援，守卫奉集堡的明朝总兵李秉诚、守卫武靖营总兵朱万良和姜弼也领兵3万增援。努尔哈赤先派出数十名骑兵"隔壕侦探"，被总兵尤世功家丁追击，死去4人。总兵贺世贤"勇而轻，谓奴易与"，于是改变了原来"固守"的策略，决意出战。第二天，努尔哈赤又派遣少数老弱士卒上阵挑战，贺世贤喝得大醉，率领家丁千余人出城，说要尽敌而返。后金兵诈败，贺世贤中了计，"乘锐轻进"，刚进入埋伏圈，后金精骑四合，贺世贤"身中四矢"，边战边走，退至城门外侧，因吊桥绳索被努尔哈赤数月前派往城中诈降的蒙古、女真人砍断，不能入城。八旗兵追至，击杀贺世贤和来援的尤世功，冲入城内，打下了号称金城汤池的沈阳重镇。

陷辽阳

努尔哈赤攻陷沈阳，击破明两路援军之后第5天，即三月十八日，集诸贝勒大臣道："沈阳已拔，敌兵大败，可率大兵，乘势长驱，以取辽阳。"诸贝勒大臣会议同意努尔哈赤的重大军事决策。会后，他亲统八旗军，"旌旗蔽日，弥山亘野"，向辽阳进发。

辽阳是明朝辽东的首府，是东北政治、经济、军事和文化的中心。辽阳城坚池固，外围城壕，沿壕列火器，环城设重炮。沈阳陷落后，辽阳失去屏障，危如累卵，城中"兵不满万"，又"身无介胄，器不精利"，辽东"战将劲兵"，一半损于沈阳之战，一半在各地应援。如果金兵于十四日飞驰进击，当天即可轻取辽阳。明经略袁应泰、巡按张铨利用努尔哈赤的迟延和失误，飞速征调援军，撤虎皮驿、奉集堡兵回辽阳，5天之内，凑集了13万大军。

三月十九日，后金军包围辽阳。经略袁应泰督侯世禄、李秉诚，梁仲善、姜弼、朱万良五总兵等率兵出城五里处结阵，与后金军对垒。后金兵见辽阳城池险固，兵众甚盛，不免有些怯阵。努尔哈赤声色俱厉地谕告众人说："一步退时，我已死矣。你等须先杀我，后退去"，并立即"匹马独进"。这种无所畏惧的英雄气概，对八旗官兵发挥了强烈的影响，促使他们知难而进、转怯为勇。努尔哈赤看到明军守备甚严，决定避免硬攻，力争智取。三月十九日，他先差少数人马横渡太子河，诱骗敌人，同时又派遣"细作"，混入城内，待机内应。明军果然中计。明经略袁应泰本来已和诸将议定，"畏敌多，主守"，现在看见后金兵马太少，"其骑可数"，遂"见贼少而主战"。努尔哈赤督率左右翼军发起总攻。明军从城上放箭，进行抵御，后金军奋死夺城。原先派入的"奸细"从中内应。傍晚，小西门火药起火，各军窝铺、城内草场俱焚，守城军士溃乱。袁应泰见城楼起火，知道辽阳城已失陷，在城东北镇远楼上，佩印，自缢而死，其仆从纵火焚楼。辽东巡按御史张铨被俘，李永芳劝降，努尔哈赤诱以高爵，不从，被缢死。三月二十一日，后金军攻陷辽阳。努尔哈赤带领八旗贝勒、大臣，进入城内，驻于经略衙门，谕令汉人归顺，辽河以东70余城官民"俱削发降"。

明朝失陷辽、沈，朝廷上下一片慌乱。情不得已，明朝只好再次起用努尔哈赤"独怕的那个熊蛮子"，将熊廷弼从原籍招回，希望靠他来支撑辽西残局。天启帝命熊廷弼为兵部尚书兼右副都御史，驻山海关，经略辽东军务，并命王化贞为广宁巡抚，驻广宁，受经略节制。

取广宁

努尔哈赤夺取辽、沈后的10个月间，探察明朝动静，未敢轻举妄动。他通过李永芳与王化贞之间谍工往来，探知明朝辽东经抚不和，战守举棋不定，熊廷弼内外受困，王化贞浪言玩兵，广宁军备废弛，沿河防守单弱。努尔哈赤决计乘机西渡辽河，兵指广宁。

天命七年正月十八日，努尔哈赤统领八旗劲旅，西征明朝辽东重镇广宁。虽然明在关外有军队20万，两倍半于金军，而且火器众多，但努尔哈赤并不畏惧，二十日即渡过辽河，进围西平。西平之战打得异常激烈。城中明军3000人在参将罗一贯的指挥下，顽强抵抗后金军9万人的围攻。金军在西平城下，损失极为惨重。明军最后矢尽援绝，城陷身亡。后金军随即与10万明军鏖战于沙岭，斩杀辽东总兵刘渠、援辽总兵祁秉忠，大获全胜，明辽东巡抚王化贞弃广宁城匆忙逃遁。正月二十四日，努尔哈赤领军至广宁，明游击孙得功等率士民执旗张盖奏乐叩降，迎入城中，驻巡抚衙门。平阳、西兴、锦州、大凌河、右屯卫等40余城官兵俱降。二月十七日，努尔哈赤命诸贝勒统兵留守广宁，将锦州、义州等处官民迁于河东，回归辽阳。

兵败宁远　饮恨而终

亲征宁远

广宁失陷之后，明廷派天启帝的老师、大学士孙承宗为辽东经略。孙承宗整顿部伍，巡察边务，进行积极的防御，任用袁崇焕修筑宁远城。但是孙承宗是东林党的领袖，与以大太监魏忠贤为首的阉党水火不容，虽然身为帝师、大学士，但还是在党争中受到排挤，辞官回京。接任孙承宗任辽东经略的是阉党党羽高第。

天命十年即天启五年（1625年），努尔哈赤决定迁都沈阳，但遭到贝勒诸臣反对。天命汗力主迁都沈阳，同时责备诸臣目光短浅，没有雄心壮志。他说：“沈阳形胜之地，西征明，由都尔鼻渡辽河，路直且近；北征蒙古，二三日可至；南征朝鲜，可由清河路以进；且于浑河、苏克苏浒河之上流，伐木顺流下，以之治宫室、为薪，不可胜用也；时而出猎，山近兽多；河中水族，亦可捕而取之。朕筹此熟矣，汝等宁不计及耶！”于是，诸贝勒、大臣一致回答说，“此言诚然”，遂定议迁都沈阳，派人迎接汗之福晋和皇子，将建州地区人丁移驻辽东。从此以后，沈阳第一次在中国历史上成为都城。清朝迁都北京以后，沈阳被作为陪都。

迁都沈阳后，经过努尔哈赤、皇太极父子两代的经营，辽河地区的经济与社会得到了全面的开发与发展。此时的努尔哈赤并未止步，他野心勃勃，发誓要夺取全国政权。他曾说：“南京、北京、汴京本非一人所居之地，乃女真、汉人轮流居住之地。”努尔哈赤一直保持着超人的自信，他68岁的时候，决定再次御驾亲征。

当努尔哈赤连克广宁（今辽宁北镇）、义州（今辽宁义县）等40余座城堡，并企图夺占辽西和山海关的时候，明廷面对后金的凌厉攻势，束手无策。辽东经略王在晋主张守山海关，以卫京师（今北京）。而宁前兵备金事袁崇焕则认为，若保关内，必守关外；若保关外，必守宁远。他的主张，得到前往山海关视察的明朝兵部尚书孙承宗的支持。不久，明廷任用孙承宗取代王在晋。孙承宗命袁崇焕与副总兵满桂领兵万余驻防宁远。袁崇焕抓紧筑城。乘明军易帅和匆忙撤军之机，天命十一年（1626年）正月十四日，68岁的努尔哈赤率领诸贝勒，亲统八旗劲旅6万人，号称20万大军，征讨明朝，发动了明金之间的第四次大决战。

正月十六日，后金军队抵达东昌堡，十七日渡过辽河，“于旷野布兵，南至海岸，北越广宁大路，前后络绎，首尾莫测，旌旗剑戟如林"。这时，身任兵部尚书、辽东经略要职的阉党党羽高第，严令从锦州、右屯卫、大凌河、小凌河、杏山、松山、塔山等城撤防，尽驱屯兵居民入关，焚烧房舍，遗弃米粟10余万石，搞得锦州等城兵民"死亡载途，哭声震野，民怨而军益不振"。因此，后金兵未遇任何抵抗，"如入无人之境"，二十三日即抵达宁远城郊。努尔哈赤率领军队在离宁远城5里的地方安营，将宁远重重包围。

在宁远处于危急时刻，辽东经略高第和总兵杨麒却拥兵山海关不救。宁远城只有明兵1万余人，孤零零地悬在关外，与外界所有的联系都已经中断。袁崇焕决定采取坚壁清野之策，组织军民共同守城。他在将士面前刺血为书，以表守城决心，并派大将满桂，副将左辅、朱梅，参将祖大寿分守各城门；在城上配置西洋大炮11门，在城内查缉奸细，同时通告邻近各地，凡见到从宁远逃跑的将士立即斩首，很快稳定了军心和民心。此时，努尔哈赤派被俘的汉人捎劝降书，谕告袁崇焕说，我用20万军队攻宁远，肯定会攻破它，你们这些将官，如果献城投降，就封你们高官，给丰厚的赏赐。袁崇焕回答说："义当死守，岂有降理！"

正月二十四日，努尔哈赤派兵猛力攻城，宁远军民依托坚城，浴血奋战。眼看久攻不下，努尔哈赤命军士以盾牌和板车掩护，冒死凿城挖洞。袁崇焕见状便亲自带兵用铁索裹着棉絮蘸油点燃，垂下来烧挖城之敌。这时候，袁崇焕的战袍被射得千疮百孔，身上也受了轻伤，但他仍旧坚定指挥，军民倍受鼓舞，越战越勇。二十五日，袁崇焕命用西洋大炮，从城上往下轰击。努尔哈赤终于迎来了他生命中的最后一战。努尔哈赤亲自督阵，战马上的他依然威风凛凛不减当年，可惜，他的自信被一个年轻将领的炮火轻而易举地击碎了。十数门大炮不断燃放，"周而不停，每炮所中，糜烂可数里"，袁崇焕又让士兵把被褥裹上火药，卷成一捆一捆的，投掷到城下，"火星所及，无不糜烂"。

努尔哈赤率领的后金军队连续攻了两天。精于骑射的八旗兵，在深沟高垒面前，矢石炮火之下，难以发挥特长，不但没拿下宁远，反而伤亡惨重，

"攻具焚弃，丧失殆尽"。对这种新引进的西洋大炮的来源、特点、性能、威力，努尔哈赤都一无所知。炮轰之处，死伤一片，官兵害怕，畏缩不前，努尔哈赤遭受到了从未有过的致命的失败！无奈之下，努尔哈赤派遣三等副将武纳格率蒙古兵往攻宁远南十六里明军屯贮粮草的觉华岛，尽杀守兵7000，焚烧粮草千余堆和2000余只船。二十七日，疲惫的努尔哈赤带着后金士兵开始撤退，并于二月初九日回到沈阳。

宁远之战，以明军的胜利、后金兵的失败而结束。

死亡之谜

天命十一年八月十一日（1626年9月10日），这位后金开国之主，在离沈阳四十里的瑷鸡堡逝世，享年68岁，他多姿多彩的一生终于画下了句点。天聪三年（1629年）努尔哈赤葬于沈阳石嘴头山福陵，崇德元年（1636年）初谥武皇帝，庙号太祖。康熙元年（1662年）改谥"承天广运圣德神功肇纪立极仁孝睿武端毅钦安弘文定业高皇帝"。

努尔哈赤死去多年，但关于他的死因却始终没有定论。清代官书在说到努尔哈赤之死时，都说他是得病而死，至于得的是什么病却没有提到。后人分析，努尔哈赤是被袁崇焕的炮火所伤而死。在宁远城下，袁崇焕率兵民万人守城，架设了11门由西洋人制造的红衣大炮。这种红衣大炮很可能是英国制造的早期加农炮，炮身长，射程远，威力大，可以说是当时全世界范围内最先进的火炮。后金军队在明军的炮火攻击下严重受挫，而努尔哈赤喜欢亲自上阵督战，在威力极大的火炮的猛烈攻击下，在毫无准备的情况下，他会不会受伤呢？

朝鲜人李星龄著的《春坡堂日月录》记载，朝鲜使团的译官韩瑗来到明朝的时候，在定远城与袁崇焕相见，宁远之战时袁崇焕曾把他带在身边，韩瑗亲眼目击了这次战役。战役结束后，袁崇焕派自己的手下，带着礼物，前往后金军营，向努尔哈赤"致歉"，说"老将横行天下久矣，今日见败于小子，岂其数耶！"当时，袁崇焕派去的人发现，努尔哈赤"先已重伤"，备好礼物和名马回谢，约期再战，最后终于"因懑恚而毙"。《明熹宗实录》

载，兵部尚书王永光奏称，在宁远之战中，明军曾经炮毙一位"大头目"，后金军用红布把此人包裹起来，边走边哭，抬走了。明张岱在《石匮书后集·袁崇焕列传》中载，当时先进的红衣大炮打死敌人，不可胜数，击中"黄龙幕"，伤一"裨王"。后金军用皮革裹着这位"裨王"的尸体，号哭着撤退了兵马。后世学者据此分析，"大头目""裨王"是一个人，即努尔哈赤。如果这种分析成立，开国君主果真死在"西洋大炮"下，这将是很丢脸的一件事。为了稳定军心，壮大国威，清王朝沿用从古至今常用的办法，在官修史书中隐瞒主将的伤亡。

但是，也有专家对此提出质疑。既然朝鲜译官韩瑗都知道努尔哈赤受了重伤，那么袁崇焕就应更加清楚。如果努尔哈赤真的身受重伤，这当然是特大功劳、重大胜利，不仅袁崇焕要炫耀自己的威风，就是明朝朝廷上下、文武百官也会对这件事大书特书，以激励军民的士气。可是，无论是袁崇焕本人的报告，还是朝廷的圣旨或者是朝臣的奏疏，都没有提到努尔哈赤受伤的事。另外，宁远战败，时间是 1626 年的正月，努尔哈赤是在八月二十日死去，这中间总共有 8 个多月的时间。在此期间，努尔哈赤并没有静养疗伤，而是"整修舟车，试演火器"，还到"远边射猎，挑选披甲"。四月，他带领大军，征蒙古喀尔喀，"进略西拉木轮，获其牲畜"。五月，努尔哈赤回师沈阳。六月，他还亲自出城郭十里迎接蒙古科尔沁部的鄂巴洪台吉来朝，根本不像是重伤之人。

综合来看，宁远之败，给努尔哈赤以沉重打击，使他"大怀忿恨而回"。努尔哈赤回到盛京后，心情一直很糟糕，便经常以打猎、攻略小城排解忧闷。"天命十一年七月二十三日，帝不豫，诣清河温泉坐汤。十三日大渐，欲还京，遂乘舟顺太子河而下。遣人召后，迎之于浑河相遇，至瑷鸡堡，离沈阳四十里。八月十一日庚戌未时崩，在位十一年，寿六十八。国政及子孙遗命预有告诫，临终遂不言及。"（《满洲实录》）

文武兼备的创业之君

——清太宗皇太极

□帝王档案

⊙姓名：爱新觉罗·皇太极

⊙属相：龙（1592 年）

⊙年号：天聪，崇德

⊙在位：1626~1643 年

⊙享年：52 岁（1592~1643 年）

⊙庙号：太宗

⊙谥号：应天兴国弘德彰武宽温仁圣睿孝文皇帝

⊙陵寝：昭陵（沈阳北陵）

⊙配偶：16 人，皇后博尔济吉特氏

⊙子女：11 子，14 女

⊙继位人：福临（顺治）

烽火中成长的王子

皇太极（1592~1643年），全名爱新觉罗·皇太极，清太祖努尔哈赤第八子。

万历十六年（1588年）九月，努尔哈赤基本削平建州各部，统一大业初具规模，这时他娶了一位美貌的妻子，这就是皇太极之母叶赫纳喇氏。叶赫纳喇氏是女真叶赫部首领杨吉努（仰加奴）之女。杨吉努为了与努尔哈赤结盟，把小女儿许配给他，称这是天生的"佳偶"。14岁的叶赫纳喇氏前来那天，努尔哈赤本人率领诸贝勒、大臣前往迎接，然后在费阿拉城里努尔哈赤的住处举行盛大宴会。当时努尔哈赤有众多妻子和儿女，地位最高的是富察氏衮代。但叶赫纳喇氏聪明伶俐，待人宽厚，从不干预政事，把全部精力用在侍奉努尔哈赤身上，因此最得努尔哈赤的欢心。

万历二十年（1592年），叶赫纳喇氏生了皇太极。在努尔哈赤的诸子中，皇太极排行第八。他的兄弟有褚英、代善、阿拜、汤古岱、莽古尔泰、塔拜、阿巴泰等人，年长的比他大10余岁，年幼的也比他只小三四岁。皇太极本人生来眉清目秀，聪明伶俐，凡接触到的事，"一听不忘，一见即识"。努尔哈赤十分疼爱这个儿子，军国事务之余，便常常与叶赫纳喇氏母子共享天伦之乐。

在父兄努尔哈赤、褚英、代善等奋战沙场，长年累月驰驱在外的情况下，年方7岁的皇太极接受父亲的命令，主持一切家政，干得很出色。举凡日常家务，钱财收支，送往迎来，大事小情，不管头绪如何繁多，事情如何细碎，皇太极都安排得井井有条，处置得当。

万历三十一年秋，不幸的事情发生了，年仅29岁的叶赫纳喇氏突然得重病而死。努尔哈赤日夜痛哭不止，为她举行了隆重的葬礼。从此，年方12岁的皇太极在父亲的教导关怀下，迅速成长起来。满族及先世女真人素以尚武著称，皇太极向他父亲学习本民族的传统风俗，从小就参加打猎，练得勇力过人，步射骑射，矢不虚发。皇太极当了皇帝以后，曾回忆这段生活时说："从前我们小的时候，听到第二天要出去打猎，个个欢腾雀跃，事先就调鹰蹴球，如不让去，哭着向太祖请求批准……那时仆从很少，人人各自牧马披鞍，劈柴做饭，即使这样艰苦，也乐于跟着为主效力，国家之有今日兴隆正是这种努力奋斗的结果。"

皇太极受父亲思想和作风的熏陶，像努尔哈赤那样吃苦耐劳，不怕流血牺牲，意志顽强，体格健壮。沈阳实胜寺曾藏有他用过的一张弓，矢长四尺余，不仅一般人不敢问津，就是一个壮士也很难拉开，而皇太极当年运用自如。

皇太极在参加作战和协助努尔哈赤治理国家的过程中逐渐显露了头角。据文献所载，皇太极在万历四十年（1612 年）参加了大规模的行军作战。那年乌拉首领布占泰背信弃义，干了一系列掠夺屯寨等罪恶勾当，引得努尔哈赤大怒，发兵往讨，皇太极随军出征。九月二十二日大军起程，二十九日抵乌拉部，与乌拉兵相峙三天。努尔哈赤所部四出焚毁粮草，乌拉兵白天出城对垒，夜里入城固守。皇太极与其兄莽古尔泰急不可耐，想立即过河进攻。努尔哈赤没有采纳他们的建议，还以"砍伐大树"为例，告诫他们对于势均力敌的敌人，用兵不能急躁，而应采取逐步削弱敌人的方式。于是他们毁掉了乌拉的一些城寨，第二年乌拉被灭。"伐大树"之说，对皇太极后来与明朝作战产生了深远的影响。

努尔哈赤自万历十一年（1583 年）起兵以后，经过 30 多年的征战，势力大增，同时也考虑起继承人的问题。长子褚英一直是努尔哈赤心目中继位的第一人选，但褚英后来背着努尔哈赤做了很多错事，他逼迫弟弟们对天发誓，誓词要求，长兄如何说，兄弟们即如何办，有什么话，也不要告诉父亲！褚英还提出，父亲死后，要把父亲分给弟弟们的财产重新分配，凡是和自己关系不好的弟弟、大臣，他作了汗以后统统杀掉。皇太极等人毅然向努尔哈赤揭发了褚英，万历四十一年努尔哈赤将褚英幽禁，褚英两年后死去。从此，皇太极进一步得到了努尔哈赤的信赖。万历四十三年，军政合一的八旗建制确立后，皇太极被任命为管正白旗的贝勒。

万历四十四年（1616年）正月，努尔哈赤58岁时，群臣为他举行了庄严隆重的上尊号仪式。此前，皇太极等诸贝勒、大臣们开会议论并一致赞成说：我国没有汗时，忧苦极多，蒙天保佑，为使人民安生乐业，给降下一位汗，我们应给抚育贫苦人民、恩养贤能、应天而生的汗奉上尊号。生日当天，他们为努尔哈赤上尊号"覆育列国英明汗"，建国称金，也叫大金或后金，年号天命。现辽宁新宾县老城村为当时的都城赫图阿拉，迄今还有"尊号台"的遗址，俗称"金銮殿"。从此在东北大地诞生了一个和明朝对立的国家政权。

后金建立伊始，皇太极就在努尔哈赤身边参与重大决策，他被称为和硕贝勒，是八旗的旗主之一，同其他的和硕贝勒，"共议国政，各置官属"。努尔哈赤共有子侄数十人，天命之初为首的和硕贝勒共有四人，依年齿次序为：大贝勒代善、二贝勒阿敏、三贝勒莽古尔泰、四贝勒皇太极，统称为四大贝勒。天命六年（1621年）二月，努尔哈赤"命四大贝勒按月分直，国中一切机务，俱令直月贝勒掌理"。这说明他们的地位和权力是同等的。

在后金所从事的主要战争活动中，皇太极献智献勇，发挥了重要的作用。天命三年（1618年），努尔哈赤下定决心要对明朝发动进攻，但是具体怎样行动，却议而未决。在欢庆努尔哈赤60大寿的宴席中，皇太极献上一计。他说，抚顺是我们出入之处，必先取得它。听说四月八日至二十五日，守城游击李永芳要大开马市。这时边备一定松弛，机会难得。我们可以先派50人扮作马商，分成五伙，驱赶马匹，入城为市。接着我即率5000兵夜行至城下，向里发炮，内外夹击，抚顺可得，他处不战自下。努尔哈赤欣然接受他的建议。四月十三日以七大恨誓师征明，结果大获胜利，成功攻占抚顺。在接下来的萨尔浒之战中，皇太极凭借着智勇一连数胜：进攻吉林崖，明主将杜松惨死；攻打斡珲鄂谟，明游击龚念遂殁于阵中；他与代善追击明监军康应乾于富察，明军溃败，朝鲜军元帅姜弘立投降。可以说，皇太极为赢得此战的胜利立下了汗马功劳。

天命六年，努尔哈赤发动了辽沈大战，皇太极是这次大战的策划者之一和冲锋陷阵的前线指挥官。三月初十，后金倾国出兵，十二日兵临沈阳城下，明总兵贺世贤出城抵御被战败，十三日后金占领沈阳。明援辽总兵童仲揆、陈策及周敦吉等继与后金兵大战浑河。皇太极奋勇参战。后金的将领雅松遥望明兵，胆怯而退，皇太极却毫无畏惧冲上去，打败明军，并追杀至白塔铺（今沈阳市南郊），然后与明奉集堡守将李秉诚、朱万良、姜弼接战。皇太极以百余骑击败明朝三总兵。第二天，努尔哈赤斥责雅松说："我的儿子皇太极，父兄依赖如眸子，因你之败，不得不杀入敌营，万一遭到不幸，你的罪何止千刀万剐！"怒斥之后，将其削职。

后金兵攻下沈阳城后5天，努尔哈赤又统大军攻向辽阳。皇太极率后金右翼四旗兵冲锋在前，在左翼四旗兵配合下，于辽阳城外打败明军，直追至鞍山界方返回。二十一日，经过城外城内的反复激战，后金攻取了辽阳，明朝守城的经略袁应泰自焚，巡按御史张铨被活捉。李永芳去劝降，被他大骂一顿。皇太极对这位大明忠臣十分敬仰，引证古代历史，劝张铨说："过去宋朝徽、钦二宗，为以前的大金天会皇帝所擒，尚且屈膝叩见，受封公侯，我想使你活下去，特地说说此事以提醒你，为何还执迷不悟，不肯屈服？"张铨不肯低头，最终被努尔哈赤派人勒死。从这件事情上，反映出皇太极不单是后金英勇善战的一员骁将，而且已经是比较成熟的政治家了。

辽沈大战的胜利，影响很大，辽河以东70余城也因之相继而下，连同以前所得，后金已经把东北的绝大部分地区纳入了它的统治范围。后金与明朝对峙，分地而治。天命六年，后金迁都辽阳，5年后又迁都沈阳。后来皇太极就以辽沈为中心，统一了全东北及蒙古的一部分地区。皇太极做后金汗和大清皇帝的都城，也是他亲自参加浴血奋战夺取的。

皇太极继位

皇太极的登基仪式

天命十一年九月一日，盛京。天命汗努尔哈赤已经驾崩19天。

此日，三大贝勒代善、阿敏、莽古尔泰及众贝勒、文武大臣聚会于朝，在皇太极的率领下焚香告天。三叩九拜大礼行毕，皇太极正式登基称汗，改第二年为天聪元年，被称为天聪汗。

次日，皇太极又率诸贝勒大臣对天地祝誓，祈求皇天后土"垂祐"，国祚炽昌。皇太极发誓说：

皇天后土，即佑我皇考，肇立丕基，恢复大业；今皇考龙驭上宾，我诸兄衣诸弟侄，以家国人民为重，推我为君。唯当敬绍皇考之业，钦承皇考之心，我若不敬兄长，不爱弟侄，不行正道，明知非义之事而为之，或因弟侄等微有过愆，遽削夺皇考所与户口，天地鉴谴！若敬兄长，爱弟侄，行正道，天地眷佑！

接着，大贝勒代善、二贝勒阿敏，三贝勒莽古尔泰率领众贝勒、贝勒之子面对天地诸神，对新汗皇太极盟誓告曰：

我等兄弟子侄，询谋异同，奉上嗣登大位，宗社借凭，臣民倚赖。如有心怀嫉妒，将不利于上者，当身被显戮。我代善、阿敏、莽古尔泰三人，若不教养其子弟，或加诬害，必自遭凶孽。若我三人好侍子弟，而子弟不听父兄之训，有违道者，天地谴责！如能守盟誓，尽忠良，天地眷佑！我阿巴泰、德格勒、济尔哈朗、阿济格、多尔衮、多铎、杜度（褚英长子）、岳托（代善长子）、硕托（代善第三子）、豪格（皇太极长子）等，若背父兄之训，而费矢忠荩，天地谴责！若一尽为国，不怀偏邪，天地眷佑焉！

盟誓完毕，皇太极为了表示对大贝勒代善、二贝勒阿敏、三贝勒莽古尔泰的尊敬，又率众贝勒向他们敬重地拜了三拜，以示"不以臣礼待之"。

皇太极加强君权的隐蔽手段

天聪三年（1629年）正月，皇太极以"三大贝勒向因值月之故，一切机务，辄烦诸兄经理，多有不便"为由，改为三大贝勒以下诸贝勒代理值月理政。这样，代善等三大贝勒不再值月，不能与皇太极一样来执掌治理国家的大事，他们的权力被皇太极"委婉"地削弱了。

为了进一步削弱三大贝勒的权势，皇太极又增设了"八大臣""十六大臣"，他们有的与诸贝勒坐在一起"共议国事"，有的直接参与"佐理国政"，有的专门负责"出兵驻防"。

这些手段和措施，使君权得到了加强，但没有改变八旗并立的局面。此际，汉官胡贡明上奏说：

"有人必八家分养之，土地必八家分据之，即一人尺土，贝勒不容于上，上亦不容于贝勒，事事掣肘，上虽有一汗之名，实与正黄旗一贝勒无异也，若不改此局面，纵借强兵，入山海关，中原，臣谓不数年间，必将错乱不一，而不能料理也。"

皇太极接到胡贡明的奏疏，看过之后深以为然。君主与旗主分权的矛盾，确实是后金进一步发展中亟须解决的问题。时过不久，又有人说：八旗并立，彼此怨与日俱增。君王不要兄弟是倚，他们行将害上。汉官也纷纷上书，主张皇太极君权独揽。

对如何加强君权，解决好与八旗旗主的矛盾，皇太极时时权谋在心。不久，他根据汉官的建议，仿照明制，设立六部。

天聪五年（1631 年），皇太极仿照明朝的管理制度设立六部，以贝勒管部事。

后金六部，分吏、户、礼、兵、刑、工，一如明制，每部皆用一贝勒主管。六部各设贝勒一人，"管某部事"。在这些贝勒之下，还设有承政、参政、启心郎、办事、笔贴式等官。承政各设满、蒙、汉一人。承政之下，皆设参政（尚书侍郎）八人，只有工部设满人八名，蒙、汉各两名。办事、笔贴式，看事务繁简，各酌量补授。

皇太极直接面谕六部大臣，要他们奉公守法，按照自己的意旨办事，"以副朕意"。汉官说："今六部已立，规模次第可观，伏乞上毅然独断。"皇太极立即采纳，于六部中添启心郎之职。启心郎的设置，有助于君权的加强。其职责是：见管部事的贝勒有不善行为，劝阻莫行，启迪他们勤于国事，忠于大汗。

六部的设置加强了君权，巩固了后金统治，为日后进取中原、夺取明朝政权做了准备。它使后金"某一宗我国行得，某一宗我国行不得，参汉酌金，渐就中国之制，日后得了蛮子（指汉明王朝）地方，不至于手忙脚乱"。同时，它的设置，又使后金政权在封建化过程中前进了一大步。

失利宁锦

皇太极的最终目标是夺取明朝天下，他知道明朝虽屡败于后金，国力大为削弱，但毕竟在中原地区绵延了数百年，根基牢固，并不是轻易就可以战胜的。努尔哈赤在宁远之败不久死去，皇太极一上台，就致函宁远巡抚袁崇焕，传达了讲和的意思。袁崇焕针锋相对，回信提出了讲和的条件，要后金从占领的辽东地区退出。在讲和的问题上，双方都没有多大诚意，皇太极不过是想争取时间对朝鲜用兵，而袁崇焕也在争取时间加强防御。

后金天聪元年（1627年）正月，皇太极命大贝勒阿敏、贝勒济尔哈朗、阿济格等统率3万军队东征朝鲜，在朝鲜土地上点燃了战火。阿敏罗列朝鲜不遣使吊努尔哈赤之死等7大罪状，率兵猛攻，占领平壤。朝鲜国王李倧弃京城，带着妻子逃到了江华岛，派其弟原昌君与后金讲和。三月，阿敏和朝鲜在江华岛杀白马黑牛，焚香盟誓，定下"兄弟之盟"。后金大掠三日而返。后金对朝鲜的胜利，从纳贡和开市中获得了一定的物资利益，但更重要的是，这次胜利破坏了朝鲜与明朝的同盟关系，解除了后顾之忧。

在与朝鲜签订"兄弟之盟"后，皇太极将军事触角伸向了明朝的辽西地区，以实现他一统天下的宏图。

明朝在萨尔浒战役中遭到惨败，迫使它从战略进攻转为防御，直至退却，但退到辽西地区，就不想再退了。整个辽沈地区被熊廷弼称为"神京左臂"，京师、山海关、辽沈，形势完整，臂指相连。辽沈失掉后，辽西首当其冲；辽西不保，山海关即失；山海关一失，京城就暴露于敌前，其危亡必在旦夕之间。因此，明廷采纳孙承宗、袁崇焕等人的意见，在辽西地区派重兵镇守，双方在这一地区进行了长达十几年的拉锯战，激烈争夺每一个屯堡、军事要塞和城镇。

天聪元年（1627年）五月，皇太极首次率大军征明，开始了与明朝争夺辽西的拉锯战。当时，皇太极派遣征朝鲜的大军刚刚回到沈阳，他便得到一个重要情报：明军正在加紧修筑锦州、大凌河、小凌河诸城，在其周围屯田耕种。这些城的修筑工程是明军积极防御策略的一部分，由宁远巡抚袁崇焕独创部署。袁崇焕总结交战以来的经验教训，筑起了一道宁锦防线。他认为"恢复之计"在于"以辽人守辽土、以辽土养辽人，守为正著，战为奇著"。依靠当地人民守卫自己的土地，依靠这里的肥沃土地来维持人民连军队在内的生计；军事上，防御为主，出战、进攻为其次。这一方针完全符合当时当地的实际情况，是阻挡后金的攻势，渐图恢复的有效措施。

皇太极意识到，这些地处辽西前锋的军事要地一旦修缮完整，会给他的进军造成巨大的障碍。他果断命令将士们连续作战，力图抢在这些城池完工之前，一举攻克，以使袁氏的防御体系付诸东流。

六日，皇太极留下贝勒杜度、阿巴泰守沈阳，自率大军朝锦州进发。十一日兵临锦州城下，对锦州形成包围之势，企图迫使明守军不战而降。明平辽总兵赵率教和副将左辅、朱梅等坚守不屈，皇太极的如意算盘落了空。

皇太极下令攻城，战斗进行了一整天，后金伤亡惨重，而锦州城却安然无恙。继续又攻十几天，还是没有攻下来。几次劝降信用箭射到城里，也没有回音；诱使出城会战，明兵凭坚城据守不出。

皇太极无计可施，只得留部分兵力围攻锦州，自率主力转攻宁远（今辽宁兴城县城）。坐镇宁远的正是名将袁崇焕，他已向朝廷请来各路援兵，出动水师在海上遥相控制，再派部将尤世录、祖大寿率精兵4000增援锦州，他们刚要出发，后金兵突然来到，就在城外二里安营，列枪炮，严阵以待。皇太极督代善、阿敏等领兵进击。袁崇焕坐镇指挥，放射大炮，后金兵一排排倒下，明兵也死伤大半，满桂身中数箭。这一战役延续到第二天，明兵发挥枪炮的威力，使后金继续遭受重大损失，游击觉罗拜山、备御巴希等被射死，贝勒济尔哈朗、萨哈廉、瓦克达都受了伤。

宁远不下，皇太极又返回锦州，再次攻城，已是六月四日。时值暑天，将士中暑很多，士气、战斗力都在下降。皇太极知不可久留，决定班师。

第二天，大军开始从锦州撤退，整整持续了一夜，至次日黎明，经小凌河城，把明兵已修好的城墙和工事全部毁掉，然后挥军引去。

此战明军防守成功，时称"宁锦大捷"。"宁锦大捷"的取得，除了顽强的抵抗，主要还是袁崇焕的战略发挥了决定性的作用。袁崇焕正确估量了敌我形势：明兵不利于野战，和擅长骑射的后金兵是无法较量的。只有高筑城墙，深挖城壕，坚守城池，用大炮轰击，以制敌取胜。此种战略，正好限制了后金兵发挥优势。

宁锦之战的失利，使皇太极意识到明军的防守仍有巨大力量，在短时期内，他是无法攻克辽西的，但不能攻取辽西，便进不了山海关，更别提夺取北京了。在辽西受阻之后，皇太极决定改变进攻路线，首先扫清前进路上的障碍——蒙古。

明末清初，蒙古分成三大部落：漠北蒙古即外蒙古、漠南蒙古即内蒙古、漠西蒙古即厄鲁特蒙古。漠南蒙古位于明朝和后金的中间，曾经和明朝签订一同抵御后金的盟约。漠南蒙古察哈尔部的林丹汗是元太祖成吉思汗的后裔，每年接受明朝廷给的大量"岁赏"，同后金对抗。皇太极在对付蒙古问题上要有所进展，必须制服这个劲敌。后金天聪二年（1628年），皇太极亲率大军进攻林丹汗，俘获11000余人，追到兴安岭。这次出征，后金既打击了大敌察哈尔，也进一步巩固了对已归服的蒙古诸部的统治。更重要的是，皇太极在辽西受阻之后，又通过征服蒙古，找到了进攻明朝的新路线。

反间计除袁崇焕

袁崇焕驰卫北京

袁崇焕击败皇太极，获得宁锦大捷后，上奏崇祯帝，说山海关一带防务巩固，已不足虑，但蓟门单弱，须防敌人从西路进攻。朝廷没有多加理会，他再上第二道、第三道奏章。崇祯下旨交由部科商议办理，但始终迁延不行。天聪三年（1629年）十月，清兵果然大举从西路入犯，避开山海关，绕道内蒙古，进攻北京城，这一切都在袁崇焕意料之中。

明朝初年为防备蒙古人，对北方边防全力注意，修筑长城，设立辽东、蓟州、宣府、大同、太原、陕西、延绥、宁夏、甘肃九大边防军区，即所谓"九边"。东起鸭绿江，西至酒泉，绵延数千里中，一堡一寨都分兵驻守。但后来注意力集中于辽东，其他八镇的防务就废弛了。明太祖本来建都南京，成祖因为在北京起家，将都城迁过去。在中国整个地形上，北京偏于东北，和财赋来源的东南相距甚远。最不利的是，北京离长城只有100多里，敌军一破长城，快马半天，就兵临城下。金元两朝以北京为首都，因为它们是来自北方的游牧民族，不敢深入中原，如果有变，就可以立刻转身逃回本土。明朝的情况却不一样。明成祖对蒙古采取攻势，建都北京就是为了便于进攻，后来明朝中后期，兵力衰弱，北京地势上的弱点马上暴露无遗。

袁崇焕于十月二十八日得讯，立即兵分两路，北路派镇守山海关的赵率教带骑兵4000西上堵截。他自己率同祖大寿、何可纲等大将从南路西去保卫北京。沿途所经抚宁、永平、迁安、丰润、玉田诸地，都留兵布防，准备截断清兵的归路。崇祯正在惶急万状之际，听得袁崇焕来援，自然是喜从天降，急令袁崇焕作各路援军总司令。袁崇焕部十一月初赶到蓟州，十一、十二、十三三天与清兵在马升桥等要隘遭遇，每一仗都胜了，清军半夜里退兵。但北路援军却遭到了重大挫败。赵率教急驰西援，在遵化城外大战，被清军阿济格所部的左路军包围歼灭，赵率教中箭阵亡。遵化陷落，巡抚王元雅自杀。清军越三河，略顺义，至通州，渡河，进军牧马厂，攻向北京。袁崇焕两日两夜急行军300余里，比清军早到两天，驻军于北京广渠门外。袁崇焕一到，崇祯立即召见，大加慰劳，袁崇焕以士马疲劳，要求入城休息。但崇祯心中颇有疑忌，不许部队入城。袁崇焕要求屯兵外城，崇祯也不准，一定要他们在城外野战。清兵东攻，在高密店侦知袁军已到，大惊失色，想不到袁崇焕如此神速。

二十日，两军在广渠门外大战。袁崇焕亲自上阵督战。从上午八时打到下午四时，恶斗 8 小时，胜负不决。打到傍晚，清兵终于不支败退，退了 10 余里。袁军直追杀到运河边上。这场血战，清军劲旅阿巴泰、阿济格、思格尔三部都被击溃。袁崇焕也中箭受伤，中箭的甲胄，像刺猬似的。袁崇焕连获广渠门和左安门两捷，京师转危为安。

袁崇焕知道这是侥幸获胜，在军事上并不可取，尤其在京城外打仗，更不能侥幸。他对部属说："按照兵法，侥幸得胜，比打败仗还要不好。"崇祯见清兵没有远退，不断催促袁崇焕出战。袁崇焕说，估计关宁步兵全军于十二月初三、初四可到。一等大军到达，就可决战。袁崇焕的意思是，大军在城外坚守，派游军截断清兵粮道，焚烧清兵粮草，再派兵占领长城各处要隘，使清兵没有退路，然后与清兵持久对抗。这是一条非常正确的战略。

但是崇祯是个十分急躁的青年，那时还没满 19 岁，一见袁崇焕按兵不动，不耐烦起来，催他出战。袁崇焕一再说，要等步兵全军到达才可进攻，现在只有 9000 骑兵，和敌兵 10 余万决战，难求必胜。崇祯却怀疑起来了："你不肯出战，到底是什么居心？想篡位吗？想胁迫我答应议和吗？你从前不断和皇太极书信往来，到底有什么密谋？你为什么一早就料到金兵要从西路来攻北京？"崇祯的性格本来就十分多疑，现在兵临城下，更是又惊又怕。

皇太极借刀杀人

清兵于十一月二十七日退到南海子，溃败后，心中不忿，便在北京郊外大举烧杀。北京城里居民的心理和皇帝一样，听信谣言，说袁崇焕不肯出战，别有用心。许多人说清兵是他引来的，目的在"胁和"，使皇帝不得不接受他一向所主张的和议。于是有人在城头向城下的袁部骑兵抛掷石头，骂他们是"汉奸兵"。石头砸死几名兵士。

就在这时候，清兵捉到两名明官派在城外负责养马的太监，一个叫杨春，一个叫王成德。皇太极心生一计，派副将高鸿中、参将鲍承先、宁完我、巴克甚、达海等人监守。俘虏了两名小小太监，为什么还要派五名将领来监守呢？皇太极一生都很爱看《三国演义》，周瑜利用蒋干盗书使曹操中反间计的手法，皇太极非常清楚，他要设计陷害袁崇焕。这一计策，《清史稿·鲍承先传》记载："翌日，上诫诸军勿进攻，召承先及副将高鸿中授以秘计，使近阵获明内监系所并坐，故相耳语云：'今日撤兵，乃上计也。顷见上单骑向敌，有二人自敌中来，见上，语良久乃去。意袁经略有密约，此事可立就矣。'内监杨某佯卧窃听。越日，纵之归，以告明帝，遂杀崇焕。"

高、鲍、宁三人是投降满清的汉人。到了晚上，鲍承先与宁完我二人依照皇太极所授的密计，大声"耳语"，互相说道："这次撤兵，并不是我们打了败仗，那是皇上的妙计。皇上单独骑了马逼近敌人，敌人军中有两名军官过来，参见皇上，商量了好久，那两名军官就回去了。皇上和袁督师已有密约，大事不久就可成功。"

这两名太监睡在旁边，将两人的话都听得清清楚楚。十一月三十日，皇太极命看守者假意疏忽，让杨春逃回北京。杨春将听到的话一五一十地禀报崇祯。先前有民谣："投了袁崇焕，鞑子跑一半。"（文秉《烈皇小识》）民众竟然认为要赶跑满兵，必须先逮捕（"投"）袁崇焕。这些舆论，自然传到了崇祯耳里，现在，太监们的话更加深了他的疑虑。

第二天，十二月初一，崇祯中了皇太极的"反间计"，以议军饷为名，命袁崇焕到紫禁城。当时，北京城戒严，九门紧闭。袁崇焕和祖大寿坐在筐里，被人吊到城上。袁崇焕到了紫禁城平台，崇祯帝并未议饷，而是下令将他逮捕，下锦衣卫狱。祖大寿眼见之下，手足无措，出北京城后等了三天，见袁崇焕没有获释，与何可纲惊怒交集，立即带部队回锦州去了。正在兼程南下赴援的袁部主力部队，在途中得悉主帅无罪被捕，当然也就掉头而回。

崇祯见祖大寿带领精兵走了，不理北京防务，忙派内阁全体大学士与九卿到狱中，要袁崇焕写信招祖大寿回来。袁崇焕心中不服，不肯写，但最后想到"以国家为重"五字，写了一封极诚恳的信，要祖大寿回兵防守北京。这时候祖大寿已冲出山海关北去，崇祯派人飞骑追去送信。追到军前，袁部将士怒不可遏，祖大寿军中喝令放箭，送信的人大叫："我奉袁督师之命，送信来给祖总兵，不是朝廷追兵。"使者递过信去。祖大寿读后，下马捧信大哭，一军都大哭。祖大寿对母亲很孝顺，他母亲又很勇敢，儿子行军打仗，80多岁的老太太常常跟着部队。这时她劝儿子说："本来以为督师已经死了，咱们才反出关来，谢天谢地，原来督师并没有死。你打几个胜仗，再去求皇上赦免督军，皇上就会答允。现今这样反了出去，只会加重督师的罪名。"祖大寿觉得母亲的话很对，当即回师入关，和清兵接战，收复永平、遵化一带，切断了清兵的两条重要退路。

这时祖大寿、何可纲等得到袁崇焕狱中手书，又还兵来救。皇太极对袁部毕竟忌惮，感到后路受到严重的威胁，于是并不进攻北京，反而写了两封议和的信，放在安定门和德胜门城门口，然后取道冷口而还辽东。

第二年八月十六日，一代名将袁崇焕在北京西市被凌迟处死。

建立大清国

皇太极即汗位以来就倾心于学习中国历代专制主义的封建统治，不断地加强集权。他上台伊始，设了八大臣管理国务，称八固山额真，在旗内总管一切事务，国家有事，与诸贝勒"偕坐共议"，狩猎出师，各领本旗兵行，还负有稽查责任。固山额真的设立，削弱了诸贝勒的权力，加强了汗权。

皇太极又处心积虑以获得南面独坐权。天命六年（1621年）努尔哈赤命四大贝勒"按月分直"，皇太极即汗位，四去其一，其余三大贝勒仍"分月掌理"，这是一种分权制度。皇太极刚登汗位时，与其余三大贝勒（大贝勒代善、二贝勒阿敏与三贝勒莽古尔泰）共同当政，群臣上朝时均南面而坐，这突出不了皇太极的地位。他处心积虑争取南面独坐，借用各种机会把其他三贝勒打下去。

天聪四年（1630年），皇太极以阿敏从滦州、遵化等地败归，心怀异志僭拟国君等16条罪状将他幽禁籍没。第二年，皇太极以持刀"向前"（行刺皇太极）为罪名处置了莽古尔泰。在明白了皇太极杀鸡给猴看的手法后，代善便自个儿要求下台。自此，皇太极终于可以"南面独坐"了。但是皇太极对代善还不放心，天聪九年（1635年）皇太极又以代善轻视君上、贪财违法的罪名削了代善的贝勒爵号。第二年代善封和硕礼亲王。第三年，皇太极又斥责他越分妄行，轻君蔑法，迫使他闲居。天聪六年（1632年），皇太极再次率军远征林丹汗，长途奔袭至归化城（现在内蒙古呼和浩特市），林丹汗星夜逃遁。此后，蒙古察哈尔部逐渐分崩离析，林丹汗逃至青海出痘病死。天聪九年（1635年）正月，蒙古的牧羊人发现一只三天不吃草的羊，用蹄子老刨同一个地方，牧羊人在羊刨的地方挖出一块玉玺，上有汉文篆字"制诰之宝"，据说这是汉朝传下来的传国玉玺，元顺帝北逃时带走，后来就不知踪影。天聪九年，皇太极命令多尔衮等再次率军攻打察哈尔部。林丹汗的儿子额哲率部归降，献上传国玉玺。皇太极大喜，认为这是"一统万年之瑞"的天赐之宝。

接下来，皇太极巩固和完善了八旗制度，扩编蒙古八旗，加强对蒙古的统辖；创设理藩院，专门处理民族事务；设立内三院、六部、都察院和理藩院，形成所谓"三院六部二衙门"的政府架构，基本完善了政府组织的体制和架构。

天聪九年十月十三日，即1635年11月22日，皇太极正式下令把族名定为满洲："我国建号满洲，统绪绵远，相传奕世，自今以后，一切人等，止称我国满洲原名，不得仍前妄称。"从此以后，满洲族简称满族，这样无疑凝聚了整个满洲内部的力量。

天聪十年（1636年）四月十一日，皇太极改国号为"大清"，改年号为"崇德"，在盛京笃恭殿举行盛大典礼，大贝勒代善用满文宣读表文，额哲用蒙古文宣读表文，汉人孔有德用汉文宣读表文。这就意味着皇太极不仅是满洲人的皇帝、蒙古人的皇帝，也是汉族人的皇帝。

此举充分显示了皇太极的远见卓识。首先，历史上女真族建立的金朝（1115～1234年），曾经残酷掠夺和压迫过汉族人民，是汉族人仇恨的对象。废去"女真"族号和"金"的国号，正是为了避免刺激汉族人的历史记忆，减少民族抵触情绪。其次，明朝的统治者姓朱，按汉族传统说法，其中的"朱""明"两字，均含有"火"之意，按五行相克的说法，"火"克"金"，这在明金对峙的形势下，对金不利。改"金"为"清"，汉字的"清"及"满洲"等字，均以"水"为旁，而"水"是克"火"的。另外，明朝当时的年号是"崇祯"，即崇尚祯祥，表明明朝统治者重天事。而皇太极改年号为"崇德"，表明他重视的是德治。

在封建社会中，种种迷信观念深入人心，皇太极很好地利用了这一点，不仅取悦于民，而且展现了与明朝争夺天下的决心和抱负。

但是，皇太极称帝之后亲自领兵攻打的不是明朝，而是 10 年前曾与他签订过"兄弟之盟"的朝鲜。自从后金与朝鲜结为兄弟以来，朝鲜仍与明朝藕断丝连，对后金政治、经济、军事的一些要求都寻找借口不肯应允。皇太极每有胜利，都不厌其详地告诉朝鲜，极力想把朝鲜从明朝一边拉过来，但收效甚微。崇德元年（1636 年），皇太极称帝大典上，朝鲜使臣拒不跪拜，衣服被撕扯破后，愤然离去。皇太极非常恼怒，崇德元年十一月十九日，皇太极以"朝鲜败盟逆命"为由，决定亲自征讨朝鲜。十二月，皇太极第二次对朝鲜用兵，统率清军渡鸭绿江，前锋直指朝鲜王京汉城。朝鲜国王李倧逃到南汉山城，皇太极也率军到南汉山城驻营。第二年正月，李倧请降，奉清国正朔，向清帝朝贡。第二年，朝鲜军队在汉江东面的三田渡，设坛杀白马黑牛，焚香盟誓，朝鲜国王表示尊崇清朝的正朔，向清朝进贡，结成"君臣之盟"。皇太极此次用兵朝鲜，达到了一石三鸟的目的：一是改变了朝鲜游荡于明朝和清朝之间的立场，二是得到了来自朝鲜的物资供应，三是解除了南攻明朝的后顾之忧。

蒙古、朝鲜臣服后，东方、西方的牵制势力都已经扫清，皇太极开始专心对付南部的明朝。

天聪八年，皇太极发动入口之战，饱掠而归。他建立大清国政权之后，加紧了对明朝关内的侵袭。崇德元年，皇太极命多罗郡王阿济格等率军入关，凡 56 战皆捷，克 16 城，俘获人畜 17 万。崇德三年（1638 年），皇太极派多尔衮率军入关，在长达半年的时间里，转战 2000 余里，攻克济南府城暨 3 州 55 县，获人畜 46 万；崇德七年（1642 年），皇太极派阿巴泰率军入关，横扫山东，俘获人口 36 万、牲畜 32 万余头。清军这几次对关内入侵，都是势如破竹，疾似飙风。皇太极命令他们："凡遇人口，即行俘之……凡物，见则取之。"清军蹂躏了明朝广大地区，掳掠了大批人畜和财物，使明朝一次又一次地大伤元气。

松锦之战

锦州是明朝设置在辽西的军事重镇之一，广宁中屯卫、广宁左屯卫设在这里。自从明清（后金）交战以来，锦州的战略地位日益显得重要。明朝派遣重兵驻守，加固城池，力图使锦州成为阻止清兵西进的一座坚固堡垒。

皇太极知道"以大军屡入塞，不得明尺寸之地，皆由山海关阻隔；而欲取关，非先取关外四城不可"。而锦州则首当其冲。皇太极很清楚，只有先打下锦州，然后从山海关进攻北京，才能给明朝致命一击。

明崇祯十三年（清崇德五年，1640 年）三月，皇太极鉴于漠南蒙古归附，朝鲜称臣，后顾之忧已解除，经多次绕道入关作战，消耗明廷实力后，决计以 10 万兵力攻取锦州，打通辽西入关通道。皇太极命令郑亲王济尔哈朗为右翼主帅，多罗贝勒多铎为左翼主帅，各统兵开赴义州驻守，筑城屯田，筹措攻城器具，对锦州形成合围之势。规模巨大、震惊全国的松锦决战很快拉开了序幕。这是继萨尔浒激战之后，明清兴亡史上又一次战略性的大决战，它把皇太极的军事实践推向了一个新的高峰。

实行围困，是对付明军的较为有效的措施。明朝对辽东的作战方略屡有变化。实践证明，袁崇焕提出的唯有凭坚城、用大炮一策，守为正，战为奇，最为有效，它迫使清兵舍长取短，很少成功。袁虽冤死，但他的这一方针却继续下来，明兵就是坚守城池，不肯轻易出城与清兵较量。十几年来，清兵无可奈何。现在，皇太极进兵义州屯种，目的也是为长期围困锦州提供后勤支持。

当时，辽东名将祖大寿镇守锦州城。他本来在天聪五年（1631 年）大凌河之战中已投降后金，当时他诡称妻子在锦州，要求迎取妻小，同时作为内应，智取锦州。太宗放他回去，结果他一去不返，还当上了锦州的守将，祖大寿之甥吴三桂为副将。祖、吴在辽东拥有强大实力，是明朝倚重的军事集团。崇德三年，清军发动入口之战，皇太极亲自领兵攻向宁远、锦州，祖大寿打败多铎的军队，皇太极要求祖大寿来见，祖大寿推辞不见。第二年，皇太极又领兵围攻松山，旁及连山、塔山、杏山，崇祯召祖大寿救援，皇太极却要他来投降，也没有成功。祖大寿坚守锦州，清军屡攻不克。

从崇德六年起，济尔哈朗开始令诸军包围锦州。祖大寿向明廷告急。四月，皇太极亲往义州、锦州察看地形和明军态势，决定对锦州采取长期围困之策。这一年，清军攻锦州，东关守将吴巴什降清，清军轻松地取得了锦州的外城。

此前，明朝已调洪承畴（1593～1665 年）入卫京师。洪承畴是福建南安人，明万历进士，历任延绥巡抚，陕西三边总督，是明朝晚期不可多得的一位帅才。此时由于受到清兵的极大威胁，崇祯帝正式任命洪承畴为兵部尚书兼副都御史总督蓟辽军务，这是准备决战的重要一步。

洪承畴十月出山海关，调集曹变蛟、王廷臣、自广恩、马科、吴三桂、杨国柱、王朴、唐通八总兵，13 万步骑，4 万马匹，东来解锦州之围。祖大寿驻锦州，以松山、杏山、塔山三城为犄角。清朝也把孔、耿、尚的军队调来助围锦州。

洪承畴采取"步步为营，且战且守，待敌自困，一战解围"的战略，于崇德六年即崇祯十四年（1641 年）七月，率兵进驻松山与锦州间的乳峰山，两军初战，"清人兵马，死伤甚多"，清军失利，几乎就要溃败了。失败的消息传到盛京，皇太极见形势危急，事关重大，于崇德六年八月亲自领兵进战。史书上记载："上行急，鼻衄不止，承以椀"，鼻子流血不止，用椀（碗）接着，昼夜兼行 500 余里。有人建议"徐行"，皇太极说："朕如有翼可飞，当即飞去，何可徐行也！"经过 6 天急行军到了松山。

皇太极亲征，大大鼓舞了清军的士气。他部署清军自乌忻河南至海，横截大路，绵亘驻营，再在高桥设伏，围追堵截，处处有备。明兵虽号称 13 万，能战者只有白、马、吴三总兵所部。洪承畴不愿急战，但崇祯及朝中不少大臣皆轻躁促战，洪氏被迫进兵，初获小胜。

皇太极作出部署，命令埋下伏兵，断去敌人的退路；袭劫明军的积粟，使明军的粮道丧失；清军在高桥设埋伏，袭击明军的逃兵；在大路列阵，截击明军的援兵。皇太极采取大包围的攻势，挖深濠困住了明军，洪承畴正欲决一胜负，而诸将以无饷为由，商议回宁远取粮。洪承畴看出："战亦死，不战亦死；若战，或可冀幸万一。"但部将各怀异志。还没等下令出击，王朴等总兵得悉皇太极亲征，慑于其声威，纷纷乘夜率领本部兵马撤退，遭到清军的伏击，明 13 万兵被斩的就有 5 万。经过激战，皇太极获得大胜。洪承畴只剩下 1 万余人退守在松山城内。曹变蛟、王廷臣突围入松山城，与洪承畴和巡抚邱民仰在松山坚守。松山城内缺粮草，外失救援，处于孤立绝望的境地。洪承畴几次欲突围而出，都遭遇失败。

清崇德七年（1642 年）二月，明朝松山副将夏承德暗地里投降清朝，密约清军为内应，二月十八日清军入松山，生擒洪承畴、辽东巡抚邱民仰等重要将领。皇太极马上下令就地杀掉邱民仰、曹变蛟、王廷臣，押解洪承畴到都城沈阳。三月初八日，锦州城内的祖大寿因孤立无援，率领锦州守军降清。四月，清军又攻克塔山、杏山，并毁二城。至此，持续两年的松锦之战结束。

自万历四十六年即天命三年（1618 年），在抚顺明朝与后金的第一次交锋开始，至崇祯十七年即顺治元年（1644 年）清军入关，在近 30 年间，有三大战役对明清兴亡产生了极其深远的影响，它们是萨尔浒之战、沈辽之战和松锦之战。萨尔浒之战，明朝在辽东从有利转为被动；沈辽之战，明朝在辽东的势力几乎终结，后金在辽东确立统治；松锦之战，明朝失去关外的所有一切。清朝人说，萨尔浒之战是"王基开"，而松锦之战是"帝业定"。皇太极为定鼎燕京、入主中原奠定了基础，做好了准备。

皇太极之死

与努尔哈赤不同，皇太极改变了父亲在东北割地称王的总战略，他看到明朝腐败至极，便多次进攻，意欲打进关内定鼎称帝。皇太极为联络抚绥广大蒙古各部落，娶了五位蒙古贵族的小姐，晋封为五宫后妃。这五位小姐全是清一色的博尔济吉特氏，庄妃布木布泰、海兰珠都是其中的一个。

至于皇太极的妻子数量并没有准确的数字，有记载的包括五宫后妃和十几位妃子。宸妃入宫时26岁，比妹妹布木布泰文静娴淑、言行识度，在皇太极众多的后妃中，唯有宸妃海兰珠独得专宠。

崇德六年九月，海兰珠病危，当时皇太极正领兵在松锦战场与大明交战，听说宸妃海兰珠病重，"情令智昏"的他竟然下令撤出战场，驱马急返盛京（今沈阳），还没有赶到，海兰珠就已经死了。皇太极悲痛万分，朝夕哭泣，竟至昏迷，经抢救一整日才苏醒过来。这位屡经血战的皇帝因心爱的宸妃离去被彻底击倒，饮食大减，军政无心，一些亲贵在宸妃丧礼期间不遵守礼仪规定守丧，被皇太极罢夺了王爵官位。在诸王大臣的劝谏之下，他曾悔悟道："天之生朕，原为抚世安民，今乃太过于悲悼，不能自持。天地祖宗知朕太过，以此示警。朕从今当善自排遣也。"话虽如此，他内心的悲苦却未稍减。为了开解他的伤心，群臣建议他外出打猎，谁料回来时经过海兰珠的墓地，皇太极又勾起了悲痛，扑在墓上大哭一场，在场的人无不动容。皇太极追封宸妃为元妃，谥号敏惠恭和。皇太极已经将海兰珠视为自己的元配正妻，只是碍于哲哲，不能给予皇后的名分。

从此这位身体一直健壮的大清帝常常"圣躬违和"，他曾对诸王及他们的妻子儿女说："山峻则崩，木高则折，年富则衰，此乃天特贻朕以忧也。"这流露出皇太极已为自己年老体衰而不安了。后来皇太极因身体不好，曾发布过大赦令，也减少了处理日常事务的负担，甚至做过祈祷。崇德八年（1643年）初皇太极身体已经不舒服了，但没有严重的迹象，到了八月庚午这一天仍照常处理公务，但到夜间就突然驾崩了，享年52岁。

皇太极的死，标志着大清皇朝奠基工程的完结。大清皇朝经过努尔哈赤、皇太极整整60年的奋争，为后来清军入关，定鼎燕京，统一中原，奠定了基础。

身许佛门
——清世祖顺治帝

□帝王档案

⊙姓名：爱新觉罗·福临

⊙属相：虎（1638 年）

⊙年号：顺治

⊙在位：1643~1661 年

⊙享年：24 岁（1638~1661 年）

⊙庙号：世祖

⊙谥号：体天隆运定统建极英睿钦文显武大德弘功至仁纯孝章皇帝

⊙陵寝：孝陵（河北遵化清东陵）

⊙配偶：19 人，皇后博尔济吉特氏

⊙子女：8 子，6 女

⊙继位人：玄烨（康熙）

顺治即位

皇位之争

清崇德八年（1643年）八月九日，皇太极在毫无征兆的情况下突然去世，清朝的臣民们一下子陷入了群龙无首的状态中，众说纷纭，人心浮动。国不可一日无君，选立皇嗣当然就成了宫廷头等大事。努尔哈赤当年是在立太子失败的情况下才实行八贝勒共举新汗的，而以此方式登基的皇太极，在有生之年却没有考虑到选立太子。不知是来自上辈的教诲，还是事情尚属遥远，皇太极没有立太子。所以，选立新君的任务只好由他原来的手下诸王来承担了。

根据当时的情形而论，八旗诸王都有资格作为候选人。因此，大清的诸王们均跃跃欲试，皆是竞争皇位的主角。哪一个王公不愿享受一下九五之尊呢？可是这么多人都在觊觎王位，谁也别想顺顺当当入选。由于即将到来的竞争局面可想而知会异常激烈，所以没有几分胜算的礼亲王代善和郑亲王济尔哈朗便知难而退，摇身而变为裁决者。代善虽资历较高，但因为努尔哈赤废除太子和皇太极压制诸王他都深受其害，所以也对争夺皇位不抱任何希望。济尔哈朗是努尔哈赤之侄，阿敏之弟，由于他死心塌地跟着皇太极，所以权重一时，成了皇太极手下炙手可热的人物。但他毕竟是努尔哈赤的侄子，在竞争皇位问题上其他诸王自然是望尘莫及。

那么，争夺皇位谁是众望所归呢？一个是在朝中手握重权的多尔衮，一个是皇太极的长子豪格。帝位之争的剧目主要是在这两个人之间上演的。

多尔衮是努尔哈赤第十四子，初封贝勒，皇太极继位后，他被封为和硕贝勒（旗主贝勒）。多尔衮在皇太极时期屡立奇功，备受重用。崇祯元年（1628年）他随皇太极进攻蒙古察哈尔多罗特部，因其赫赫战功被赐以"墨尔根代青"的称号。后金天聪五年（1631年）皇太极命多尔衮掌管吏部。天聪九年（1635年）派他统率大军攻打察哈尔林丹汗之子额哲，不动一刀一枪便解决了察哈尔部，招降了额哲，并得到了元朝的传国玉玺，举国为之震动，皇太极不久后便封他为和硕睿亲王。接着，皇太极亲征朝鲜，他和豪格分统左翼满洲蒙古兵，从宽甸入长山口，大举南下，然后转入海战，攻下江华岛，将朝鲜王妃、王子及宗室76人俘获。崇祯十一年（1638年），多尔衮被任命为"奉命大将军"，与岳托分统左右路军分道伐明。多尔衮率军进入明境，从京畿打到山东，取城40余座，威名远扬。多尔衮在诸贝勒中的地位可谓名至实归，加之他对皇太极死心塌地的追随，所以备受器重，在八旗诸王中卓然独立。

豪格是皇太极长子。早在天命时期（1616～1626年），就因功被封为贝勒。皇太极继位以后又晋为和硕贝勒。清崇德元年（1636年）被封为肃亲王，掌管户部。后来在入关征明及松锦之战亦有不凡表现。豪格在皇太极诸子中毫无疑问是拔尖的人物，在当时的诸王中也极为有名。

两个人可谓各有擅长。首先说多尔衮。第一，他有两位既有军功、又有权势的同母兄弟阿济格和多铎，豪格在这一点上就相形见绌了。第二，多尔衮和多铎是两白旗主，他有着坚强的支撑，而豪格在当时是正蓝旗旗主，两黄旗因是皇太极所领旗，所以两黄旗与豪格在利益上有着千丝万缕的联系。不过，两黄旗中拥护多尔衮的也大有人在。第三，皇太极对多尔衮的爱护"有目共睹"，而对豪格却相对冷淡。还有，多尔衮为人处世方面也八面玲珑，在这一点上，豪格也不是对手。如果没有多尔衮认同，豪格要登上皇帝宝座是难上加难。但是，满族受汉文化的影响，已经逐步接受了汉族的封建礼法，父死子继的观念已深入人心，所以当时的舆论对多尔衮并不太有利。朝中的元老礼亲王代善和郑亲王济尔哈朗在此问题上态度尤为坚决。朝中几大权臣均是如此，形势对豪格多少有利些。

皇太极死后不久，豪格家门前宫车来往频繁，两黄旗中便有8位大臣密谋立豪格为君。豪格自然也是紧锣密鼓地筹划着，他派人去找郑亲王济尔哈朗，以求扩充势力，济尔哈朗基本同意，但也表示要同多尔衮商量一下，实际上暗示了他将站在豪格一边。这时，两白旗这边多铎等人也在多方奔走。多铎在得知两黄旗中多尔衮呼声甚重后，便和阿济格对多尔衮说："你不继位，外人还以为我们是两黄旗大臣。舅舅阿布泰和固山额真阿山都认为，两黄旗大臣中支持皇子继位的寥寥无几。我们两黄旗都愿意拥护睿亲王。"多尔衮却犹豫不决，这倒不是他有意退让，他一向谨慎，不愿把事情弄砸了。他在审时度势，准备见机行事。

两黄旗和两白旗之间暗流汹涌，局势莫测。但是，最后的结局还是出人意料。

福临得利

八月十四日，皇太极去世后的第五天，多尔衮和豪格正面交锋的时刻到来了。这一天，诸王大臣们要选立新君，决定大清的命运。多尔衮找到了两黄旗大臣索尼，征求索尼对皇位继承人问题有何看法，实际上是想掌握一点先机。索尼看出了他的目的，针锋相对地说："必须在先帝诸子中选立一人。"

会议开始之前，气氛变得格外紧张。两黄旗大臣们为不使本旗地位低落，竟然出动军队把会议地点——崇政殿团团包围起来。如此这般，豪格一方声气为之一振。会议的气氛一下子变得极为紧张。长久的令人窒息的对峙之后，多铎先发制人，他先是慷慨陈词，再次力劝多尔衮继位，见多尔衮不敢应允，便将事情挑明："你如不同意继位，我就是最佳人选，太祖遗诏中便有我的名字。"此言不虚，多铎当年曾深受努尔哈赤宠爱，可到此时，这已没有多大的意义。多尔衮自然不会拱手相让，况且他觉得立多铎难以服众，所以他对多铎的自荐予以否决，他说："仅凭名列太祖遗诏这一点说明不了什么问题。"多铎见多尔衮这么说，固然是无可奈何，但他觉得无论如何也不能让两黄旗的人继位，所以他又提议，立礼亲王代善。

代善身为先帝之兄，在这次会议上起着平衡各方势力的作用。可是他又觉得两黄旗、两白旗谁都不好惹，所以觉得事情极为难办。他见多铎提到自己，便心一狠，说出了蓄谋已久的心思，他说："睿亲王如果应允，自然是我大清之福。然而，我看肃亲王豪格是先帝长子，立为皇帝亦是情

50

理中事。而我年事已高，实难胜任。"

豪格见代善提到自己，不禁大为振奋，但他见多尔衮、多铎、阿济格三兄弟一言不发，其他诸王也态度冷淡，便顿时觉得很是没趣，他面露怨色地说："我德浅才薄，不能担此大任。"说罢离席而去，两黄旗大臣们见事情闹到如此地步，便群起抗议：若不立先帝之子，他们绝不答应，甚至以死相胁。

会议已经开不下去了，台后甚至已有人准备动手。代善的提议不仅无人响应，而且使各方对峙得更加严重。他大为恼火，眼见事情已不可收拾，便也扬长而去。八王阿济格见状也提前出局，十王多铎则满面愁容。朝中重臣只剩下多尔衮、多铎、济尔哈朗。两黄旗的大臣们仍在一旁，等待着最后的结果。

多尔衮看到局势的发展到了这样的地步，觉得应该是调整策略的时候了。他决定用立幼子的办法以退为进，同时为自己争得更多的砝码。经过反复思考之后，他和盘托出了自己的想法："既然肃王豪格谦让退出，不愿继位，那么就立先帝的第九子福临为帝吧。不过福临年纪尚小，无法亲政，不妨由郑亲王和我暂为辅佐，分领八旗军队。等福临成年之后，归政于他。"

多尔衮走了一着险棋，果然是大政治家的风范。两黄旗大臣见多尔衮作了退步，两黄旗作为皇帝之旗一事没有变动，保驾皇子的目标也达到了，所以他们也愿意就此罢休。济尔哈朗一直冷眼旁观。他原来也深受皇太极器重，在会上除失落之外，也感到轻松。他原来也倾向于豪格，但福临上台，他也不特别反感。这时见多尔衮提议福临为帝并获得了一致通过，剑拔弩张的两家气氛也松弛了，他自然就放心了。何况多尔衮将他拉上了辅政的位置，这就更是意外之事了，所以他没有提出任何异议。代善得知这一情况后，也默许下来，因为福临也是皇太极之子，多尔衮议立福临与他拥立豪格没有本质的区别，同时，多尔衮和济尔哈朗成为辅政大臣，以崇德时期（1636～1643年）二人的地位而论，也是名至实归。

在诸王中输得最惨的是豪格，他对多尔衮拥立福临愤怒不已。但谁让他当初故作高姿态呢，事已至此，也只好暂时任其自然了。多尔衮的两位同母兄弟阿济格和多铎也极为不满，他们不愿看到皇位落入皇太极诸子之手。可是多尔衮却一意孤行，最终立了福临，二人内心的失落可想而知。可决定是多尔衮作出的，二人终究无可奈何，唯有以消极的沉默作为抗议。

和豪格相比，多尔衮已是大大地胜出了。他虽然没能继承皇位，但终究已占尽先机，一边是年仅6岁的侄皇帝，一边是懦弱隐忍的郑亲王，这就为他日后登上"皇父摄政王"的宝座打下了基础。最后，多尔衮的个人利益和清政权的最高利益达成了和解。

崇德八年（1643年）八月，年仅6岁的九皇子福临登上笃恭殿宝座，继位为帝，改元顺治，以第二年（1644年）为顺治元年。

这样，皇太极死后，王位争夺战以"福临继统"、二王（多尔衮和济尔哈朗）辅政的方式结束。在代善的主持下，诸王、群臣进行了盟誓，表示忠于新君，永不背叛。

诸王纷争之后还有一点余波。不久，代善的儿子硕托和阿达礼（代善之孙）叔侄俩四处奔走，互通款曲，试图拥立多尔衮继位。代善揭发二人所为后，二人皆被杀。

清最高统治层在结束了因清太宗皇太极暴亡而引发的内部纷争后，重整旗鼓，继续入主中原的大业。

清兵入关

经略关外

在努尔哈赤执政时期，虽然他未必有逐鹿中原、一统天下的想法，但他却牢记两个字：进取。继萨尔浒大捷后，他率领八旗铁骑攻占辽沈，夺取辽西，并一直打到长城一带。而且，他数次迁都，统治中心逐渐南移，势力范围不停扩展，显然他并不安于现状。天启五年（1625年）二月，努尔哈赤经过深思熟虑，准备把都城迁到沈阳，以便控制统治区域，进一步进攻明朝。此后，沈阳成了后金（清）攻打明朝、问鼎中原的基地。

但从总体上讲，由于天命时期（1616～1626年）的后金经常受到侵扰，而且内乱不断，再加上明朝强有力的抵抗，所以入关只能是一种梦想。但等到皇太极即位后，他们夺取中原的愿望开始一步步地走向现实。

崇祯二年（1629年，后金天聪三年），皇太极率兵从喜峰口突破长城沿线，夺取遵化，并进而攻打北京。不久，他带兵向东进发，并一举攻取永平、滦州、迁安等地，派重兵把守。他本人于第二年二月领兵返回关外。撤退之时他曾经说过："等我回去以后派军队夺取山海关，把都城迁到内地，以作长久的打算，你们不要认为我会一去不返。"从这段话可以看出，第一，皇太极即位不久便打算把都城迁到内地；第二，皇太极攻取京东四城，只是问鼎中原的开始，这些基地的建立，为以后的进攻作好了准备。

但事情的发展并没有他想象的那样一帆风顺。时隔不久，明军派兵攻打永平、遵化、迁安、滦州四城，负责守城的后金大将阿敏和硕托难以抵挡，被迫放弃四城，返回关外。这些情况说明，在阻挡后金军队入关方面，山海关起着极其重要的屏障作用。

继崇祯二年（1629年）以后，皇太极又多次领兵入侵中原，以便打击明朝，壮大自己的力量，但每一次入关都以失败告终。

崇祯五年（1632年），皇太极率兵讨伐蒙古察哈尔，并在回师之时大肆南侵掠夺明朝边境地区。

崇祯七年（1634年），皇太极再次向西进军，攻打宣、大地区，并征讨察哈尔的残余部队。七月，大军抵达宣、大境外，大肆掠夺宣、大、朔、代等地（今山西北部、河北西北部）。

崇祯九年（1636年）五月，皇太极称帝不久便派武英郡王阿济格与饶余贝勒阿巴泰率军入犯明边。清军在北京周围地区大肆烧杀抢掠，攻占许多州县，俘获人口7万多、牲畜12万多头。

崇德三年（1638年）八月，皇太极命多尔衮统率左路军，岳托统率右路军，一起出兵攻打明朝。九月，两路军分别从蓟镇中、西协（蓟镇分为三协）进入明境，掠夺北京近郊地区，并一直向西攻打到山西。不久，又分路南下，攻打河北、河南、山东等地，占领 70 多座城池，俘获人口 47 万多。

皇太极一面对明朝进行不断的侵扰，一面把主要力量放在打通锦宁防线上。崇祯四年（1631 年），皇太极获悉明朝修筑大凌河城（今辽宁锦县东），并前移锦宁防线时，便准备发起进攻。七月，清军迅速出击攻打该城，祖大寿被迫投降。崇德元年（1636 年），在多尔衮、岳托进入明境之后，皇太极亲率多铎、济尔哈朗和孔有德等部军队，乘山海关明军奉命入援中原防备空虚之际，进攻山海关。结果，多铎在中后所（今辽宁绥中县城）被祖大寿打得大败。第二年二月，皇太极与代善再次领兵攻打山海关，围攻 20 多天，但由于明军顽强抵抗，没能攻占山海关。这件事说明攻打山海关需要长远规划，并非短期所能奏效。

皇太极在巩固了东北地区后，准备以全部力量攻打锦、宁。崇德六年（1641 年），皇太极在锦州城外挖掘数道长壕，隔断锦州与外界援军的联系。明朝派洪承畴率八镇 13 万大军增援锦州。皇太极亲自指挥作战，身先士卒，一举打败明军，洪承畴和祖大寿也投降了清军。通过松锦之战，明朝在北方的军队丧失殆尽。至此明朝在山海关外只剩下宁远、中前所（今辽宁绥中县前所）、中后所（今绥中县城）、前屯卫（今辽宁绥中县前卫）四城了。

松锦之战后，一些汉官建议乘胜追击，一鼓作气攻下山海关，进逼燕京。皇太极自有主张，他认为攻取燕京就像砍伐大树，只要持之以恒的从两旁砍削，到一定程度大树自然会倒下。因此，要占领山海关必须首先攻下关外四城。因为明朝的主力已被消灭，只要长期围困，随着力量的彼长此消得到燕京只是早晚的事情。

崇德七年（1642 年），皇太极决定从右侧"砍削"明朝这棵"大树"。他命贝勒阿巴泰为统帅，率八万大军从蓟镇界岭口、黄崖口入侵明朝边界，大掠京畿、山东等地，一直打到淮北宿迁一带，占领 88 座城堡，俘虏人口 36 万，掠获牲畜 55 万，大获全胜。正当皇太极准备从左侧"砍削"明关外四城的时候，突然间身染重病，旋即溘然去逝。不久，九皇子福临即位，济尔哈朗和多尔衮摄政。

崇德八年（1643 年）九月十一日，济尔哈朗、阿济格统率大军，攻取关外四城。清军借助红衣大炮，于九月底攻下了中后所，击毙明朝游击吴良弼，歼敌4000人，俘获4000余人。十月一日，攻克前屯卫（在中后所南），斩杀明总兵李赋，消灭李部官兵4000余人，俘虏2000人。明中前所守将获悉前屯卫失陷，大惊失色，弃城逃跑。清军也曾进攻宁远，但被吴三桂打败，无功而返。至此，关外四城除宁远一座孤城外，其余三城都被清军攻破。

吴三桂降清

随着形势的发展，清军更是加紧筹划，准备一举消灭明朝。清顺治元年（1644年）三月，李自成领导的农民起义军兵临北京城下，京师危急。吴三桂接到诏书，只得放弃宁远，率兵去解京师之危。三月十六日，多尔衮获悉这一消息，喜出望外，便发布动员令："修整军器，储粮秣马，俟四月初旬，大举进讨。"四月四日，内秘书院大学士、清廷的重要谋臣范文程上书多尔衮，他认为：第一，大清虽然夺取的是明朝的江山，但目前必须首先对付的却是流寇；第二，要想一统中原，必须严明军纪，与民秋毫无犯；第三，我军或是直取燕京，或是相机攻取，必须在长城以西选择一座坚固的城池作为根据地，以免军队长途跋涉带来的不利。范文程的建议，为清军入关指明了一条较为正确的道路。

不久，李自成攻陷北京，明朝灭亡。多尔衮得知这一消息后，下令：男丁70岁以下，10岁以上全部从军。经过几天的征兵之后，四月九日，多尔衮自任大将军，亲率二十四旗大部分军队，大举南侵。十四日，大军到达翁后（今辽宁阜新），十五日，吴三桂派使者求见，向多尔衮"泣血求助"。

松锦之战中，吴三桂大败而逃，被明廷降职三级，但仍然奉命驻守宁远。吴三桂鉴于以前的教训，重新招集失散的士卒，大力整顿，实力大为增强，他的部队成为当时极具战斗力的部队。崇德七年（1642年），阿巴泰率军侵扰明朝边境，在其退往关外时，明朝将领只有吴三桂敢于追击，并屡立战功。崇德八年（1643年），济尔哈朗等率兵攻打明朝的关外四城，只攻下了中后所、前屯卫、中前所三城，在进攻宁远时，却被吴三桂打败。由此可知，对于明廷来说吴三桂确实是不可多得的将才。清顺治元年（1644年）春，李自成率领的农民军蓬勃发展，一直打到北京，对明朝的统治构成极大的威胁。三月初六，崇祯帝加封吴三桂为平西伯，命他放弃宁远，率兵支援京师。吴三桂接到命令以后，将宁远周围的50余万兵民，全部撤入关内，二十日到达丰润。这时，李自成已攻陷北京。吴三桂获悉这一消息后，便不再向北京进发。

本来，吴三桂的父亲吴襄已投降了农民军，但是不久，吴襄却被农民军殴打勒索，而且农民军的将领刘宗敏霸占了吴三桂的爱妾陈圆圆，吴三桂获悉这些消息后十分气愤，立即率领部属返回山海关，并发誓与农民军决一死战。但他毕竟力量弱小，无法与农民军相抗衡。所以他很快想到了和清兵联手共抗李自成。这里，吴三桂投降清朝具有必然的原因，他认为自己手握兵权尚且被人欺凌，假如一朝失势，受制于人，就更难以想象了。但是，相比之下，他的亲友、部将等投降清军后却受到极好的待遇。虽然说吴三桂背叛农民军的起因是父亲和爱妾受人欺侮，但深究其原因，恐怕吴三桂也是经过一番深思熟虑、反复掂量的，因为降清与降李自成待遇和前途毕竟相去甚远。

但是，多尔衮一时还难以弄清楚吴三桂的真假。他在召见了吴派来的两位信使之后，为求安全起见，便把其中一人扣留，另外派人同另外一人前往山海关探听虚实。同时，多尔衮改变了原来的作战方案（即从山海关以西蓟镇长城关口突入），命吴三桂军带红衣大炮随大军向山海关进发。四月十六日，多尔衮复信给吴三桂，要求他率众归降，并许诺封以故土，晋封藩王。四月二十日，清军到达连山（今辽宁锦西，在宁远北），吴三桂再次派人求见多尔衮，催促多尔衮速率大军直入山海关，共同对抗农民军。

而此时李自成已经亲自率领大军前来征讨吴三桂，并逼近山海关。原来李自成在获悉吴三桂背叛一事后，便于四月十三日率兵6万亲自东征。十七日来到永平，离山海关只有一百五十里左右。二十一日李自成抵达山海关，旋即下令攻城，与吴三桂军队展开激战。

多尔衮在接见吴三桂第二次派来的使者后，便指挥大军昼夜兼程，直奔山海关，一昼夜行军二百里，于二十一日晚到达山海关外，驻扎在山海关城东北十里左右的欢喜岭。多尔衮为人十分小心谨慎，为防吴三桂有诈，大军安营之后即派人前往吴营探听虚实，严密注意吴三桂动向。与此同时，吴三桂也连连派人敦请清兵入关，多尔衮到此时才完全相信吴三桂。二十二日，吴三桂亲自出关，迎接多尔衮，并投降清军。清吴双方约定：清兵帮助吴三桂打败李自成后，黄河以北归清，封吴三桂为王；黄河以南归明，立崇祯太子（或诸王）于南京。双方的约定，使吴三桂既得到了较大利益（封王），又多少在世人面前挽回了一些颜面。更为主要的是，双方的约定使多尔衮实现了世代以来的渴望，顺利进入山海关，为入主中原打开了门户。

李自成败归北京后，二十九日在武英殿即皇帝位，三十日被迫离京西撤。清军则自山海关一路穷追猛打，于五月初二兵临北京城下。当时，北京的官绅吏民由于已事先得知吴三桂的檄文，所以一些投降过李自成的明官，如骆养性、沈惟炳等人，一大早便在京城朝阳门外与官民备法驾、卤簿，准备迎接崇祯太子来京即位。不久，一队人马由远及近向西开来，人们还以为是崇祯太子驾到，忙着准备迎驾，可等对方走到近前却大惊失色，来的人既没有明朝太子，也没有吴三桂（吴已受命过卢沟桥西追李自成去了），而是大清军队。为首一人正是大清摄政王多尔衮。直到此时，人们才知道受了愚弄，但事情已无可挽回。就这样，多尔衮等人就被迎入了京城。多尔衮进入北京以后，根据范文程等人意见，颁行了许多拉拢人心的措施。五月三日，宣布故明官员一概录用。四日，多尔衮下令为崇祯帝发丧三日，谥为怀宗端皇帝。六日，宣布在京各衙门官员与满官一体办事。五月二十四日，暂停剃发令。七月，多尔衮下令，免除明末三饷加派，以明万历时赋额为准。

多尔衮的这些政策大有成效，不久便稳定了黄河以北、山西以东的中原大部分地区的局势。

九月，福临从沈阳迁到北京，十月一日，他在众人的陪同下于天坛举行祭天大典，即皇帝位，下诏"定鼎燕京"，入主中原的清王朝宣告建立。

多尔衮摄政

统一全国

顺治元年（1644年）五月二十二日山海关一役之后，大顺军被清军击溃而散，逃出四十余里。随后，多尔衮封吴三桂为平西王，让他带领一万军队继续追剿农民军。五月二日多尔衮率少数军队入京，大军则由多铎、阿济格、吴三桂等率领，向西追击。李自成于四月三十日撤出北京，经河北向山西逃跑。他曾在真定（今河北正定）反抗，与吴三桂奋战了一天，仍然难以挽回失败的结局。不久，农民军由固关（今河北井陉西）撤入山西。清军追到固关后不再追了，就此返回退到北京。这样，山西以东、黄河以北的大部分地区归清朝所辖。五月十二日，多铎、阿济格、吴三桂回到北京。李自成率领大队人马向西安撤退，留下刘永福守住太原。

多尔衮一面于六月派固山额真叶臣进攻山西，一面出兵剿灭、安抚中原的地主武装和小股义军。清军从河北、河南进入山西南部。十月，叶臣打进固关，攻占太原，占领了山西。

十月，福临下诏定北京为都城。不久，多尔衮先后命令英亲王阿济格为靖远大将军，带兵追击大顺军；多铎为定国大将军，率军平定江南。

七月，李自成组织了反攻。十月，大顺军两万人攻入河南，多尔衮忙派多铎立即围攻西安。多铎闻命后领军由山东经河南逼近潼关。顺治二年（1645年）正月，多铎占领潼关后，李自成被迫放弃西安向河南转移。阿济格从陕西进攻农民军遭到对方的反抗，二月中旬才进入西安，此时多铎已经领兵向东进发。五月四日，李自成在带兵转战的途中不幸被杀。

多铎于顺治二年二月离开西安，三月接到了多尔衮命他带兵南下的命令。他率兵出了虎牢关，到达归德，分兵两路出发，一路指亳州，一路指徐州。很快，李成栋据守的徐州全城投降，并引清兵南下。四月十八日清军来到扬州城下，此时弘光政权还在内战不断。二十五日，清军攻破扬州。五月，清军不动一兵一卒地占领南京。弘光政权消亡。清军六月又攻下苏州和杭州。

闰六月，多尔衮命洪承畴为江南总督，住在南京，同时又派人前往南方各省招抚。东南、江南一带各层人士纷纷反抗清政权要求剃发辫的命令。隆武政权和鲁王政权在福州和绍兴相继建立。多尔衮认为，江阴、嘉定等地的抗清斗争由李成栋等降将足以应付，而鲁王政权、唐王政权必须另外派兵征伐。

十一月，清军进入湖南进攻李自成残余和隆武政权大将何腾蛟部。

虽然东南地区战事愈来愈明朗，多尔衮对四川的张献忠仍耿耿于怀。顺治三年（1646 年）正月，他命肃亲王豪格进击四川。后来张献忠被打败，其养子李定国、孙可望等退回到云南。

顺治三年（1646 年）二月，多尔衮命贝勒博洛平定闽、浙的唐王和鲁王政权。六月，清军渡过钱塘江，占领绍兴，鲁王政权结束。七月清军进入福建，郑芝龙投降，唐王政权灭亡。不久，唐王朱聿键在江西被清兵追上杀死。

九月，多尔衮命令军队分三路向南进发：西路在吴三桂、豪格带领下继续征定四川，中路由勒克德浑、孔有德率领，东路由李成栋带领，进入广东、江西。十一月五日，唐王朱聿键之弟朱聿鐭在广州建立绍武政权，十八日，桂王朱由榔在肇庆建立永历政权。这两个政权建立伊始便遭到清军围攻。十二月十七日，李成栋占领广州后，杀死朱聿鐭。桂王朱由榔由广东跑到湖南，由于孔有德已经带兵南下，他不得不又跑到广西。不久，孔有德等兼并湖广后进入广西。整个东南全在清军控制之中。

事情突然有了变化，多尔衮最不想看到的情况出现了，那便是李成栋、金声桓、姜瓖三员降将先后反清。金声桓原归左良玉所管，由于帮清廷占领江西，被授予副官。他对清廷的赏封非常失望，于是在顺治五年（1648 年）二月领兵反抗清廷。多尔衮派谭泰、何洛会带兵攻打。第二年正月，清军占领南昌，金声桓败亡。金兴兵之后，李成栋于顺治五年（1648 年）闰四月在广州发动叛乱，第二年二月被打败。姜瓖之叛虽然发生最晚，但影响最大。姜瓖本是明大同总兵，他先投降了李自成，后又投降了清廷。

当时各种矛盾十分激烈，他疑虑重重，决定先声夺人。顺治五年（1648年）十二月，姜瓖在大同起兵，陕、山部众立即呼应。多尔衮调兵遣将，几经周折才将叛乱平定下去。

在降清三将起事之际，南明军队在大顺军配合下开始反击，湖广等地区都被桂王政权控制。

此后，风云再变，孔有德占据湖南，最后又平定了湖广。顺治六年（1649年）五月，多尔衮改封耿仲明为靖南王、孔有德为定南王、尚可喜为平南王。顺治七年（1650年）十一月，尚可喜占据广州，十二月，孔有德占据桂林。湖广大部分地区基本上安定。

入关后，多尔衮在去世前指挥大军四处征剿，结束了江南江北的大部分叛乱，除川南、云贵、福建沿海等地之外，各地基本扫清了反清势力。

加强个人集权

崇德八年（1643年）十二月多尔衮与济尔哈朗开始被任为摄政王。同月，二位摄政王宣布，除了贝子公满达海、博洛外，贝勒、贝子、诸王等不再兼管政务，政务全部由尚书处理，从而削减诸王的权力，提高摄政王的职权。顺治元年（1644年）正月，身为摄政王之一的济尔哈朗与多尔衮平起平坐，宣布今后国内如有什么事都必须先请示睿亲王。本来两王很难同时摄政，一天不容二日。济尔哈朗情知自己论能力、论实力或权术都比不上多尔衮，于是自愿退出较量。从此，多尔衮成为清最高决策人。他成为唯一的、真正的摄政王。

顺治元年（1644年）十月一日，多尔衮拥立福临在燕京登基，并且诏告天下。十月九日，他被封为叔父摄政王。十月十三日，济尔哈朗被封为信义辅政叔王，与多尔衮的身份、地位根本无法相提并论。顺治二年（1645年）五月，根据御史赵开心的建议，多尔衮被晋封为皇叔父摄政王。顺治四年（1647年）十二月，听从满汉所有大臣的请求，允许多尔衮不对皇上跪拜。顺治五年（1648年）十二月，晋升多尔衮为皇父摄政王。多尔衮在臣子中居前位，甚至超过了人臣，福临成了有名无实的皇帝。

多尔衮既不断提高自己的势力，又连续肃清政乱，打击异己势力。

肃亲王豪格和多尔衮原有旧仇，但慑于多尔衮翻云覆雨一手遮天的权势，他也是有怒不敢发，有言不敢出。虽然豪格为清入关屡建军功，但仍未能逃出多尔衮的魔爪。顺治五年（1648年）三月，多尔衮找碴儿将豪格囚禁起来。没多久，便传出豪格死去的消息，死因不明。不长时间以后，漂亮的肃亲王妃便被多尔衮娶到府中。

郑亲王济尔哈朗是多尔衮压制的另一对象。济尔哈朗虽手中没有权力，但权势越来越重的多尔衮却并不感到满足。多尔衮认为济尔哈朗只是表面上臣服，不可信任，因而不断地给这位老资格的王爷出难题。顺治四年（1647年），济尔哈朗的辅政之位也被多尔衮罢免了。顺治五年（1648年），多尔衮借济尔哈朗的几个侄子一起告发叔叔的罪状的机会将济尔哈朗贬为多罗郡王。后来济尔哈朗虽然又被恢复了亲王爵位，但地位已远不如昔，直到多尔衮死后他才得以翻身。

豪格和济尔哈朗这两位亲王一是反对派领袖，一是中间派代表。他们遭遇还如此悲惨，就更不用说其他人的遭遇了。没有人敢对多尔衮不言听计从！当然，多尔衮也很留心从八旗贵族中精挑一批年轻人对他们宠幸有加，形成自己的势力集团，以加强统治。

这样，多尔衮紧握朝中大权，小皇帝福临不过是个傀偶。

顺治七年（1650年）十二月初九日，多尔衮由于顽疾缠身回天乏术，在喀喇城（今河北承德市郊）离开了人世。

顺治初掌实权

当多尔衮的地位显赫至极之时，一场争夺权力的殊死斗争正在满洲贵族内部酝酿起来。福临业已长大，不可能长期忍受多尔衮如此干政。虽说"年长归政"是理所当然之事，可究竟什么时候以怎样的方式实现权力的转移，却是问题的关键所至，同时，也关系到清廷政局的稳定与否。

顺治七年（1650年）十一月十三日，多尔衮带领王公大臣及八旗固山额真、官兵等去边外狩猎。十二月初九日摄政睿亲王多尔衮死于喀喇城，终年39岁。当时外国传教士猜测"八成是打猎跌伤致死的"，谈迁《北游录》有记载说是多尔衮当时膝盖有伤，由于用错了药，导致死亡。总之，在权力斗争一触即发之际，一位如此关键的大人物突然死去，确有几分神秘色彩。多尔衮一死，英亲王阿济格与大学士刚林便展开了斗争。多尔衮曾在临死前单独召见过阿济格，阿济格立即派遣三百精骑火速赶往京城，却被大学士刚林抢先。刚林关闭城门，严加防犯，阿济格则在自己的精骑入京之时被郑亲王济尔哈朗派重兵监视起来。

福临对多尔衮专权朝政十分怨恨，但听到多尔衮的死讯，还是诏告天下，令臣民易服举丧。枢车至京，他率诸文武百官穿上丧衣，出迎到东直门外五里处，跪奠三爵，大哭不止。二十日下诏颂扬多尔衮平定中原之功，谦让之德，而且"中外丧仪，合依帝礼"。二十五日追尊多尔衮为懋德修道广业定功安民立政诚敬义皇帝，庙号成宗。多尔衮死后也备享殊荣。与此同时，福临第二天下令，命大学士刚林等把多尔衮王府中的所有信符一律收贮内库，又命吏部侍郎索洪等把赏功册收回大内。接下来以不尊多尔衮的罪名清除其亲信英亲王阿济格。

顺治八年（1651年）正月十二日，福临在太和殿宣布亲政，时年14岁。由于多尔衮野心勃勃，凡国家大事都不与福临商议，又阻止词臣朝夕进讲，所以年仅14岁的福临既缺乏亲政的实际经验，又缺乏这方面的理论知识。但从多尔衮死后他和满洲贵族的争权斗争中，我们能看出他机智善谋、老练果断、临危不乱等优秀的政治品质。他自知年幼，不能知人善任，也不可能事必躬亲，应该主次分明，独揽大权。就在多尔衮死后半个多月，他便传谕议政大臣等说："国家政务，悉以奏朕，朕年尚幼，未能周知人之贤否。""遇紧要重大事情，可即奏朕，其诸细务令理政三王理之。"谭泰等人奏曰："议推大臣，恐不免稍迟。"顺治帝说："迟而得当，何伤。但速而不得其人，是所忧也。"他首先认为吏刑户三部事务重大，于是依照诸位大臣商议的结果，各设尚书二员。规定这三部遇以下事务必须上奏：

官员升转迁除，官员过犯及大辟等罪，钱粮库物出入，此外的事务要酌情启奏。而他则得以依事之轻重缓急，统领全局。一个年仅 14 岁的少年，对政事措置有度，从容不迫，确实非常难得。多尔衮猝死，福临提前亲政，这一突发事件，并未引起大的动荡。虽有斗争，却也只限于宫廷之内，并未影响整个社会的稳定和前线的战事，权力的转接基本上顺利实现了。

福临的母亲，孝庄皇太后在他亲政期间，起到了不小的作用，她告谕顺治皇帝说："为天子者处于至尊，诚为不易，上承祖宗功德，益廓鸿图；下能兢兢业业，经国理民，斯可为天下主。"目的是要顺治皇帝唯才是举，亲贤臣，远小人，赏罚分明、公正，提倡节俭，戒骄戒躁，努力学习，不耻下问。其中最主要的是教导顺治帝如何用人，并能一语中的，指出清初政事得失的关键，从而显示了孝庄皇太后的政治才能及其对福临亲政的特殊作用。从顺治亲政后的行为举措上看，他是谨遵母亲的教诲的。

肃清抗清势力

由于摄政王多尔衮推行民族压迫政策，顺治亲政之时社会很不安宁，全国爆发了大规模的抗清斗争。清军的征剿及血腥屠杀，更激起了各民族人民的反抗，7 年来清廷虽先后派遣十几员大将军分赴各地剿杀，但战争一直未停止。其中南明永历政权得到大西农民军余部孙可望、李定国等的支持，在云、贵、两广一带活动；郑成功率部坚持在闽浙沿海一带斗争，这两股最大的抗清势力，不断威胁着清朝的统治。

面对此种形势，顺治调整政策，锐意进取，进行改革。

在政治上，他积极推行宽松和安抚政策以缓和矛盾，对各地出现的反清斗争不主张一概坚决镇压。他亲政的第二个月即谕兵部，"各处土寇本皆吾民，或为饥寒所迫，或为贪酷官吏所驱"，下令"不得轻动大兵"。三月谕户部，允许原清兵入关时俘获的汉人奴隶回乡探亲。七月又谕户部，"数年以来投充汉人生事害民，民不能堪，甚至有为盗、窝盗者，朕闻之不胜痛恨"，下令"今后各该地方官如遇投充之人犯罪，与属民一体从公究治"。这对当时造成社会极度恐慌混乱的逃人法、投充法来说，虽然不能根本改变，但多少对激烈的民族、阶级矛盾起了一定的缓和作用。

在军事上，对各地的抗清势力和抗清活动他坚持"剿抚并施"的方针，并采取先西南后东南的顺序。顺治七年十一月，尚可喜、耿继茂攻广州；八年，吴三桂进征四川；九年，敬谨亲王尼堪进攻楚、粤；十年五月，洪承畴经略湖广、广西、云南、贵州，总督军务，兼理粮饷；十二月，陈泰统帅大军驻镇湖南，对付孙可望；十一年十二月，济度征剿郑成功；十四年十二月，吴三桂等入贵州；十六年正月，入云南。十七年七月，罗托率军征剿郑成功。

"剿抚并用"的方针很有成效。西南方面，顺治十四年末，孙可望因同李定国争权斗争失败投降清朝，被封为义王。

孙可望和李定国都是张献忠的义子。张献忠被豪格射死后，他们率大西军余部进入云南贵州一带，队伍又日益壮大，建立了以昆明为中心的政权。

李定国算得上是一位军事奇才，他 10 岁从军，在张献忠手下时功勋卓著，才 24 岁便成了张献忠 "大西"政权的第三号人物，地位仅次于孙可望。他随孙可望到云贵开疆拓土，功劳要比孙可望显著多了，因而声望日隆。孙可望对此十分妒忌。

顺治九年（1652 年），李定国请缨出击南下清军，率军出全州，在桂林外围大败清定南王孔有德，在围攻桂林城中，又逼得孔有德自杀身亡。接着北进湖南，占领衡阳，进逼长沙。李定国出师半年，拓地千里，势如破竹，清廷为之震撼，特派敬谨亲王尼堪为定远大将军，统领精锐部队 15 万人，救援湖南。李定国采取透敌深入的策略，诈败撤离长沙，伏兵于衡阳城北，以逸待劳，与尼堪亲王决战。李定国军在激战中斩杀尼堪，大获全胜。

此时，李自成和张献忠遗留下来的军事力量与第三个南明朝形成联合抗清阵线。李定国节节胜利，又连杀清廷两大名王，国人振奋，深受鼓舞，迎来了第二次抗清斗争高潮。在此形势下，清廷曾一度打算放弃湖南、江西、四川、广东、广西、云南、贵州七省，与南明划地议和。

然而其时作为南明实权人物的孙可望，不但不配合李定国继续收复国土，还令冯双礼部偷袭李定国。李定国击败并收服冯双礼后，他与孙可望的矛盾更为激化。

顺治十四年（1657年），已处于守势的大西军正受到清军步步进逼的时候，孙可望为了一官半爵之争，竟然合兵14万进攻李定国。逆人心而为的孙可望很快大败于李定国。众叛亲离之际，孙可望只得投进了清军的怀抱，充当了清军扫平云贵的带路人。

这次内耗使得大西军元气大伤，从此一蹶不振。

李定国抗清形势急转直下。顺治十六年正月清军三路会师，进军云南，攻陷昆明。永历帝朱由榔逃往缅甸。十八年吴三桂进入缅甸，永历帝被俘，处死军前，明朝统绪就此断绝。

东南方面，顺治十年五月，顺治以"海澄公"的封爵引诱郑成功投降，受到郑成功的拒绝，但其部将施琅、黄梧和其他80多名官员陆续投降，黄梧还献海禁之策，断绝沿海居民对郑成功的接济，给郑成功抗清造成很大困难，于是郑成功退回厦门，并于顺治十八年（1661年）收复台湾，作为抗清基地。这样，除郑成功割据一方外，顺治去世前清王朝基本上统一了大陆中国，统治趋于归一。

但是，在平定全国的过程中，顺治重用汉将平西王吴三桂、平南王尚可喜、靖南王耿继茂，对其过分倚重和放纵，任其长期驻扎云南、广东、福建三省，尤其是让吴三桂兼掌云南军政大权，为了一时省钱省粮，不派八旗军留守驻防，导致三藩势大，尾大不掉，最后到康熙年间爆发了几乎危及大清江山的"三藩之乱"。

福临之崩

年轻帝王撒手人寰

顺治十八年（1661年）正月初六，人们还依然沉浸在"年"的喜悦中时，孝庄太后却在经历她这一生中最难熬的一个春节，因为她年仅 24 岁的儿子福临即将永远地离开她、离开那个龙椅、离开这个世界。顺治帝的突然死亡也给世人留下了诸多谜团。因为之前从来就没有顺治帝有病在身的说法，身为帝王不比寻常百姓家，一向都是养尊处优的，怎么就能如此易折了呢？而且是伤心黯然毫无留恋地离开。这些可以在顺治帝临死时留下的遗诏中看出。遗诏中除对大清以及母后的愧疚之外，就是即将要得到解放的解脱之情。

据史书记载，顺治十八年（1661 年）正月初二福临患病，正月初七驾崩于养心殿。《清世祖实录》对顺治帝患病的经过、去世前的活动、死亡情况等是这样记载的：

"顺治十八年，辛丑，春正月，辛亥朔，上不视朝。免诸王文武群臣行庆贺礼。孟春时享太庙，遣都统穆理玛行礼。壬子，上不豫。……丙辰，谕礼部：'大享殿合祀大典，朕本欲亲诣行礼，用展诚敬。兹朕躬偶尔违和，未能亲诣，应遣官恭代。著开列应遣官职名具奏。'尔部即遵谕行。上大渐，遣内大臣苏克萨哈传谕：'京城内，除十恶死罪外，其余死罪，及各项罪犯，悉行释放。'丁巳，夜，子刻，上崩于养心殿。"

顺治死因的疑点

从《清实录》中的详细记载可以看到，顺治帝患病是在初二日，而到初六日已经"大渐"，就是病情急剧加重而且很危险，到初七日凌晨就去世了。而对死亡情况的记述却仅有 11 个字："丁巳夜子刻，上崩于养心殿"，并未对其病因提及半字。

正是基于《清实录》所载，顺治帝病发突然，死因不明，后人不免产生了怀疑：为什么关乎皇帝生死的大事，只以寥寥数字敷衍了事，并且对死因只字未提？顺治帝正当人生盛年，并没有听说患什么病，怎么突然就撒手人寰了呢？

另外，顺治帝的遗诏也引起了人们的怀疑。

顺治十八年，正月初六，年仅 24 岁的顺治皇帝爱新觉罗·福临撒手人寰。辞世前一天，他召礼部侍郎兼翰林院掌院学士王熙入养心殿面谕遗诏。
遗诏云：

朕自弱龄即遇皇考太宗皇帝上宾，教训抚养，惟圣母皇太后慈育是依，
大恩罔极，高厚莫酬，惟朝夕趋承，冀尽孝养，今不幸子道不终，诚恫未遂，
是朕之罪一也。

皇考宾天时，朕止六岁，不能衰经行三年丧，终天抱恨，惟事奉皇太后，
顺志承颜，且冀万年之后，庶尽子职，少抒前憾，今永违膝下，反上廑圣
母哀痛，是朕之罪一也。

宗皇诸王贝勒等，皆系太祖、太宗子孙，为国藩翰，理应优遇，以示展亲。
朕于诸王贝勒等，晋接既正东，恩惠复鲜，以致情谊睽隔，友爱之道未周，
是朕之罪一也。

满洲诸臣，或历世竭忠，或累年效力，宣加倚托，尽厥猷为，朕不能信任，
有才莫展。且明季失国，多由偏用文臣，朕不以为戒，反委任汉官，即部
院印信，间亦令汉官掌管，以致满臣无心任事，精力懈弛，是朕之罪一也。

朕夙性好高，不能虚己延纳，于用人之际，务求其德于己相侔，未能
随材器使，以致每叹乏人。若舍短录长，则人有微技，亦获见用，岂遂至
于举世无材，是朕之罪一也。

设官分职，惟德是用，进退黜陟不可忽视，朕于廷臣中，有明知其不肖，
刀不即行罢斥，仍复优容姑息，如刘正宗者，偏私躁忌，朕已洞悉于心，
乃容其久任政地，诚可谓见贤而不能举，见不肖而不能退，是朕之罪一也。

国用浩繁，兵饷不足，然金花钱粮，尽给宫中之费，未常节省发施，
及度支告匮，每令会议，即诸王大臣会议，岂能别有奇策，只得议及裁减
俸禄，以赡军需，厚己薄人，益上损下，是朕之罪一也。

经营殿宇，造作器具，务极精工，求为前代后人所不及，无益之地，
靡费甚多，乃不自省察，罔体民艰，是朕之罪一也。

端敬皇后于皇太后克尽孝道，辅佐朕躬，内政事修，朕仰奉慈纶，追
念贤淑，丧祭典礼概从优厚，然不能以礼止情，诸事太过，岂滥不经，是

朕之罪一也。

祖宗创业，未尝任用中官。且明朝亡国，亦因委用宦寺。朕明知其弊，不以为戒。设立内十三衙门，委用任使，与明无异。致营私作弊，更逾往时，是朕之罪一也。

朕性闲静，常图安逸，燕处深宫，御朝绝少，以致与廷臣接见稀疏，上下情谊否塞，是朕之罪一也。

人之们事，孰能无过，在朕日御万几，自然多有违错，惟肯听言纳谏，则有过必知。朕每自恃聪明，不能听言纳谏。古云，良贾深藏若虚，君子盛德，容貌若愚。朕于斯言，大相违背，以致臣士缄然，不肯进言，是朕之罪一也。

朕既知过，每自尅责生悔，乃徒尚虚文，未能者改，以致过端日积，愆戾逾多，是朕之罪一也。

太祖、太宗创垂基业，所关至重，元良储嗣，不可久虚，朕子玄烨，佟氏妃所生也，年八岁，岐嶷颖慧，克承宗祧，兹立为皇太子，即遵典制，持服二十七日，释服，即皇帝位。特命内大臣索尼、苏克萨哈、遏必隆、鳌拜为辅臣，伊等皆勋旧重臣，朕以腹心寄托，其勉天忠尽，保翊冲主，佐理政务，而告中外，咸使闻知。

在这份遗诏中，顺治帝列举了自己平生的14条罪行，比如对自己渐习汉俗、早逝无法尽孝、与亲友隔阂等，均充满了自责之语。为什么顺治帝会对自己所作所为如此内疚自责？这样的自责似乎很不符合一代少年天子离开人世时的最后心情。因此有人怀疑这份遗诏并非出自顺治帝本人，而是出自顺治帝的母亲孝庄皇太后之手，因为自责的内容，多是皇太后对顺治帝的不满之处。这自然加深了人们对顺治帝之死的更深一层的怀疑。

民间广为流传着一种说法，称顺治帝根本没有死，而是到五台山出家当了和尚。孝庄太后为了顾及大清的声名，只好对外宣布顺治帝驾崩。

五台山上的僧人

笃信佛法的皇帝

要探究顺治帝是否出家，这要从他迷恋佛法说起。清朝统治者本来就推崇藏传佛教喇嘛教，早在清太祖努尔哈赤的时候，他的脖子上就挂有念珠，并在清朝的第一个都城赫图阿拉修有佛寺、皇寺。皇太极把都城迁到盛京沈阳后，更是修了专门崇奉喇嘛教的实胜寺。加之，顺治帝的母亲孝庄太后是蒙古族人，自幼就受到佛教的熏陶，又年轻寡居，就以虔诚信佛排解心中的苦闷。

正是由于种种历史和家庭的影响以及个人的特殊因素，顺治帝自小就与佛教结下了不解之缘，稍长就信奉起佛教来，他的一生更与佛教有着"剪不断、理还乱"的关系。

据记载，顺治帝14岁那年，在遵化打猎的时候认识了一位法师。当时，这位法师正在山洞内静修，两人相见后，交谈甚欢。从这以后，顺治帝更加迷恋佛法。顺治十四年，在太监的精心安排下，顺治帝还亲自到高僧憨璞聪居住的海会寺，与他促膝长谈。回宫后，他又把这个和尚接到宫城西侧西苑（也就是现在中南海）的万善殿，继续论佛谈法。顺治帝还与当时著名高僧玉林、木陈、茆溪森等过往甚密。一次，顺治帝在与茆溪森和尚谈话时，还自称是他的弟子，这在历代帝王中也实为少见。顺治帝还请玉林为他起法名，"要用丑些字样"，他自己选择了"痴"字，于是取法名"行痴"，法号"痴道人"。玉林还称赞顺治帝是"佛心天子"，顺治帝在这些和尚面前则自称弟子。据记载，顺治帝还作了出家偈，全篇充满了佛家禅悟的情怀以及对出家为僧的向往，更包含着生在帝王之家的辛酸和不幸：

天下丛林饭似山，钵盂到处任君餐。黄金白玉非为贵，惟有袈裟披最难！

朕为大地山河主，忧国忧民事转烦。百年三万六千日，不及僧家半日闲。

来时糊涂去时迷，空在人间走一回。未曾生我谁是我？生我之时我是谁？

长大成人方是我，合眼朦胧又是谁？不如不来亦不去，也无欢喜也无悲。

悲欢离合多劳意，何日清闲谁得知？世间难比出家人，无牵无挂得安闲。

口中吃得清和味，身上常穿百衲衣。五湖四海为上客，逍遥佛殿任君嬉。

莫道僧家容易做，皆因屡世种菩提。虽然不是真罗汉，也搭如来三顶衣。

兔走鸟飞东复西，为人切莫用心机。百年世事三更梦，万里江山一局棋！

禹尊九洲汤伐夏，秦吞六国汉登基。古来多少英雄汉，南北山头卧土泥！

黄袍换却紫袈裟，只为当初一念差。我本西方一衲子，缘何落在帝皇家！

十八年来不自由，南征北战几时休？朕今撒手归西去，管你万代与千秋。

顺治帝与高僧的谈话中更是多次流露出遁隐空门的思想倾向。比如，一次，福临与佛教大师玉林谈起自己的身体不好，食不甘味，寝不安枕，随后说道："朕想前身的确是僧，今每到寺院，见僧家明窗净几，辄低回不能去。"还说道"财宝妻，人生最贪恋摆拔不下底。朕于财宝固然不在意中，即妻亦觉风云聚散，没甚关情。若非皇太后一人挂念，便可随老和尚出家去"。玉林闻言大为吃惊，极力劝谏福临身为国君，是要"保持国土，护卫生民"的，如果只图自己清静无为，忘却这件大事，凭你如何修行，"也达不到诸佛田地"。所以"出家修行，愿我皇万勿萌此念头"。这才劝住了顺治帝。

作为一位年少有为的君主，万人仰慕的少年天子，顺治帝如此迷恋佛法，多次萌生遁隐空门的想法，确实非同寻常，令人费解。

除了受周围人群的影响，他本人所处的环境以及遭遇是否也是一个原因呢？的确如此。首先，我们知道顺治帝是在清太宗皇太极去世后，在多种政治势力复杂斗争和互相妥协的情况下，侥幸当上皇帝的。而他在位的18年，前8年主要由摄政王多尔衮发号施令，他根本就是一个政治傀儡。多尔衮后来更是独揽大权，逐步分化了支持顺治帝的各种力量，顺治五年，更是被尊奉为"皇父摄政王"，成了名义上的"太上皇"，实际上的皇帝。

顺治帝的处境危如累卵，只有仰人鼻息，任人摆布。由此可以想到，顺治帝前期一直生活在摄政王多尔衮的阴影里，处境危险，经常担惊受怕。这些因素对顺治帝性格的形成，以及后来一心向佛有一定的影响。另外，从史料分析，顺治帝与自己的母后孝庄太后的关系也并非多么融洽。《清史稿·后妃传》中对于顺治帝与母后的关系记载十分简略，仅仅60个字，而且所记内容也多是例行公事的一些事情。在这种环境下，形成了顺治帝高傲自尊，而又任性敏感的个性。加之多情善感，身体羸弱，他常常在苦闷和忧郁中度日。特别是作为大清国承前启后的一代君主，他肩负着太多的使命，亲政后，更是日理万机，每天都要处理大量的事务，年仅10多岁的少年天子，不胜重负，该会有多累多烦？据说，有一次他曾对木陈说："我睡觉时只能单人独室，不能与人同床。临睡前，必须让所有的人都出去，若听到一丝气息，就一夜睡不着。睡早了也不行，必须熬过半夜，困极了，才能一觉睡着。"从中也可看出顺治帝的苦闷，甚至患有脑神经衰弱的疾病。而佛教的出现正好慰藉了他疲惫的灵魂，给他打开了一个逃避现实、回归轻闲自我的全新世界。

从以上分析来看，顺治帝确实与佛教有着割舍不断的情缘。在这种情况下，当宠爱的董鄂妃不幸去世后，一下子失去了精神寄托的顺治帝，万念俱灰，产生遁入空门的念头也就不足为怪了，难怪会有传说顺治帝出家与他宠爱的董鄂妃的去世有着直接的关系。

遁入空门的帝王

董鄂妃的逝世使少年天子彻底崩溃了。他痛不欲生，亲自为她守灵，并且不顾皇帝的尊严，大哭大闹，"寻死觅活，不顾一切，人们不得不昼夜看守着他，使他不得自杀"。在董鄂妃逝世的当天，他又下令"亲王以下，四品官员以上，并公主、王妃以下命妇，俱于景运门外，齐集哭临，辍朝五日"。如此，他还嫌不够，又破例追封董鄂妃为皇后，并加谥号"孝献庄和至德宣仁温敬皇后"，谕下礼部。闻者颇感惊讶："不过一个贵妃罢了，又何至于如此。"顺治帝在第五日，还在爱妃生前居住的承乾宫举行了隆重的追封典礼，以自己的名义撰写了《董鄂妃行状》的祭文，全文数千言，极尽才情和哀伤，历数了董鄂妃的嘉言懿行，兰心蕙质。顺治帝还命大学士金之俊写了《孝贤皇后传》。尽管顺治帝已经做得够多了，然而仍然难以平复内心的痛苦，他又下令将承乾宫内大小太监、宫女等30余人全部赐死，为贵妃殉葬，造成了清宫罕见的一大惨案。

不仅如此，几近失去理智的顺治帝，再无心政事，还大吵大闹着要出家，两个月内先后38次到高僧馆舍，谈佛论禅，完全沉迷于佛的世界。据《大觉普济能仁国师年谱》《敕赐圆照茆溪森禅师语录》《北游集》《续指月录》等僧侣书籍的记载：顺治帝曾经在十七年（1660年）十月中旬，也就是贵妃去世两个月后，决定舍弃皇位，身披袈裟，孑身修道。他命令茆溪森和尚为其举行了净发仪式。起初，茆溪森百般劝阻，他都不听，没有办法只好为他进行了剃度。而这一举动急坏了皇太后，她火速派人把茆溪森的师父、报恩寺主持玉林招回京城。玉林到京城后对弟子茆溪森的行为极为恼火，当即命人架起柴堆，要烧死他。玉林还对顺治帝进行了规劝，而顺治帝一心皈依佛门，并提出佛祖释迦牟尼和禅祖达摩不都是舍弃王位出家了吗？玉林说，他们是在过去世悟立佛禅，而现在从出世法来看，最需要您在世间护持佛法正义，护持一切菩萨的寄身处所，所以您应该继续做皇帝。正是在玉林的规劝和要烧死茆溪森的压力下，顺治帝才回心转意，蓄发还俗了。

虽然这一件事不为清朝正史所载，但这些高僧的普遍记述，似乎证明了它的真实性。就是说顺治帝在爱妃去世后不久，确确实实削发为僧了，后在众人的一再劝阻下，不得已只好蓄发还俗了。茆溪森和尚的塔铭上就有这样几句话："人人道你大清国里度天子，金銮殿上说禅道，哈哈，总是一场好笑"，也印证了这件事。

事后不久，顺治帝接受玉林的建议，在阜成门外八里庄慈寿寺从玉林受菩萨戒，并加封他为"大觉普济能仁国师"。顺治成为清朝历史上唯一公开归依禅门的皇帝。

或许正是因为顺治对董鄂妃和佛法的痴迷程度超出了寻常，民间才自然而然地流传开了顺治帝并未死去，而是到五台山为僧的观点。

雄才大略的盛世君王
——清圣祖康熙帝

□帝王档案

⊙姓名：爱新觉罗·玄烨
⊙属相：马（1654 年）
⊙年号：康熙
⊙在位：1661~1722 年
⊙享年：68 岁（1654~1722 年）
⊙庙号：圣祖
⊙谥号：合天弘运文武睿哲恭俭宽裕孝敬诚信功德大成仁皇帝
⊙陵寝：景陵（清东陵）
⊙配偶：40 人，皇后赫舍里氏
⊙子女：35 子，16 女
⊙继位人：胤禛（雍正）

八岁登基

顺治十一年三月十八日，玄烨出生在北京紫禁城内景仁宫。母亲佟佳氏，为汉军旗人图山额真佟图赖之女，是顺治的一个连封号都没有的小妃子。玄烨6岁出痘被送出宫外，与母亲分离了很长时间，没有享受到多少母爱。而顺治全心扑在董鄂妃身上，心无旁骛，佟妃并不得宠，而玄烨也没有得到父亲的关爱。玄烨好不容易回到亲人身边，却在8岁时丧父，11岁时丧母，所以童年生活并不幸福。值得庆幸的是，他终于平安地出了痘，仅在脸部留下几个细小的麻点。这使他对当时这种最可怕的疾病有了终身免疫力，而出过痘竟成了他继登帝位的一个有利因素。

玄烨的成长，更主要的还是得力于祖母孝庄皇太后的特殊钟爱和培育。在教育儿子方面，至少在顺治婚姻问题上，孝庄并不是一个成功者。也许正因为如此，她把更多的精力投入年幼的皇孙身上，一手承担起对其教育的责任。康熙幼年，五官端正，双目有神，口齿清楚，举止庄重，孝庄认为这个孩子一定会有出息，倾注了很多心血，她教玄烨如何做人、怎样为政。正如玄烨自己所说："朕自幼会学步能言时，即奉圣祖母慈训。"祖母对玄烨既慈爱备至，也处处从严要求。凡饮食，一言一行，玄烨都得照规矩和礼仪而行，稍有疏忽，就受到责备。尤其是在政务方面，祖母时时给予指点，授以方略，使他学会处理各种复杂的问题。这位贤德的祖母给予玄烨的思想以重大的影响，帮助和推动他去完成一代伟大的事业。

玄烨自幼聪颖好学，5岁时依清制，随众上朝，"站班当差"，并入书房读书。他读书十分认真，勤学好问，每每读书至深夜，而不知倦怠。成年后的康熙知识渊博，通古知今，举凡"帝王政治，圣贤心学，六经要旨，无不融会贯通"，这都得之于他日积月累的刻苦学习。

玄烨一方面如饥似渴地学习文化知识，一方面又接受严格的军事训练。骑马、射箭是训练的主要科目，他练就了一身过硬的骑射功夫。至盛年时，他能挽弓十五钧，发十三把箭，能左右开弓，每矢无不中的。宫中的严格要求和他自己不间断的刻苦磨练，迅速把他培养成一个多才多艺、文武兼备的难得人才。

康熙的汉文水平很高，中国历史知识丰富。"城高千仞卫山川，虎踞龙盘王气全。车马往来云雾里，民生休戚在当前。"他的这首《登高诗》被誉为帝王诗。康熙六巡江南题词很多，如为济南趵突泉题"激湍""源清流洁"，为珍珠泉题"清漪""润物"，为镇江金山龙禅寺题"江天一览"，为济南省城书院题"学宗洙泗"，为钱塘江龙王庙题"恬波利济"，为陆秀夫祠堂题"忠节不磨"，为米芾海岳庵题"宝晋遗踪"。题词充分表明康熙高深的汉文水平和丰富的中国历史知识，题词的书法也很好。

康熙善算学。宣城梅成、泰州陈厚耀入值南书房，康熙教过他们算学。

康熙善射。他晚年对近御侍卫说："我自幼至老，用鸟枪弓箭射死老虎 135 只，熊 20 只，豹 25 只，猞猁狲 10 只，麋鹿 14 只，狼 96 只，野猪 132 只，吹哨引来而射死的鹿几百只。射获其余的野兽不计其数。曾一天之内射兔 318 只。"

康熙有丰富的水利知识。他六巡江南视察河工，对每项水利工程都能作出具体指示。他最后一次南巡（康熙四十六年一至三月）是亲自考察泗州西溜淮套是否可以开河才去的。经过实地考察，他正确地予以否决。

因此，康熙是中国历史上善于治国的为数不多的伟大封建政治家，还是多才多艺的学者。他一生勤奋好学，博览群书。自然科学方面的数学、天文、历法、物理、地理、农学、医学、工程技术，人文科学方面的经、史、子、集，艺术方面的声律、书法、诗画，他几乎都有所研究。他写出了八九十篇关于自然科学方面的论著，他亲自审定了多种历史方面的书籍，他还精通多种民族语言。

玄烨幼年时已显示出与一般孩子不同。6 岁那年被送出宫之前，有一次，他同诸兄弟向父亲问安。顺治想试试他们的各自志向，就问他们将来都想干什么。老二福全说："我将来愿当个贤王。"老五常宁才 3 岁，还不懂父亲的意思。问到玄烨，他朗朗答道："待长而效法皇父，黾勉尽力！"

可见玄烨自幼就有远大的志向。

2年后，这个人小而志大的孩子，终于如愿以偿。

顺治十八年（1661年）正月初七日凌晨，顺治帝病逝。临终前顺治帝接受汤若望等人的规劝和母后的意见，立三子玄烨继位。按照顺治遗诏，玄烨应"持服二十七日，释服即皇帝位"。但辅政大臣却以"神器既已攸归，天位不宜久旷"为由，坚持要皇太子及时即位。于是在顺治死后的第三天，即正月初九，8岁的玄烨在祖母孝庄亲自主持下，亲御太和殿登极，成为清入关后第二位皇帝。清廷颁诏天下，改次年为康熙元年。"康熙"，意为安定太平。从此，清朝缓缓拉开了以康熙为起始的"康乾盛世"的序幕。

康熙即位后，在宫里继续由祖母太皇太后鞠育教诲。幼时祖母对康熙严格的教育，为其以后成为一个有所作为的君主，奠定了良好的基础。康熙刚即位，祖母孝庄太皇太后就问他，当了皇帝以后，想有什么作为。他回答说："惟愿天下乂安，生民乐业，共享太平之福而已。"

当时的中国，云贵、两广、福建三藩势力不断膨胀，农民军余部仍活动于川鄂，东南有郑成功，漠西、漠北蒙古尚须进一步加强管理。另外，经过连年征战，经济萧条，百业待兴，虽顺治帝已尽力改善，但未达到富国民强的程度。再加上沙俄侵军不断骚扰东北边境，葡萄牙（侵占澳门）、荷兰（入侵台湾）、西班牙、英、法等殖民者也开始向我东南沿海地区渗透。欲实现太平、安定之理想并非易事，新继位的幼主康熙任重而道远。

智除权臣鳌拜

四大臣辅政

正当顺治皇帝欲图大展抱负之时，他所钟爱的董鄂妃去世了，他因悲伤过度而于顺治十八年正月初七日病逝于养心殿，时年二十四岁。由于他生前崇信佛教，与高僧来往密切，并取法名"行痴"，遂有清世祖遁迹空门而非崩于帝位的传说。顺治帝死后，年仅八岁的玄烨即皇帝位，以内大臣索尼、苏克萨哈、遏必隆、鳌拜辅政。

顺治遗诏虽由他人写成，但经过皇太后博尔济吉特氏的认可，与皇帝的诏书具有同等效力。遗诏宣称："特命内大臣索尼、苏克萨哈、遏必隆、鳌拜为辅臣。伊等皆勋旧重臣，朕以腹心寄托，其勉矢忠荩，保翊冲主，佐理政务，布告中外，咸使闻知。"这四人都出自皇帝直接掌握的上三旗中的元老重臣。在多尔衮摄政时他们有的受到打击与迫害，有的则最早揭发多尔衮，被认为是最可靠、最值得信赖的。但这四人都不是宗室贵胄。这种四大臣辅政体制，一反"从来国家政务，惟宗室协理"的祖宗成规，是一个新的尝试。但辅政大臣体制顺利实现，而没有引起争议，是因为人们对多尔衮以宗室亲王的身份摄政时的弊端记忆犹新。为了避免历史重演，满洲贵族们接受了由非宗室大臣辅政的现实。

这是政治体制上的重大变革。四大臣的地位只是"辅佐政务"，皇帝仍然掌握着决定一切的国家最高权力，不像旧体制那样，以长辈"代天摄政，赏罚拟于朝廷"。

在祖母孝庄太皇太后亲自主持下，玄烨宣读遗诏，即皇帝位，年号康熙。四大臣深感受命辅政，责任重大，担心诸王不服，便以"国家政务从来由宗室协理"为由，向皇上请求与诸王、贝勒共同辅政。但遗诏写得明明白白，诸王谁敢干预？于是四大臣便奏明太皇太后，并祭告皇天上帝及顺治帝之灵，宣誓不私自与诸王、贝勒府第往来，不结党羽，不受贿赂，表示了辅佐幼主、维护皇权的决心。正月十四，安亲王岳乐、康亲王杰书以下及大臣官员等，在西安门内南侧的大光明殿，向皇天上帝及先帝灵位设誓，表示要同心协力，辅佐幼主。这样，清廷便形成了以太后为中心，以异姓勋臣辅政，而亲王、贝勒加以监督的新的统治核心。

四大臣辅政在形式和内容上，都是一全新的模式，它与摄政王体制相比，具有几个明显的不同点。

地位不同：摄政诸王都是最近的皇室宗亲，他们是皇帝之长辈，本身又是一旗之主，权力极大，很容易侵夺皇权。如多尔衮不仅是皇帝叔父，而且是正白旗旗主，加上其同父同母兄弟多铎、阿济格手中的镶白旗，实际手握两白旗，足以和皇帝之两黄旗相抗。甚至两黄旗大臣对多尔衮也溜须拍马。至于辅政大臣，虽然其地位与功劳都很显赫，但毕竟是异姓臣子。他们与太后及皇帝之间除君臣关系之外，还存在一旗之内严格的主仆隶属关系。四大臣也公开承认太皇太后和皇帝是他们的女主和幼主。因此，相对而言，辅政大臣不敢轻视太皇太后和皇帝而将大权揽于手中。

与皇帝的利害关系上有区别：下五旗诸王尽管都是皇室宗亲，但他们对本旗力量的发展及个人权势的增长给予了更多的关心，而不大关心朝廷的利益和皇帝的地位。辅政大臣则不同，他们既是皇帝的臣子，又是上三旗的旗员，同皇帝的关系，既是君臣，又是主仆，利害荣辱，息息相关，一旦皇帝帝位不稳，他们也会随着倒霉。所以，他们虽是异姓臣子，但对皇帝却比诸王更加忠心。

职权不同："摄"有代理之意，摄政即代君听政，代行皇权，摄政王可以根据个人意愿料理国家大事。因此，摄政期间的皇帝谕旨，实际反映的是摄政王的意志，而不是皇帝的命令。辅政大臣则无法做到这一点，其职能仅为佐理政务，协助幼主处理国家大事。而且，为防止个人专断，在四大臣之间达成了协商一致的原则，它规定："凡欲奏事，共同启奏。"不许单独谒见皇帝或太皇太后，也不能个人擅自处理政务，必共同协商，请示皇帝或太皇太后，然后以皇帝或太皇太后的名义发布谕旨。因此，辅政时期的皇帝谕旨，虽然也反映了辅政大臣的意见，但这都是在太皇太后和皇帝同意的基础上才能出现的，它在根本上还是反映着太皇太后与皇帝的意志。

总之，摄政王位贵权重，它排斥太皇太后和年幼的皇帝；而辅政大臣则可以有效地防止诸王干政，维护皇权，并使太后能实际上参与到国家大政方针的决策中去。可见，四大臣辅政体制与亲王摄政比较起来，更加适合太皇太后辅助幼孙登基之需要。

鳌拜擅权

世祖去世时，清朝范围内仍存着两个互相声援的抗清战场，一是郑成功领导的东南战场，一是以李定国为首的西南战场。康熙元年（1662年），李定国拥立的南明永历政权被清军消灭，永历帝也在昆明被杀，李定国悲痛万分，不久死去，其部下也相继被清军讨平。康熙三年（1664年），清军又镇压了活动在湖北茅麓山的大顺军余部，农民军将领李来亨牺牲。至此，清朝才最终将大陆上的反抗势力扑灭，进入了百年相对稳定发展的阶段。在长期的征服战争中社会生产遭到巨大破坏。华北地区，满目荒凉的景象，江南一带，到处瓦砾一片。面对这一状况，清朝政府鼓励垦荒，减免赋税，赈济灾民，以解除农民的痛苦。康熙四年（1665年），对遭战争破坏最大的湖广地区"给牛种，听其开垦，三年后起科"。并责令地方官对流亡四川的湖广之人，登记造册，照人数多寡提供帮助，奖励垦殖。对无度牒的僧道，勒令还俗，让其垦荒。经过几年努力，全国田地、山荡、畦地数字有了很大提高，为后来清王朝社会经济的繁荣奠定了坚实的基础。

四大臣还对顺治年间的行政机构作了改革。努尔哈赤时期和皇太极初年，辅佐汗的秘书机构是文馆，又称书房。崇德元年（1636年），皇太极称帝，始改文馆为内三院即内秘书院、内国史院、内弘文院，并设内务府管理宫内事务，内务府大臣则由皇帝的包衣奴才担任。顺治十一年（1654年）清廷仿明代制度，改置宦官十三衙门总管宫内事务。顺治十五年（1658年），参照明代制度将内三院改为内阁，同时设立翰林院。鉴于宦官在明代的祸国殃民的罪行，四大臣辅政伊始，即于二月革除十三衙门，恢复内务府，仅留少数太监以供驱使，对防止宦官干政起到了积极的作用。六月，又以世祖章皇帝遗诏发布谕旨，废除内阁及翰林院，重新恢复内三院。这时，清帝取消了大学士入值和票拟之权，由辅臣代为执行；辅臣必须共同商议票签内容，然后向太后请示，并代幼帝朱批御笔。但代皇帝朱批御笔也为辅臣提供了专权乱政的可能。

辅政初期，四大臣还能忠心耿耿地辅佐幼帝。然而随着时间的推移，辅臣鳌拜自恃功高，渐渐跋扈起来，对爵秩低于自己、而班次却高于自己的苏克萨哈心怀不满，遂利用黄白两旗的旧有矛盾，寻找机会，打击苏克萨哈。

康熙五年（1666年）鳌拜唆使八旗以土地不堪为由，提出更换的要求，送交户部。户部尚书苏纳海认为土地分配已久，且康熙三年（1664年）已有民间土地不许再圈的旨意，遂上疏反对圈换土地，并请将移文驳回。鳌拜假借世祖章皇帝有旨，凡事俱尊太祖、太宗例执行，于四月命镶黄旗从右翼之末移回左翼之首，并为镶黄旗在北京东北的顺义、怀柔、密云、平谷四县圈拨土地，造成既成事实。秋天，户部尚书苏纳海、侍郎雷虎等率人出发丈量准备圈换的正白旗土地，数千旗民极力声言换地的骚扰之苦，要求立即停止换地。同年十一月，直隶、山东、河南总督朱昌祚，直隶巡抚王登联同时上疏，指出旗民对重新更换圈地极为不满。接到命令后，旗民的土地等着调换，而民地则等着被圈，两下里都闲置不种，造成土地大量荒芜，恳请停止圈地。苏纳海等在丈量圈换土地时，由于镶黄旗章京不肯接受新圈换的土地，正白旗包衣佐领下人又不肯指出地界，他们只得将主持两旗换地的官员撤回。鳌拜仰仗其在辅臣中的优势，命吏、兵二部将苏、朱、王等革职锁拿，并交刑部议处。康熙五年（1666年）十二月，鳌拜以苏等人不愿迁移、结党抗旨、妄行具奏等罪，将苏纳海、朱昌祚、王登联三人矫旨处以绞刑，家产籍没，并将蓟州、遵化、迁安三地的正白旗土地强行加以圈换。旗员及人民深受其害，有数十万人失业。

圈地事件打破了四大臣协调一致的原则，朝内百官惴惴不安，纷纷上书要求皇帝亲政。康熙六年（1667年），索尼去世，鳌拜乘机打算提高自己的地位与职权，代替已故的索尼，获取启奏与批理奏疏之权。康熙见鳌拜愈加跋扈，四大臣辅政体制已无法发挥作用，遂以辅臣屡行陈奏为由，奏请太皇太后允许，私下里拟好了诏旨，于七月初七那天颁布，并举行亲政大典。此时鳌拜党羽已经形成，其势力在上三旗中占有绝对优势，鳌拜已控制了镶黄旗，正黄旗随声附和。正白旗大臣苏克萨哈凭一己之力无法与鳌拜竞争，遂于七月十二请求辞职。鳌拜乘机以不愿归政、妄蓄异心等罪名，打算处死苏克萨哈。康熙知鳌拜等怨苏克萨哈经常与其争论是非，仇恨甚深，欲置之于死地，遂坚持不允所请。鳌拜竟攘臂上前，连续几日来向康熙帝奏请，最后仍将苏克萨哈处以绞刑。

鳌拜在除掉苏克萨哈后，朝中已无人敢反对他，于是更加跋扈。如有人自行启奏，他必加斥骂；于皇上面前，凡事不以理进奏，多以旧时疏稿呈览，逼勒依允；甚至对皇帝的旨意也公然反抗，拒绝履行。鳌拜党羽马迩赛死后康熙明令不准赐谥，而鳌拜却根本不听，仍行赐谥。在鳌拜支持下，其党羽亦敢怠慢皇上，皇权受到严重威胁。

自取灭亡

鳌拜结党妄行，专擅朝政，不仅威胁到皇权，而且也损害了百官的利益，引起君臣的强烈愤慨。康熙七年（1668年）九月，内秘书院尚书熊赐履上疏，以天下治乱系宰相一语，暗指鳌拜擅政，国家前途堪忧。康熙认为，鳌拜身居要职，且党羽遍布内外，如果直接发布谕旨，捉拿鳌拜，恐怕会引起事变。于是康熙从侍卫及拜唐阿中选出忠实而又有力者，以练习"扑击之戏"为名义，让他们组成善扑营。同时康熙采取各种手段削弱鳌拜势力，他的党羽巴哈、苏尔马、绰克托、济世等人被派往外地。在做了精心准备之后，康熙召鳌拜进宫，命令善扑营将鳌拜擒下，与鳌拜一起被捉的有遏必隆及一等侍卫阿南达等。

铲除鳌拜集团牵涉到中央权力更迭的大事，这中间的关系极为复杂。而康熙帝仅用10天，即宣布了对鳌拜等人的处置，表明康熙帝对铲除鳌拜做了精心准备。谕旨里也没有任何报复的内容，法外施仁，区别对待，体现了极高的政策水平：第一，对立有不少战功的鳌拜处以拘禁，其兄赵布太、子那摩佛亦从宽免死拘禁；第二，遏必隆系开国勋臣额亦都与和硕公主之子，因而"免其重罪"，数月之后，又"特为宽宥，仍以公爵，宿卫内廷"；第三，对鳌拜罪应加诛的死党，除谕旨中所列已处死之班布尔善等7人之外，九月，又将工部尚书都统济世及内秘书院学士吴格塞处以绞刑。仅这9人被处死，较原议大大减少；第四，本为同党，宽宥免死，从轻发落。如吹捧鳌拜为"圣人"

的一等侍卫阿南达，仅处以革职、鞭一百。另外还有免罪仍留原任者，如山陕总督莫洛、山西巡抚阿塔、陕西巡抚白清额；第五，内外满汉文武官员，因惧鳌拜权势或想从中谋利而党附鳌拜的人，都免于处罚，而且言而有信。鳌拜家人供出，总督白秉真、原任巡抚张自德、尚书龚鼎孳等，都曾嘱托他向鳌拜行贿。康熙帝于六月初七谕旨指出："此等嘱托行贿者尚多，非止伊等。朕已有谕旨，将内外各官苟图幸进作弊者，俱从宽免。今供出各官，亦俱从宽免罪。"康熙缩小处罚面，制止了无限制的牵连，有利于稳定朝中政局。此外，为受鳌拜迫害致死、革职、降级者平反昭雪。已故之苏克萨哈等人，由其后人承袭其爵位与世职。此案的处理，很能收买人心，表明年轻的康熙帝日趋成熟。

康熙帝铲除鳌拜之后，将大权独揽，开始了他的"乾纲独断"的统治。从此之后，皇帝亲自批阅奏折，从不假手他人代为书谕。康熙年老之后，仍坚持这一原则，右手患病不能写字，宁可用左手执笔批旨，亦"断不假手于人"。从鳌拜专权事件中康熙得出一个教训："自亲政以来，断不许人怀挟私仇，互相陷害，是以三四十年间，无大臣互相攻击之事。"鳌拜专政柄之时，曾把持议政王大臣会议，所议之事尚未起奏，结果即为外人所知，出现不断泄露的事情。康熙亲政后，对议政王大臣会议严加整顿。他规定："其诸王贝勒之长史、闲散议政大臣，俱著停其议政；以后凡会议时，诸王、贝勒、大臣，务须慎密，勿致泄漏。"康熙还针对鳌拜当权时形成的"交通在内近侍、使令人员妄行干求，或潜为援引，或畏威趋奉"等不正之风，郑重宣布："朕处理事务的宗旨是对那些奸诈阴险谗媚之人严加惩处，选拔任用那些忠诚而有才德之人。以后如有不遵禁例，仍前干求趋奉者，定行从重治罪，决不饶恕。"这里当然包括禁止私通太皇太后身边近侍，妄图通过太后以干涉朝中大事者。

康熙帝在短短十余天里，便不动声色地将把持朝政数年、为恶多端的鳌拜势力迅速铲除，并在处理这一问题上显得有节有度，充分显示了他的聪明才干和大智大勇。他以异乎寻常的政治才能将局面控制在自己的手中。鳌拜集团的垮台使人们心头的忧虑一扫而去。人们在这一重大政治事件中，真切地感受到了年轻的康熙在政治上的成熟与处理政务的老练。

在处理了鳌拜及其党羽后，康熙立即发出诏旨，为苏克萨哈平反昭雪，发还其家产，恢复其爵位，由其幼子继承。对于已成事实的黄白两旗的换地一案，不再做调整。但由此而掀起的圈占民田狂潮，如不加制止，只会加剧社会的动荡和不安定。康熙帝于六月便下令："自后圈占民间房地，永行停止。其今年所以圈者，悉令给还"。"至于旗民无地亦难资生，以古北口等边外空地，拨给耕种。"清入关后持续了 26 年之久的圈地弊政寿终正寝了。随后在七月"圈换"案中被冤杀的苏纳海、朱昌诈、王登联三人也被昭雪，分别追谥并荫其子入国子监。在此案中牵连受处分的其他官员也都撤消了对他们的处罚，并官复原职。

平反积案时，康熙帝也十分留心处理朝中事务。但他毕竟年轻，取消大臣辅政，使得康熙帝事无大小都得亲自处理，这无疑使他的压力大增。设立一个协调的辅政机构，辅佐自己处理好朝内外国家大事已成为必需。

清朝入关初年，满洲的宗室贵族、八旗大臣在决定国家重大事务方面仍具有不小的权力。这是清入关前近 30 年，由努尔哈赤、皇太极执政时期逐渐形成的议政王大臣会议制度，一直在发挥作用的结果；当然也与顺治帝、康熙帝两代君主都是冲龄继位而不能处理政事有关系。不属常设的制度性机构的议政王大臣会议制度，不可避免地限制了君主对大权的独揽，因此，顺治十五年（1658 年）十月，顺治帝将原有职掌逐渐扩大的内三院参照明朝制度改为内阁，在内阁办事的官员都称为大学士，内阁便具有了国家政权最高中枢机构的功能。但顺治帝一死，四辅臣立即又把内阁改为内三院。因此，直到鳌拜集团被铲除，辅佐帝王行之有效地处理国家政务的中枢机构在清王朝一直未能建立起来。它极大地影响了专制帝王的独裁统治。

康熙九年（1670 年）八月，康熙帝下令把内三院重又改成内阁，并依顺治十五年例，大学士分兼殿（中和殿、保和殿、文华殿、武英殿）、阁（文渊阁、东阁）衔，并兼各部尚书，学士都兼侍郎。从此，内阁便逐渐发展成为清王朝的权力中枢，但并不完善。满汉大学士、学士、侍读学士、侍读等官同阁办事，帮助皇帝处理日常政务。

除此而外，鳌拜专权时对汉族人及汉官的歧视与迫害政策被废去，放纵贪官污吏、政府中玩忽职守、互相推诿等弊端也一一开始整顿。大清国开始了由乱入治的新时期。

平定三藩

三藩专制

康熙亲政后，将处置"三藩"看成是治国安邦的头等大事。所谓"三藩"，即顺治年间清廷派驻云南、广东和福建三地的平西王吴三桂、平南王尚可喜、靖南王耿继茂（后由其子精忠袭爵）。当时他们率清军南下，对于击败农民军及南明政权，作出过不小的贡献。但他们的权势也随之恶性膨胀，至康熙初年，三藩已成为事实上的割据势力，严重危害着国家的统一。

诸藩势力的发展，与清初政治形势是密切关连的。当时清朝统治者为统一中原，需要厚待投降的汉族将领。孔有德、耿仲明（继茂之父）、尚可喜，原为辽东人，于天命六年（1621年）三月清太祖努尔哈赤攻占辽东后，陆续去皮岛投靠总兵毛文龙。天聪二年（1628年）六月，明蓟辽总督袁崇焕杀死毛文龙，东江大乱，明军自相残杀。孔、耿、尚等在走投无路情况下，先后于天聪七、八年（1633、1634年）投降后金。清太宗皇太极出城十里相迎，隆重接待，封孔有德为都元帅、耿仲明为总兵官，命他们驻守辽阳，号"天助兵"；任尚可喜为总兵官，命他驻守海州。崇德元年（1636年）六月，皇太极改国号为清，封孔有德为恭顺王、耿仲明为怀顺王、尚可喜为智顺王，极示宠信之意。这时出现直属皇帝的三位汉族人藩王，不仅于中央集权无害，反而会牵制满洲诸王的势力，维护皇帝的地位和权势。崇德七年（1642年）八月，皇太极析汉军四旗为八旗，命有德、仲明、可喜分隶正红、正黄、镶蓝旗。

吴三桂，江苏高邮人，明原任锦州总兵吴襄之子、锦州总兵祖大寿之甥，历任游击、副将等职。吴襄因罪下狱，吴三桂升任总兵官，带兵驻守宁远城。明崇祯十五年（1642年）二月，松锦会战中明十三万军队损失大半，蓟辽总督洪承畴降清，吴三桂收集残兵败卒逃回宁远，手下兵丁增至三四万人，为明廷所依重。清占关外各城，唯独宁远尚在明军手中。崇祯十七年（1644年）三月初六，李自成农民军已入山西，昌平兵变，京师戒严。崇祯帝封吴三桂为平西伯，命他放弃宁远，火速率兵入援京师，并起用吴襄提督京营。吴三桂接朝廷命令后，行动迟缓，每日只行数十里。宁远至山海关仅两日路程，十六日才到，二十日至丰润，在那里吴三桂获悉农民军已攻入北京，于是他率手下军队退返山海关。清朝曾多次遗书招降吴三桂，正欲率兵进关的摄政王多尔衮向吴三桂许诺："伯若率众来归，必封以故土，晋爵藩王"。李自成亦曾派人招抚吴三桂，但因农民军的"割富济贫""追赃助饷"政策触犯了地主阶级的利益，所以吴三桂最终还是向清朝投降。同年四月，山海关一战，李自成在清军及吴三桂的联合夹击下惨遭失败。多尔衮即日"承制进三桂爵平西王"。至此，清廷所封汉族人藩王，已有4名。

顺治六年（1649年）五月，清廷封孔有德为定南王，令其率兵二万征广西；改封耿仲明为靖南王，尚可喜为平南王，令各率兵一万征广东。不久，耿仲明因隐匿逃人惧罪自杀，由其子耿继茂继承靖南王之爵。年底，孔有德占据桂林。顺治七年（1650年）冬，尚可喜攻克广州，南明桂王逃往梧州。时大西军余部李定国与桂王合作，进攻四川，吴三桂奉清廷之命进行征讨。吴军势力较强，李定国不敌转而争夺广西。顺治九年（1652年）七月吴军攻克桂林，孔有德阵亡，其子亦亡，爵除，四藩成为三藩。顺治帝为协调西南五省力量，于十四年（1657年）部署三路进兵贵州。

顺治十五年（1658年）正月，清军攻占贵州，顺治命多罗信郡王多尼为安远靖寇大将军，代替宁南靖寇大将军宗室罗托，与其他两路乘胜进攻云南。顺治十六年（1659年）正月，三路大军攻入云南省城，南明永历帝等败走永昌府，后逃入缅甸，两广、云贵基本平定。同年三月，顺治帝根据洪承畴建议，"命平西王驻镇云南，平南王驻镇广东，靖南王驻镇四川（次年七月，改驻福建）"。"三藩"分守一方对巩固清王朝的统治起到了积极的作用。吴三桂于顺治十八年（1661年）十二月率兵入缅，擒获永历帝及其随从，并另遣总兵追击、招降巩昌王白文选。不久晋王李定国亦死，云南彻底平定。耿、尚分守闽、粤，亦曾有效地抵御郑成功的进扰。

随之而来的是"三藩"拥兵自重，势力极大。云南每年耗饷最多时达900余万，平时亦不下数百万。所以说："天下财赋，半耗于三藩。"而且三藩各据一方，手握重兵，形同割据，对中央集权构成了极大的危害。吴三桂以功晋封亲王，总管云南、贵州二省一切事务。顺治帝谕："凡该省文武官贤否甄别举劾，民间利弊因革兴除，及兵马钱粮一切事务，俱暂著该藩总管，奏请施行。内外各该衙门不得掣肘。"应吴三桂之请，顺治帝在给云贵督抚的上谕中，意让他们一切听凭吴三桂节制。不仅如此，吴三桂还委派部下亲信到其他地方任职，称为"西选"，"西选之官几满天下"。吴三桂还用大量钱财来结交士人，让他们为其效力。在云南的十余年时间里，吴三桂天天操练军队，制造武器。在重要的地方都派亲信驻守，而各省的提镇等官员，大多是吴三桂的心腹，为他所收买。吴三桂的儿子是清廷驸马，朝中的任何动向吴三桂都能及时地得到汇报。他向朝廷谎报说蒙古人进攻丽江、中甸等地，清廷派大军前去支援后，吴三桂又报称蒙古人已败退，挟边防以自重。耿精忠、尚继茂也跋扈异常，为害一方。

"剿抚并用"政策

康熙在刚开始平叛时，即有"剿抚并用"之意。王辅臣叛降吴三桂，康熙即曾连降专敕招抚，但初期军事上处于劣势，招抚难以奏效。后来清军将王辅臣围困在平凉、固原等地，王辅臣见处境不妙，主动乞降，康熙怀疑这是王辅臣的缓兵之计，完全不予理会，双方僵持将近一年。最后，康熙见强攻不下，又转而采用招抚策略，收降王辅臣，底定三边，并因而从中总结出一条经验："剿抚并用"。他给图海的谕旨中说："大将军图海恭承简命，秉钺临边，即宣布恩威，剿抚并用，平凉一带，旬月绥平。"此后，康熙在各个战场上大力推行"剿抚并用"的策略，令对"叛变之人"，只要有"悔罪输诚之心"，皆可容受。

继陕西之后，康熙把福建定为另一个剿抚重点目标。康熙一向把耿精忠与吴三桂区别开来，认为他"必系一时无知，堕人狡计，与吴三桂不同。故将吴三桂子孙正法；精忠在京诸弟照旧宽容，所属官兵并未加罪"。"且吴三桂乃本身投诚之人，背恩反叛，自取灭亡；精忠祖父以来，三世受恩，四十余年，非素蓄逆谋首倡叛乱者比"。因此，在耿精忠刚叛乱之时，康熙马上遣工部郎中周襄绪偕精忠护卫陈嘉猷，带着朝廷敕令赶赴闽，传谕精忠："果能追念累朝恩德及伊父忠荩遗言，革心悔祸投诚自首，将侵犯内地海贼速剿图功，即行敕免前罪，视之如初。"后来虽然派出大将军康亲王杰书至浙闽前线，加强对福建的军事进攻，仍不忘时常派人前往招抚。

康熙十五年（1676年）六月，因郑经占据漳州、泉州等七府，耿精忠与郑经发生矛盾，加以耿军内部军饷匮乏，士兵不断逃亡，困难很大。因此，耿精忠被迫从建昌府新城等地撤兵。清军乘机于八月二十日攻占仙霞岭，进占浦城县，建宁、延平等府不日即可攻下，福建的大局已定。康熙为尽快解除"福建问题"，谕康亲王："以时势晓谕耿精忠早降，以副朕安辑民生至意。"九月，康亲王大军收复建宁、延平等府，耿精忠无力再战，派其子耿显祚迎康亲王军队入福州。十月初四，耿精忠亲自出城迎接康亲王杰书进入福州。康熙命耿精忠仍留靖南王爵，率领所属官兵随大军征剿叛逆，以将功补过。此后，清军又在居乡守制之侍读学士李光地协助下，在泉州击败郑经的军队。各地叛军纷纷投诚，福建、浙江相继平定。

福建的形势对广东影响很大。原来驻守广东的平南王尚可喜，自吴三桂叛乱以来，一直忠于清朝。康熙为表示嘉奖，提高尚可喜的职权，令他节制广东一省的督抚提镇，文武官员听任其选补，并晋封尚可喜为平南亲王。至康熙十五年（1676年）初，广东形势急转直下，尚可喜染病，长子尚之信暂代理事；平南大将军尚之孝在潮州被郑经军击败，退守惠州；高州总兵祖泽清、藩属水师副将赵天元、总兵孙楷宗相继叛降三桂。在这种情况下，尚之信于二月二十一日，守其父府第，发动叛乱，接受吴三桂招讨大将军伪职，并将其父的谋士多光杀死，削夺了其弟之孝手中的兵权。两广总督金光祖与巡抚佟养钜也向吴三桂投降。康熙对广东问题有一定的思想准备。他一点也不担心尚之信的叛乱，因为他知道吴三桂不会信任他，而且其内部矛盾重重。只要顺利解决福建问题，尚之信就会投降。于是，他一面令安亲王岳乐猛攻长沙牵制吴军主力，令简亲王喇布迅速攻占吉安，既保岳乐后路，又可进剿广东，另一方面，对福建的耿精忠加紧招抚。十月，尚可喜去世。广东地方官员站在清廷一边，对尚之信的叛乱进行了坚决抵制。同月，福建耿精忠降清。而吴三桂对尚之信极不信任，虽封以亲王伪号，但又命总督董建民、巡抚冯璠加以牵制。在这种形势下，尚之信向简亲王喇布请降。喇布奏闻，康熙于十二月九日降旨免其罪，令其"相机剿贼，立功自效"。同时，命莽依图为镇南将军，率兵进入广东接受尚之信的投降。十六年（1677年）四月二十九日，莽依图到达韶州，尚之信于五月初四率省城文武官员及兵民等剃发投降。康熙命尚之信袭封平南亲王，下属将领都官复原职。同时，康亲王杰书派遣将军喇哈达、都统赖塔从福建率兵进至潮州。原潮州总兵官刘进忠、原高雷总兵官祖泽清等人也先后投诚。原两广总督金光祖发动士兵生擒董重民等，然后他向清廷上疏请求投诚，广东全部平定。康熙令将被捉住的吴三桂的伪总督董重民及其他官员，解至京师，一律释放。他对大学士等说：叛乱之罪在吴三桂，"与胁从之人无涉"，"彼所部人员，如能悔罪投诚，概行宽免"。因此，"将董重民免死释放，一同押解来京的罪人，亦俱宽释"，并交与兵部，以作相应安排。

康熙十五年（1676年）五月至十六年（1677年）五月，康熙帝运用"剿抚并用"的政策在战场上取得了重大的胜利。陕西、福建、广东都相继收复，清廷从与敌相持状态开始转入反攻阶段。虽然仍有不少困难，但胜利即将到来了。

康熙十五年（1676年）九月，康熙赏给广西提督马雄之子马承先、马承霄游击头衔，命他们到广西"招抚马雄"。次年初，康熙获悉孙延龄妻孔四贞仍然时刻怀念太皇太后的养育之恩，有意归降朝廷时，又派督捕理事官麻勒吉到简亲王军中，专门负责广西招抚事宜。但广西情况复杂，孙延龄与孔四贞及马雄之间均不和，与吴三桂也有一定矛盾。彼此戒备，都无力左右全局。至康熙十六年（1677年）冬，吴三桂见湖南形势吃紧，派其孙吴世琮及悍将马宝进兵桂林，诱杀孙延龄以巩固后方。康熙得知孙延龄被杀、马雄病死的消息后，下诏招抚他们的部众，令麻勒吉等："仍同简亲王军偕行，以朕赦罪免死之意概行晓示。其被胁从贼之人，有悔罪投诚者，即行招抚。"在康熙的指示下，麻勒吉成功地招抚孙延龄部将刘彦明、徐洪镇、徐上远、线国安之子线成仁、马雄之子马承荫等，为广西的平定奠定了基础。

康熙十六年（1677年）六月十六日，康熙下令敕谕各省王、贝勒、大将军、将军、总督、巡抚、提督等，在湖南、四川、云南、贵州等省全面推行"剿抚并行"的策略。其中进一步具体申明招抚政策："今特颁敕谕，概示招徕。凡吴三桂叛军中的文武官员兵民人等，悔改投诚一律不加追究，并给他们以恩赏。或有擒杀贼首，投献军前，及以城池兵马来归者，仍论功优叙，尔等即宣布晓谕，以体现联宽仁矜全之意。"此后，每当战事进展到关键时刻，康熙帝都发布招降敕书，由专门从事招抚的人员掌管，随时发送。

随着形势的发展，剿抚并用策略在内容上发生了新的变化。首先，对投诚官兵的安排上有了变化。初为优升职级，以原班人马投入战斗；后随着投降的人数的增多，以及战事的减少，一般尽量避免聚集一处，投降的士兵有的归乡为农，有的则被编入绿营兵。其官员则必须进京陛见，或者对其提拔任用，或者让其补缺候用。另外，后期招降的对象也发生了变化。后期集中在吴三桂手下胡国柱、夏国相、马国贵、吴应麟、郭壮图、马宝等人身上，他们是吴三桂的骨干分子。这些人是吴三桂的党羽，不是被胁从者，因而康熙帝专门降敕，让他们当中的投诚者返回南方，一为保护家小，二来可作内应。其实是招抚计与反间计相结合，使叛贼间相互怀疑，扩大他们间的矛盾，以便各个击破。再次，对降而复叛者从严处理。如：广东高州总兵官祖泽清降后又于十七年（1678年）三月复叛。康熙谕兵部："祖泽清父子兄弟向受国家恩养甚厚，以前叛变，以为他是被胁从，不得已而从贼，及既降复叛，他甘心依附贼人由此可知。罪情重大，国法难容，不许招抚，亦不许其投诚，尔部即密谕各部大将军、将军、督抚提镇等遵行。"八月，官兵大肆搜捕，将祖泽清及其子良绒擒获。次年二月，"俱凌迟处死，诸子、家口籍没入官"。根据具体情况，灵活运用剿抚并用策略，表明了康熙的高度原则精神和求实态度。由于他亲自布置与指挥平叛战争，能及时地把握敌情，又极为勤勉，从失误中吸取教训，从成功中总结经验，所以清王朝在康熙帝的指挥下正在迈向平叛成功之路。

平定湖南

康熙认定，平叛战争中的最主要敌人是吴三桂，湖南是主要战场。他曾说其他战场报捷"朕不为喜""吴三桂乃贼渠，惟破岳州、澧州方可喜耳"。因此，自战争爆发以来，康熙帝一直把主要精力投入湖南战场。

康熙始终在思考如何夺回湖南这一问题。为此他确定了一项新的作战方案，以迂回包围的策略代替在湖南战场发动正面进攻的方法。康熙认为，吴三桂长期占据岳、澧等地，主要军粮来自长沙、衡州，只有攻下长沙，断绝吴三桂叛军的粮道，才能最终打败吴三桂。他在给岳乐的谕旨中指出了攻取长沙的重要意义："一以断贼饷道；一以分贼兵势；一以扼广西咽喉；一以固江西门户。"而且，由于陕西发生叛乱，"川贼必通杨来嘉、洪福二贼，窥我郧襄，扰我南邓，侵我荆州后路，揆其大势，进兵湖南，断不容缓"。因此，康熙于十四年（1675年）正月二十九日命岳乐"将江西要地速行整理，稍有就绪进兵湖南"。同年九月，湖广总督蔡毓荣也提出与此相同的一套作战方案，他上疏说："若楚省大兵由荆、岳各路前进，而江西我军亦由袁州诸路会期进攻，使贼三面受敌，首尾不能相顾，则我兵之势合而贼兵之势分，一举而战功立奏也。"而这时康熙帝的作战谕旨早已发下，且详细得多。

正如康熙所料，吴三桂企图利用王辅臣在陕西的动作，举兵进攻荆州、襄阳等地。他在长沙、醴陵、萍乡等地驻守七万大军，以挡岳乐江西之师；又分兵七万守岳、澧诸水口，扼荆、岳大兵咽喉，以抗拒江北之师；又暗地里派出兵马占据彝陵（湖北宜昌）东北之镇荆山，纠王会、杨来嘉、洪福等袭击谷城、郧城、均州、南漳，以逼襄阳，并企图与西北的叛军相会。而他亲赴荆州上游之松滋，居中调度。康熙四处调兵，坚守荆襄，并命简亲王喇布带兵进驻江西,急命岳乐从江西进兵湖南。岳乐于康熙十五年(1676年)二月攻占袁州后,又收复萍乡县,开始向湖南发起进攻。至此,康熙已将六名大将军中的三名投入湖南战场。吴三桂明白此情,急忙调集18名将军、10余万兵力,死守长沙。康熙料到吴三桂将亲援长沙,而这样就会减少他在岳、澧等地的力量,所以曾命荆、岳大将军王、贝勒等"饬勒兵马,时加侦探,乘机进剿"。然而,尚善与勒尔锦分别于三月初九和三月十八日渡江之后,进展非常缓慢。勒尔锦于三月二十九日再次进攻太平街又告失败,便"退兵荆州"。因而使康熙皇帝失去一次收复失地的大好时机,迂回包围计划一时未能实现。康熙事后惋惜地说:"若大兵数路并进,吴逆断无如许伪将贼兵随处备设壕桩,以与大兵相抗,其灭亡可翘足而待矣。"

诸王贝勒踟蹰不前,丧失了稍纵即逝的战机,严重影响了对湖南的收复。为了改变这种被动局面,康熙在平定王辅臣之后,破例任命署前锋统领穆占为实授都统,佩征南将军印,出征湖南。穆占,满洲正黄旗人,姓纳喇氏,是叶赫贝勒金台石的后代,初任侍卫兼佐领,后以功升授满洲副都统、署前锋统领。自进入陕西与叛军作战以来,每与敌战,他都是身先士卒、勇往直前。康熙帝因而对他委以重任,并从陕西、河南、荆州等地调来精兵供他驱使,其所统之兵与安亲王岳乐的大军在数量上不相上下。这是一支机动部队,无防守之责,专门担负进攻任务,"其应设镇守官兵调遣机宜,与各将军、总督、提督等议行"。康熙对穆占寄予最大希望,出征前,特召来京,面授机宜。

穆占并没有让康熙帝失望,他排除各种干扰,统率大军奋勇杀敌。康熙十六年(1677年)二月初三,穆占率兵进抵长沙外围地区,作了将近一个月的准备工作。三月初一,穆占率所部向长沙发起猛攻。前锋部队经浴血奋战,已攻到长沙城下,后续部队也进抵长沙城下,收复长沙已指日可待。恰在这时,安亲王的军队,不成队形,以武力干扰穆占军后路,不仅使穆占无法攻城,而且造成重大伤亡。吴三桂为摆脱在湖南三面被围的困境,于四月率众往衡州,派遣三万大军至湖南南部的宜章,企图向广东东昌发动攻击,并分兵侵犯江西南安州(大余),窥视两粤。康熙一面命令将军莽依图、觉罗舒恕分别守韶州（今广东韶关市）、南安，协助湖南战场；另一方面令穆占会合简亲王喇布举兵攻打衡州、永兴，"遏贼后路，如此则可减缓粤东的压力，而粤西欲降者亦可乘间来归"。穆占领命，在击败郭应辅等、收复茶陵州及攸县之后，乘胜南取郴州、桂阳，召降桂东、兴宁、宜章、临武、兰山、嘉禾、永兴等城，吴三桂进攻广东的阴谋被打破。随着平叛战争不断地取得胜利，新收复之地增多，但简亲王一再讨价还价，只防守江西咽喉的茶陵、攸县、安仁等地，不愿分派部队驻守他处。穆占不得不把自己的兵力分散于新收复之地，自己在郴州设营，以都统宜里布驻永兴。四月，敌人进攻永兴，他遣护军统领哈克三、前锋统领硕岱赴援。六月，吴三桂集中马宝、王绪、胡国柱等优势兵力强攻永兴，战斗惨烈异常。都统宜里布、护军统领哈克山等战死，前锋统领硕岱率兵入城死守，浴血奋战，情况十分危急。康熙帝为此忧虑不安，"现于词色"。直到敌人得知吴三桂的死讯而撤去，战局才转危为安。

简亲王和穆占均不敢丢下驻地驰援永兴，事后双方相互指责。康熙则居中调解，劝他们"彼此和衷"，并对永兴失利一事进行了总结，指出：敌人大举进攻永兴，"有必死之形"，清军"兵势太分，以致失利"。他进一步概括说："凡摧寇破城，必审量己力，可击则击之，如贼众我寡，即宜调集诸路合为一军，壮其声势，以图攻剿。倘株守新复城池，以已经驻镇，惮于旋师，迟留疑畏，于大事殊无所济。"七月初二，康熙再次重申了集中兵力作战的重要性，说："满兵之势贵聚，聚则处处攻战始克不利""满兵关系重大，利战则战，利守则守，宜合全力以破贼众。若将所复贼弃之空城固执分守，似乎不可"。对于穆占的内疚心情，康熙帝极为了解，并鼓励他：不要因为永兴失利"冒昧妄动"，要"鼓舞人心，振扬军威，以图克济"。如果破贼成功，"前罪自当涣释"。

康熙重视广西的郁林、湖南的郴州、永兴等地，他说"今赖皇天之眷佑，祖宗之威福，群臣尽力，将士用命，前后恢复闽海、两粤，以至湖南岳阳诸处，擒斩巨魁殆尽，望风归正不可胜数，剩余之敌势如破竹，解吾民之倒悬，行有日矣"。于是，他令各路大将军、王、贝勒等："剿抚兼施，贼有悔过投诚者，免罪叙述录用，将此恩意，概行晓谕。"正、二月间，湖南战场上出现了节节胜利的大好形势。吴三桂在长沙的部队偷偷地逃掉了，岳乐立即率部入城，并乘胜南下，恢复湘潭。察尼指挥大军进攻湘阴，湖广提督桑峨、固山贝子彰泰攻占华容、石首二县。勒尔锦派兵渡江，收复宜都、澧州、常德府等地。简亲王喇布派前锋统领希佛乘夜袭取了衡州，随后又攻占了耒阳。吴三桂的手下纷纷率众投降。

湖南既已恢复，康熙着手进兵四川、云南、贵州。他对各路大军的方位与任务作了重新部署。命勒尔锦回驻荆州，调度荆、岳、彝陵（宜昌）、襄阳等处军务，进兵湖北归州（秭归）、巴东等地，扑灭山贼，收复兴安，以配合陕西军队进占四川；察尼向辰州、沅州方向发动攻击，调度澧州以南军务，并攻占进黔要路辰龙关；岳乐向宝庆府、武冈州一线发起攻击，攻取另一进黔门户枫木岭；喇布与穆占合兵收复永州等地，并调拨精兵每佐领三、四名，在希佛率领下奔赴将军莽依图军前，前去支援广西，以开辟新的入滇路线。岳乐进攻武冈枫木岭，因广西巡抚傅宏烈切断了敌人的粮道，进展顺利，八月，清军收复武冈。攻取辰州辰龙关之战较为激烈，康熙十九年（1680年）三月，清军方才攻克辰龙关，守关叛军逃窜，陈州伪知府、伪将军等率众投降。进军川、云、贵的条件成熟。

收复广西、四川

康熙十八年（1679年）初，岳州被清军收复，湖南大局已定，清廷便决议进攻四川。以大将军图海为首的驻陕满族将领，被上次的保宁之战吓怕了，不敢出战，汉族将领宁夏提督赵良栋勇猛有谋略，毅然要求进兵四川。他于四月上疏说："今湖南既定，宜取汉中、兴安，规四川。臣愿精选所部步骑五千，独当一路。"康熙帝览奏大喜，命令图海等人就此疏再作商议，希望图海能出兵四川。不料图海等仍取消极拖延态度，先是强调"栈道、益门镇各口，逆贼来犯，据险为营"，不能进兵；后又借口"贼毁偏桥，无路可通，竟尔却还"。康熙对此极为气愤，他质问图海："如此懦怯易退，何时乃得破贼？"又经一再督促，图海于八月起草一个九月初八四路进兵收复汉中、兴安的方案，亦因将领意见不一，未能贯彻执行。康熙帝面对此情此景，决定以绿旗营兵将为主，平定汉中、兴安，收复四川。

同年十月初十，康熙遣内阁学士禧佛、郎中倭黑带着皇上的敕令赴陕西，向将军张勇、王进宝、提督赵良栋、孙思克宣读皇上旨意："各率所属绿旗兵平定汉中、兴安，恢复四川。""尔等官兵前进，则满洲大兵，亦即相继进剿，接运粮饷，不至匮之。"龙安府（四川平武）伪总兵投降。赵良栋率绿营兵从龙安南下，于康熙十九年（1680年）正月十一日进抵成都二十里铺，伪巡抚率众迎降，成都克复。康熙奖其功，提升赵良栋为云贵总督，加兵部尚书，仍领将军。赵良栋分遣游击冶国用等收复雅州府、象岭、建昌诸卫，又向东攻占叙州，平定纳溪、永宁诸县。与此同时，王进宝于正月十三日经过激战占领了保宁府（四川阆中），敌守将王屏藩自杀，伪将军吴之茂被擒获。正月十八日，又收复顺庆府（南充市）。在赵、王胜利进军中，康熙派建威将军吴丹、将军鄂克济哈率领满兵，作王进宝、赵良栋的后续部队，"转饷源源不绝，相随而行"。汉将自成一军，仅用三个月时间就收复了四川绝大部分地区。

在四川战场上，康熙帝之所以重用绿营汉兵，实在是与满军将领不得力、无法打开局面有重大关系，并非根本改变"满汉合兵"制。因此，在进兵云贵前夕，他又按"满汉合兵"制作了军事部署。康熙十九年（1680年）二月初一，为迅速收复云贵，康熙帝重新安排四川战守，将五路进兵合为一路，命"将军吴丹、鄂克济哈与赵良栋等同进取吴丹、鄂克济哈于顺承郡王军中，简精名马兵，将之前行"。在四川战场上吴丹实际上成为了主帅，赵良栋反而退居第二位，王进宝以"疾病"为理由请罢。康熙命王进宝回固原治病，由其子王用予暂时统率其部队，驻扎保宁，进剿云贵时随军前进。

康熙二十年（1681年）正月初一，在平定两广之后，赖塔从广西最西部的西隆州出发，击败何继祖，攻占石门坎隘口，恢复安隆所。二月初二在贵州西南的黄草坝，赖塔又击败詹养的两万部队，打通了进入云南的门户。二月十二日，赖塔收复云南曲靖府。十五日，从曲靖府起行，相继收复马龙州、易龙所。十六日，收复杨林城、嵩明州，进抵云南首府昆明。这条从广西出发经黄草坝的进滇路线，正巧是当年清军追赶南明永历帝所走过的道路。赖塔谨遵谕旨，取得辉煌的战功，康熙对此极为满意，曾说："平定云南，赖塔之功最大。"继赖塔之后，一直观望不前的贝子彰泰，也率部向昆明挺进。两路大军在归化寺安营，于二月十一日大败出城作战的吴军万余人，然后进围昆明。云南、贵州的少数民族痛恨吴三桂的暴政，对康熙帝优待少数民族的政策极为欢迎，大力支援清军，协助解决军饷，推动了胜利的早日到来。康熙特嘱大将军贝子彰泰，奖励各族，"毋致有误军饷"。

在四川方面，康熙重新起用王进宝，命他"驰赴保宁，兼守汉中"，以平息谭弘父子的骚扰。并将满洲将军吴丹和鄂克济哈调离，代之以署西安将军佛尼勒为建威将军，调遣永宁一路；以都统觉罗纪哈里为宣威将军，调遣建昌一路。康熙令其驰赴赵良栋军前"会商剿贼"，力争将吴军伪将马宝、胡国柱、夏国相等就地消灭，防其归援云南。当康熙得知胡国柱等逃遁消息之后，于三日二十日急令将军佛尼勒、赵良栋等："于接到命令之日起，即各统官兵速行蹑击，勿令得援云南。"赵良栋从三月起"追剿胡国柱于观音崖"，五月，收复泸州、叙州（宜宾市）、永宁（叙永）。七月，攻占西昌，乘胜渡金沙江，进入云南武定州继续追剿。胡国柱一路逃窜，在无路可逃的情况下自杀。马宝逃至姚安，向清军投降。夏国相逃至广南，也因无路可逃而投降。赵良栋完成追剿任务之后，于九月率宁夏兵进抵昆明。至此，广西、贵州、四川三路进滇之势已成。

平定云南

十月初八，彰泰等遵照康熙帝的指示进抵昆明城下驻扎下来，随后开始了全力攻城。二十日，会议令赵良栋破南坝之贼，取双塔。赵良栋于二十二日夜指挥军队，亲冒矢石，攻占南坝，夺取玉皇阁，进逼新桥。敌人死守新桥。赵良栋伏马兵于南坝两岸，分步兵为三队，营壕墙外，持大刀督阵。二十五日夜二鼓，攻桥，双方展开了殊死搏斗。伪国公郭壮图亲搏战，三进壕墙，而清军伏兵也三次冲出击杀敌人，贼败走，赵良栋夺桥追至三市街。贼兵见清兵猛勇，人心始乱。这时，彰泰令诸军悉进，在桂花寺大败吴军。二十八日夜，吴三桂的孙子吴世璠、郭壮图及其子郭宗汾自杀。二十九日，伪将军线昇等率众出城投降。

至此，为时八载的平叛战争胜利宣告结束。康熙帝接到捷报后，激动不已，挥笔写下《滇平》诗，以"回思几载焦劳意，此日方同万国欢"之句，抒发他长期辛劳获胜后的喜悦心情。

八年平叛战争，是清朝统治阶级内部分配权力的斗争，是中央政府与地方割据势力之间的殊死斗争。在平叛过程中，康熙帝进行了正确的指挥。为了及时了解前方情况，康熙帝特别命令兵部于原有的驿站之外，特设笔帖式驰报军情，每四百里设笔贴式一员，拔什库一名，担任汇报军情工作，有了笔帖式，清廷的前线战况及皇帝的谕旨均可在一昼夜里送达千里以外的地方，发挥了使用畜力交通的最高效能。另外，为平叛，康熙帝还提高了绿营兵的地位，提拔重用汉族人将领。如果没有汉兵参加，平定三藩是不可能的。相反，吴三桂虽然打着反清复明的旗号，但由于他与其他藩王对境内人民残酷剥削和压迫遭到人民反对。吴三桂迎清兵入关追杀永历帝早已遭到汉族人的唾弃，之后又出尔反尔，所以根本得不到任何同情，加上内部矛盾重重，军纪败坏，失败是不可避免的。

康熙平定三藩之乱，是清朝前期的重大事件。三藩平定，康熙将官吏选任大权收归中央，划一军队编制，原来各自独立的吴、耿、尚、孔等部队，除吴部调往边境驻防外，其他均编入八旗，同时于荆州、福州、广州增设八旗驻防，广西、云南派驻绿营兵。清朝中央统治的权力得以集中和加强，清王朝进一步实现了国家的统一。另外，将三藩财产没收归官，充作军饷，清除滇、粤、闽等地方积弊，为清朝整顿边区，巩固疆域创造了有利条件，并为社会经济的恢复奠定了基础。

收复台湾

施琅首次出兵台湾

康熙帝即位同年——顺治十八年（1661 年）的二月至十二月，郑成功命其子郑经留守金门、厦门等地，他亲自指挥大军进攻台湾，赶走了荷兰殖民者，收复了台湾，是为中国在历史上立下不朽的功勋的人。但由于郑氏政权坚持抗清立场，遂成为清王朝的心腹大患。康熙继位以来，一直以收复台湾为己任，为此，他采取了种种措施。其策略总的来说是剿抚并用，但前后期有所不同：康熙二十年（1681 年）六月以前，以抚为主；以后则以剿为主。

清对郑氏采取以抚为主策略，是由多种因素决定。首先从清朝自身看，陆军强大而水师薄弱。到顺治十八年（1661 年）底，清廷依靠强悍的八旗兵和为数众多的绿营兵，统一了大陆，平定了中原，但对盘踞于海岛的郑氏则一直无能为力。顺治年间，连年征战，军费支出浩大，国家财政极为困难。大陆初步实现统一之后，迫切需要休养生息，发展水师一时还提不上日程；并且清廷不信任那些脱离郑氏集团而向清廷投诚者，所以也无意充分发挥他们的作用。清廷对郑氏的战略基点不是主动进击，而是消极防御。

顺治十七年（1660 年）九月，顺治帝批准福建总督李玄泰建议，开始了迁海政策。次年六月，海澄公黄梧又献消灭郑氏集团的五条策略。其中第一、二两条即是迁界、禁海，议将"山东、江、浙、闽、粤沿海居民尽徙入内地，设立边界，布置防守"，以防沿海百姓与郑氏集团接触勾结；"将所有沿海船只悉行烧毁，寸板不许下。凡溪河，竖桩栅。货物不许越界，时刻佥望，违者死无赦。如此半载，海贼船只无可修葺，自然朽烂；贼人马众多，如果没有充足的粮草供应，其势力自然会瓦解。此所谓不用战而坐看其死也"。清廷立即采纳，从七、八月开始，清廷在江、浙、闽、粤等省进行了大规模的迁界与禁海,分别下令将各省沿海居民内迁三、五十里,设界防守,不许人民越界下海。

迁界和禁海,目的在于割断郑氏与大陆之联系,使其失去接济,出现暂时的困难,但它除使一部分人产生动摇而投降清朝外,并无太大作用,并未如黄梧所料,半年之内即可致敌人于死地。而清廷因迁界、禁海也蒙受了巨大的损失:沿海各省大片良田荒芜,国家税收减少,对外贸易停顿,百姓背井离乡。将沿海岛屿迁空,正好使郑氏船只自由出没,买通守边士兵后,他们照样可以得到所需的物资。因此,迁界禁海是清廷在不得已情况下采取的防御措施,而且未达到预期目的。

稍后,郑氏内部出现矛盾,为清廷推行剿抚策略提供了有利的机会。康熙元年(1662 年)五月初八日,郑成功于台湾病逝。台湾事务暂由其弟郑世袭管理,郑世袭因受人挑拨,想掌握整个郑氏集团。而郑成功死后,其子郑经即在厦门即承父位,从此叔侄二人势同水火,诸将互相猜疑,人心动摇。清福建总督李率泰、靖南王耿继茂乘机于七、八月间遣效用总兵林忠等前往厦门,致书郑经,对其进行招抚,这是清廷对郑经的第一次招抚。郑经本无和谈诚意,只因其退路台湾已被其叔占据,如果断然拒绝清朝和议,"则指日加兵,内外受困,岂不危哉? 不如暂借招抚为由,苟延岁月,俟余整旅东平,再作区处"。于是他假意与清谈判,并上缴明朝敕命、公伯爵印及所缴获的清朝各州县印和海上军民土地清册,以换取清朝信任。次年五月,在内部矛盾平息后,郑经"请如琉球、朝鲜例,不登岸、不剃发易衣冠",拒绝招抚,和谈因而失败。康熙二年(1663 年)十月,清军攻克厦门、金门,郑经退守铜山。清廷于是又派人去招抚郑经,郑经仍要求按照朝鲜藩国待遇,甚至表示:"若欲削发登岸,虽死不允。"

清廷并未因郑经对招抚的拒绝而动摇其政策。康熙二年(1663 年)六月,郑经用计杀害支持郑世袭的郑泰,郑泰之弟建平侯郑鸣骏于是带领郑泰子永胜伯郑绪昌及大小文武官四百余员、船三百余号、众万余人,从金门驶入泉州港投降清朝。十月,清兵三路攻厦门、金门,开始时郑军获胜,但很快被击败。尽管泉州一路击杀了清军提督马得功,但因郑经派去防守高崎陆路的将领陈瓒秘密降清，使清海澄公黄梧、水师提督施琅得以从海澄顺利攻占厦门，郑经只得退守铜山。铜山郑军在清廷的招抚政策下土崩瓦解了，"各镇纷纷离叛，日报无宁晷"。康熙三年（1664年）三月初六，清兵进攻铜山之前，有"伪威远将军翁求多率兵民六万余人纳款"。在三月十四日，又有"伪永安侯黄廷、伪都督余宽等，率伪官兵并家属人等三万二千四百余名出降"，郑经仅率数十只战船，乘风逃到台湾，他安排断后的两员大将周敛武、黄廷也向清廷投降了。至此，郑氏沿海据点被清廷一一拔除。据管理福建安辑投诚事务户部郎中贲岱于康熙三年（1664年）七月疏报："自康熙元年至三年（1662至1664年）止，合计投诚文武官三千九百八十五员，食粮兵四万九百六十二名，归农官弁兵民六万四千二百三十名口，眷属人役六万三千余名口，大小船九百余只。"此后，从台湾、澎湖两地逃奔大陆的不计其数。如：康熙三年（1664年）十月，台湾商人兰英"带货物投诚"；康熙四年（1665年）十月，台湾伪左都督朱英自澎湖率众投诚；康熙五年（1666年）七月，台湾"伪都督李顺自澎湖来到浙江洋面，率伪官兵船进关投诚"。

对台湾投诚来的官兵，清廷给他们作了适当的安置，同来其余大小文武官亦分别授职。封周全斌承恩伯，黄廷慕恩伯，朱英被任命左都督；授其下属都督金事翁贵等四人、总兵陈琦等三人并为都督金事，其副将、参将、游击等，均仍任原职，"并给全俸，赏赉有差"。有的降者仍在前线领兵作战。如康熙五年（1666年）十一月，向清廷投降的杨富被任命为浙江水师右路总兵官。投诚武官中有人适合并愿为文职，康熙应允兵部题请，并令地方督抚察明之后具题斟酌使用。郑氏亲族来降者，予以优待。郑成功亲弟左都督郑世袭降后，不仅授予精奇尼哈番世职，给全俸，而且还将郑芝龙已被没收的田产发还给他。

对于台湾问题，由于荷兰殖民者的贪婪与野心，清王朝决定自己去解决它。荷兰人自被郑成功从台湾驱逐后，并不甘心失败，欲借郑成功逝世、郑氏内部混乱之际与清廷联合夺取台湾，并取得与中国"自由贸易"特权。为达到此目的，在康熙元年、二年（1662、1663年），荷兰殖民者一再派遣舰队，打着"支援大清国"的旗帜，抵达福建沿海。恰值清、郑第一次和谈破裂，清廷便想借助荷兰海军的力量，消灭郑氏沿海据点，于康熙二年（1663 年）十月清、荷组成联军，进攻厦门、金门。金、厦战后，清、荷双方产生严重分歧。清廷招抚铜山，同时也准备武力攻取，"邀荷兰船助剿"；荷兰人拒绝助剿铜山，主张立即进取台湾，企图将台湾据为己有，荷兰殖民者的狼子野心此时暴露了出来。靖南王耿继茂在奏疏中提醒说："外夷禀性贪利，察其来意，一则欲取台湾，二则以图通商。"因此，清廷赏赐给荷兰人缎匹、银两，并准其定期来华贸易，以此作为对其助攻金、厦的回报。但是，康熙对荷兰时刻保持警惕，当其推托不前时，便断然下令：规取厦门、金门，迅速扫平海寇，"不必专候荷兰舟师"。荷兰人见目的难以达到，便丧失了联合攻台的兴趣。从此，清、荷双方未再进行合作。

康熙三年（1664 年）七月，清廷收复铜山，欲乘胜一举收复台湾，于是任命福建提督水师总兵官施琅为靖海将军，以承恩伯周全斌、太子少师左都督杨富为副将，以左都督林顺、何义等为佐，命他们"统领水师，前往征剿"，并告诫部下说："凡事会议酌行，勿谓自知，罔听众言。"施琅，福建晋江人，原为明总兵郑芝龙部下左冲锋，顺治三年（1646 年）十一月，随郑芝龙降清，参与平定广东之役。因他拒绝抗清，其父大宣、弟显及子一、侄一皆被郑成功戕害。康熙元年（1662 年），施琅升任福建水师提督。他自幼生长海上，深悉水性及郑氏情形，一贯主张以武力消灭郑氏，攻取台湾。这次清廷第一次出兵台湾，主要将领均由郑氏集团投诚的人充任，并无荷兰人参加，这是一个突破。康熙三年（1664 年）十一月、四年（1665 年）三月和四月，施琅、周全斌等三次进攻，都因遭台风袭击而被迫中途返回。

严密部署

三藩之乱后期，康熙帝在稳操胜券的情况下，把注意力转向了台湾。康熙十九年（1680 年）八月，在台湾问题上，他同意大学士明珠所奏，"闽疆新定，逋逃残寇应静等它消亡，再若梗化，进剿未晚"。但君臣这一问答，已提出了用武力统一台湾问题。

康熙二十年（1681 年）六月，姚启圣向康熙帝奏报郑经已死，台湾出现内乱的情况，康熙帝认定时机成熟，谕督抚提商讨平定台湾一事，毋误事机。七月，他决策进攻台湾，迅速调整人事，根据学士李光地、总督姚启圣的推荐，他任命施琅为福建水师提督加太子少保，与将军督抚商议克期进取台、澎，原水师提督万正色改任陆路提督以配合水师收复台湾的工作。

当时，收复台湾问题引起了大臣们的争论，当康熙帝决定武力征讨后，"重臣宿将，至于道路之口，言海可平者百无一焉"。当康熙问及剿取方略时，廷臣就都推说海波难测，没有可以制胜的办法。陆路提督万正色是其中代表人物之一。比较起来，总督姚启圣对于进攻台湾最为支持。但他对清朝自己的水师信心不足，因而信奉"吾但以贼攻贼，贼亡无日矣"。在此情况下，他没有把精力放在训练水师之上，而是主张引荷兰殖民者参战，甚至提出派间谍、刺客去台湾的建议。大臣们的退缩不前，极不利于收复台湾的工作。

康熙作为最高决策者，他以坚定的决心与必胜的信心推动着整个事情向前顺利发展。

施琅自受命出任福建水师提督后，于康熙二十年（1681年）十月抵厦门视事，对于攻台一事，他采取了如下措施：

第一，整顿水师。选拔将领、训练水兵、修造海船、准备甲仗。施琅所挑选的将领有侍卫吴启爵、同安总兵吴英、兴化总兵林承、金门总兵陈龙、平阳总兵朱天贵、海坛总兵林贤等人。这项工作，施琅花了一年的时间才完成。

第二，再三申明进征台湾的必要性和取胜的必然性。康熙二十一年（1682年）夏，给事中孙蕙、坐塘笔帖式谭木哈图连续上疏，反对进攻台湾。七月，施琅上《决计进剿疏》，指出郑氏绝不会投降，内应又因无法得到及时的支援而不敢公然发难，只有进兵台湾才是唯一的破敌之法。

第三，要求清廷给以专征台湾的兵权。施琅作为加衔提督主持攻台事宜，仍要受督抚的节制，一旦双方意见出现分歧，便有可能被掣肘。当时福建督抚都决意进兵，平台建功，但施琅对此仍然有顾虑。从上任伊始，他就连续上疏，提出独任征剿的问题。这里反映出他与姚启圣等的矛盾。因他与总督意见不和，原定于二十年（1681年）五月的出兵计划落空了。事实证明，事权归一才能避免扯皮，能更加顺利地开展征剿工作。施琅在《决计进剿疏》中重申要求独任，而令督抚为他提供物质供应，攻台不要有出兵的时间限制，只要顺风，他将出师台湾，如果不能收复台湾就治他的罪。他终于得到议政王大臣会议、明珠、李光地的有力支持，康熙看出问题症结，同意由"施琅相机自行进剿"，施琅终于可以大展拳脚了。

第四，制定作战方案。清军水师经过近一年整顿，已有精兵二万余人、战船三百艘，与郑军在数量上不相上下，作战本领也大有提高，而且士气正旺，但海战经验不如郑军丰富，而且郑军是以逸待劳。因此，施琅提出南风盛发的五、六月出兵，首先攻取澎湖的作战方案："夫南风之信，风轻浪平，将士无晕眩之患，且居上风上流，势如破竹，岂不一鼓而收全胜！"在澎湖决战，一举歼灭郑军主力，可知明郑虚实，直取台湾，或"暂屯澎湖，扼其吭，拊其背，逼近巢穴，使其不战自溃，内谋自应"。总之，占据了澎湖就进可攻退可守，事半功倍。

准备过程每一步都异常地艰辛。总督姚启圣反对施琅的作战方案。姚启圣坚持乘九、十月北风起时两路出击，或先打台湾，后攻澎湖。在此方案被否定后，他又重弹"剿抚并用"老调，并派人渡过台湾海峡，对台湾进行招抚。施琅反对，抚局失败。

施琅全力准备征进。康熙二十二年（1683年）四月，他向姚启圣要求调捐膳船兵。姚启圣顾全大局，抛弃前嫌，分拨平阳总兵朱天贵统捐膳兵1100名、船61艘随同施琅出征，兴化总兵吴英统捐膳兵和陆师驾船43艘出海策应。

在姚启圣的全力支持下，六月十四日，施琅在铜山港誓师，统水师3万余人、战船300余艘进攻澎湖。

施琅收复台湾

当时澎湖、鸡笼都有郑军重兵把守。康熙二十年（1681年）冬，武平侯刘国轩出任总督守澎湖，左武卫何祐任北路总督守鸡笼，在那里修筑城池炮台，开沟浚濠，架设火炮，加强防御。澎湖是防守重点。刘国轩在此集中了官兵 2 万余人、战船 200 余艘，但与清军相比，澎湖守军在数量上处于明显劣势，而且粮饷不足，形势对郑军不利。但是郑军毕竟是一支久经战争考验的部队，其士兵英勇善战。右武卫林升、左虎卫江胜、宣毅左镇丘辉、戎旗二镇吴潜等都表示要死守。因此，清军能否攻下澎湖是关系到整个战争的关键。

施琅水师于十五日出发，直驶澎湖。刘国轩闻讯戒备，但他慑于清军兵威，放弃了主动进攻，只作死守，幻想康熙四年（1665 年）施琅征台历史重演，等候台风起，以逸待劳，不战而胜。他由此而丧失了战机。刘国轩命令陆上和各岛要口、战船都严密警戒。丘辉建议先发制人，乘清军战船停泊未定之际，发起攻击，被刘国轩拒绝。当日傍晚，清军从容进泊郑军防守力量薄弱的八罩岛、猫屿、花屿。丘辉再次请战，提出乘晚上潮落时奇袭清军，又遭拒绝。刘国轩期望夜半风起，会把清军扫荡无遗。刘国轩最终失望了。

第二天清晨，清军水师开始进攻澎湖。刘国轩赶忙指挥各部迎战。清军因战船密集，互相挤靠在一起，不得施展。在船尾指挥作战的施琅被流炮击中，他为稳定军心，站起来继续指挥。蓝理见提督坐船被困，直冲过来，连续击沉几艘敌船，总算解围。激战中，蓝理中炮，血流不止，仍高喊督战，后又被炸伤左腿，施琅见攻击不利，便下令全军暂时退出战斗。

丘辉此时又提出要夜袭清军，刘国轩仍坚持扼险守隘，坐等风起。十八日，清军进取虎井、桶盘两屿，向郑军主力逼近。施琅亲自视察岛屿形势，准备与郑军决一死战。

二十二日，澎湖决战爆发。清军吸取了上次作战的教训，改变战术，主力分路进击：战船 50 艘从东路攻鸡笼屿，派 50 艘战舰从西路入牛心澳，以牵制敌人；56 艘均为八股，各作三叠，施琅领一股居中调度，总兵、游击等官分领其余七股直扑郑军大营，余船分股后援。刘国轩指挥迎战，一场血战开始了。清朱天贵喊话招降，中炮阵亡。林贤的战舰遭丘辉、江胜等的包围，林贤四面应战，身负重伤。清兵援舰到达，与林贤内外夹攻。

炮火矢石交攻如雨，烟焰张天。清军东、西两路奋勇夹击。双方都奋不顾身，自辰至申，持续激战。清军8条船围攻丘辉，丘辉左足断右足伤，但他坚持督战，直到自己被炸牺牲。施琅在组织和使用力量方面，充分发挥数量上的长处，集中优势兵力，将郑军战船一只一只地消灭。他命令实行"五梅花"，即"遇贼船一只，即会数只合攻"，"以五船结一队，攻彼一只"。这一战术十分有效，基本歼灭了郑军的有生力量。郑军被击沉、焚毁战船百余艘，征北将军曾瑞、水师副都督左虎卫江钦等将领阵亡，江胜、吴潜等自杀，1.2万名士兵阵亡，将军果毅中镇杨德等将领165人率余部4800余人投降。刘国轩仅带30只船逃回台湾。

澎湖大战以清军的胜利宣告结束，随后澎湖三十六岛皆降。清军官兵战死329人，伤1800人。几天来，施琅一面出告示安民，一面向总督姚启圣和康熙帝奏报澎湖大捷。

澎湖大战的胜利，基本上消灭了郑军的有生力量，无论和、战，台湾都已经是清军的囊中之物。

澎湖激战，郑军主力尽灭，为和平解决台湾问题奠定了基础。

清军取得海战的胜利有其必然性。清军在政治上以统一对割据，在军事上、经济上处于优势地位，这决定了其将取得最后的胜利。交战双方在战争指导思想和战术运用上，施琅的正确、刘国轩的错误导致了郑军的失败。这之间也有偶然性，施琅不可能拥有科学的气候预测手段，"稽古以来，六月时序，澎湖无五日和风，即骤起飓台，怒涛山高，变幻莫测，三军命悬，悉听于天"。在这点上他又有些冒险，他此次"抵澎旬余日，海不扬波"，刘国轩期待的台风竟没有到来，是偶然性帮助了清军成功。

澎湖失守后，冯锡范令台湾各港严加防备。但北路总督何祐等却秘密向清军通谋纳款，并将淡水港的守军撤走。郑氏内部发生了严重分裂。闰六月初，当郑克塽集议战守时，冯锡范等主张南走，而刘国轩力主投降。

施琅大军仍驻澎湖，一面因台湾港道深浅莫辨，到北风起时再进军，就有更大的把握。在这段时间里，施琅乘机做进军台湾的准备。一面派刘国轩旧部曾蜚乘胜去台招抚。郑克塽、刘国轩上表请降。

七月，台湾兵民剃发投降。八月，施琅抵台料理善后。九月，刘国轩等相继进京陛见。康熙帝授刘国轩天津卫总兵、郑克塽正黄旗汉军公、冯锡范正白旗汉军伯，赐郑、冯第宅居京师，并安置了其余投降的官兵。十一月，施琅将台湾交兴化总兵吴英把守，自己班师回福建。

康熙认为施琅收复台湾，立下了大功，于九月初十"加授靖海将军，封为靖海侯，世袭罔替，以示酬庸"。征台官兵，除照云南例加级、赏赉外，康熙考虑到出海作战难度更大，因而决定"在事官员著再各加一级，兵丁再赏一次，以示特加优渥至意"。康熙七年（1668年）施琅上《边患宜靖》遭否定，并被撤去福建水师提督职，任内大臣，隶汉军镶黄旗，留住北京十余年。收复台湾后，他于是又"疏辞侯爵，乞如内大臣例赐花翎"。兵部认为无此先例，拒绝了施琅的要求。康熙真心体会施琅的心情，命毋辞侯爵，"并如其请，赐花翎"，仍享有内大臣的殊荣。

康熙二十三年（1684年）十二月，郑克塽等奉旨到京。康熙肯定郑克塽等"纳土归诚"有功劳，授郑克塽公衔，刘国轩、冯锡范被封为伯，都被抬入旗籍，隶属上三旗汉军，命户部分别"拨给房屋田地"。其他投诚武职1600多人，文职400多人，兵4万余人，也都被妥善安置。刘国轩因主张降清而得到康熙帝的亲自召见，特实授直隶天津总兵官，还赏赐他白金二百两，表里20匹，内厩鞍马一匹，以示特殊恩宠。后康熙得知刘国轩"家口众多，栖息无所"，又特意赐给刘国轩宅第，"俾有宁居，以示优眷"。

在康熙统一台湾的过程中，如何使用"海上投诚人员"，成为了一个重大的政策问题。最初清廷并不信任"海上投诚"者，不授予他们官职，也无饷银，并把他们派到他省垦荒，另从外地向福建大量增兵；后来才开始信任和重用"海上投诚人员"，不仅没有向福建派兵，而且还裁兵，而平定海疆也正是依靠这些"海上投诚"者，最后完成统一大业。事过20年，对"投诚"者的功绩，康熙帝仍无法忘记，对臣下说道："昔之海上投诚者，习于水战，今亦不可多得矣。"台湾问题的解决，关键在于康熙的知人善任，他既没有御驾亲征，也没有具体的作战方略作出指示，而是选用了几名得力官员。姚启圣、万正色、施琅三人，就其出身而论，是三种不同类型的人才。康熙把他们从众官将之中选拔出来，大胆使用，且用而不疑。他们得到皇帝支持，都为统一立下了汗马功劳。

三征噶尔丹

征讨噶尔丹

噶尔丹是漠西厄鲁特蒙古准噶尔部的首领。康熙九年（1670 年），准噶尔部内部出现争权斗争，噶尔丹乘机从西藏回到该部，杀死侄儿，囚禁其叔，消灭竞争对手，夺取该部领导权。康熙十六年，噶尔丹出兵攻灭和硕特部，自称博硕克图汗，协迫各部听其驱从，成为厄鲁特各蒙古的盟主。康熙十七年（1678 年），噶尔丹将天山南路叶尔羌等回部各城攻灭，势力日渐强大。此时喀尔喀蒙古内部出现了不和，噶尔丹想利用此机会，一统众蒙古，称霸北部，与清王朝一较长短。

漠北喀尔喀蒙古是元太祖成吉思汗十五世孙达延汗的后裔。达延汗死后，诸子大都内迁，只有幼子留居故地，将其部众分为七旗，号喀尔喀，到明末，喀尔喀又分成土谢图汗、札萨克图汗和车臣汗三大部。崇德三年（1638 年），三部分别向清政府上表称臣，献"九白之贡"，从此确立了三部与清王朝的隶属关系。同年赛因诺颜部也遣使通贡，喀尔喀蒙古全部臣属于中央政府。清世祖顺治十二年（1655 年），喀尔喀蒙古三汗及赛因诺颜部首领奉表派遣子弟向清王朝朝贡，清廷在其地设八札萨克，分左右翼。左翼有土谢图汗部、车臣汗部及赛音诺颜部，札萨克图汗部独成右翼。康熙元年（1662 年）右翼札萨克图汗部发生内乱，札萨克图汗在乱中被杀死，其部属大都投向左翼土谢图汗，从此，左右两翼因属民问题长期不和。噶尔丹为达到控制喀尔喀蒙古三部的目的，企图利用喀尔喀蒙古左、右翼的矛盾。康熙为避免喀尔喀蒙古分裂和自相残杀，建议双方在库伦会盟，谕旨两翼和睦相处。噶尔丹借口喀尔喀蒙古宗教领袖哲布尊丹巴在会盟时对达赖喇嘛的使者礼数不敬，于康熙二十七年（1688年）悍然出兵入侵喀尔喀。沙俄侵略者也乘机从乌丁斯克出兵攻击土谢图汗部，与噶尔丹相呼应。在噶尔丹和沙俄侵略者的两面夹击下，喀尔喀蒙古处境极其危险。当时土谢图汗正率主力部队在北方与俄军作战。在噶尔丹的突然袭击下，土谢图汗部顿时乱了阵脚，哲布尊丹巴遂要求南迁，内附清王朝。九月，土谢图汗与哲布尊丹巴率部众进入清王朝境内，请求清廷保护，以后又有车臣汗和札萨克图汗所属来归，清廷一律大加优待，将喀尔喀部众分别安置在苏尼特、乌珠穆沁、乌喇特牧地游牧。

康熙二十九年（1690年）五月，噶尔丹发动了新的进攻。他借口讨伐喀尔喀蒙古，率军二万余人，沿索约尔济河南下，攻入内蒙古乌珠穆沁境内，"剥下守汛界者衣服，出言不逊"。六月十四日，进至乌尔会河东乌兰之地，在该地大肆烧杀抢劫，受害者"遍及四佐领之人"。

针对噶尔丹的进攻，康熙帝派理藩院尚书阿喇尼、兵部尚书纪尔他布领六千余各部蒙古兵驻守洮儿河上游，跟踪其后，侦察、奏报，待镶蓝旗满洲都统额赫纳军队、科尔沁达尔汉亲王班第军队、盛京乌喇满洲军队到达，再"同时击之"。可是，阿喇尼对噶尔丹的杀掠行径极为愤慨，竟违抗旨令贸然出战，于六月二十一日偷袭噶尔丹兵营于乌尔会河地方，结果失利，退驻鄂尔折伊图，"以俟诸军"。

噶尔丹气焰嚣张，进一步向内地深入。康熙帝对此极为恼怒，因为这不仅挫伤了清军的锐气，使噶尔丹更加嚣张，还使康熙帝担心因此打草惊蛇，使噶尔丹感到清政府准备大举讨伐他，而乘势溜掉。因此，康熙帝命大臣就此事商议。清廷中一些勋贵大臣认为蛮夷荒服，唯有驱逐防守而已，如果派出军队进行讨伐，未必能消灭噶尔丹。康熙认为，噶尔丹借机无端生事，举兵大举进犯，他的野心不小，如果不狠狠地打击他，恐怕后患无穷，且喀尔喀也不能长期借地游牧，于是决定御驾亲征。以裕亲王福全为抚远大将军，皇长子允褆副之，出古北口；以恭亲王常宁为安北大将军，简亲王喇布、信郡王鄂札副之，出喜峰口；内大臣舅佟国纲、佟国维，内大臣索额图、明珠、阿密达，都统苏努、喇克达、彭春、阿席坦等参赞军务。

七月初六，清军主力在福全的率领下从北京出发，准备阻击南下噶尔丹军，七月十四日，康熙帝也离开北京，巡行边塞，打算亲临前线指挥，不料突患感冒，不得已只得取消亲征噶尔丹的计划，前线各路兵马听大将军调用。

噶尔丹气焰嚣张，于七月十五日向清廷宣战，大举进犯，屯于西巴尔台（今内蒙古克什克腾旗土河），此后逐步南下，于二十七日占据乌兰布通，仅距京师七百里。利用有利地形，噶尔丹布阵于山岗，在骆驼背上加上箱垛，并蒙上湿毡子，让它们环卧于大军阵前，士卒备钩钜，躲在骆驼后面，伺机放箭发炮，号曰"驼城"。八月初一，清军向乌兰布通推进，向噶尔丹大军发起猛攻。在清军攻击下，噶尔丹"驼城"被攻破，清军乘胜进击，大败叛军，噶尔丹乘夜遁去。乌兰布通之战虽然未能消灭噶尔丹的力量，但却沉重地打击了他的嚣张气焰，使其实力大大削弱。噶尔丹的军队在战斗中损失惨重，而且"归路遭罹瘟疫，得还科布多者，不过数千人耳"。其侄策妄阿拉布坦，在噶尔丹尚未进入漠北以前，即率5000人逃回伊犁河流域，这次乘其南侵之机，偷袭了噶尔丹的后方基地科布多，"尽收噶尔丹之妻子人民而去"。乌兰布通一役使噶尔丹认识到了清王朝强大的军事实力。

康熙二度亲征

噶尔丹于康熙三十年（1691年）起，多次派使者去沙俄活动。他给沙皇写信说："我等与陛下一向是具有同一事业的兄弟，蒙古乃陛下我等之敌人，为了你我双方事业的成功，敬请陛下就兵员、火药、铅弹和大炮等一切作战之所需，给予至善的谕旨。"这一请求对沙俄来说求之不得，此后沙俄多次遣使会见噶尔丹，在沙皇俄国的支持下，噶尔丹的野心又迅速膨胀起来。与此同时，他给喀尔喀蒙古和内蒙古一些首领写信，大力煽动叛乱，挑拨各部与清朝的关系。为积蓄力量，恢复元气，噶尔丹在大草原上带兵到处抢劫，掠夺他部的牲畜及其他财产。他还杀害清王朝的官员，噶尔丹的行为与野心使大草原再次笼罩在战争的血腥气氛之中。

康熙三十一年（1692年）八月，噶尔丹派人在哈密附近杀害了前往策妄阿拉布坦的清使马迪等官员。不久噶尔丹又重新提出索要土谢图汗和哲布尊丹巴，并要求康熙帝把喀尔喀蒙古各部内迁牧民送还故地。并密派使者在内蒙古到处散发书信，煽动当地人民叛乱。康熙三十四年（1695年），噶尔丹率骑兵3万，沿克鲁伦而下，向漠南发起大举进攻，又燃叛乱战火。

康熙三十五年（1696年），面对噶尔丹的疯狂进犯，康熙帝决定再次御驾亲征。他命黑龙江将军萨布素率盛京兵两千，宁古塔兵一千，科尔沁兵四千，沿克鲁伦河进击，这是东路兵；西路，由费扬古统率蒙古兵从归化出发进击噶尔丹，以切断他的退路；康熙帝则统率大军出中路，从独石口迎击噶尔丹大军。五月，康熙率军到达拖陵布喇克。他派人到噶尔丹军中宣布皇帝敕谕，向噶尔丹指出清廷三路大军已到，但皇上因不忍见生灵涂炭，故希望与噶尔丹会面，以划界分治。噶尔丹对此置之不理。五月初七，清军侦探到噶尔丹的位置，康熙立即率兵从枯库车尔地方迎击噶尔丹。他亲率前锋兵在前，诸军依次前进，"兵威之盛弥山遍野，不见边际，整齐严密，肃然无声"。是日，清军在西巴尔台驻下，噶尔丹"乞暂缓师"，康熙清楚他另有图谋，便以"此地乏水"为由，拒绝了噶尔丹。次日，直趋克鲁伦河。克鲁伦乃兵家必争之地，康熙亲"率数人登高执圆镜远望"，观察地形，然后部署兵力。他派遣科尔沁土谢图亲王沙津、达尔汉亲王班第、喀尔喀车臣汗等率军"往据西方巴尔代哈山麓高处，佯作全军从此经行之状"，以引诱敌人。同时康熙帝亲率大军"争先据河"。噶尔丹对康熙帝御驾亲征之事并不相信，说："康熙皇帝不在中国安居逸乐，过此无水瀚海之地，宁能飞渡乎？"后从康熙放回的厄鲁特人口中得知皇帝确实亲自率军作战，他又到北方孟纳尔山遥望清军大兵队伍行列规模"不似乌兰布通时"，方大惊失色说："是从天而降耶！"于是传令众人，放弃庐帐器械全军撤去。

康熙抵达克鲁伦，对各队领军大臣说："噶尔丹若据克鲁伦河，我兵夺河交战犹稍费力，今观其不于此拒战，而竟逃窜，是自开门户以与我也。审其情形，肯定是连夜逃跑而去，当轻骑急追。"自五月初八至十二日，康熙以"疾驰莫惮追奔力，须使穷禽入网罗"的决心，率领清军将士追赶了五天，经克勒河溯流到拖讷阿林（拖讷山）。此刻，由于进军太快，军粮不继，不得已决定，改由全部前锋军、满洲火器营兵及亲随护军，组成一支精悍部队，每人凑足二十日口粮，由刚授平北大将军的内大臣马思喀率领，继续追讨噶尔丹。康熙自出师以来，"不怀安逸，不恃尊崇，与军士同其菲食，日惟一餐，恒饮浊水，甘受劳苦"，一直挥军前进，有时因驻跸处条件不好，臣下们打算退几步重新设置皇帝的行幄，康熙也不答应。这次只因"西路兵及两路饷皆未如约而至"，不得不安排轻骑前进，自率大队回军迎粮。他料定噶尔丹此次难以逃脱，"捷音数日内即到"。中、西两路大军距敌主力越来越近，清军已形成了对噶尔丹的夹击之势。

西路两支军队一路克服了粮饷难继、马匹倒毙等无数的困难，为加快行军速度，不得不中途汰除羸弱疲病兵卒，集中精锐兵士和粮食日夜行进。当两支队伍会师翁金后，清军将士得知康熙帝也在前线时，更加快了行程。五月初四兵抵土拉河（今乌兰巴托西南）。当全军刚刚行抵昭莫多，他们便遭遇了噶尔丹的先头部队。费扬古来不及布阵，立即命令将士各据险要，一万四千余清军在昭莫多布下擒寇的网罗。

昭莫多，蒙古语大树林之义。此地依水临山，森林丛集，地理位置重要，是克鲁伦河至土拉河的必经之地。当噶尔丹在窜逃途中听说清军两路兵马正全力赶赴昭莫多地时，噶尔丹异常担心会被阻击在昭莫多一带，那将是灾难性的。于是他催促他的部卒拼命前进，抢占昭莫多一地，据险以遏清军。但他还是迟了一步，清军正在昭莫多等着他的到来。

清军刚进入阵地，噶尔丹军队便蜂拥而至，犹如一阵狂涛袭来。想逃命的叛军一次又一次地向清军阵地发起冲击，小山岗前人喊马嘶，山林摇动。清军凭借有利地势，枪炮齐发，噶尔丹的叛军被毙伤无数。双方枪铳互射，昭莫多被笼罩在浓浓的烟雾之中。夕阳西沉，双方仍在拼杀。噶尔丹的亲信将领中有不少人已丧身于清军的炮火之下，而清军也有不少伤亡，双方胜负未分。

噶尔丹眼见与清军激战一个下午，也无法突破清军的阵地，便想利用黑夜的掩护，偷偷溜掉。但他的行动被清军发现了。清军宁夏总兵殷化行向主帅费扬古建议，偷袭噶尔丹后路。于是，费扬古便派出一支精锐部队绕过阵前，突然间向噶尔丹的背部发动猛攻。噶尔丹部顿时陷入混乱当中，在清军的两面夹击下，腹背受敌的噶尔丹全线崩溃。噶尔丹的妻子阿奴在混战中被杀，部众被清军击毙无数。噶尔丹见此情景，心知大势已去，便在心腹的保护下，夺路逃命而去。清军大获全胜。

昭莫多战后，噶尔丹已无路可逃，流窜于塔米尔河流域。为了彻底消灭噶尔丹反叛势力，康熙采取收抚降众、遏绝噶尔丹外援的策略，彻底地孤立了噶尔丹。噶尔丹之侄策妄阿拉布坦此时也遣使入朝，接受清朝的册封，噶尔丹已处于四面楚歌的境地，但他顽固不化，拒不接受清廷招抚。

康熙三征噶尔丹

康熙在第二次亲自征伐噶尔丹还没结束时，就已经开始准备第三次征伐的工作。诸如：派户部尚书兼属理藩院事马齐到陕甘一带，通往宁夏，于"并阅大兵所行之路"设立驿站；派副统领阿南达调查从宁夏及嘉峪关西路出兵，至噶尔丹盘踞的萨克萨特呼里克的道里远近。康熙三十六年（1697年）正月，大臣以及一些官员有些轻敌，劝说皇帝停止亲征。康熙觉察到形势的发展对自己有利，并且到处存在轻敌思想，所以，他多次说明亲征宁夏的原因和益处。他对大学士说，"览周士皇所奏，虽臣子之情当然，但周士皇未知其中之故"，正因噶尔丹"今穷困已极，故乘此机会，亲临塞外，酌量调度"。以前吴三桂的背叛，对之重视不够，没有迅速派遣充足的大兵，所以"吴三桂煽惑人心，遂至滋蔓"。后来"朕日夜绸缪，调遣大兵，几费心力，方得扑灭"。由此可见，如果不在噶尔丹处于不利形势之下及时征伐，以后必然会花费更多的物力、兵力，会有更多的困难。

康熙三十六年（1697年）二月初六，康熙第三次亲自率兵征伐噶尔丹，从京城出发，通过了山西大同、陕北的府谷、神木、榆林等地，由边外前行，三月二十六日抵达宁夏。

这在西北蒙古诸部中引起巨大震动。那些立场不坚定的台吉们觉察到自己已无力抗争，于是纷纷上疏请罪，愿意归顺朝廷，更有甚者还愿意与朝廷共剿噶尔丹，这正合康熙之意。与此同时，康熙帝调派两路大军进剿。一路由大将军费扬古率兵三千出归化，由昭武将军马斯喀率兵二千出宁夏，在郭多哩处会合（今蒙古人民共和国达兰扎达加德附近），然后北进；另一路由孙思克、博霁率西安、甘肃兵二千前往肃州，再由阿南达率领出嘉峪关，取道哈密北进。在一个月之内，康熙皇帝安排好运粮和调遣各路大军的事务。闰三月十五日从宁夏北上，半个月后，到达了狼山的南面，亲自送行宁夏一路兵。四月初七，在河套一带离岸登舟，沿黄河顺流而下。

康熙帝踏上归途，可他的心惦念着在无水无草的沙碛中前进的将士。他坚信这一次必胜，不会再有像克鲁伦河回撤的那种担心。他知道噶尔丹已是死期将至，数日内当有佳音传来。四月十四日夜，有消息传来说噶尔丹已死。康熙皇帝不敢相信，十分激动，迅速上岸，连夜亲自迎接送信的使者。十五日早晨，一小船自上游急驶而来。散秩大臣布克韬登岸跪呈大将军费扬古奏章，上面清清楚楚地写着：闰三月十三日，噶尔丹在阿察阿穆塔台地方"清晨得病，其晚即死，不知何症"。丹济拉等"携噶尔丹尸骸及噶尔丹之女钟齐海，共率三百户来归"。

康熙帝拿着奏疏，心情久久不能平静。近20年来，西北、北部边疆动荡难安，人民流离失所，时刻威胁着内地的稳定，引起沙俄对领土的觊觎蚕食，噶尔丹之罪是死有余辜。而八年平叛，无数将士饱经风霜雨雪，忍受着酷暑严寒的折磨，饥渴难耐，尝够了艰辛，甚至葬身沙海和战场。康熙帝自己也没有贪图安逸享受，三次亲自率兵征伐，每日分兵派将，"筹划储备兵马钱粮，无暇刻之闲。在路也，晨则蒙雾露，昼则冒尘沙，口疲于诫诲，手胼于鞭辔，行数千里之外，以至于斯者，亦只以此子遗之噶尔丹之故也"。心患已除掉，西北地区从此就稳定下来，"今紧要喜庆之大事，无有过于此者"，他当即给在京主政的皇太子胤礽写信，让天下所有的人都知道这一喜讯，与他共同分享胜利的喜悦。他激动万分，以至"持笔不能成文"。

康熙帝在黄河岸边对天叩拜，随后全体文武官员及兵士举行了庆贺礼。他下令命费扬古率兵到丹济拉处，让那些出征的部队马上撤回，把投降的人押回来。

马上的康熙帝，按辔缓行，对身边的太监说："噶尔丹已死，各部皆已归顺，大事已毕。朕两岁之间三出沙漠，栉风沐雨，并日而餐，不毛不水之地，黄沙无人之境，可谓苦而不言苦，人皆避而朕不避，千辛万苦之中立此大功。朕之一生，可谓乐矣，可谓至矣，可谓尽矣。"

五月十六日，康熙帝胜利归京。

对噶尔丹的征讨，在历史上意义深远。它扫除了漠北、西北地区一大不安定因素，社会秩序有所稳定，在不同程度上加强了清政府对喀尔喀蒙古、厄鲁特蒙古的统一管辖。不仅如此，其对加强边防、禁止他国入侵也作出了卓越的贡献。沙俄对我国蒙古族居住地区的侵略，寄希望于噶尔丹的配合，康熙平定噶尔丹叛乱，使沙俄失去了依靠力量，且团结众蒙古部落，使之成为抵御沙俄侵略的屏障。

蠲免赋税，巡视河防

南巡治水

清定鼎北京后，经过长期的征战，消灭了南明政权，镇压了各地的起义与反抗，讨平了吴三桂的反叛，收复台湾之后，清政府才得以巩固它在全国的统治。但连年战乱，造成了人口大量的减少，土地大片荒芜，许多地区异常萧条，而且社会上怀念明朝的势力依然存在，因此，战争结束之后的首要任务就是迅速地恢复和发展生产力，以此来争取民心。

清初黄河不断决口，给两岸人民带来了巨大的灾难，人民流离失所。淮河、睢水流入洪泽湖内，也在清河县泻入黄河。该地河流众多，情况复杂，河水经常泛滥，给沿岸人民带来巨大灾难，不但对黄河流域的经济发展起着破坏性的作用，还直接影响着清政府至关重要的漕粮运输。清王朝每年要从江南通过运河水道运四百万石粮食到京师，供皇室、京城官宦及驻京旗兵需用。一旦漕运受阻，京城就会一片混乱。因此康熙亲政后，即把河务与漕运列为与三藩同等重要的大事。恢复生产、安抚人心的关键所在是治理黄河。从康熙二十三年（1684年）至康熙四十六年（1707年），他六次南巡，亲自巡视黄河河工，赈济当地灾民，笼络汉族士绅，成为其治国安邦的一项重要措施。

康熙二十二年（1683年），清政府收复台湾，国内大规模的战争局面结束了。当年春，翰林院编修曹禾、吏科给事中王承祖分别上疏，呈请皇帝仿古代帝王之巡狩，登泰山封禅，以告成功。康熙也想利用南巡考察河务、漕运，慰问灾民，观风问俗。于是于二十三年（1684年）九月二十八，康熙皇帝率大批侍从离开北京，开始了他的南巡之旅。亲登泰山后，车驾驻于郯城红花铺，河道总督靳辅来朝。靳辅，字紫垣，汉军镶黄旗人。顺治九年（1652年），以官学生考授国史馆编修，初涉政坛。此后，靳辅因其颇有才干，不断地升迁。顺治十五年（1658年），改内阁中书，不久迁兵部员外郎。康熙初年，靳辅由郎中一职而升至内阁学士，连续升了四级。康熙十年（1671年），靳辅被任命为安徽巡抚，治绩优著。十五年（1676年），康熙对其实心办事给予嘉奖，"加兵部尚书衔"。不久以后，康熙帝将其擢升河道总督，康熙帝寄希望于靳辅能治理好黄河。

靳辅对康熙的知遇之恩感谢不尽，他用他的实际行动来报答康熙帝。康熙十六年（1677年）三月接到任命后，四月初六即赶赴宿迁河工署就任。莅任之后，他除随时向幕宾陈潢请教之外，还"遍历河干，广谘博询"，对黄河进行了为期两个多月的实地考察。在考察期间及任上，不论是绅士、走卒以及工匠役夫，只要有参考价值，靳辅都会接受他们的意见。他研究了我国历代治河的利弊得失，主张继承明代河臣潘季驯"筑堤束水，以水攻沙"的理论，希望以此法治理黄河。他体会康熙帝"务为一劳永逸之计"的谕旨，在《河道敝坏已极疏》中，批驳了只知"保护漕运"而不求治黄的错误做法，提出了"将河道运道一体，彻首尾而合治之"的统筹全局指导方针，并将如何治理黄河写成《经理河工八疏》，同日呈交皇帝。其中主张，挑挖云梯关至海口一段河身，以此土筑堤，以加大黄河入海口；疏浚清口，使淮入黄；加固高家堰堤坝，堵塞决口等。康熙帝对靳辅的治河方策大加赞赏。康熙十七年（1678 年）经过议政王大臣议复，批准实行。二月，又决定拨出正项钱粮 250 余万两，供治河使用，并限三年内完工。从此，清初大规模治河全面展开，并逐步取得成效。靳辅先派人在黄河河道两边各挖一条引河，以所挑之土，筑两岸之堤。南岸自白洋河至云梯关，北岸自清河县至云梯关，以引导黄河入海。至康熙二十一年（1682 年）五月，靳辅治河就已收到成效，海口大开，黄河下流疏通。为解决黄河水内灌运河问题，靳辅于康熙十七年（1678 年）十月奏请封闭清口，从文华寺开挖新的运河河道，以七里闸为新的运口，使新挖的一段运河在武家墩、烂泥浅与黄河汇合，运河又与黄河相合。明朝初年，南来漕船到清江浦天妃闸进入黄河。明万历年间，河臣潘季驯移运口于新庄闸（亦名天妃）以纳清而避黄，称为清口。靳辅改以七里闸为运口后，扬帆直上，减少了在黄河运输的路程，也减少了风险，收到了很好的成效。为以淮水敌黄，又加固高家堰，修复归仁堤。

高家堰是洪泽湖与高邮、宝应诸湖之间的堤堰。它的主要作用在于挽湖束水、捍淮敌黄，使洪泽湖的水能顺利地流出去，同时它也屏障着运河。康熙十五年（1676 年）大水，高家堰多处溃决，泛滥的洪水冲决了漕堤，下河七州县大部被淹。靳辅将诸决口全部堵塞，将清口与周桥间九十里的大堤又加厚增高，并于周桥至翟坝三十里旧无堤并已成河九道之处亦创建新堤。靳辅同时也保留了六处减水坝，以备旱时蓄水济运；洪涝之时排出洪水以保护大堤。靳辅并于堤外帮筑堤坡，坡长为堤高的 8 倍，同时靳辅还命令在坡上种树植草，勤加维护，收到了极好的效果。这项工程从十七年（1678 年）动工，到第二年七月全部竣工。山阳、宝应、高邮、江都四州县围出了大片的肥沃土地，可以招人进行开垦。"增赋足民"。归仁堤原是用来约束睢水以及邸家、白鹿等湖的湖水，使它们不致于冲入淮河，且令由小河口、白洋河二处入黄河，帮助黄河冲刷其携带的泥沙下海。清初，许多河臣认为归仁堤与运道无关，因此许多年没有修理，经常崩溃。靳辅认为归仁堤失修是黄河常年泛滥的原因之一，遂于康熙十八年动工修复。

首先把旧堤加高培厚，随后靳辅又指挥开挖了一条引河，并用其土筑大坝一道，此外又筑滚水坝一座，防止黄水倒灌。修复后的归仁堤，成为抵御黄河泛滥的一道屏障。随后靳辅又实施了皂河工程。康熙初年，漕船入黄河，经一段路程后到达宿迁，由董口出黄河向北入运河。后董口淤塞，漕船便取道骆马湖，西北行四十里进入沟河，又二十余里漕船到达窑湾口而入泇河。"湖浅水面阔，纤缆无所施，舟泥泞不得前，挑掘异送，宿邑骚然"。靳辅发现宿迁西北四十里皂河集有许多沟渠，还有已淤平的旧日河床，因而上疏要求，并于康熙十八年（1679 年）十月议准，用节省的河工钱粮，兴工挑挖新河浚通旧水，在骆马湖旁挖出了四十里的皂河，上接泇河，下达黄河，行驶安全，便于漕运。又自皂河迤东，历龙冈、岔路口至张家庄二十里，挑新河三千余丈，并且把运口也移到了张家庄，以防黄水倒灌。此项工程自康熙十九年（1680 年）初动工，中间又被大水冲淤，历时二年始告成功。

另外，为保护重要堤堰，靳辅还增筑一系列滚水坝与减水坝，康熙二十年（1681 年）六月经朝廷批准，靳辅又在徐州长樊大坝之外，"创筑月堤，长一千八百六十九丈"。经过靳辅的几年努力，黄淮的治理已初见成效。但遇有大水，仍会发生河道溃决之事。康熙此次南巡，便欲亲往其地，视察河工。

康熙二十三年（1684 年）十月初八，康熙帝继续南巡到达江南（今江苏）宿迁。十九日，到达桃源县众兴集，康熙亲自到黄河北堤岸巡视，指示靳辅要筹划精详，措施得当，使黄河之水顺势东下，不再有溃决之势。对于宿迁、桃源、清河等地日益增多的减水坝，康熙指出，此项措施对治理黄河只能起一时之利，如果遇到河水泛滥，减水坝决口，下游居民就要受到巨大损失，因命靳辅筹措一举两得之法，既使河道免梗塞之患，又使人民无生产之忧。十月二十二日，康熙乘船过高邮、宝应等处时，发现洪水将大量的土地房屋淹没，遂登岸步行十余里视察水势，召集当地生员耆老查问遭灾原因，众人指出这是因为黄河入海口被泥沙堵塞，水流下泄不畅，导致了良田被淹，此情况已长达二十年之久。康熙遂命江南江西总督王新筹划赈济。康熙帝在此次南巡中最远到达苏州。十月底自无锡、丹阳由陆路经句容，十一月初一到达江宁（今江苏南京）。十一月初二，康熙帝拜谒明太祖陵，表示要勤勉治国，吸取前代兴废的教训。十一月初十，经过清河县天妃闸，康熙登岸巡视高家堰堤工，指示靳辅：高家堰关系重大，必须年年加以防护，不可轻视。并命靳辅斟酌妥善之策，使黄河之水永不倒灌运河。巡河完毕后，康熙帝于归途中到曲阜孔庙朝拜孔子，亲书"万世师表"四字，悬挂于大成殿，大大抬高孔子的地位，同时免去曲阜县一年的地丁钱粮。十一月二十八日，康熙返回京城南苑，第一次南巡结束。

二次南巡

康熙首次南巡返京后，立即部署疏浚海口一事。他已亲身视察了治黄工程，深知永久地解除黄河水患还没有实现，以往的争论都已过去，重要的是真抓实干。每实施一项工程，他都要认真听取各方面的意见，他尤其重视靳辅的意见。康熙二十四年（1685年），经靳辅呈请，在徐州毛城铺、河南考城、仪封黄河两岸都进行了大规模的筑堤筑坝工程。高家堰也开始得到加固。然而康熙帝觉得应尽快将遭水灾的难民救出苦海，而且他认为靳辅治河只关注防堵，这些都不能使问题得到根本的解决。以他的想法，只要能将黄河来水及高邮、定应等地积水顺畅排出，一切问题都可迎刃而解，所以根本的方法就是开挖海口，如此才能一劳永逸。自康熙二十三年（1684年）年底，伊桑阿一行回京、并提出与康熙帝一样的下挖海口的意见后，康熙帝便决定开挖海口，并当即下令由安徽按察使于成龙主持此事，由靳辅相予支持，不得有误。

旨意下达，立即引起一场争论。

靳辅和于成龙先后上疏，可见解却完全相反。靳辅根据多年经验提出，海口不能轻易挖开。因为泛区有很多地方低于海平面，如海口一开，不仅难排积水，反倒会引起海水倒灌，只会带来更大的灾难。唯一可行的办法是筑堤束水，以击退海潮。而于成龙却坚持开浚海口，坚决执行皇上的主张。双方一时相持不下。康熙虽重治河，但并非行家，对靳辅的正确意见不能理解，加之开挖下河最初是康熙本人所提议，而靳辅此时又卷入被弹劾的明珠一案，遂偏袒于成龙，将靳辅罢官。康熙帝很想在平定噶尔丹叛乱之前，将治河问题基本解决，以免除后顾之忧。于是决定康熙二十八年（1689年）初再次南巡河工。

康熙二十八年（1689年）正月初八，康熙帝亲率皇长子胤禔及扈从300余人，从北京出发，再次南巡，"躬历河道，兼欲观览民情，周知吏治"。正月十四，康熙到达山东平原县，晓谕山东巡抚钱珏，免除山东一年地丁正赋。正月二十三日抵达宿迁。康熙亲率随从大臣及江南总督傅拉塔、河道总督王新命、漕运总督马世济等阅视中河，指出河道关系漕运民生，对地形水性应加以研究，科学治河。同时又指出，中河邻近黄河，若遇上雨水丰沛之年，水势愈涨，万一黄堤溃决，无法加以拦阻，中河、黄河必将混而为一，应该筹划一妥善预防之法。正月二十五日，康熙帝免除了江南历年积欠，包括地丁钱粮、屯粮、芦银、米麦豆杂税等共二百二十余万两。二月十一日，康熙南巡抵达杭州，因江南、浙江士人极多，特诏入学额数应酌量增加，永昭弘奖。为安抚人心，特诏凡经过地方尚被监禁狱中的犯人，除十恶不赦及诏款所不赦等罪及官员犯贪赃罪外，其余自康熙二十八年（1689年）二月十一以前死罪及军流徙罪以下，不管有没有完结，一律加以释放。此次南巡，康熙最远到达浙江绍兴府会稽山麓，亲往禹陵，拜祭大禹。三月初七，康熙于南巡归途中率随行诸臣到高家堰一带视察堤岸闸坝，重新肯定了高家堰减水坝的作用。对淮河存在的问题，除表示同意王新命将天长、盱眙、六合等处疏浚旧有河道以使雨水入长江而不入淮的建议外，还提出了自己的看法与见解。康熙说：必于淮水会合之处修置板闸，如淮水上涨，打开闸门以泄洪，淮黄均敌，则闭加不令旁溢。通过二次南巡的实地考察，康熙对靳辅有了新的认识，江南淮安民人皆称誉靳辅治河得当，于是恢复靳辅以前的官职。康熙二十八年（1689年），靳辅奉旨写成《治河书》（即《治河方略》），疏表进呈。此后凡遇河工方面的问题，康熙都命令去询问靳辅。康熙二十九年（1690年），准噶尔部噶尔丹北犯边疆加剧，康熙把他的注意力转到了北部边防上。康熙三十年（1691年），有人揭发王新命勒取库银，康熙遂免去王新命治河总督之职，命靳辅复任河道总督，以保证漕运畅通。

康熙对靳辅抱有很大期望。但靳辅此时已年老体衰，在奉命向山西督运救灾漕粮时，因操劳过度在河南荥泽县病倒。皇帝闻讯，特命其子治豫前往探视，又命内大臣明珠往视，传谕留淮调理病情。但靳辅终因病情过重，于三十一年（1692年）十一月去世。康熙降旨悼念，下部议恤，赐祭葬，谥文襄。靳辅卧病时，接连上疏"陈两河善后之策及河工守成事宜"几万言，又"请豁开河筑堤废田之粮，并清淤出成熟地亩之赋"。康熙高度重视靳辅的建议，对其一一加以研究。其中仅高家堰堤外另筑小堤和引黄水内灌使淤平洼地两项未用，其他如重视黄河险工、加筑中河遥堤、塞张庄运口、修骆马湖石闸及占用民地豁免钱粮，涸出腴地查出升科等，一一采纳，并逐项落实。

从康熙二十九年（1690年）到康熙三十六（1697年）年，康熙此时专注于边患，无暇亲临河工，只能依靠河督。康熙三十四年（1695年），于成龙因父丧回旗守制，康熙命漕运总督董安国继任总督。但此人"于河工不亲巡历"，凡事都交与手下人办理，毫无建树，而且他还别出心裁，竟在临近黄河海口的马家港筑拦黄大坝，堵塞黄河河水下流，河工日坏。面对这样的无能河臣，康熙更加思念靳辅。

九子夺嫡

皇太子的两废两立

太子被废

清圣祖康熙四十七年（1708年），康熙帝废掉已立为储君34年的皇太子胤礽，在清朝统治集团内部引起强烈反响，几位年长皇子拉帮结派，用尽了各种办法来争夺皇位。在竞争中隐蔽活动的皇四子胤禛后来居上，于康熙六十一年（1722年）君临天下，登上皇帝的宝座。

康熙初年，辅臣鳌拜专横跋扈，多次侵犯皇权，这就使康熙认识到皇权更换之际立皇子是何等重要，与其让一位不会治理朝政的皇子由上三旗大臣辅佐，不如事先亲手选择，培养接班人，以避免幼帝成年收回皇权时重走老路。且满族入关后受汉族传统制度影响较大，康熙深悉儒家经典，知道皇权的继续与巩固是头等大事。"三藩"之乱，吴三桂伪托"朱三太子"蛊惑人心，则是康熙从速立储的直接诱因。康熙十四年（1657年）十二月，按照汉族立嫡立长的原则，圣祖诏告天下，立其皇二子、嫡长子胤礽为皇太子。

建立并实施正规的皇太子制度，在清代近300年的历史中，只有康熙一朝，而真正以"储君"身份长大成人的皇子也仅有一人，这就是清圣祖玄烨的皇二子胤礽。

康熙十三年（1656年）五月初三胤礽出生，母亲是位居正宫的赫舍里氏皇后。虽然他比哥哥胤禔小两岁，但因为生母地位高贵而成为"嫡长子"，根据传统宗法思想的继承制度，是嗣袭父位的第一人选。在他降生尚未满20个月之际，皇父便于康熙十四年（1657年）十二月在太和殿举行了隆重的册封大典，他变成了皇太子。

自幼受到中原传统封建文化熏陶的康熙皇帝，十分重视"早定国储"，因为它关系到清王朝的稳定，所以在自己年方22岁时，便选定了身后的继承人。另外一个原因，是胤礽之母在生他的当日离世，皇帝对她情义很深，并把思念转化为对亡妻之子的钟爱，早立他为太子也算是告慰皇后的在天之灵。

储位即定，康熙皇帝便用最大精力对胤礽进行培养，希望他能成为一代明君。在宣布立储之后，便恢复了顺治后期裁撤的管理太子宫内事务机构詹事府，配备满汉各级官员充任府事。长到6岁，胤礽正式入学读书，康熙皇帝选择张英、熊赐履、李光地、汤斌等名臣硕儒担任太子师傅。他自己也常在空暇之时亲自为太子讲解四书五经等儒家经典，传授治国方略，给他讲前代之丰功伟绩，教导太子应怎样管理国家、怎样用兵打仗，还结合授读经史书籍对历代的得失、人心向背加以评说。为使胤礽开阔眼界，增加才干，在他年龄稍长之后，出外巡幸的康熙帝经常命其随扈同行，并随时教诲，让他了解民情吏治，各地山川风土。总之，他对胤礽满怀期望，尽全力培养他，可谓用心良苦。

少年时期的胤礽勤奋好学，天资聪慧，精通满汉文字，熟读诗文经史，并且有一身娴熟的骑射技艺，令皇父颇为满意。在他20岁以后，玄烨便开始给他创造独立处理政事的机会，以期早日担当大任。

胤礽身为皇储，地位显赫，周围不可避免地就会有一批拥护他的势力，代表之一就是索额图。索额图是康熙朝已故辅政大臣索尼之子，胤礽生母孝诚仁皇后的叔父，官居大学士，领侍卫内大臣，受康熙重用他，势力很大，于是成了太子党的中心人物。随着众皇子的长大成人，朝中反对太子党的势力，也各拥戴一个皇子与太子党对抗，于是逐渐打破朝中平静的局面。大学士明珠，是康熙惠妃纳拉氏的哥哥，皇长子胤褆的舅父，为支持皇长子，与大学士余国柱、户部尚书佛伦、刑部尚书徐乾学等联合与太子党对立。康熙二十七年（1688年），御史郭琇上疏弹劾明珠、余国柱私结党羽，为维护太子地位，圣祖遂将明珠、余国柱等人职务全部罢免。

由于皇太子的势力不断加强，使胤礽与康熙之间的矛盾逐渐表现出来。康熙二十九年,（1690年）圣祖亲征噶尔丹，皇帝驻跸博洛河屯（今河北隆化），直接对战事加以指挥。没想到在两军交战的时候，康熙皇帝突然患病，失眠、高烧不退。随驾王公大臣十分担心，劝他回京师调治。他也只好依从，命皇太子和皇三子前来迎驾。但胤礽至行宫见到患病的父亲竟然没有一点担心之意，使康熙心里特别难过，感到自己多年精心抚育的太子并未表现出应有的至孝之情，于是讨厌之情油然而生，命他返回北京。这件事直至几十年后玄烨仍念念不忘，成为他转变对胤礽态度的一个重要因素。

此后，父子矛盾逐渐加深。康熙三十三年（1694年），礼部拟定祭祀的仪式，将皇太子的拜祷放置在奉先殿槛内，康熙命令将其移到槛外。礼部尚书沙穆哈怕将来皇太子怪罪，请求将谕旨记档，康熙十分生气，于是革掉了沙穆哈的职务。康熙三十五年（1696年），皇帝率兵讨伐噶尔丹，在出发之前命令太子在京城守住国家，代行郊祀大典并处理各部院奏章；如有大事发生，留守大臣共同商议后报请皇太子决定。这实际上也是康熙帝对胤礽治国才干的一次重要考验。

然而，四个月后康熙皇帝回銮至京，看见很多政务都没处理，这样对胤礽又增加了不满和怨恨。康熙三十六年（1697年），圣祖将在皇太子处行走的膳房人花喇等秘密处死。康熙三十七年（1698年），又大封各位皇子。皇长子胤禔封直郡王，皇三子胤祉封诚郡王，皇四子胤禛、皇五子胤祺、皇七子胤祐、皇八子胤禩分别封为贝勒，这表明康熙已觉察到太子党人的势力危及皇权，因此想削弱他们的势力。诸皇子有了爵位，分别培植自己的亲信，争夺储位。以索额图为首的太子党人为图谋胤礽早日登基，更加紧活动。康熙四十二年（1703年），圣祖开始准备打击太子党人的势力，以索额图"议论国事，结党妄行"，令宗人府将其拘禁，不久死于幽所。因长期储位东宫，胤礽地位特殊，进而骄傲狂妄，目中无人，等到康熙南巡时，勒索地方，并因一点小事就要处死地方官员。康熙为政注重宽仁，太子如此不仁不义，导致父子意见不合，矛盾加深。

康熙四十七年（1708年），圣祖巡幸塞外，皇长子胤禔、皇太子胤礽及几位小皇子一同前行。返京途中，皇十八子胤祄病重，胤礽并不在意，康熙以兄友之义责备他，他却不承认过错反而怒气冲冲，且每夜在康熙住的帐篷周围活动，窥测其父行动，致使康熙昼夜戒慎不宁，觉得他有杀害自己的可能，好早日登基。因此康熙在保护好自己的同时，准备先发制人。九月初四，他于归途中召集诸王及副都统以上大臣，以皇太子不法祖德，不遵祖训，暴戾淫乱，宣布废掉太子，回到北京后即将废太子幽禁于咸安宫。

再次被废

太子初废，储位空缺，争夺储位的斗争在诸皇子之中开始活跃起来。

胤禔作为皇长子，得到了康熙帝的重用。他与胤禩相互倚重，同是反太子的核心人物。废了太子之后，胤禔马上图取储位，被康熙指责，于是他改变了办法，试探父亲是怎么想的。他甚至还毛遂自荐，奏称："今欲诛胤禔，不必出自皇父之手。"

胤禔明显是争夺储位，康熙帝对他产生极大反感，痛斥他是"乱臣贼子，天理国法皆所不容者"。随后胤禔令巴汉格隆"用术镇魇"胤礽的事件被康熙知道，于是胤禔被"革去王爵"，"幽禁于其府内"。

皇八子胤禩十分聪颖，善于与人交往，办事能力强，最初康熙很欣赏他，未满18岁即已成为贝勒。他反对太子，并极力扩大自己的影响和实力，在皇子及满汉大臣中声望很好。

康熙帝很早即对胤禩反太子的活动表示不满，胤禔保举他为太子，更增加了其父的警觉和厌恶，指出胤禩"妄蓄大志""谋害胤礽""乃胤禔之党"，将其"锁拿""审理"，最后"革去贝勒，（降）为闲散宗室"。

除去胤禔、胤禩急于图谋储位之外，皇三子胤祉、皇四子胤禛、皇五子胤祺、皇十三子胤祥也曾一度受审查，但不久即"开释"。皇十四子胤禵因为力保胤禩并无"妄蓄大志""谋害胤礽"之心，令康熙十分生气，想要杀他，随即与皇九子胤禟一起被逐出乾清宫。以上这些散乱的记载，说明当时已有很多皇子在争夺储位。

康熙四十七年（1708年）十月，令康熙帝最为震惊的是，当他已暗示有可能重新立胤礽为太子，并令群臣保举皇太子时，在大学士马齐及阿灵阿、鄂伦岱、揆叙、王鸿绪等人的带动下，大家竟然"独保（已被革爵的）胤禩"，而没有一个人举荐胤礽，这显示出当时清朝统治机构中大多数人在储位人选上的向背，也充分表明胤禩的声望和实力，这对皇权不能说不是个威胁。这种情况的出现，使康熙下决心重立胤礽。他在二废太子后回忆道："朕前患病，诸大臣保奏八阿哥，朕甚无奈，将不可册立之胤礽放出。"可见，重立胤礽的背景应该是在当时人心不稳、政局明显有些混乱的情况下，康熙帝只有在胤礽、胤禩两人中选择一人为储君，才能有效地稳定局势，二者之中，他选中了已大失人心的胤礽。

康熙四十八年（1709年）三月初九，胤礽被重新立为皇太子。次日，又分封诸子，皇三子胤祉、皇四子胤禛、皇五子胤祺晋封亲王，七子胤祐、十子胤䄉晋封郡王，九子胤禟、十二子胤祹、十四子胤禵俱封为贝子，皇八子胤䄉在此之前复封为贝勒。

可见，康熙为不让其他皇子心中不平，冲突再起，对皇三子胤祉、皇四子胤禛等7个儿子也分别晋封和新封爵位，皇八子胤䄉也复为贝勒。当时各皇子的情况为：皇长子胤禔因罪行严重仍被软禁，皇八子胤䄉虽仍觊觎储位，但皇帝对他戒备森严，使他不敢有过分之举，其他个别皇子即使有争宠谋位之心，也只处于积蓄力量、窥伺时机的阶段，所以皇太子胤礽没有强大的对手，处境比较平稳。加之康熙皇帝对他重新寄托希望，不仅经常关心垂问，而且对其提出的建议基本上都予以采纳，使父子之间的关系较为融洽。

但是，胤礽并没能充分利用这些有利条件，进一步博得皇父的信任，处理好兄弟之情，把太子的地位巩固好。

太子复立，其党人也重新复聚。初废太子之前，朝廷内外许多人已感到皇太子有跃跃欲试、希践大位之意。胤礽本人在背后常说："古今天下，岂有四十年太子乎？"表现出想马上登皇位的心情。胤礽复为太子后，步军统领托合齐、兵部尚书耿额、刑部尚书齐世武、都统鄂缮和迓图、副都统悟礼等依附太子，重新结党营私。康熙五十一年（1712年），皇储矛盾又开始激化。九月三十日，康熙晓谕诸子，指斥胤礽复位以来，狂疾未除，丧失人心，着将胤礽拘执看守。十月初一，向诸王、贝勒、大臣宣告将胤礽再一次禁锢起来，复立三年的皇太子胤礽再次被废。康熙非常失望，于五十二年（1713年）确定"不立储贰"的方针。

太子复废，储位虚悬，诸皇子营求太子之争更加激烈。胤礽并不甘心于这种困境。康熙五十四年（1715年）十一月，清廷将出兵讨伐准噶尔部策妄阿拉布坦，他感到自己要抓住这个机会东山再起，于是委托为其妻治病的医生贺孟雄带出一封用白矾水写的亲笔密信，托正红旗满洲都统普齐在皇帝面前举荐自己为大将军率兵出征。但是此事被胤䄉一伙得知告发，结果贺孟雄被杀，普齐被拘禁，胤礽的希望落空。康熙五十六年（1717年），大学士王掞疏请再立胤礽为储，康熙置之不理。次年一月，翰林院检讨朱天保也奏请复立胤礽为太子，并警告康熙不要弄出汉武帝杀戾太子那样的事件，康熙皇帝十分生气，责备他希图侥幸，应处死。康熙六十年（1721年），大学士王掞、御史陶彝两人再次奏请立太子，康熙认为其结成朋党，会越来越猖獗，于是严厉惩罚，胤礽复位已无可能。

胤禛谋得皇位

康熙五十一年（1712年），胤礽复废，诸皇子争夺太子之位又日趋激烈。康熙五十三年（1714年），胤禩亲向康熙试探，请示以后应该怎么处理，希望自己被举荐，康熙看明他的心思，告诉他不要有非分之想，因此父子之间矛盾加深。同年冬，康熙出塞狩猎，胤禩因其母两周年忌辰，没有随行，及至康熙回程，胤禩自身并不迎驾，却把两只要死的鹰送给康熙，康熙十分气愤，大骂他不孝不义。因胤禩党羽众多，在朝中势力较大，康熙怕其政变篡权，故加紧打击胤禩集团。康熙五十四年（1715年）正月，康熙帝以胤禩行为卑污，凡应行走时俱懒惰不赴为由，停发他及属下护卫官员俸银俸米。同年十一月，革除胤禩门客何焯的翰林院编修、进士、举人之名，罪名之一是他把当今文章与万历末年的文字相比较，侮辱圣朝，并以此作为胤禩的罪证。至康熙五十五年（1716年），父子感情更加恶化，胤禩得了伤寒病，有离开人世之状，而康熙也置之不理。

胤禩受挫，皇十四子胤禵开始谋求皇位。胤禵，康熙二十七年（1688年）生，母孝恭仁皇后，与皇四子胤禛同母，但一向依附胤禩。初废太子时，康熙下令锁拿胤禩，胤禵为胤禩说情，激怒了康熙，拔刀要杀胤禵，被皇五子劝止，后来胤禵被康熙逐出宫。太子复立之后，胤禵晋为贝子。康熙五十四年（1715年），西北战事吃紧，康熙年迈多病，不能亲自征伐，所派大将指挥军事又毫无进展，于是想派皇子出征。康熙五十七年（1718年），命胤禵为抚远大将军，征伐西北，并让胤禵使用正黄旗旗纛，采用亲王规格，掌有军权。胤禵出征，被胤禵集团看成是康熙帝属意于胤禵将立其为太子的表示，因而十四皇子党又活跃起来。胤禵把谋求储位看成十分重要之事。出征之前，胤禵一再要求胤禟报告康熙信息，如果皇父离世而去，一定马上报告。康熙五十八年（1719年），胤禵在西宁把临洮张凯叫去算命，张说其有九五之尊，将来必定大贵。胤禵听了非常高兴，觉得说得很对。胤禵出征大有代父出征的味道，因此许多人把它看作胤禵向皇太子的过渡。但其他皇子并没因此而放弃储位角逐。皇三子胤祉在胤禔、胤礽出事后，年龄最大而且又受封王爵，在诸兄弟中有很大的优势，并倚仗其文才出众，且又与皇父感情较好，也在谋求东宫印绶。皇四子胤禛则秘密活动，不露声色，私下里作好了夺取皇位的整体计划。

胤禛，康熙十七年（1678 年）生，母孝恭仁皇后，康熙三十七年（1698 年）被封为贝勒。在太子刚刚被废的时候，康熙命胤禛与胤禔共同监视胤礽，胤礽说其从没想过杀害父亲，取得皇位，请胤禔、胤禛代为转奏，胤禔不应，胤禛认为此话非同一般，即使自己因此获罪，也要替他转奏。康熙听后，遂将胤礽项上锁链取下。初废太子后，康熙受到沉重的打击，身体非常不好。胤禛屡劝康熙治病，保重身体，康熙遂称其殷情恳切，可谓诚孝。康熙四十八年（1709 年），他被晋封雍亲王。

再废太子后，胤禛把全部的精力都投入了争夺皇位上。康熙五十二年（1713 年），胤禛集团成员戴铎为胤禛制订了夺取储位的全面的计划。第一，依靠诚孝博得康熙的信任和宠爱；第二，要以废太子凌虐昆季为戒，把兄弟之间的关系处理好；第三，联络百官，特别是康熙的亲信重臣，以影响皇帝，使其考虑继承人时对胤禛有利；第四，大力培植雍邸旧人，为建立江山打下基础。与此同时，胤禛大规模地搜寻各种人物以形成自己的集团，其中有皇十三子胤祥、康熙近臣贵戚隆科多、大学士马齐、川陕总督年羹尧等。隆科多为佟国维之子，康熙孝懿仁皇后之弟，胤禛的舅父，任理藩院尚书、步军统领，手中握有兵权，对胤禛争储非常有利。他负责京师九门、畅春园及宫禁警卫，地位至关重要。年羹尧，多年效力于胤禛，其妹为胤禛侧福晋。年羹尧于康熙四十八年（1709 年）出任四川巡抚，康熙五十七年（1718 年）升任四川总督，康熙六十年（1721 年）又晋升川陕总督，是胤禛在外的重要军事力量。这一派力量虽十分强大，但表面看来却不像胤禩一派气势那么大，而是谨小慎微地活动，不露锋芒，所以康熙对此没有过怀疑和指责。

胤禛明白康熙的心理，嘘寒问暖，非常殷勤，得到康熙的好感。康熙称赞他"诚孝"。他对众兄弟，虽暗中对立，但在父皇面前一点都没有表现出来，相反，常"为诸阿哥陈奏"，以致感动了康熙，谓之"性量过人，深知大义"，"似此居心行事，洵是伟人"。胤禛对康熙并非真心真意，这样做的目的就是他了解父亲喜欢什么，讨厌什么，因此他极力讨好父亲。他深知谁为太子，决定权全在皇父，皇父的好感就是他的资本。他用他的行动来证明给父亲看。从这一点看，他的心计超过众兄弟，手腕也很高明。到康熙死前一刻为止，有可能继承皇位的皇子绝不只胤禛一人。与父亲之间的感情密切是胤禛最大的优势，他做事谨慎也博得了父亲对他的好感。康熙曾说过胤禛"幼年时，微觉喜怒不定"。这本是已经过去了的小毛病，康熙偶尔提起，"无非益加勉励之意"，并没有责备的意思。但胤禛特别注意澄清，竭力扭转皇父的形象，上奏说：以前皇父曾批评喜怒不定之处，十多年来都没有提起，是因为臣在皇父教育下已经改正。"今臣年逾三十，居心行事，大概已定，喜怒不定四字，关系臣之生平，仰恳圣慈，将谕旨内此四字恩免记载"。其实康熙并没有打算把此事写进谕旨。康熙晚年，立储事不顺心，尤其需要安慰，当时只有胤禛、胤祉经常陪伴他散心。第一次废太子之后，康熙四十七年（1708年）十一月初，康熙病情加重后，胤禛奉召到皇父跟前，泪流满面提议选医调药治疗。康熙接受了他的建议，令他同胤祉、胤祺、胤祐等几位稍知药性的皇子照顾他，很快病情好转。他恳求侍奉左右，康熙因令其恭代南郊大礼，未留身边。但胤禛每天派人请安，有时一天三次。在康熙的最后时刻胤禛给予父皇无微不至的关怀，胤禛的孝敬理所当然地深深刻在皇帝的心上。

胤禛在康熙末年日益受到重视。康熙五十一年（1712年），圣祖命其参加对胤礽党人步军统领托合齐的审判。康熙五十四年（1715年），西北战事兴起，康熙召见胤禛、胤祉，征求意见，胤禛主张大力讨伐。康熙五十六年（1717年），因有人盗窃明朝陵寝，康熙命胤禛、胤祉等皇子查处，并令他们到各陵祭奠。同年，皇太后丧，胤禛与胤祉等传达康熙的命令，让有关衙门和官员执行。次年，皇太后梓宫安放地宫，康熙因病不能亲往，命胤禛去陵前读文祭告。康熙六十年（1721年），圣祖登极六十年大庆，典礼中盛京三陵大祭最为重要，因年迈康熙不能亲往，遂命胤禛、胤祹及世子弘晟前往致祭。回京后，遇三月十八日万寿节，又命胤禛祭祀太庙后殿。同年冬至节，又命胤禛祭天于圜丘。对祭祀，特别是祭天，康熙历来看作是国家大事而加以重视，只要身体好，他就亲自去祭祀。康熙在晚年任用胤禛代替他祭祀，表明了胤禛在康熙心中已有很高的地位。

两次废皇太子和诸子争储使康熙身体衰弱，精力衰竭。康熙六十一年（1722年）十月二十一日，圣祖南苑行围，十一月初七生病，回到畅春园。初九，因冬至将临，命皇四子胤禛到天坛斋戒，以便代行祭天仪式。初十、十一日、十二日，胤禛先后派遣护卫、太监至畅春园请安，康熙均谕"朕体稍愈"。十三日丑刻，康熙病情严重，命从斋所召皇四子胤禛立即回来，接着召皇三子诚亲王胤祉、皇七子淳亲王胤祐、皇八子贝勒胤禩、皇九子贝勒胤禟、皇十子敦郡王胤䄉、皇十二子贝子胤祹、皇十三子胤祥、理藩院尚书隆科多来到病床前，交代他的遗命，戌刻便去世了。隆科多即向胤禛宣布康熙最后的命令。今存遗诏曰："皇四子胤禛人品贵重，深肖朕躬，必能克承大统，著继朕登皇帝位。"当天夜里，用銮舆载运康熙遗体，回大内乾清宫。在隆科多保护下，胤禛先回大内迎驾。第二天传出大行皇帝任命胤禛继位遗言。胤禛任命总理事务大臣，封胤禩、胤祥为亲王，把胤禵召回京城，关闭京城九门。十六日颁布遗诏，十九日遣官祭告天地、太庙、社稷坛，京城开禁。二十日，胤禛御太和殿登极，接受百官朝贺，正式继皇帝位，改元雍正，这就是历史上的雍正皇帝。10年未决的皇位问题终于有了结果。

最勤政的铁腕君王

——清世宗雍正

□帝王档案

⊙姓名：爱新觉罗·胤禛

⊙属相：马（1678年）

⊙年号：雍正

⊙在位：1722~1735年

⊙享年：58岁（1678~1735年）

⊙庙号：世宗

⊙谥号：敬天昌运建中表正文武英明宽仁信毅睿圣大孝至诚宪皇帝

⊙陵寝：泰陵（清西陵）

⊙配偶：16人，皇后乌拉那拉氏

⊙子女：16子，8女

⊙继位人：弘历（乾隆）

即位之谜

当康熙爷在畅春园驾崩的消息传出时，大多数人惊愕地发现，最终登上大清王朝第五任皇帝宝座的，居然是之前一直相当低调的皇四子胤禛。

事实上，由于这一历史事实即使在当时也无人见证，因此无论是居庙堂之高的皇亲国戚王公大臣，还是处江湖之远的平头百姓荒野村夫，对事情的真相都无从得知；再加上牵涉到政治利益的得失，最终生发出形形色色关于雍正篡位的说法来。在这些传说中，雍正是踩着他的亲弟弟——皇十四子胤禵的肩头，通过篡改诏书的手段达到其目的的。

康熙五十七年十二月的一天，皇城附近军乐震耳，锣鼓喧天，紫禁城内呈现出一片庄严肃穆。一支威风凛凛全副武装的大清精兵肃立在太和殿前，队伍前有人高举着正黄旗纛，上写"抚远大将军王"六个斗大的字，随后是一众旗帜，清道旗、飞虎旗、飞龙旗、飞凤旗；再后面是全副执事，金瓜、金斧、金天镫、金兵拳。在队伍的正中间，是一员罩袍束带，顶盔贯甲，手提马鞭，腰悬宝剑的大将，在马上端坐，昂然而行，好不威风！在他的后面，是随他出征的王公大臣，均全副戎装，不苟言笑，鱼贯而行。而朝中各亲王郡王、贝勒贝子、国公乃至二品以上大臣，均盛装朝服，站立队伍两侧，敛手肃立。这支军队打天安门出紫禁城，自德胜门一路向西，迤逦而去。

这位大将军是谁？正是康熙皇帝敕封的抚远大将军，由固山贝子一跃而为王爵，皇十四子胤禵。这一年，他只有30岁。

说起来，胤禵和皇四子胤禛都是德妃乌雅氏所出，乃是一母同胞的嫡亲兄弟。不过，由于胤禛从小被佟贵妃收养，而兄弟两人年纪也相差十岁，更兼胤禛自小禀性淡薄，因此兄弟两人反而不甚相得。胤禵倒是同八阿哥胤禩关系不错。在康熙末年的夺嫡斗争中，八阿哥一度是入主东宫的热门人选，围绕着他自然就形成了一个包括皇亲国戚和朝中大臣的所谓"八爷党"，而胤禵，自然也是这个党羽中的一员。

和胞兄胤禛相反，胤禵自小脾气火暴，是个直性子人，颇讲义气。康熙四十七年，胤礽由于谋夺太子之位被康熙厉声斥责，20岁的热血青年胤禵挺身而出，抗命为之辩解。康熙勃然大怒，险些挥剑要斩了这个儿子。这件事让胤禵挨了20板子，打得皮开肉绽。而自此之后，父子关系一直平平，似乎康熙并没有想要重用这个儿子。

不过朝堂之上的事情瞬息万变，自从八阿哥失势之后，"八爷党"迅速将重心转向了胤禵，试图通过他东山再起，谋取康熙的欢心，进而重登大宝。在八阿哥的造势下，朝野舆论逐渐转向了胤禵，胤禵也顺应时势，收起火暴的脾气，摆出礼贤下士、敬老尊贤的姿态。于是当时的清议对胤禵颇多好感之词。这些言语或多或少，会传到康熙的耳朵里。于是，胤禵的机会来了。

康熙末年，策妄阿拉布坦在西北地区屡屡兴兵作乱，清廷久战不克。于是康熙决定派遣皇子统兵出征，打算一举克敌。在康熙的子嗣中，习武出色，能担当此一大任者有二人，十三阿哥胤祥与十四阿哥胤禵。无奈当时胤祥不知何故，早已被康熙高墙圈禁起来；于是这项任务就似乎是顺理成章地落在了胤禵身上。

从史料中对此时的记载中，可以看出康熙对于此事极其重视，因而给予了胤禵超乎规格的待遇。胤禵在太和殿亲自接受敕封和大将军印，策马扬鞭西征。这就是前文提到的威武雄壮的一幕。

经过四个多月的行军，第二年三月，胤禵率军到达西宁。在当地服从清廷号令的蒙古各部的配合之下，胤禵分兵两路，分别由青海和川滇两路进入西藏。战事进行得非常顺利。到这一年的八月，清军已经占领了拉萨。胤禵随即延请七世达赖喇嘛入藏并举行坐床仪式。策妄阿拉布坦的叛乱至此可以说是告一段落，胤禵的威名也传及西北各地。

应该说，康熙皇帝能够让胤禵率兵打这一场震动全国的战役，也说明了此时胤禵在康熙心目中的地位甚高。胤禵甫一抵达西宁，康熙便降旨给青海蒙古部首领，夸奖胤禵"确系良将……有带兵才能"，并叮嘱蒙古各部要听从胤禵的调遣。为了庆祝这场战役的胜利，康熙甚至起草御制碑文，勒石纪念。凡此种种，都说明康熙对胤禵的信任和欣赏。

其实胤禵也意识到了，历史在他面前展现了一个千载难逢的机会。他知道这次出征立功，是自己获得康熙青睐，争取荣登大宝的最佳方法。

康熙六十年十一月，胤禵返回北京，向康熙帝面禀军情。他在北京待了将近半年的时间，于第二年的三月又返回军前。他恐怕没有想到，这是他最后一次见到他的父皇。仅仅半年以后，康熙就驾崩了，而他远离北京，只能眼睁睁看着雍正登上皇位。早知如此，他一定不会贸然离开北京的。

清代的野史对所谓的雍正改诏一事，有多种说法：有一种说法是康熙帝遗诏原文为"朕十四皇子，即缵承大统。"而胤禛预先知道了遗诏的内容和存放地址，便暗中进入畅春园，将"十"字改为"第"字，并且进而弑父，从而登上皇位。为了避免此类事情再行发生，雍正即位后下令，"以后凡宫中文牍，遇数目字，饬必大写，亦其絜矩之一端也。"

另一种说法则提到了隆科多与雍正勾结的内情：据说康熙的遗诏原文为"传位十四子"，并将这一遗诏交由隆科多保管，隆科多将"十"字改为"于"字，并隐匿了康熙病重时召胤禵来京的圣旨，于是雍正顺利即位。

还有一种说法提到，由于胤禵原名为胤祯，"祯"的繁体为"禎"，与胤祺的"祺"发音相同，字形也极其类似，因此雍正在宗人府保存的玉牒上动了手脚，很轻易地把胤禵的名字改成了自己的名字，于是取而代之做了皇上。

皇位的巩固

变革八旗

成功地当了皇帝之后，为避名讳，雍正下令，将众兄弟们的名字的头一个字"胤"改为"允"。为了坐稳皇帝的宝座，雍正采取了一系列雷厉风行的措施。首先，他认为，七弟允祐、十弟允䄉、十二弟允祹的权力过大，应及时削夺。因为他们是八旗旗主，管理着旗务。

八旗制度是满族的社会组织形式，也是清王朝的重要政治制度。各旗旗主是一个旗的首长，拥有很高的权力。即使是皇帝要调用旗下民众，也必须得到旗主的同意。换一种说法，就是旗下有两个主人，一个是旗主，一个是皇帝。就实质来说，八旗旗主的这种特权是和传统的封建中央集权相冲突的。随着清朝统治的巩固，皇帝要直接掌管旗民，加强皇权；然而旗主要维持对旗下的所有权，这就导致旗主的特权与皇权的矛盾日益尖锐。在雍正帝执政以前，清政府就有过削弱旗主权力的行为。康熙帝统治后期，皇子胤祐、胤䄉、胤祹被派管理八旗旗务，兼任都统，意在削弱该旗王公之权，使该旗进一步直属皇帝统辖。

雍正帝即位后，又对这种局面进行了大刀阔斧的改革。在他看来，这些兄弟们受皇考之命管旗，与自己又是兄弟辈分，如果长期延续，必然会被认为是新的旗主，这样一来就会对维护专制皇权极端不利，必须改变现状。

因此雍正即位第十天，就全面撤换了正黄旗满洲、蒙古、汉军三旗都统，以后又陆续撤换了正蓝旗、正白旗，甚至镶黄旗的三旗都统。直到雍正元年五月，允䄉、允祐、允祹所管的旗务全部撤换。

为了彻底削弱八旗旗主的权力，雍正还从意识形态上革除旗主的痕迹。八旗都统，清文为"固山额真"，"额真"满语意为"主"。雍正元年，给事中硕塞奏称：八旗都统在满语中称固山额真，"额真二字，关系重大，非臣下所可滥用，请予修改，以定名分。"雍正帝采纳了这个建议，下令将固山额真改为"固山昂邦"。"昂邦"是满语"臣"的意思，"固山昂邦"即"旗的大臣"，这样一改，就明确了君臣主仆名分，只有皇帝一人可以称为"主"，即使是一旗之主，和皇帝的关系也是臣子和君王的关系。各旗虽各有旗主，各旗之人只知有君上，不知有旗主。

剪除兄弟

除了允䄉、允祐、允祹，雍正还有兄弟多人，雍正把他们中的绝大多数当作劲敌，予以坚决打击。在剥夺旗主特权不久，雍正帝又谋划着对其他兄弟下手。

雍正的第一个目标是允禩，雍正帝明白：允禩有心机、有才识，在众位兄弟和满朝文武大臣中有很高的声望，是威胁雍正帝皇位的最主要人物。按常理，雍正帝即位后，应该立即处置允禩，但出人意料的是，雍正帝非但没有处置他，反而任用了允禩以及他的追随者。康熙帝驾崩后的第二天，他就任命贝勒允禩、十三阿哥允祥、大学士马齐、尚书隆科多四人为总理事务大臣。雍正帝不但优待允禩，优待他的跟随者，同时也优待他的亲属。允禩的儿子弘旺被封为贝勒，在诸皇侄中地位和荣誉为最高，是除允礽之子弘皙外仅有的一个。雍正帝这样做，真的想重用允禩吗？当然不是，这只不过是他深谋远虑的一种斗争手段。

事实上，最先被雍正打倒的是十四阿哥允禵，他曾经是与胤禛竞争皇位最主要的对手之一，他不但得到了康熙帝的宠信，而且得到了诸多皇兄皇弟以及大臣们的支持。雍正帝即位之际，允禵正在西北用兵，掌握着兵权，于是雍正在颁发委任四总理事务王大臣上谕的同时，又下达了一条命允禵回京奔丧的上谕："西路军务，大将军职任重大，十四阿哥允禵势难暂离。但遇皇考大事，伊若不来，恐于心不安。著速行文大将军王，令与弘曙二人驰驿来京。军前事务，甚属紧要，公延信著驰驿赴甘州，管理大将军印务。并行文总督年羹尧，于西路军务粮饷及地方诸事，俱同延信管理。"这真是一条万全之策，既轻易地解除了允禵手中的兵权，又博得了体恤兄弟的美名。

允禵回到京城，赴康熙帝灵柩前哭拜，当时，雍正也在那里。看见哥哥当了皇帝，允禵万分愤慨，本来自己大有希望坐江山，想不到今日却屈为臣下。但毕竟君臣有礼，允禵勉强地远远地给自己的对头哥哥叩了头，但不向新皇帝表示祝贺。雍正帝为了表示自己气度宽宏，大度能忍，于是便向前去迁就他，但他还是不动弹。蒙古侍卫拉锡眼见如此下去兄弟势将反目，连忙上前拉住允禵，想让允禵拜见雍正帝，然而允禵并不领情，还在雍正帝面前告状：我是皇上亲弟，拉锡是掳获来的下贱之人，如果我有什么不是之处，求皇上处分；我如果没有不是之处，请皇上速将无礼拉锡正法，以正国体。从表面上看，允禵是在攻击拉锡，实际上是把矛头指向了雍正帝。雍正帝看到允禵无理取闹，便当面指责他心高气傲，决心打击他的气焰，削去了他的王爵，只保留贝子身份。雍正元年（1723）三月，雍正帝送康熙帝灵柩至遵化县景陵享殿，并于此时传旨训诫允禵，允禵仍不服气。允祹生怕把事情闹大了，就命他跪下接旨，允禵这才接受了。遵化的事情完毕后，雍正帝返驾回京，而留下允禵看守景陵，并谕令副将李如柏，若允禵要去陵寝，除有重大的事情外，都不准他去，这实际上就是把他软禁起来了。

如果说雍正处理允禵没费多少功夫，那么对允禩的打击，可是经过了精心的策划。康熙刚一去世，雍正就任命允祹为总理事务大臣，和允祥、马齐、隆科多一起组成看守内阁，旋即将其越级从贝勒晋封为亲王，兼管理藩院和工部。允祹的儿子弘旺被封为贝勒，在诸皇侄中，地位之高，仅次于废太子允礽之子弘晳（爵位为郡王）。允祹的母舅噶达浑，也被削去贱籍，升格为旗民，赐世袭佐领职务。允祹的党羽苏努、佛格、阿尔阿松（阿灵阿之子）、满都护、佟吉图等，也都加官晋爵，弹冠相庆。可以说，允禵、允禟遭受打击的时候，允祹及其追随者却青云直上，红得发紫。

这种策略，只要是玩政治的人，没有不懂的。允祹当然心里明白，而且想得更深。他认为这是欲抑先扬之法：先把你捧得高高的，再狠狠地摔在地上，那才是爬得高跌得痛。允祹封王，妻族来贺，他的福晋（正妻）乌雅氏说，有什么可喜可贺的，不知道哪一天要掉脑袋呢！允祹自己也对朝中大臣说："皇上今日加恩，焉知未伏明日诛戮之意？"阿尔阿松甚至不敢接受刑部尚书的任命。因为刑部是个是非之地，阿尔阿松害怕雍正是想用这个职务来杀害自己。所以，雍正再封官赐爵，他们也不领情。

事实上雍正也一直在找允祹的碴儿。比如元年十一月，雍正在讲居丧不用过奢时，便捎带着指责允祹昔日为母妃出丧时过于奢靡，是"伪孝矫情"。讲丧事从简是对的，但拿一个亲王、总理大臣来做反面教员，就让允祹在朝臣中很没有面子，实际上是拿他开涮，故意叫他丢脸。更让允祹感到寒心和伤心的，是在九月份。雍正借口太庙更衣帐房油味煮蒸，竟然罚主管工部的允祹在太庙前跪了一个昼夜。这种小事，顶多罚到一个科长，何至于体罚王爷？显然是雍正阴毒忌刻的心理在作怪。不难想见，跪在太庙前的允祹，一定是打落了的牙齿和着眼泪往肚里咽，说不出的酸楚，说不出的委屈，说不出的悲愤交加，说不出的怨天尤人。的确，他没法想通，为什么像他这样众人拥戴的"贤王"不能当皇帝，还非得让他去伺候这么个心胸狭窄的主子？

允祹当然不能坐以待毙。他利用职务之便，给雍正帝制造了各种各样的麻烦。"诸凡事务不实心办理，有意隳废"。主持康熙葬礼时提出，为节省开销，可缩减运送康熙梓宫夫役人数，同时改在陵寝当地采办建陵红土；制作大典所需的乘舆法物，则用断钉薄板，敷衍塞责，致使祖宗神牌漆流字漫，欲陷雍正"以不敬之名耳"。同时，允祹继续进行结党营私活动。工部侍郎岳周拖欠了应缴的钱粮，允祹立即慷慨解囊，代为完纳，布下人情。

允祹的忠实追随者允裪不仅在允祹后面亦步亦趋，为允祹和其他同党提供丰厚的经济援助，而且还与允祹的另一个忠实追随者允祯密信往来。雍正帝早已将这些事记在心中，解决了允祹的心腹允禵后，就向允祹集团发动了猛烈的进攻。之前，雍正早已借故将允祹的追随者之一允祯撤掉旗务，后来更以其推托不去喀尔喀而被革去王爵，调回京师，交宗人府永远监禁。

雍正四年正月初五，雍正召见群臣，声称"廉亲王允祹狂逆已极，朕若再为隐忍，有实不可以仰对圣祖仁皇帝在天之灵者"。至于罪恶的具体内容，则很空洞。二月，降允祹为民王，圈禁高墙。三月，下令允祹改名阿其那，意思是狗。五月，下令允祹改名为塞思黑，意思是猪。同时，向内外臣工、八旗军民人等宣布允祹、允裪、允禵的罪状。允祹被从西北押至保定，雍正命直隶总督李绂就地"圈住"。李绂给允祹的待遇真正做到了"猪狗不如"，以致允祹常常在酷暑中晕死。八月二十四日，允祹死在看守所。九月初一，允裪也死于禁所。兄弟俩的死亡，相距不过6天。

打击朋党

雍正即位伊始，在着手处置自己兄弟的同时，对那些与诸皇子结成朋党、互相倾轧的宗室大臣，他也正面表明态度："朋党最为恶习。明季各立门户，互相陷害，此风至今未息。……尔诸大臣内，不无立党营私者，即宗室中，亦或有之。……此朋党之习，尔诸大臣有则痛改前非，无则永以为戒……若仍怙恶不悛，朕虽欲勉强仰体皇考圣衷，力为宽宥，岂可得乎？"雍正要让全体大臣知道，自己对由来已久的朋党深恶痛绝，绝不会像康熙那样姑息纵容，如不改悔，就不要怪我没提前告诉你了！

为消除朝臣的疑虑，避免社会舆论对己不利，雍正以攻为守，再次向朝臣阐述自己的看法，同时雍正二年七月颁发了一篇御制短文《朋党论》发给诸王和要员。文中谈古论今，旁征博引，列数朋党之害，强调臣子要与君王同好恶。雍正三年三月，通令八旗严禁家人结党，否则交由步军统领处置。五城官员凡是大臣的家人，如有婚嫁办筵席宴请亲友等事，必须先行报知，然后才能举行。如果有私自结党、结拜兄弟，彼此宴请，借机钻营托情的，立即严加惩治。

雍正的宠臣田文镜当河南巡抚时，曾上奏章诬陷部下黄振国、邵言纶、汪诚、关瞳等人。直隶总督李绂路过河南时，当面斥责田文镜存心整读书人。田文镜马上给雍正递密折说：李绂与黄振国是同榜进士，他们要结党，为被自己弹劾的官吏们翻案，并且要报复自己。不久，李绂果然当着雍正的面，替黄振国等人分辩。

离开雍正后，李绂又一连上奏章替黄振国等人申冤。雍正因为早看过田文镜密折，先入为主，所以要处分李绂。这时，谢济世公开弹劾田文镜，列出 10 大罪状，攻击他贪污，在弹劾田文镜的同时，谢济世在奏章中还提到黄振国等人是被田文镜冤枉了。雍正看过谢济世的奏章很不高兴，说："田文镜是有名的能干的大臣，我正在倚重他，你不要听信谣言诬蔑他！"说完，就把奏章扔给谢济世了。谢济世跪在地上不肯站起来，极力说田文镜贪污不法。雍正特别生气，命令九卿科道诸臣齐集刑部，审讯谢济世是如何与李绂勾结在一起的。谢济世说："田文镜的劣行，朝廷内外人人皆知。我谢济世熟读孔孟之书，粗通大义，不忍心眼看奸臣欺骗皇上，所以冒死给皇上奏章。如果一定要追查我的后台，那我的后台就是孔子和孟子！"尚书励杜讷说："对谢济世应该用刑拷问。"御史陈学海也在场，忽然他站起身走到院子里，脸朝北大声说："同谢济世勾结的人是我！"参加审讯的大臣们都愕然了，要将此事报告皇上，请求皇上批准连御史陈学海一同审讯。还没等上报，雍正忽然派人来传达指示，不要审讯谢济世了，将他革职，发配到阿尔泰的部队中当差效力。

谢济世弹劾田文镜，雍正认为是李绂与蔡珽指使的，于是将他们逮捕治罪。当时朝臣们认为他俩冤枉，但是因为田文镜特别得到雍正的信任，没人敢替他俩说话。他俩受制于田文镜，几乎丢了性命。

雍正先后铲除了皇室及臣僚中的几个盘根错节、力大势雄的集团，诸如允禩等足以危及雍正宝座的人，一个接一个被诛除殆尽。而朝臣中拉帮结伙之人，虽然不足以危及雍正的皇帝宝座，但毕竟不利于雍正独断专行，因此也随时随地被处置了。

整顿吏治，高薪养廉

清查亏空

由于康熙在位 61 年，作为一个久掌大权的皇帝，康熙非常佩服汉文帝施惠于民、尽量不扰民的统治方针。于是，晚年的康熙不免要恩泽天下，来博得为政宽仁的美名。但社会的发展并不依赖个人的想法，一味地宽容，给社会带来了很多负面影响，在此方针指导下，康熙末年的社会积弊十分多。

社会吏治日益败坏，官吏贪污成风；在"反正不是自己的"心理支配之下，政府高官们、皇子们大量地从国库中借支，造成国家钱粮空虚，国库不足；地方绅衿鱼肉百姓，贫富差距十分大；从战略角度考虑，按照康熙末年的财政状况，如果国家发生灾荒，或者是边疆告急引发战争的话，那么国家财政严重不足，国库空虚到无银用兵赈灾的地步，用雍正的话就是"关系匪浅"了，后果让人担心。

此外，地方绅衿扩张势力，对欲集中皇权的雍正来说，无异是眼中之钉。

雍正十分清楚各种状况。雍正掌权后的一个月，就给户部下达了全面清查钱粮亏空的总动员令，细致而具体地部署了各地清查的方针，政策和注意事项：

"各省督抚将所属钱粮严行稽查，凡有亏空，无论已经参出及未参出者，三年之内务期如数补足，毋得苛派民间，毋得借端遮饰，如限期不完，定行从重治罪。三年补完之后，若再有亏空，决不宽贷……"

就是说：你们各省的总督、巡抚要严格检查辖区内的钱粮亏空问题。一旦发现亏空，不管是否报告给中央，都必须在3年之内，把亏空的数目补齐。在补亏过程中，不得以补亏为借口，再向民间增加苛捐杂税。比如山东省，以前查明亏空数十万两，虽然现在名义上使用官员的俸禄补足了，朝廷对其中的巧取豪夺乱收费、乱摊派十分清楚，其他省大概也是如此。另外，也不得乘机掩饰亏空，或者寻找借口不全力执行。没有补完亏空，朝中会加以严罚。在3年补完亏空以后，如果再发生亏空的事，朝廷也不会饶恕你们。

雍正还规定了如果地方官员贪污挪移钱粮，而督府为其包庇隐瞒，要对督抚治"连坐"之法。假如有谁在清查中徇私舞弊，包庇纵容，一旦被查访到或被监察官员举报后证实的，将连同该省的总督，巡抚一同处罚。

雍正这个办法使诸官心惊肉跳，再也不敢怠慢。

雍正即位时已是45岁，面临着一个难以收拾的烂摊子局面：吏治腐败、国库空虚、税收短缺。雍正对这些是有着清醒认识的。在即位之后雍正说："历年户部库银亏空数百万两，朕在藩邸，知之甚悉。"意思是说，当我还是皇子的时候，就知道历年中央的户部有数百万银两亏空，底下的府厅州县亏欠的数量就更不知有多少了。我十分清楚，怎能骗得了我。各地出现亏空钱粮问题的，一定是受到上司勒索，不得不从国库中拿来上供，要不就是自己贪污侵渔、中饱私囊了。无论哪种情况，都是非法的。

长期当皇子辅助执政的经历，使雍正积累了充分的行政经验。加上他即位前就曾协助康熙在户部清理亏空，曾遇到过一些麻烦。因此对中央及地方的财政十分明白；对下面官僚的贪污手段、心理状况十分清楚。

雍正上台，首先指向的是吏治，实在是因为吏治腐败是康熙晚年最大的弊政之一。整顿吏治的最好突破口就是清查亏空。

全国大小官吏那么多，对于新君还不熟悉。雍正除了隆科多、年羹尧等几个可信任的人外，无所依靠。正好可以借助清查亏空这个运动，撒下大网，借势观人，激浊扬清，杀一儆百。用这个运动来打击异己势力树立威望。正如前述，康熙末年的储位之争十分激烈，雍正的登基即位又难于辩解，使人心不服，基础不稳。雍正发动清查，正可以借机名正言顺地打击诸王的朋党势力，进一步加强自己的地位和权力。

清查亏空的第三个好处是有助于对家底更加清楚，真正掌握财政状况。

雍正在清查亏空过程中，经常派遣特派员来解决一些难于应付的问题。

雍正四年（1726年），大规模清查江西省的钱粮亏空。当时的巡抚裴俸度明明知道各府州县仓谷亏空很多，他却不上报，极力包庇下面的贪官污吏，雍正对此十分愤怒。

雍正命把已调任的裴俸度留于任所，将前任布政使张楷、陈安策派往江西审讯。雍正又觉得现任巡抚都督，他们太软弱，只是喜欢自己的官名而已，不能完成清查亏空这么重大的任务。因此决定特派吏部侍郎迈柱到江西，真正检查全省钱粮多年的亏空问题。与此同时，雍正命令从别的州县挑选出几十名官吏，迅速前往江西。一旦发现有亏空问题的官员，迅速查办，让候补官员作好顶替的准备。

迈柱到任后，清查积极认真，但是受到江西按察使积善的反对，雍正坚决支持迈柱，称赞他"到任以来，不避嫌怨，为地方生民计，实心效力"。清理的结果一出来，雍正立即命令裴俸度及历任藩司补偿仓谷的亏空。

特派官员到其他地方清查亏空情况，让他们相互监督，这是雍正常用的一种办法，十分有用。

雍正五年（1727年），福建布政使沈延玉报告说，福建省的仓谷出现亏空。雍正认定是巡抚毛文铨隐瞒上面欺压百姓造成的，马上特派广东巡抚杨文乾和许容为钦差大臣前往清查。

上次清查江西钱粮，雍正调动了大批的候补官员，让他们为上岗作好准备。这次清查福建的仓谷亏空，与候补官员调动同时进行。此外他还作了舆论的准备。

雍正发布公告告诫福建的老百姓：因为马上就要进行清查，有些贪官们可能已知道此事，会临时借调有钱人家的粮食来充实库存。如果你们有人把粮食出借给他们的话，那出借的粮食就归官府所有，发觉后也不再归还。

上谕还说：我已经选拔了一批候补府州县官员和钦差一起到福建，如果"现任府州县内之钱粮稍有不清者，即令更换"。

摆出候补官员，查出问题立即换人，这破釜沉舟的姿态，表明了雍正彻底清查的决心。

地方清查亏空的责任落实到总督巡抚，限期为3年。北京等盘根错节之地，展开清查工作十分艰难，因此他更注重清查技巧，加大力度清查。

设立会考府

雍正元年（1723年）正月十四日，雍正下令设立了一个独立的清查机构——会考府，主要对中央各部、院的钱粮奏销（就是各省每年将钱粮征收解拨的实数报部奏闻）工作稽查核实。

本来，各部院的钱粮运用、收入支出，都是由各部院自行奏销，因此官员营私舞弊、账目混乱的现象十分多。

为了从制度上解决这个问题，雍正规定会考府负责稽查审计各部门的收支，凡是钱粮的奏销，不管来自于哪个部门，都应该由新设立的会考府清厘"出入之数"，这样就把奏销大权由原先的各部院收归中央。

这样，官员即使想做手脚也难了，政府也有希望能补上奏销这个大窟窿。

雍正说，当日康熙对其中的弊端也十分清楚，只不过不欲深究罢了，"朕今不能如皇考宽容"——我绝不会像父皇那样宽容——雍正说到这点。

雍正显然十分了解下情。他说，钱粮奏销中有大的弊病，主要是看有无"部费"（即所谓好处），假使没有部费，就是正常开支，计算也清楚，但也就不准户部奏销，要是有部费的话，即便是浪费百万的也可以奏销。

雍正委任他的兄弟怡亲王允祥、舅舅隆科多、大学士白潢、尚书朱轼等四人共同负责，提高会考府的权力，并谕令允祥说：你如果不能清查，我再派人，实在不行我亲自去。可见雍正决心很大。

会考府成立了两年多，办理了各部院奏销事件 550 余件，其中被驳回的就有 96 件，效果十分显著。

清查中涉及到贵族和高级官僚，决不放宽。在这一次清查亏空的行动中，一大批达官显贵、王公贵族都牵涉进去了。比如雍正的十二弟履郡王允祹因为曾主管过内务府事务，在追索亏空中，被逼无奈将家中的器物当街变卖。雍正的十弟允䄉也因此赔银数万两，数量还是不够，最后被雍正抄家罚没。

其中户部库存白银查出亏空 250 万两，雍正责令户部历任的尚书、侍郎、郎中、主事等官吏均摊赔偿共 150 万两，另外 100 万两由户部一年一年地偿还。

按照常规，清查亏空，应当先抓贪污腐败，然后解决挪移问题。而雍正帝正好相反。他规定在清查中，无论是侵欺还是挪移都要据实清查，而在追补赔偿之中，不管哪种在前，都要把挪移的那部分补足，然后再赔偿。

先抓挪移，看似在抓次要矛盾，实则是避实击虚的方法。

这只是非常情况下的非常策略，事实上，在雍正后期打击贪官清查亏空的工作取得显著的成绩之后，就逐渐恢复了往日先查侵欺再追挪移的成法了。

亏空一旦被清查出来，赃官就被革职拘禁。雍正迫使他们吐出赃银，保证如数归还国库，严厉抄家就是通常的手段之一。

抄家罢官

雍正元年（1723 年）八月，通政司右通政钱以垲提出一套查抄补追的方法，主要原则是：凡亏空官员被查验核实之后，一方面严格搜查办公地点，一方面发文件到他原籍的地方官，命令当地查封其家产，控制其家人。

而后再追回各种财物，杜绝赃银有转移藏匿的可能。

雍正对此建议非常赞同，并明确表示：查没来的财产，将用于公事及查没中的有功人员。

重赏严罚，同时实行。

雍正元年（1723年）六月，原山西巡抚苏克济被山西潞州知府加璋揭发：在任职期间敲诈各府州厅县银两，共计450万两。

雍正查验核实之后，籍没他的家产，并责令其家人赵七赔偿20万两。

这一年官员下台并被抄家者层出不穷。如湖广布政使张圣弼，粮储道许大完，江苏巡抚吴存礼，布政使李世仁，江南粮道王舜，前江南粮道李玉堂，湖南按察使张安世，原直隶巡道宋师曾，广西按察使李继谟等。

大小官员对抄家恐惧不安，有人悄悄地送了雍正一个外号：抄家皇帝。

雍正为贪官们所憎恨的理由，即雍正惩治贪污成果显著的重要原因，是把贪官及其家属"捆绑"起来查没，用株连的办法来对付贪官。

历史传说中雍正狠毒的恶名，大多由此而来。据说，当时官员们在一起打牌时，把其中的私牌也戏称为"抄家私"，可见雍正反腐败是有一定力度的。

倒霉的赃官们于是无路可走。即使如年羹尧之狡诈多端，见事不妙，开始向各地转移藏匿财物，也被雍正访了个清清楚楚，抄了个一干二净。

雍正对于那些畏罪自杀的官员也不放过，从中更可以看出他严厉之极。雍正四年（1726年），广东巡抚杨文乾参劾本省一个道员李滨贪污受贿，亏空钱粮。李滨得知此事吓得自杀了。

闽浙总督高其倬、福建巡抚毛文铨参劾兴泉道道员陶范，撤了他的职。还没有追查，陶范也自杀了。雍正对此说：这些贪官估计官职和家财都难保了，便想一死了之，妄想牺牲自己的性命保住财产，留给子孙后代们享用，哪有这种好事？

他下令督抚，遇到这样的情况，一定要拘禁这些赃官的家属和亲信的家人，严行审讯，把所有赃款全部追回，还要补偿。

雍正大约是深得其中的三昧：不放过死人。因为这可以使百官感到害怕。

这样的"抄家皇帝",确实让人有些害怕。此外,雍正还三令五申,严禁下属和当地士民代替赃官赔偿或者垫付,把板子直接打到赃官身上。

雍正的理由是,如果允许代赔或垫付的话,会出现不法绅衿与贪官狼狈勾结,以求留任的情况。或者,这些祸害又会趁机搜刮百姓。

雍正对官僚们的心理十分清楚。

雍正专门相应地变革了官吏任用制度——即实行大罢官。确保不出现贪官为弥补亏空把负担转嫁给老百姓的情况。看来仅仅抄家是不够的!雍正注意到让官员留任以弥补亏空,还会使老百姓受其苦。与其留下后患,不如干脆不做,因此凡是贪官,一旦被人告发,就革职离任。

元年(1723年)二月,雍正指示吏部:凡是官员在任内出现亏空钱粮的,都不可再留任;如果是亏空已经清还完毕,还可以继续为官的,一定由吏部再奏请,复任视情况而定。

此政策一出来,被罢官的人不可胜数。3年以后,湖南巡抚魏延珍上奏说,湖南省内的官员遭到弹劾的大有人在,并表示说,如果还有舞弊贪污的,还会继续参劾,绝不留情。10年之后,当时的直隶总督李卫上奏说,通省府厅州县各级官僚,没有几个人能连任3年。

如此大规模频繁更换官员,原因在于大部分官吏被人告发而被撤职查办。长久以来,罢官的政策一直实行。

河南巡抚田文镜被雍正视为"模范督抚",在短短的一年之内,共参奏属员二十几人,雍正对田文镜毫不留情雷厉风行的作风非常佩服、欣赏。

雍正的高明之处是,除了以抄家、罢官作为威胁外,他还专门建立了耗羡归公和养廉银制度。高薪养廉的行政思想,突破历来的低薪制。作为制度化来尝试,雍正是第一人。

"摊丁入亩"

雍正元年(1723年)九月,直隶巡抚李维钧的建议得到了朝廷的批准,决定从第二年起在全国实行摊丁入亩政策。摊丁入亩，又称"地丁合一""丁随地起"，是雍正朝开始向全国推行的一种赋役制度，目的在于改变丁税的征收方法，即将丁银摊入地亩一起征收。

早在明朝时期，有的官员十分清楚徭役制的弊病，在自己控制地区进行改革。明末，陕西户县实行并丁于粮的措施，即把丁银归入田粮征收，不再按人丁完纳。崇祯八年（1635年），汉中府城固县也实现"丁随粮行"新法，顺治十三年（1656年），南郑县也推行此种措施。

康熙年间，农民以运动的方式反对以丁派役。浙江宁波府农民提出"随地派丁"的主张，富户纷纷反对，争执不休。杭州府人王之臣报告生产的东西少，丁役较多，负担不起。钱塘、仁和两县，把有产业的称为"乡丁"，无产业的称为"市丁"，或曰"门面光丁"，外来流民称"赤脚光丁"，各自承担丁役，光丁无产应役，承受不起，要求"从田起丁，人不纳丁"。布政使赵申乔不答应，贫民的愿望落空，斗争仍在继续。

这种情况下，一些官僚较为深刻地认识到丁役问题的严重性，主张改变役法。曾王孙主张丁随粮行，这样可以除掉3个弊端，收到3个好处。他说实行丁差，应该不停地编审，即使如此，也得不到人丁的实情，老人为丁，强壮为黄小的弊病不断出现；人丁本应人死除名，但官吏舞弊，使人多之家不任丁役，贫苦人无丁而有丁徭；穷人负担不起，有的逃亡，有的拖欠，官府什么好处都得不到，还害得里甲赔累，官员被惩责。他认为实行丁随粮办有三个好处：买田的人增加田赋随着增添丁役，则卖田的粮去丁也去，没有包赔的痛苦；以粮派丁，官吏不能放去富户，只差遣贫户，使吏治澄清；无税粮的人口不再受丁银的拖累而四处逃窜，可以免去担心在乡从业。学官盛枫明确提出丁课均入田税的意见，他说：把一县的丁银平均分摊到全县田亩中，每一亩增加的有限，不是大毛病，而贫民则免除供输，会使国课有保障，官员考成无问题，这是"穷变通久之道"。对丁随粮办持反对意见的官僚也十分多。邱家穗讲出两条理由：一是丁并于粮，将使游手之人无所管羁，二是穷人富人都是人，都应有役，并丁入粮，使贫者躲过，让富人代赔他们的丁银，也是不公平。他为富人着想，坚持丁、粮分担。

康熙实行滋生人丁永不加赋的政策以后，丁役的问题更突出了。康熙宣布按照康熙五十年（1711 年）的人丁数为标准征收丁银，以后不管增添多少人丁，也只收那些丁银，不再加税。这项举措是我国赋役史上的重大改变，它固定了人口税，对于后世日益增加的人丁讲，减少了丁银负担量，有利于劳动力的增殖。可是当初的丁、粮分别征发，丁役不均的不良现象并没改变，而且出现征收方法的新问题。人口总在不断变化，有的户有死亡，有的户有增添，这项政策实行后，在具体的民户中如何开除旧的丁银额、增添新的丁银额就复杂得多了。死亡和新增人丁数目绝不会相等，往往新增的多，这就不能用某一个新丁替代已死人丁的差徭。不仅仅如此，随着人丁的增加，也要减少原有人丁的负担，这就要求必须重新计算个人的丁银数量，还需要随着人丁的变化不断地计算，而这也很难。所以随同滋生人丁永不加赋政策的实行，应该寻求落实人丁丁银的具体办法。御史董之燧在康熙五十二年（1713 年）已注意到这个问题，从而建议把丁银总数统计清楚，平均摊入到田亩中，按亩征收。户部对他的建议进行商讨，认为那样改变丁、粮分别征收的老办法，变化很大，不能实行，但是他提出的问题又必须处理，就让广东和四川两省试行。因此在四川实行"以粮载丁"，于征粮赋中带收丁银，广东丁银按地亩分摊。在这时，河南的太康、汝阳等十一州县可能也实行了"丁随地派"。浙江常山知县张德纯曾实行"均丁于地"，达到了"民困以苏"的效果。

这种时候，反对的人还是很多，福州人李光坡可算代表了。该地官员议论实行按田派丁，李极不支持，他除具有邱家穗的观点，又认为滋生人丁永不加派政策固定丁银，官吏不能放富差贫了，如果根据田地亩数派人丁，而各地田数不同，不能平均，若依田粮派丁，则税粮有轻重不同，又不能不出现偏差。他还认为丁并于粮，长时间实行，有的人会认为有粮赋而没有丁银，会添设丁课，形成加赋的大毛病。抛开他的顽固态度不讲，他提出了实行丁并于粮可能会随时遇到的问题。

到康熙之世，改变役法与维护旧法的两种主张不停地争论，把事情拖了下来，雍正继位就面临着这个问题。

第一个触及这个问题的是山东巡抚黄炳。他在雍正元年六月奏请按地摊丁，来缓解人民的困苦。他与曾王孙、盛枫等人不一样，身任封疆大吏，更认识到丁、粮分征下贫民逃亡问题的严重。他认为有地则纳丁银，无地则去丁银，平均贫富负担，才是良好的政治气象，因此他主张丁银入亩征收。雍正认为"摊丁之议，关系甚重"，不是可以容易决定的，不但没有采纳他的建议，反而责备他"冒昧渎陈"，告诉他把一省的刑名钱谷办理好是正事，这时谈改革不合时宜。真是臣下兴致盎然，主子漠然相待。一个月后，直隶巡抚李维钧认为实行此策对贫民有利，奏请摊丁入亩，他深知有力之家不同意这种做法，可能会出现反对，而户部只知墨守陈规，也不会同意，因此要求雍正乾纲独断，批准他推行。雍正对待他不像对黄炳那样，把他的奏章交户部讨论，同时指出："此事尚可稍缓，更张成例，似宜于丰年暇豫民安物阜之时，以便熟筹利弊，期尽善尽美之效。"他把丁归田粮看成是一件重要的事情，主张谨慎处理，筹谋善策，倒不是反对改革。九月，户部议复，同意李维钧的主张。雍正还是有些担心，命九卿詹事科道共议。诸臣提出几个问题，一是与李光坡有着同样的看法，亩有大小，按亩分摊，并不平均；二是有人卖田，必然会首先卖掉好田，留下次田，那么完成丁银的征收不免就有些困难；三是有人卖田而代买主纳钱粮，这就还要代纳丁银。雍正命李维钧针对这些问题详细研究，一定做到无损税收，对百姓有益，让人挑不出毛病来。李维钧回称准备把地亩分为上中下三等，丁银按地亩等级摊入，这样就能做到平均。雍正称赞他"筹度极当"，同意他于雍正二年（1724 年）开始实行。但是李维钧担心雍正反悔，于十一月又奏称他遭到"权势嫌怨"，感到孤立。雍正明白此意，告诉他："蓦直做去，坦然勿虑，若信不得自己，即信不得朕矣。朕之耳目岂易为人荧惑耶！"丁归田粮的问题，从黄炳六月提出，到十一月雍正决心实施，经历了半年。这一场纷争，从康熙年间发起到现在终于有了一个决断。就雍正态度看，他从消极转变到积极，变化迅速。之所以这样，是因为他有着为政务实的精神，采纳臣僚的正确意见，作出果断的决定。以此而论，丁归田粮制度的建立和实行，决策人物雍正起了积极的作用。

摊丁入亩，使有土地的人增加了赋税，而"贫者免役""贫民无厘毫之费"，这是一项利于穷人有损富人的举措。对这一点，雍正当然清楚，他说"丁银摊入地亩一事，于穷民有益，而于绅衿富户不便"。大臣们也十分清楚，所以李维钧讲权势不喜欢他，福建布政使沈廷正也说"丁银归并地亩，于穷黎有益"。可见，雍正君臣实行摊丁入亩，有意地压制富户，扶助贫穷之人，改变过去丁役不均，放富差贫的情况。

但是，更重要的是丁、粮合并征收，这样就保证了清政府的丁银收入，因为纳粮人完成丁银的能力，大大超过无地的农民。使丁银的征收得到了保障，这才是雍正的真正目的。

无论从哪个角度讲，丁归粮办，是损富益贫利国的政策。

摊丁入亩后，清代有人说从此"无丁赋矣"，还有人说"生斯世者，几不识丁徭之名"。其实，把丁银合并到田赋之中去，从清朝政府讲还在收人头税，只是收税途径改变了，不能说没有丁徭了，取消了人口税。但就具体人来讲，并不因个人的存在要交纳人头税，从这个意义上也可以说没有人口税了。这是一个进步，从此清朝政府减弱了对人民的封建人身束缚。

摊丁入亩制度的确立，是中国赋役制度史上的一次创举，是值得重视的历史大事。

设立军机处

军机处推演历程

雍正元年（1723年）八月，青海的和硕特蒙古部落首领罗卜藏丹津率部叛乱，叛军攻打西宁，形势危急，于是雍正命令川陕总督年羹尧出兵平定这场叛乱。经过激烈的交战，10万余名叛军投降清军，叛军首领罗卜藏丹津逃往柴达木。雍正二年（1724年），清廷封四川提督岳钟琪为奋威将军，再次率兵追杀逃往柴达木的叛军余部，经过化装的罗卜藏丹津再次逃到了准噶尔部。准噶尔部本来就与清廷为仇作对，在康熙年间就曾爆发过叛乱，在被康熙亲征平定后，准噶尔首领噶尔丹的侄子策妄阿拉布坦又率领部下侵入了西藏。康熙五十七年（1718年）康熙命皇十四子胤禵为抚远大将军，指挥大军进藏平叛。康熙五十九年（1720年），清军重创准噶尔叛军。康熙六十年（1721年），抚远大将军胤禵驻扎到甘州（张掖），对准噶尔叛军采取进攻态势，双方处于相持状态。罗卜藏丹津逃到准噶尔后，清廷给准噶尔部写信要求送还罗卜藏丹津，策妄阿拉布坦拒绝交出。这时雍正刚即位，地位还不稳固，政府也没有充足的财力。这样，清朝暂时没有发兵主动进攻，采取了守势，但是清廷一刻也没放松对准噶尔同西藏关系及准噶尔对喀尔喀蒙古侵扰的注意。雍正五年（1727年），策妄阿拉布坦死，其子噶尔丹策凌继位，雍正认为时机成熟，开始筹划用兵事宜，计划讨伐准噶尔，以免去国家心腹之患。

雍正七年（1729年）二月，一切准备就绪，雍正发布了上谕，在上谕中他罗列了准噶尔的罪行，大举发兵进攻准噶尔。可路途太遥远了，一切军需粮草供应，急切需要有一个机构专门办理，而且军报很多很紧急，也需要快速的处理，更需要谨慎周密。为了战事的顺利进行，雍正在雍正七年（1729年）六月发出一道上谕，设立军机房，并命怡亲王允祥、大学士张廷玉、蒋廷锡主持办理军需一应事宜，办公地点在隆宗门内、乾清门外偏西的小平房内。雍正八年（1730年），改名为办理军机处。雍正十年（1732年）春，雍正皇帝下令大学士们商议确定军机处的印信。三月初三，大学士们遵照圣旨商议后上奏请求用"办理军机处印信"的字样，雍正立即下令交给礼部去进行铸造，并决定把大印保存在军机处，委派专职官员负责管理，同时将大印的样式通知各省和西北的两路军营。从这以后，军机处成为正式的固定机构。

军机处设立之初，主要办理与战争有关的事务。雍正九年（1731年），世宗认为山东登州是滨海重镇，所辖地方太大，只有六千兵丁，怕不够用，遂命军机大臣详细讨论，是否适当增加兵士的数量。雍正十年（1732年），西路军大本营要移驻穆垒，雍正皇帝经过慎重选择，定六月初四为移营的开始行动日期，在四月十三日命令军机大臣将日期通知岳钟琪，并要求务必将一切事宜提前留意准备完毕，但一定注意要谨慎周密，以防泄漏机密。随着时间的推移，军机处的办事范围扩大到所有的机要政事。

雍正每天召见军机大臣。寅时（3～5点）军机大臣、章京进入值房，辰时（7～9点）皇帝召见，如果有紧急事务，提前召见，每天召见一次，有时一天几次。军机大臣在接受皇帝召见后退回到军机处，按照皇帝面授的旨意，书写文件，基本内容是告诫臣工，指示用兵方略，检查核对政事，指责查问量刑处罚是否得当。撰批抄写完毕后，密封发出，叫作"寄信上谕"，因由内廷直接寄出，故又称"廷寄"。后经张廷玉规划，形成一套完善的制度。凡给经略大将军、钦差大臣、参赞大臣、都统、副都统、办事领队大臣、总督、巡抚、学政的，叫"军机大臣字寄"；凡给盐政、关差、布政使、按察使的，叫"军机大臣传谕"。字寄、传谕的封函表面都注明"某处某官开拆"，封口处盖有军机处印信，保密程度较高，且传递速度快捷。当面接受皇帝的口头旨意，起草抄写，发送上谕和圣旨是军机处的主要任务。军机处根据函件内容决定递送速度，函件封好口后交给兵部，由驿站来传递送达。凡是在信皮上标着"马上飞递"字样的，每天要走三百里；如果碰到紧急情况，则另外在信封上标有每天要走的路程里数，或者是四五百里，最快的是八百里。这种方式确保了中央政府指令的严格执行，传递的速度又比其他公文要快得多，提高了清朝政府行政机构的办事效率。另外，官员上奏的折子，皇帝亲自阅览批示后，在每天的寅、卯两个时刻发到军机处抄写副本进行存档。

军机处的规章制度大多数是由大学士张廷玉按照皇帝的意思草拟制定的，以后才逐渐完善起来。

军机处体制特殊，有官职没有官员，所有官员都是兼任的，没有专职官员。主管军机处的官员叫作军机大臣，具体办事的官员叫作军机章京。军机大臣俗称大军机，或者叫枢臣，从满、汉大学士、尚书、侍郎、京堂（即院、寺等衙门的堂官）内专门选定，或者是由军机章机提拔充当，没有确定的人数，一般三至十人。凡被皇帝特简到军机处兼军机大臣的官员，称为"军机大臣上行走"或"军机处行走"，资历浅的军机大臣称"军机处学习行走"或"军机大臣上学习行走"，待一二年熟悉业务后，再去掉"学习"二字。满汉军机大臣各以一个官员为首领，称领袖、领班、揆首、揆席、首席。军机章京开始时由军机大臣在内阁中书和六部司员内挑选任用，没有确定的官员。嘉庆四年（1799 年）后，改由内阁、六部、理藩院保送中书、郎中、员外郎、主事、笔帖式等官，经军机处考取引见后，记录下名字等待递补，确定满族人、汉族人章京名额各为 16 人，后来又增加了额外的汉族人章京一到 20 名。兼军机章京的官员称"军机处司员上行走"或"军机处司员"，乾隆四十五年（1780 年）后，一律改称"章京上行走"。军机章京分两班轮流当值，每班满、汉各八人，由军机大臣委派资深章京二员为每班的领班和帮领班。

军机大臣的任用，主要取决于他同皇帝私人关系的亲疏，不问出身，只用皇帝自己认为亲近可靠的人。雍正年间，担当过军机大臣的有怡亲王允祥、大学士张廷玉、蒋廷锡、鄂尔泰、马尔赛、平郡王福彭、贵州提督哈元生、领侍卫内大臣马兰泰、兵部尚书性桂、内阁学士双喜、理藩院侍郎班弟、銮仪使讷亲、都统莽鹄立、丰盛额等。他们的官职，由正一品至从四品，地位相差悬殊，但他们都是深得雍正信任的宠臣。军机大臣中，经常以官员品级高的、资历深的做"领班"，被称作首席、首揆、揆席，实际上军机处并没有正式的首长，军机大臣间也没有隶属关系，各自办理皇帝交办的事宜并单独向皇帝负责。军机处办公地点在皇宫之内，就在皇帝寝宫的旁边，替皇帝办理各种国家军政重要的事务，地位非常特殊。为了防范军机处权力过大危胁到皇帝的权力，军机处没有正式的官员，军机大臣、军机章京均为各衙门官员临时调来兼任，他们人虽在军机处，但编制和归属仍旧归属原来衙门。他们之间虽有上下级关系，但后者不是前者的绝对下属，很难结成死党，而且如果有专权或者超越自身权限的举动，随时都有可能被皇帝撤去军机大臣的职务。所以这些军机大臣只有绝对听从皇帝的命令。同时军机大臣奉皇帝的旨意撰写、草拟机要政务和用兵的重大军事命令，进一步削弱了内阁的权力，这样内阁就只是草拟一般平常事务的文件了。内阁的职责权限也被大大降低了。军机处从一开始就是为办理军务而设，雍正在任命满族人军机章京时又多是从议政处调来，因此使清初以来成立的专门负责处理军务的议政处也逐渐名存实亡。可见，军机处的设立，大大加强了君主专制的集权。

军机处的内部机构在史书上没有确切的记载，只是知道军机大臣办公处称军机堂，满、汉军机章京办公处称满屋、汉屋，对外行文时叫作满军机处、汉军机处。在宫内，军机堂对面的左、右两边，是满屋和汉屋，而军机堂在隆宗门内靠北、乾清门外西侧。此外，军机处还有两个附属机构：一个是方略馆，开始设立于康熙二十六年（1687年），是为编写《平定三逆方略》而专门设立的，书写完后就被撤掉了。乾隆十四年（1749年），在编写了《平定金川方略》后，就成了固定设置的机构。方略馆由军机大臣一人任总裁，内部下设文移处、纂修处、校对处、誊录处、纸库、书库、档案库等机构，由满、汉纂修官、提调官、收掌官、校对官等分工负责。另一个附属机构是内翻书房，最早设置于雍正、乾隆年间，由军机大臣一人兼内翻书房的管理大臣，下设提调、协办提调、收掌、掌档、翻译等官共数十名，专门负责管理皇帝的上谕、圣旨、日常生活的记录、诗词文章、书论、经论，以及对册文、敕文、祝文、碑文、经史、讲章等进行满文、汉文的翻译工作。

雍正死后，乾隆继位。守丧期间，曾经把军机处改为总理处，到乾隆二年（1737年）又设立了军机处。乾隆初年军机大臣傅恒开创了一个人不单独接受皇帝的旨意，一个人不单独写谕旨，改原来军机大臣"单独觐见"皇帝为"一起朝见"的作风，更加强了封建君主的绝对权力。

清代军机处，是清王朝最高统治者在无意之中发现的军机房这一临时机构的基础上，有意识地进行加强而发展起来的，最终使它成了清代所特有的政治机构。它直接接受皇帝的旨意，经手办理一切重大政务，从而把军机处变为中央的主要政府机关之一，实际上是皇帝内廷的办公厅或机要室。随着军机处的确立，整个国家的施政渠道做了彻底的改变。官员向皇帝上报事情，按照原来的制度分为题本、奏本两个途径，"公事"使用"题本"，"个人私事"使用奏本，都由内阁接受办理。军机处设立后，皇帝亲自书谕或面授谕旨，军机处密寄各处，扩大奏折的使用范围，使题本成为例行公事的赘文。到了光绪二十七年（1901年）把题本也改为奏本，彻底取消了题本这种方式。

由于军机处的办公地点就在皇宫大内，就在皇帝寝宫的旁边，它的一切活动都在皇帝的直接指示和严密的监视之下进行，因而更方便了皇帝权力的行使。因此军机处这个机构一旦建立起来，就受到雍正及其后的历代皇帝的重视，一直沿用没有废除，并逐步地完善了它的保密措施，成了即使是王公大臣要不是奉了皇帝的专门旨意，也不得随便出入的场所。皇帝召见军机大臣，太监不能站在旁边；王公大臣如果有人接到皇帝的特别旨意要到军机处听宣读上谕或圣旨，读皇帝朱笔批阅的文件或各地的奏折，只能在军机处帘堂内侧身而立，其他的官员一律不准私自进入；军机处挂的帘子外，窗户外，台阶下也不许不相关的人偷看，军机处章京的值房也是这样。承担撰写上谕圣旨的任务，必须在军机处写，而且必须当天写完，而其他的事务都不允许在军机处办理。都察院派出满汉御史各一名，每天在军机处值房处巡察。军机处的印信也特别注意严加防范。钥匙均为领班之军机大臣佩带，如果有事需要使用军机处的大印，值日的章京就向奏事处提出请示，并用金牌作为证明。金牌宽五分，厚一分，长约二寸，上面刻着"军机处"字样。在这种严密监视之下，军机大臣只能兢兢业业、小心翼翼地完全听命于皇帝。这种君主极权专制的局面使封建皇帝非常满意，嘉庆年间，御史何元烺以"军务经久告蒇"为由，请求更改军机处的名称，遭到嘉庆皇帝的严厉训斥。即使在清末大改官制的高潮中，军机处也在不被考虑的行列，这成了清朝的制度。

雍正驾崩之谜

吕四娘刺杀雍正帝

暴死圆明园

雍正帝无疑是清朝 260 余年历史上，争议最大、留下疑案最多的皇帝，除了众说纷纭的继位之谜，他的死也同样备受关注。据记载，雍正十三年（1735 年）阴历八月二十三日凌晨，雍正帝突然暴死于圆明园中。雍正帝平时身体十分健康，又不是年老衰亡（年仅 58 岁），怎么突然死亡呢？由于雍正帝残暴多疑的性格，生前对诸兄弟和功臣们的残酷迫害以及难以自圆其说的继位之谜，使他长期以来就形象不佳，最后突然暴死的结局，引来后人的众多猜测。尤其是到了现代，小说、影视作品中对雍正帝之死的演义和附会愈来愈多，使这一本来就众说纷纭的历史悬案，更加扑朔迷离。

吕四娘的传奇故事

在关于雍正帝之死的各种传说中，以吕四娘刺杀雍正帝的说法流传最广，《清宫十三朝》《清宫遗闻》等书都有记载。

雍正八年，发生了吕留良一案，死难者共达 100 余人，吕留良和他的长子吕葆中虽然已死，仍被开棺戮尸，枭首示众；次子吕毅中被斩首；孙辈男女全部被发配到关外宁古塔为披甲人当奴隶；吕留良所著的文集、诗集、日记全部烧毁。此案还株连甚广，吕的学生严鸿逵被凌迟处死，沈在宽被斩首；其他吕氏门生以及刊刻、贩卖、私藏吕氏著作之人，或斩首，或充军发配，或杖责，下场都极为凄惨。

这是雍正朝一起极为残酷的"文字狱"，在社会上造成了极恶劣的影响。

就因为这件事，雍正帝死后不久社会上便流传开了雍正帝是被吕留良的孙女吕四娘刺杀的传说。据说，雍正帝大兴文字狱，大肆株连时，吕留良的孙女吕四娘因不在家中，幸免于难。年仅 13 岁的吕四娘得知家中祖孙三代惨遭杀戮、迫害，义愤填膺。秉性刚强的她咬破手指书"不杀雍正帝，死不瞑目"九字。从此隐姓埋名，潜伏民间，拜师学艺，勤学苦练，练就了一身奇高的剑术，成为了当时有名的女侠。

雍正十三年八月，吕四娘乔装打扮，混入宫内。此后，她找到合适的机会，乘机砍掉了雍正帝的脑袋。雍正帝被杀后，清廷为了掩盖事实真相，制造了雍正帝病死的假象，因雍正帝头被吕四娘带走，清廷秘密造了一颗金头下葬。

鱼娘协助吕四娘

与这一传说相近的，还有各种说法。比如，吕四娘的师傅是一僧人，为雍正帝当年的武林十二好友之一，武功盖世，剑术奇高，且有一项秘不外传的绝技。后来因看不惯雍正帝的阴险狡诈，不愿助纣为虐，愤然离去，遁隐山林。哪料，雍正帝深知其手段高超，怕他威胁自己的统治，派出御内高手四处寻找欲置他于死地而后快。最终这些人找到了高僧的藏身之所，并布下层层精兵。高僧见状，哈哈大笑，对雍正帝派来的人说："我今天死了，你们的主人也不可能逃。一个月后，自然会有人为我报仇，你们等着瞧罢。"说罢，自刎而死。雍正帝得报后，深知这位昔日好友的厉害，心中不免有点恐慌，遂布置大内高手小心提防。想不到一个月后仍被高僧的得意女弟子吕四娘用飞刀绝技削掉了脑袋；还有传说吕四娘刺杀雍正帝，得到了一个名叫鱼娘的女子的鼎力相助。吕四娘利用朝廷在全国选秀女的机会，以美貌混如宫女之列。一次，她和雍正帝的另一名侍女鱼娘一起侍奉雍正帝寝宿，鱼娘早已看出了吕四娘的用心，便帮她望风，协助四娘刺死了雍正帝。但鱼娘究竟是谁，为何如此却不知。

查无实据，事出有因

有学者认为这种说法之所以广为流传，却也"事出有因"。首先，雍正八年雍正帝在给自己的亲信大臣、浙江总督李卫的奏折中有这样的批示："近闻有吕氏孤儿漏网之说，此事与卿关系非浅，尚须严为查办。"由此看来，吕氏有孤儿漏网的说法，早在雍正帝在世的时候就已经传入宫中。雍正帝让李卫深入调查，严加查办，看得出他本人也感到了一种深深的隐忧。

这无疑成为这种说法的有力佐证。其次，雍正皇帝的猝死确实也有许多异常之处，例如，雍正帝平时身体十分健康，怎么会突然就驾崩了呢？并且据说鄂尔泰是雍正帝临终受命大臣之一，在袁枚为他所撰的《武英殿大学士太傅文端公行略》中，曾有这样一段描绘鄂尔泰驰入紫禁城传雍正帝遗诏的描写："（鄂尔泰）捧着诏书从圆明园赶往紫禁城。深夜无马，只好骑着骡子奔入宫里，宣旨弘历（乾隆）登基。这时，人们很惊讶地发现鄂尔泰左腿鲜血直流，才知道太仓促，被骡子给磨伤了。鄂尔泰竟没有察觉。"这难免让人生疑，如果雍正帝是正常死亡，鄂尔泰何至于如此惊惶？并且，乾隆皇帝在父皇死后的第二天，颁布了一道奇怪的上谕："朕受皇考鞠育……今忽遭大故，龙驭上宾。""忽遭大故"之语是何等语气！这种措词一般不会用来说皇帝死因，用在这里既可理解为暴病而死，也可理解为身遭仇杀，死于非命。由此种种疑点来看，雍正帝之死确实充满蹊跷，为吕四娘所杀的说法也非空穴来风。

子虚乌有的传闻

不过，对于这样的说法，史学界普遍认为吕四娘刺杀雍正帝完全是子虚乌有的传闻，历史上根本不可能有这种事情。第一，吕留良之案，吕氏一门不大可能有漏网者。雍正八年，问过"吕氏孤儿"一事后，当年七月，李卫回复说，吕氏一门，不论男女老幼均已严加看管，连吕家的墓地也已严密监视起来。李卫是雍正帝的亲信，以擅长缉捕盗贼而著称，不可能对雍正帝敷衍塞责。并且他曾为吕家题过匾，吕案发生后雍正帝没有责备他，他心怀畏惧，更是戴罪立功，尽全力搜查相关人员，不可能使疑犯逃脱。因此，如果真有吕四娘其人，逃脱的可能性也是微乎其微。第二，清朝选秀女的条件是十分严格的，这从清宫《钦定宫中现行则例》中就可以看出。在这种情况下，就算吕四娘成了漏网之人，也不可能有混入皇宫的机会。第三，雍正帝死于圆明园，而这里自雍正初年就设有护军营，戒备森严，昼夜巡逻，绝非电影、小说中所虚构的那样，一个飞檐走壁的女侠就可以轻易潜入，砍下皇帝的脑袋。另外，根据《雍正帝起居注册》记载，雍正帝临死的前两日直至临终都很清醒，对诸事安排得井井有条，如果真被刺杀了，不可能在病危期间召集诸王和重臣前来寝宫，并亲自"授受遗诏"。

而民间之所以会流传吕四娘刺死雍正帝的传说，究其原因无外乎以下几点：首先，清廷始终难以消除汉人的反抗之心，特别是吕留良案，杀人太多，引起了汉人的极大愤慨，希望能有吕氏后人手刃暴君。由此，吕四娘刺死雍正帝的说法，很可能是民间一些文人根据有关传说附会而来，包含着汉人强烈的民族情绪，也隐含着人们"恶有恶报"的因果报应观。其次，雍正帝在争夺皇位的斗争中，树敌甚多，这些人或其余党，也都痛恨雍正帝，使有关雍正帝的谣言越传越复杂。再者，民间对神秘的宫廷，一向充满了好奇，稍有风吹草动，便会听风就是雨，以讹传讹。而史书上有关雍正帝之死的记载十分简略，完全没记载病情，并且从发病至死亡仅三天时间，联系社会上的种种传说，难免产生各种附会。

丹药中毒致死

异人贾士芳，从宠臣到罪臣

最早提及雍正帝之死与服食丹药有关的，是清末民初清朝宗室子孙金梁著的《清帝外传》一书，上面曾有"世宗之崩，相传修炼饵丹所致，或出有因"的记载。不少清史专家，正是围绕这一说法进行了充分的论证。据考证，雍正帝在登基之前身体还是相当好的，根本看不到有关生病的记载，这也是他能够在激烈的储位之争中长期准备，最后赢得胜利的基本条件。继承皇位后，雍正帝勤于政务和处理政争，精神和体力必定耗费甚巨。登基之初，他的身体状况尚好，这可从他给大臣们奏折上回复的"朕安""朕躬甚安"等朱批中看出。但自雍正六年以后，随着皇位巩固，政局稳定，他的私生活开始放松，整日沉溺女色，加之年过五十，身体渐渐不好。到了雍正七年（1729年）冬天，他得了一场大病，雍正八年三四月份稍重，五月曾有好转，至六月曾一度病危，甚至连后事都做了安排。不过到了雍正九年夏他的病完全康复。就是在这场大病期间，雍正帝曾向心腹密臣发出谕旨，要他们推荐好医生、道士等。

他在大臣田文镜的一件奏折上曾批道："可留下访问有内外科好医生与深达修身养命之人，或道士，或讲道之儒士、俗家……一面奏闻，一面着人优待送至京城，朕有用处。"后来田文镜很快将"异人"贾士芳送到了北京。雍正帝经过贾的治疗后，颇有效果，后来几乎天天与其见面，听他讲长生不老之术。雍正帝在给鄂尔泰的一封信中，也曾说："朕躬违和，适得异人贾士芳调治有效。"贾士芳俨然成了雍正帝的宠臣，"异能"之士，身价陡增。

然而伴君如伴虎，两个月后雍正帝处死了贾士芳，据清廷档案解密，可能是因为贾士芳能够控制雍正帝的病情，让他能好能坏，贵为天子的雍正帝哪能如此受人摆布，因而借故杀了他。但雍正帝并没有因此失去对道士的信任，甚至更加热烈。贾士芳死后不久，他又召正一派道士娄近垣进宫，娄近垣既提倡修养，也主张炼丹。他小心谨慎侍奉雍正帝，深得雍正帝赏识。这次大病康复，可能多少与这些道士有点关系，此后他更加笃信道家长生不老之术。

他继续密令，地方官员为其推荐名医方士，高价悬赏长生不老之药。他还让川陕总督岳钟琪察访名为狗皮仙的道士，据说此人藏有防衰的秘方。岳报告说，那人类似疯子，又无德行，万不可信，他只好作罢。四川巡抚察访到一位"龚仙人"，据说有长生之术，86岁了还有生育能力，90多岁了还像年轻人一样。雍正帝立即谕令召进宫来，可就在这时，那个龚仙人升天死去了，为此，他感到极为惋惜。不过各地还是送来大批道士，雍正帝都养在宫中。

雍正帝在与道士们打得火热的同时，也开始了大规模的炼丹活动。早在做皇子的时候，雍正帝就对道士们炼的"功兼内外"的仙丹推崇备至，深信可以延年益寿。甚至还作了一首《烧丹》诗，称赞仙丹有"光芒冲斗耀，灵异卫龙蟠"的功效。

盛世巅峰的诗人皇帝

——清高宗乾隆帝

□帝王档案

⊙姓名：爱新觉罗·弘历

⊙属相：兔（1711 年）

⊙年号：乾隆

⊙在位：1735~1795 年

⊙享年：89 岁（1711~1799 年）

⊙庙号：高宗

⊙谥号：法天隆运至诚先觉体元立极敷文奋武钦明孝慈神圣纯皇帝

⊙陵寝：裕陵（清东陵）

⊙配偶：29 人，皇后富察氏

⊙子女：16 子，8 女

⊙继位人：颙琰（嘉庆）

身世之谜

尴尬的十全老人

清高宗乾隆帝弘历，是中国有史以来最长寿的皇帝，也是历史上实际执政时间最长的皇帝。他在继承康熙帝、雍正帝两朝文治武功的基础上，继续致力于国家的大一统和多民族国家的巩固和发展。历史上著名的"康乾盛世"，就是在他的统治下达到了顶峰。乾隆帝一生南巡北狩，赋诗作词，御笔文墨遍布全国；并且娴熟武事，善喜用兵，夸耀"十全武功"，自称"十全老人"。然而，这位生前风光无限的封建帝王，死后却因为身世问题让人议论纷纷。生在何处？生母是谁？这些对于一般人来说一清二楚的事情，在乾隆帝这儿却离奇得真假难辨，这不能不说是这位"古稀天子""十全老人"最为尴尬和无奈的事情了。

生于雍和宫之说

按常理说，一个人生在何处，应该是一清二楚的事情，不应该有什么含糊。可这事儿在乾隆皇帝这里，却偏偏说不清、道不明，尽管他贵为龙子龙孙。

乾隆帝是雍正帝的第四个儿子，史书明确记载他出生于康熙五十年（1711 年）八月十三日，可是关于他的出生地点却颇有争议，有人说他生在北京雍和宫，有人说他生在承德避暑山庄。乾隆帝本人一直认定自己出生在雍和宫。

位于北京城安定门内的雍和宫，在康熙帝时候，四皇子（雍正）的府第当时并不叫雍和宫。改名"雍和宫"是雍正帝登基后的事。乾隆帝继位后，把父亲雍正帝的画像供奉于雍和宫的神御殿，派喇嘛每天念经。因此，雍和宫还被称为喇嘛庙。

乾隆帝对雍和宫可谓是情有独钟，不但每年正月初七日都要到雍和宫瞻礼，就是平时路过这里也要进去小驻片刻。他还多次作诗或诗注表明雍和宫就是自己的生身之地：乾隆四十三年（1778年）新春，在《新正诣雍和宫礼佛即景志感》诗中，有"到斯每忆我生初"的诗句；乾隆四十四年（1779年），在《新正雍和宫瞻礼》的诗句中说"斋阁东厢胥孰路，忆亲唯念我初生"；乾隆四十七年（1782年）正月初七日，作《人日雍和宫瞻礼》诗注云"余实康熙辛卯年生于是宫也"；乾隆五十年（1785年）正月，曾作有"来瞻值人日，吾亦念初生"的诗句。

从以上诗句和注释来看，乾隆帝一直认为自己出生于雍和宫，并且还特别指出了是雍和宫的东厢房。

既然乾隆帝本人都这么说了，按道理是不应该有什么怀疑的，可是，却有人在乾隆帝在位时就提出了他出生于承德避暑山庄的说法。

生于避暑山庄之说

乾隆四十三年（1778年），军机章京管世铭在随乾隆帝到承德山庄打猎的过程中，先后写下了34首诗，其中的第四首写道："庆善祥开华渚虹，降生犹忆旧时宫。年年讳日行香去，狮子园边感圣衷。"管世铭在这首绝句的后面还加了注解："狮子园为皇上降生之地，常于宪庙忌辰临驻。"就是说，狮子园是乾隆皇帝的降生之地，因此乾隆帝常常在先帝雍正帝驾崩的忌日到那里小住几天。狮子园是承德避暑山庄外的一座园林，因为它的背后有一座形状像狮子一样的山峰而得名。康熙帝到热河避暑时，雍正帝作为皇子经常随驾前往，狮子园便是雍亲王一家当时在热河的固定住处。

那么，管世铭所言究竟有几分可信呢？据考证，管世铭虽然官职不高，但任军机章京多年，并且还和朝中的一些官员往来频繁，比如与当朝元老阿桂就关系非常。因此，他是完全可能了解一些宫廷掌故和秘闻的。作为军机章京，他随乾隆帝驻跸山庄、进哨木兰，对皇帝在避暑山庄的行动起居是比较了解的。再说，如果没有把握，他也断不敢把"降生犹忆旧时宫"以及"狮子园为皇上降生之地"的意思写入诗内，而且该诗集在当时就已刻板行世。由此来看，管世铭对这种说法是相当自信和有把握的。

大概是乾隆帝在晚年也听到了有关自己出生地的不同之音，因而才于四十七年在所写的诗注中，特别写道："余实康熙辛卯年生于是宫也"，就是说我确实是在康熙辛卯年出生在雍和宫的。这句话十足地包含着澄清事实的意味，显然是针对外面谣言而发的。

乾隆五十四年（1789年）正月初七，乾隆帝又作《新正雍和宫瞻礼》诗云"岂期莅政忽焉老，尚忆生初于是孩"，其下自注云："予以康熙辛卯生于是宫，至十二岁始蒙皇祖（康熙帝）养育宫中。"又一次强调自己确实生于雍和宫。

拿不定主意的儿子

然而令人生疑的是，乾隆帝的继承人，他的儿子嘉庆帝也认为乾隆帝生于承德避暑山庄。嘉庆元年（1796年）八月，乾隆帝86岁大寿，以太上皇身份到避暑山庄过生日。跟随到此的嘉庆皇帝写诗庆贺，诗的开头两句是："肇建山庄辛卯年，寿同无量庆因缘。"嘉庆帝在这两句诗文的后面注释说："康熙辛卯肇建山庄，皇父以是年诞生都福之庭……此中因缘不可思议。"意思是说，辛卯年（1711年），康熙帝亲题"避暑山庄"匾额，御制《避暑山庄三十六景诗》，山庄肇建，皇父乾隆帝恰好于这一年诞生在这诸福齐聚之地，这其中的缘由确实"不可思议"；嘉庆二年，乾隆帝又到避暑山庄过生日，嘉庆帝再次写诗祝寿，在诗文的注释中嘉庆帝把乾隆帝的出生地说得更明确了："敬惟皇父以辛卯岁诞生于山庄都福之庭。"嘉庆帝这两次写的诗和注释无意间都明确指明，"皇父"乾隆帝毫无疑问是生于承德避暑山庄的。

但是，十几年后，嘉庆帝却又放弃了这一看法，认同了"皇父"生在雍和宫一说。这是怎么回事呢？原来，清朝每一位皇帝登基以后，都要为先帝纂修《实录》（记载一生经历、言行和功业）和《圣训》（皇帝的训谕）。嘉庆十二年（1807年），朝臣编修乾隆帝的《实录》和《圣训》，嘉庆帝在审阅时发现，在这两部非同小可的典籍中，编修官们都把"皇父"的出生地写成了雍和宫。嘉庆帝当即命令编修大臣认真核查。此后，翰林出身的文华殿大学士刘凤诰把乾隆帝当年的诗找出来，凡是乾隆帝自己说生在雍和宫的地方都夹上纸条，然后呈送嘉庆帝御览。面对皇父御制诗及注释，嘉庆帝开始感到问题的严重性。在这样一个事关皇父降生地的重大问题上，他总不能违背皇父本人的意见吧！于是，嘉庆帝断然放弃了皇父生于承德避暑山庄狮子园的说法，把乾隆帝的出生地写为雍和宫。这样，在撰修成书的《清高宗实录》中就成了这样的记载："高宗……纯皇帝，讳弘历。世宗（雍正）……宪皇帝第四子也。……以康熙五十年辛卯八月十三日子时，诞上于雍和宫邸。"这段故事很有意味，它表明直到刘凤诰拿出乾隆帝白纸黑字的御制诗之前，嘉庆皇帝一直都是坚信父皇是出生在承德避暑山庄的。其实，嘉庆帝接受这一说法也是很勉强的。

欲盖弥彰的道光帝

虽然嘉庆皇帝勉强接受了，但是乾隆帝的出生地之争，在嘉庆帝死时又出现了争议。嘉庆二十五年（1820年）七月二十五日，嘉庆帝突然在避暑山庄驾崩。御前军机大臣、内务府大臣马上撰写嘉庆帝遗诏，但是在遗诏中却再次提到乾隆帝的诞生地就是避暑山庄。当时遗诏是这样写的：皇父乾隆帝当年就生在避暑山庄，所以我死在这里也没有什么遗憾的了。

一看就知道，遗诏是以嘉庆帝的口气写的。可是，新继位的道光皇帝看过之后，却立即下令追回发往天下的遗诏。为什么呢？因为道光帝发现了问题，就是关于乾隆帝出生地问题。当时道光帝的谕旨是这样说的："昨内阁缮呈遗诏副本，以备宫中时阅，朕恭读之下，末有皇祖（即指乾隆帝）'降生避暑山庄'之语，因请出皇祖《实录》跪读，始知皇祖于康熙辛卯八月十三日子时诞生于雍和宫邸。"道光帝进而解释说，嘉庆帝突然驾崩，"彼时军机大臣敬拟遗诏，朕在居丧之中，哀恸迫切，未经看出错误之处，朕亦不能辞咎"。

从他的谕旨中我们不难发现，道光帝一直弄不准祖父究竟出生在什么地方，是专门"跪读"《实录》之后"始知"祖父生于雍和宫的，要不然怎会犯这样的低级错误。

被追回修改后的遗诏很牵强地说成乾隆帝的画像挂在山庄：

遗诏原本："古天子终于狩所，盖有之矣。况滦阳行宫为每岁临幸之地，我皇考即降生避暑山庄，予复何憾？"

遗诏修改本："古天子终于狩所，盖有之矣。况滦阳行宫为每岁临幸之地，我祖、考神御（即画像）在焉，予复何憾？"

遗诏把乾隆帝降生在山庄，改为画像挂在山庄，与"予复何憾"相接，实在有些牵强，难以成为嘉庆帝死在山庄而无所抱憾的理由。

此后，道光帝为了把皇祖乾隆帝生在北京雍和宫的说法作为定论确定下来，还做了一项根本性的举措，就是把嘉庆帝当年说乾隆帝生在避暑山庄的御制诗作都做了修改。不过，这一招确有点弄巧成拙，由于嘉庆帝的诗早已公开刊刻流行天下，这样大张旗鼓地修改诗文注释，结果是欲盖弥彰，反倒使乾隆帝的出生地更加令人疑窦丛生。

通过对这些大量异常情况的分析，我们发现乾隆帝出生于承德避暑山庄的可能性更大，否则管世铭怎么会提出这种说法？嘉庆帝和军机大臣们又怎么可能接连犯这种低级性错误呢？可以推断，乾隆帝出生于避暑山庄的说法早就盛行。不过，这也只是一种推断，乾隆帝到底生于北京雍和宫，还是承德避暑山庄，学术界至今还没有取得一致意见，仍是一桩历史疑案。

乾隆登位

仓促登极，稳定大局

雍正十三年（1735 年）八月二十三日子时，年仅 58 岁的雍正皇帝突然驾崩于圆明园，内宫一片哭声，群臣一片慌乱。

鄂尔泰、张廷玉还算镇定，赶忙跟允禄和允礼两个人说："因传位大事，（雍正）亲书密旨，曾示我二人，外此无有知者。此旨收藏宫中，应急请出，以正大统"（张廷玉《澄怀园主人自订年谱》卷 8）。不久，总管太监捧出黄封一函，内藏雍正十年藏于圆明园的朱笔亲书传位弘历诏。张廷玉于灯下宣读，弘历跪拜受命之后宣布，"遵皇考遗旨，著庄亲王、果亲王、大学士鄂尔泰、张廷玉辅政。"然后，雍正遗体夤夜运回宫中，当时朝廷一行的匆忙、皇亲及百官的狼狈不用细说，只从"仓卒中得宫厩驽马乘之，几至蹶踣"便可见一斑。

八月二十四日，弘历颁布数道谕旨。其中一道是谕内外大臣旨，宣布自己将继续处理先帝未竟之业，维护政策连续性，要求朝中大臣必须效忠自己，各级地方官处理事务应一如既往，不得欺慢。

还有一道是谕示总理事务王大臣庄亲王允禄等人的，内容是关于鄂尔泰、张廷玉配享太庙问题。配享太庙对于封建官僚来说，是至高无上的荣誉。弘历宣布要将此事写入皇考遗诏，等于以雍正遗诏作为最权威的兑现保证。这种超出常格的作法，目的在于拉拢这两位满汉大臣的领袖人物，并通过他们争取整个官僚队伍对自己效忠。鄂、张二人故作姿态，"屡行固辟"，谦让一番，最后还是感激涕零地接受了。两天后，鄂、张二人上奏，"不敢当辅政之名，请照例称总理事务"。弘历同意，降旨"凡宫门一切陈奏，先告知总理事务王大臣，再行进呈"（张廷玉《澄怀园主人自订年谱》卷8）。

稳住大臣，弘历又注意到了稳定内宫问题。八月二十五日，他对太监颁谕说，国家政策关系重大，不许妄行传说。皇太后仁慈，抚爱朕躬，凡有所知，岂有不告之理？但市井传说，多有舛误。今后凡外间传闻，无故向廷传说者，即为背法，查出定行正法。"若太监略有放纵，许内务府总管先拿后奏。"这一谕旨是为了防止太监向内宫走递朝廷信息，播弄是非，干扰政局。二十三年（1758年），乾隆帝将泄露朱批的太监高云从处以磔刑。

弘历还降谕都统莽鹄立，命令他把炼丹道士张太虚、王定乾等人赶出西苑。上谕从为亲者尊者讳角度出发，轻描淡写地说他父亲视张太虚等炼丹术为"游戏消闲之具"，也知道这批人是"市井无赖之徒"，从未用过一药。这位年青皇帝对炼丹术的鄙视与厌恶，表明他具有反对愚昧的可贵精神。

九月三日黎明，大驾卤簿全设。弘历先着素服向雍正帝梓宫行九拜礼。然后更换礼服，奉皇太后到永寿宫，亦行九拜礼。接着，至中和殿受内大臣和执事官行拜，再到太和殿即皇帝位，受亲王以及文武百官、朝鲜等国使臣朝拜，颁诏天下，以明年为乾隆元年。

乾隆初政

以宽代严

雍正帝刚刚去世，乾隆就建立起了以他为核心，以鄂尔泰、张廷玉为辅佐的最高统治集团。当月即发布了雍正帝的一份遗诏，大意是说，施政的宽与严，要根据时代的不同而变化。从前人心浅薄，官吏营私，不得不惩治整理，以戒将来。现在皆知儆戒了，这样，过去严敬的条例就可改得宽松一些。当初由宽改严者，也只是一时之计，待诸弊革除之后，仍可酌情恢复从前的约章。这份遗诏，实际上是在乾隆皇帝的指导下后来起草的，目的是阐述他的治国指导思想。随后，乾隆帝不断以自己的名义，发布其治政思想和主张。

雍正十三年（1735 年）十月初九，这位登上帝座才 30 多天的新君，便下谕给庄亲王允禄、果亲王允礼、大学士鄂尔泰与张廷玉等总理事务王大臣，讲述以宽代严之事。

在这道谕旨中，乾隆帝主要讲了 3 个方面的问题。一是肯定了皇祖康熙帝以宽治国方针的正确，认为这项方针使得国家太平，人民安居乐业，举国上下一片欢乐景象。二是说明皇父雍正帝主严是出于形势的需要，怕因为政策过宽而出现弊政，因而整饬纲纪，澄清吏治，目的还是为了"惠爱"赤子。究其用心，与康熙帝的宽大方针并不矛盾。第三点最为重要，是下达这一谕旨的主要目的之所在，即正式宣布以宽治国，详细论证现在主宽的必要性，说主宽是因时制定，是以柔济刚，相辅相成，与先皇之政并不冲突，要求总理事务王大臣认真体会其"宽大居心"和"用宽之意"，严明振作，使其能"常用其宽，而收宽之效"。

他认为康熙、雍正两朝统治政策宽严不一。康熙朝以宽大为治，宽有余而严不足，造成朝臣奉行不力，人们心性乖张，官吏不知公事，奸人不畏法度。雍正朝严猛为尚，严有余而宽不足，致使政令繁苛，人们遇事紧张，每一件事都严令苛责，官吏人人自危，政治空气极为紧张。有鉴于此，乾隆皇帝提出了他的治政指导思想，即以"执中两用"为准则，"宽严互济，交相为用"。他认为，为政之道，要不拘束于常法，应根据具体情况制定政策，即所谓"损益随时"；要恩威并施，柔中有刚，刚柔相济，即所谓"宽猛两用"。

乾隆上台之后，面临着的是皇父雍正帝留下的因苛政而导致的紧张政治局面，为了缓和这种极不正常的时局，乾隆对雍正的政策作了较大幅度的改变和调整，首先是全面纠正前朝弊政，清理政治积案。

雍正生前，信奉佛道，热衷于巫术，特别是到了晚年，对佛道的信仰已经到了难以自拔的地步，在宫内豢养了一大批道士，跟随其左右，并责成专人为他炼长生不老的金丹妙药。乾隆则认为这些道士都是骗子，十分痛恨，他即位之后，第一件事就是把这些道士巫师们驱逐出宫，遣回原籍，痛骂为雍正帝烧炼丹药的道士张太虚、王定乾等人"不安本分，狂妄乖张，惑世欺民"，实为"市井无赖之徒"。并警告被驱逐出宫的道士们，不许在外随意议论、传播宫中事情，如有发现"定严行拿究，立即正法，决不宽贷"。

对全国各地的僧道，乾隆也加以全面限制。下令严格审查僧人身份，毁禁僧人著述，禁止各地擅造寺院等。乾隆的举措得到了朝野上下的一片赞同，特别是在宫中，反应尤其强烈，因为那些道士因雍正帝的宠信而飞扬拔扈，胡作非为，以宗教迷信干扰政务，宫中大员们敢怒而不敢言，早已对这些道士恨之入骨。

清除僧道之后，乾隆即刻着手解决宗室内部的纷争问题。雍正帝继位，是经过与其众多兄弟进行一番勾心斗角、尔虞我诈的激烈角逐，使用各种手段而得到的。他在争夺皇位过程中和继承皇位之后，对他的竞争对手——皇兄皇弟及宗室异己，进行了无情的排斥和严厉的打击，或终身监禁，或削爵夺藩，或抄家流放，兄弟反目，家庭惨变，宗室内部矛盾重重。如何处理好皇族家政，对乾隆来说也是一次严峻考验。他在即位一个多月之后，接连下达了数道关于处理宗室内部问题的谕旨。十月初八，在第一道谕旨中就提出允禩、允禟已获罪而死，但将他们的子孙摒弃于宗牒之外，处理过重。初十，下令宗人府查清因罪而革退的宗室，分赐红带、紫带，载入玉牒。事过两天，许多被禁锢的王公宗室被释放，不久又将侥幸活了下来的两个最重要的政治犯皇十子允䄉、皇十四子允禵宽释回家，并赐给他们爵位。在如此短的时间里，乾隆结束了这场十几年来悬而未决的公案，紧密地团结了宗室力量，增强了皇族内部的向心力，彻底解除了皇帝的"内顾"之忧。

在处理雍正遗案中，除曾静、张熙投书案进行了从严从重处理，其余大多数进行了宽大的处置。

雍正在位时间虽只有短短的十几年，但就是在这十几年里，政治斗争接连不断，大案要案接踵而至。在历次斗争的风浪里，无辜的受害者大有人在。为此，乾隆帝从纠正政治冤狱入手，以便树立自己新的形象和威信，争取社会上各种政治势力的支持，缩小敌对阵营。对那些在年羹尧冒滥军功案内被革职的知县、守备以上的文武官员视情况进行起用，释放在各起文字狱案中的涉嫌人员等。即使是一些非冤假错案，乾隆帝也采取了宽大的办法予以处理，如释放因贻误军机而被判死刑的名将傅尔丹、岳钟琪；赦免因诽谤程朱而发配军台的御史谢济世；还有许多亏空钱粮、侵吞公款的官员，也多被免予追赔或处分。他的这些举措，同雍正的刻苛严厉形成了鲜明的对照，在世人面前树立了一个宽厚仁君的良好形象。

在团结了宗室、减少了敌对势力、皇帝大权基本掌握在手之后，乾隆帝便以充沛的精力和大干事业的雄心壮志，开始了新政策的实施，这时全面处理国家政务摆到了乾隆皇帝的议事日程上来。

勤于朝政

乾隆帝在处理完雍正的后事之后，便全身心地投入到了对全国政务的处理上。他常常五更上朝，召见大臣，批阅奏章，详细了解从中央到地方的政治、经济、军事、文化、外交等大小事情。他在勤政殿房间亲书《尚书·无逸》一篇用来经常提醒和督促自己。

在选用人才的同时，乾隆皇帝对已有的官僚体系进行整肃，雷厉风行地惩办了一批贪污腐化、欺压百姓、滥用权力、不干实事的贪官污吏，使清初的吏治开始向好的方面转化。

为了进一步对各级官员加强了解与控制，乾隆元年开始陆续调各地提镇、各省藩臬来京引见，乾隆三年（1738 年）下半年以后，引见范围又扩大到了副将、参将、道府官员及部分知县。通过这些方式，乾隆帝很快掌握了全国文武官员的基本情况。

乾隆皇帝下达了许多表明自己爱抚百姓的谕旨，宣布自己即位以来，便"以爱养百姓为心"，为了"加意培养元元""爱养黎元""加惠元元""爱养民生"，而日夜操劳，励精图治，革弊兴利。乾隆皇帝为什么要如此地"爱养百姓"，这是夸夸其谈的陈词滥调，抑或是一种实情的反映？仔细分析他的一道重要谕旨，便可了解清楚。

雍正十三年（1735 年）九月二十五日，刚即帝位 22 天的乾隆皇帝，给庄亲王允禄、果亲王允礼、大学士鄂尔泰与张廷玉等总理事务王大臣，下了一道类似政纲的十分重要的长谕。

在这道诏谕中，乾隆谈到了四个问题。第一，"本固邦宁"。他着重指出，自己日理万机，夜以继日，兢兢业业，"时廑本固邦宁之至虑"，时时刻刻考虑本固邦宁之事。

第二，"恒产恒心"。乾隆帝认为，要想作到"本固邦宁"，就必须使人民进行稳定的生产，因为恒产与"恒心"是"相为维系"的，有了恒产，才能产生恒心，百姓不愁吃穿，"饱食暖衣"，仓有余粮，才能"知礼义""民生优裕""民质自驯"，这样，民心顺，四海宁，"太平有象"，反之如果民贫如洗，饥寒交迫，哪怕酷刑滥杀，民亦将起而反抗，天下就很难太平了。

第三，"生齿日繁""民用难充"。乾隆帝非常清醒地分析了当前形势，认为民间现状非常严峻，在谕中着重指出，满汉人民"生齿日繁""地不加广"，人多地少，因而"民用难充""民产难制"。

第四，"勤政爱民"。乾隆帝认为，要想解决困难，使民有恒产恒心，达到"本固邦宁"，君主必须勤理国政，为民兴利，内外官员必须善体帝心，实现君之志愿，讲求利民富民之法，不得欺压百姓盘剥人民，"朘民生以厚己生"。

这道谕旨，是乾隆执政期间的重要施政纲领，在相当长的时间里，他的确在努力这样做，勤理国政，"爱养百姓"，兴利除弊，以图达到民有恒产恒心，本固邦宁。他在乾隆四年（1739年）四月十二日谕告群臣说："朕自即位四年以来，朝乾夕惕，无非以爱养民生为念，凡有利民之政，无不兴举，害民之事，靡不革除，宵旰焦劳，惟恐一夫不获其所。"这可以说是他对自己登基四年来施政的自我总结，在以后的执政时间里，他也是这样自勉自责和努力的。

乾隆帝还视具体情况，选择恰当的时期和地方，不定期、不定量地进行积欠的蠲免和赈恤灾民。乾隆帝登位之初即谕令：将雍正十二年（1734年）以前各省民欠钱粮全部豁免，同时又豁免了雍正十二年（1734年）以前，旗退地亩租银及入官地亩租银租粮等。对于各地发生的水旱虫灾，乾隆帝还多次向老百姓发放粮款予以赈济，并采取有效措施减轻人民群众因灾造成生活困难的程度，如在灾区推行以工代赈、免除灾区商人米粮、开仓平粜、设立粥厂、兴办普济堂、育婴堂等慈善机构。

农业是国家之根本，以乾隆的观点来看，国富有赖于农业经济的发展，民安有赖于农民生活的稳定。乾隆登基以后，推行的一系列农业政策是深得民心的，特别是广大的农民得到了不少好处。

乾隆在当上皇帝的初期施政的短短几年里，其治政指导思想非常明确，所采取的政策措施既符合实际，具有较大的可行性，又深得民心。他一上台便以"与民休息""为政务实"的精神，从中央到地方，从宗室到民间，全方位地对各种政务进行了综合治理，取得了辉煌的政绩，为乾隆盛世的到来，打下了坚实的物质基础。

大兴文字狱

伪孙嘉淦奏稿案

乾隆十六年（1751年）前后，在社会上流传着一份伪托工部尚书孙嘉淦名义的奏稿。奏稿长达万余言，主要内容是指责乾隆皇帝有"五不解、十大过"，对乾隆皇帝本人和他执行的政策及朝廷权贵重臣进行尖锐的抨击和无情的弹劾，特别是指责乾隆南巡和冤杀名将张广泗，成为当时世人瞩目的重大政治事件。

孙嘉淦在康、雍、乾三朝为官，历任侍郎、尚书、督抚，最高官职为协办大学士。为官期间，以正直能干、敢于直言而闻名，到了晚年在官民中具有相当高的声望。于是出现了以他的名义指责朝政的奏稿。

乾隆十六年（1751年）六月，这份伪奏稿首先出现于贵州。七月初二，云贵总督硕色将情况密报乾隆皇帝，说发现"密禀一纸，词殊不经"，系到云南的过客抄录传播。其所抄传播之词是假托廷臣名目，甚至伪造朱批，大胆诽谤朝廷，内容极为荒诞不经，并将传抄的伪稿一齐呈送给乾隆帝。

乾隆帝闻奏之后，认为这份伪奏稿假托廷臣名目，捏造皇帝批语，纯系大逆恶徒"逞其狂悖"。但是，乾隆皇帝又不愿对这种直接把矛头对准他本人的激烈的指责言辞，公开地进行追查。又因伪奏稿在其他处尚未发现，故追查也完全没必要全面铺开，遂责令步兵统领舒赫德、直隶、山东、山西、河南、湖北、湖南、贵州等省的督抚秘密缉访，勿使有关人等"得有漏网"。

此时，各省表面似乎非常平静，但暗地里在各督抚的部署下正紧锣密鼓地进行明查暗访。先是山西巡抚阿思哈上奏，说流寓山西介休县的直隶民人王肇基呈联献诗，毁谤圣贤，狂妄悖逆。乾隆皇帝立刻命阿思哈仔细追查，王肇基是否为伪奏稿案的"党羽"。后来，阿思哈查明王肇基进献诗联的目的是为了逢迎皇帝，要求皇上任用他，与伪稿无关。乾隆帝命将王肇基"立毙杖下，俾愚民共知儆戒"。接着，又揭发出山东巡抚准泰拖延追究伪奏稿一事，即本年四月间，山东按察使和其衷发现有署名孙嘉淦奏稿一纸在民间广泛流传，经查寻得知其来源于江南水利废员官贵震，于是禀请巡抚准泰将此事奏闻，准泰把和其衷禀文勾掉发还，责令他将报告中伪稿来源改为在途中偶然拾得。迨至八月经硕色举发，奉旨缉拿伪稿逆犯，准泰又嘱令和其衷不必牵涉四月间官贵震一案。和其衷因此案关系重大，丝毫不敢有半点欺瞒，遂密折据实陈奏。乾隆皇帝将准泰革职拿问，调河南巡抚鄂容安接替其职，又指示尹继善将官贵震秘密缉拿归案进行严审。

以上两件事，对乾隆皇帝触动很大，前者虽然王肇基与伪稿无关，但伪稿流传甚广，肯定其"党羽"不少；后者，地方官员在办理此案时，故意推诿、拖延的情况也确实存在。故八月二十八日，乾隆皇帝命军机大臣传谕各督抚，提出所有首先诬捏撰写、发散传播之犯为首恶渠魁；传抄之犯中，凡借以蛊惑人心，为之注释，及仿效词句，私自记载者，均当从严办理。又向各督抚提出警告，倘若养虎为患，唯恐株连多人，思欲苟且了事，不实心查办，准泰可作前车之鉴。

在乾隆皇帝的督责之下，各省督抚全力缉查，不敢怠慢，九到十二月之中，各省先后查出有关传抄伪稿的线索，如在云南查出伪稿是由江西传入；四川查出伪稿有注释评语的情况；浙江鄞县知县伍鈛、巡检郑承基、千总雷壏曾传阅伪稿；甘肃也查出了一些抄传伪稿的人，甚至在西南的土司境内的土官家也有传抄的。一时间各省查出伪稿抄传的奏报像雪片一样飞送京师，面对此种情况，乾隆皇帝也叹道："此等逆恶之词蔓延各省，甚竟传入土司内，其流传之广，一至于此！"到该年的年底，各省已查获了不少案件，缉拿了不少的人犯，其中以湖广、江西为最多，而四川一省就捕获了280余人。在这种情况下，秘密查访已经不可能了，从乾隆十七年（1752年）以后，不得不由某些省的秘密缉访转而进行全国性的公开严查。

乾隆十七年（1752年）初，在已有的各条线索中，有几处重要线索，乾隆皇帝降谕要严加追究：一是江西巡抚鄂昌查出的广饶九南道施廷翰之子施奕度传抄伪稿；一是来往贵州的湖南人龙乾惕曾携带伪稿。乾隆皇帝认为，伪稿内容说到张广泗为官有功，张广泗乃贵州总督，从龙乾惕身上严加根究，或许可以追查出一些有关伪稿来源的线索；再有就是浙江提督衙门书吏包琳供出的，伪稿系从提督衙内传出；还有江西省城抄报房章锦传抄伪稿，乾隆帝对这一条线索十分重视，认为"似为近可根寻"。但是，追查的结果，令乾隆皇帝及诸督抚们非常失望，这样查来查去，涉嫌者、传抄之人，或者互相指控，或者将责任推向已故之人，有的在严刑逼供下，"套夹则甘认罪，松刑又复呼冤"，案情变得毫无头绪，陷入复杂境地，年终整个案情仍很混乱，办案人员对此也感到万分头痛，乾隆皇帝也甚是着急。六月二十九日，他命令军机大臣将历次奏报各案逐一分析查奏，除已追究出来的，应并案办理外，其余未抓获归案以及尚未查清者，将清单分寄各省，按清单所开各案，迅速查办。

六月份之后，各省遵照乾隆皇帝的指示，根据中央列出的清单继续追查，其中有一条线索，成为当时追查的热点，即年初的时候，江西巡抚鄂昌等查出该省道员施廷翰之子施奕度传抄伪稿。于是，乾隆皇帝命鄂昌、尹继善带同承审官赴京与舒赫德、刘统勋同审此案。到七月份，舒赫德等人审讯出施氏伪稿来自江西提塘刘士禄处，刘士禄供出伪稿又是从在京城居住的汤赐联处得来。派人前去查拿，但并无汤赐联其人。后刘士禄推翻前供，施奕度也否认伪稿得自刘士禄，而得自其叔施廷皋次子。九月份，乾隆皇帝命舒赫德等，留心"施氏是否与张广泗有亲"，后查寻施氏与张广泗并无关涉。此条线索，上下折腾了一段时间，最终又没有了下文。

十月十九日，乾隆皇帝以各省办理伪稿不善，再次通饬各督抚，谕称：查办伪稿至今已一载有余，却如大海捞针般渺茫，毫无头绪，此皆因各督抚等一切委之属员，唯据详索供词，敷衍塞责，并未实心研究，实力查办，致使线索迷乱，首犯仍逍遥法外，不知去处。乾隆皇帝深知，此案进展缓慢，与各省督抚互相推诿有很大关系，而承办之员怕担当责任，往往将案情线索转向其他省份，致使隔省隔属，循环往复，拖延了时日。十一月二十三日，乾隆皇帝下令将他认为追查不力的两江总督尹继善、江西巡抚鄂昌等解任候旨，并宣称其他省督抚如有此种情况者均照此办理。

伪稿一案追查不力，乾隆皇帝迁怒于督抚属员。事关封疆大吏，部分朝臣企图劝谏。十二月十九日，御史书成奏称："伪稿一案株连波累，恳请将现在人犯一律宽释。"遭到乾隆皇帝斥责，乾隆说书成系满洲奴仆，似此丧心病狂之言，如诅咒彼父祖者，竟然可以视之为漠然！遂革其职交武备院执伞苦差处服役。之后，又有乡居在籍侍郎钱陈群奏言，其意也是不必追查伪稿，同样遭到乾隆皇帝的痛责。到此无人再敢劝阻。继而乾隆皇帝又下令，追查既已延及数省，迟至经年，绝无骤然中止之理。从乾隆的话语中，虽然可以看出其不会轻易放弃对伪稿的追查，但也可看出此时的乾隆处于非常尴尬的境地。

在乾隆皇帝进退两难的时候，军机大臣们在京审出伪稿的又一重要线索：由江西巡抚鄂容安查获的传抄伪稿的长淮千总卢鲁生父子，经军机大臣审讯，供出其稿来自南昌守备刘时达。据刘时达称，乾隆十五年（1750年）七月间，其子刘守朴任浙江金华县典史时，遣家人王玉琳送寄家信，信内附有孙嘉淦稿一张。乾隆皇帝认为刘守朴传递之伪稿与其他伪稿案相比，时间应该是最早的，遂命江浙两省承办此案的周承勃、钱度速往金华秘密查访，又指示两广总督阿里衮：刘守朴系"第一紧要之犯"，即由驿递飞速解京。

卢鲁生、刘时达父子押到北京之后，乾隆皇帝责成军机处对其进行审讯。在乾隆看来，伪稿一案好像找到了头绪，根源似乎就要找到，如不出意外，伪稿必定为卢鲁生及刘氏父子伪造。但案情并没有像乾隆皇帝所想象的那样，又有刘守朴的幕友孔则明供出，封寄伪稿给刘时达系他代为经手，孔则明伪稿乃得自苏州。这样一来，案情另生枝节，又回复到了先前毫无头绪的困境中。

此时的乾隆皇帝，当接到军机处审讯的结果之后，对能否彻底查清此案已全失了把握和信心，一年来，全国上下大张齐鼓追查伪稿，花费了不少人力财力，也不知牵连了多少人，在他看来，即使伪稿查不出真正的捏造者，但经过这一番清查，对政治上的异己力量及不满情绪，也起到了震慑作用，于是他开始考虑如何将此案即行收场的问题。而摆在他面前的卢、刘二犯，正可作为结束这场无法继续追查下去的无头案的替罪羔羊。

经过一番秘密策划之后，乾隆十八年（1753年）二月，军机大臣向乾隆皇帝奏报：经审，孔则明代书寄稿家信，全属捏造之事；卢鲁生经"反复开导"，也承认了与刘时达共同捏造伪稿的"实情"。以上所谓军机大臣的覆审及奏报，全部是在乾隆皇帝授意之下产生的。

当月，乾隆皇帝迫不及待地宣布，伪稿一案已"全行昭著"，命令将"主犯"卢鲁生押赴市曹凌迟处死，同时宣谕中外，伪稿正犯已得，所有传抄各犯全部恩免宽赦。对于传抄伪稿的官员，则照例治罪。另外对审查不力的官员如江西巡抚鄂昌、按察使丁廷让等全部革职拿问，交刑部治罪。两江总督尹继善、闽浙总督喀尔吉善以失察罪而交部严议。至此，历时一年七个月，蔓延京师、直隶、山东、山西、江西、江苏、安徽、浙江、福建、湖南、湖北、云南、贵州、广东、广西以及边远土司等地区的、轰动全国的清查伪孙嘉淦奏稿案，因乾隆皇帝无法再继续追查下去而结案。

胡中藻诗案

乾隆统治初期，以先帝雍正最为倚重的两位大臣——鄂尔泰（满族）、张廷玉（汉族）为辅政大臣。俗话说"一山不容二虎"，鄂张二人权势甚高又不分上下，遂互相攻讦，门户之争应势而起。二人之下各有门生故吏无数，他们攀援门户，结为朋党，党同伐异，大有水火不容之势。

但是，二虎相争，触犯了真龙天子的利益，乾隆皇帝决意铲除党派，以强化专制皇权。乾隆五年（1740年）四月，他下达了一道耐人寻味的谕旨，说从来臣工之弊，莫大于逢迎揣度。大学士鄂尔泰、张廷玉乃皇考任用之大臣，为朕所倚重，自当思所以保全之。众臣工们想必不敢有互相包庇、结党营私的念头。而无知之辈，妄行揣摩，如满族人则思依附鄂尔泰，汉族人则思依附张廷玉，不仅九品小官如此，官大至侍郎、尚书者也多如此。他的谕旨表面上是在指责那些依附鄂、张的大小官员，实际上是在警告鄂、张二人。但门户之争由来已久，一时不能彻底清除，攀援庇护之风也无法扼止，乾隆皇帝决定先向张廷玉及其党羽下手。自乾隆六年（1741年）以后的十几年中，对张廷玉及其家族势力的发展进行了严厉的扼制，如改组军机处，以满族人为首席军机大臣，以近臣进入军机处等；一度罢除了张廷玉死后配享太庙的殊荣（后来又恢复）；查封和没收了他在京城的一些住房和财物等。另外全面清洗了张廷玉势力，如对他的门生姻亲汪由敦、朱荃严、严瑞龙等人，或撤职或抄家或治罪，到乾隆三十六年（1771年）时，张廷玉除有一子名列仕籍之外，家族其他成员已无一人置身仕途。

在打击张廷玉势力的同时，乾隆皇帝对鄂尔泰本人及其党羽也进行了一定的限制，但鄂尔泰于乾隆十年（1745年）去世，其党羽言行大为收敛，乾隆皇帝对鄂党遂没有进行深究。

鄂尔泰去世，张廷玉退休回家，张、鄂两党势力表面上已经铲除，但两派的明争暗斗尚未终止。对此，乾隆皇帝早有察觉，如何进一步消除这种隐藏在暗处的两派之争，乾隆皇帝似乎已有了解决办法。

以鄂尔泰的高足自居的湖南学政胡中藻与鄂尔泰的侄子江西巡抚鄂昌来往密切，相互唱和，甚为猖狂。因此，乾隆皇帝便决定拿胡中藻开刀。

胡中藻著有一部《坚磨生诗钞》的集子。乾隆皇帝先是秘密责成曾在军机处行走的蒋溥，从《坚磨生诗钞》的字里行间找问题。到乾隆二十年（1755年）二月，罗织胡中藻罪状的准备工作已经就绪，乾隆帝命令广西巡抚卫哲治速奏胡中藻任广西学政时所出试题及与他人唱和的诗文等一切恶迹言行。卫哲治接旨之后，急忙严密搜查，将胡中藻于乾隆十三年（1748年）二月任广西学政一年半时间内所出试题及唱和诗文等，派专人送往北京。不久，胡中藻被逮捕押往京师，同时乾隆又命令陕甘总督刘统勋赴甘肃巡抚鄂昌处搜查胡中藻与之往来应酬诗文、书信等。接着还指示对曾为《坚磨生诗钞》作序，并出资帮其刊刻传播的礼部侍郎张泰开进行审讯。当上述种种布置和行动安排就绪后，乾隆皇帝遂召集大学士、九卿、翰林、詹事、科道等廷臣，宣布胡中藻的种种罪状。他先是指责胡中藻出身科班、名列清华，而鬼蜮为心，于语言吟咏之间，以大逆不道之词，肆意诋讪，"实非人类中所应有"。尔后，便从《坚磨生诗钞》中摘取诗句，历述胡中藻的条条罪证。

最后，又对站在他面前的众大臣们说道，胡中藻有以上如此之罪状，但多年来，竟没有一人参奏他，可见互相袒护之风已牢不可破，对此不得不申国法、正嚣风，仿效先皇之诛查嗣庭，惩治胡中藻。遂下令众大臣对胡中藻案情严加审议，提出处置意见。众大臣们见乾隆皇帝对胡中藻如此之愤恨，严惩胡中藻已不容置疑，遂秉承乾隆旨意，纷纷提出将胡中藻按"大逆罪"凌迟处死，其嫡属男16岁以上者皆处斩。

乾隆皇帝治罪于胡中藻，其用意是司马昭之心——路人皆知，对胡中藻的指责及在处理全案过程中的种种议论，都可以看出他是针对张、鄂各结党羽、党派相争这种恶习的。但当大臣们提出凌迟处死胡中藻的时候，他却强调说："朕御极以来，从未尝以语言文字罪人"，只是胡中藻所刻《坚磨生诗钞》连篇累牍地谤讪诋毁，才不得不"申明宪典"，重治其罪。以此来表明他治罪胡中藻是有着充分理由的，是没有冤枉他的，为了表示宽厚大度，乾隆皇帝特意对胡中藻的处置，由"凌迟"改为"处斩"。乾隆二十年（1755年）四月十一日胡中藻被斩决。

与胡中藻同案治罪的还有鄂昌、史贻直等人。因鄂昌与胡中藻平日来往密切，于是指责他见胡中藻悖逆诗词，不但不知愤恨，反而与之往复唱和，实是罪不可恕。在抄他的家时，又发现了他所作的一首《塞上吟》，称蒙古为"胡儿"，乾隆又指责说这是"自加诋毁（鄂为满族人），非忘本而何"，说鄂昌"纯属满洲败类"。在处死胡中藻的一个多月后，乾隆皇帝遂赐令鄂昌自尽，并警告满族官员说："今后如有与汉族人互相唱和，较论同年行辈往来者，一律照鄂昌，严惩不贷！"在鄂昌被处死之后，乾隆又下令将已死10多年的鄂尔泰以结党罪撤出贤良祠，以此告诫大臣切勿植党。

胡中藻一案就此了结。乾隆皇帝达到了他的预期目的，进一步强化了专制皇权。

两降廓尔喀

驱逐廓尔喀出藏

18世纪以前，尼泊尔由关系较为松散的24个部落组成。有一个叫廓尔喀的部落较为强大，它位于尼泊尔的政治、文化中心加德满都的西北。

清王朝建立之后，尼泊尔24个部落中的雅木布、叶楞、库库木三部与清政府建立了较为密切的关系。雍正十年（1732年），三部落汗向清政府遣使请安，进贡方物。而此时逐渐强大的廓尔喀部开始向周围部落蚕食扩张。

乾隆三十四年（1769年），廓尔喀汗博赤纳喇趁尼泊尔诸部发生内讧之机，发兵向各部征战，武力统一了尼泊尔，建立了新王朝，博赤纳喇自称为国王，定都加德满都。

博赤纳喇死后，他的儿子西噶布尔达尔巴克继承了王位。乾隆四十年（1775年）左右，西噶布尔达尔巴克把王位传给年仅4岁的第五个儿子兰巴哈都尔，因其年幼，由他的叔父巴都尔萨摄政。野心很大的巴都尔萨，在摄政期间极力推行对外扩张政策，邻近尼泊尔的西藏就成了侵略扩张的主要目标。

清朝建立以后，对西藏的控制一直较弱。雍正时在西藏设立驻藏大臣，统治虽较以前有所加强，但西藏政务仍处于较为松弛和混乱的状态中，西藏上层内部纷争时有发生。乾隆中叶，廓尔喀不断袭扰西藏边界，而此时西藏内部因争夺遗产发生内乱，这就为廓尔喀的入侵提供了契机。

廓尔喀第一次侵扰西藏，与沙玛尔巴唆使有关。乾隆四十五年（1780年）五月，为给乾隆帝祝寿，贝当益喜进京，乾隆帝备加礼遇，厚予赏赐，并颁给金册玉印。

贝当益喜东来期间，乾隆帝的赏赐，加上在京王公，蒙古诸部的奉献，达数十万金，宝冠、璎珞、念珠、晶玉钵、镂金袈裟不计其数。这些宝物运回西藏后，均由其胞兄仲巴胡图克图保管。仲巴胡图克图将这些财物据为己有，一点也没有分给他的弟弟沙玛尔巴胡图克图。沙玛尔巴当时居住在廓尔喀，他怀恨在心，便唆使廓尔喀以"商税增额，食盐糅土"为词，派兵侵入后藏。

廓尔喀入侵西藏的主要原因是贸易纠纷。尼泊尔与藏毗邻，"彼此通商，相安已久"，因此尼泊尔货币在西藏流通。廓尔喀征服尼泊尔以后，新币一枚当旧币二枚用，直接损害了西藏的经济利益。格桑嘉措曾提请尼泊尔禁止这种行为，但是廓尔喀不但拒绝，还以西藏官员"妄增税课""盐掺杂质"为由，于乾隆五十三年（1788年）六月，派手下头领素喇巴尔达布率军三千，突然进攻西藏，占领了边境上的重地聂拉木、济咙，而后又攻陷了宗喀、萨额等地。驻藏大臣庆麟得知，急忙调集汉藏官兵近五千人予以迎击。乾隆皇帝又先后任命四川总督鄂辉为将军，提督成德为参赞，理藩院侍郎、御前侍卫巴忠为钦差大臣，前往西藏直接指挥前线军务。而此时的西藏地方政府并不想以武力抗击廓尔喀，以萨迦呼图克图和仲巴呼图克图为首的少数西藏贵族，不顾西藏人民的利益，私下与廓尔喀联系，商量议和之事。当年十二月，巴忠到达西藏之后，对议和一事也采取了支持与纵容的态度，并擅自同意了拟定的议和条件：廓尔喀人入藏贸易，税收减免一半；宗喀、济咙、聂拉木等三处为廓尔喀人往来门户；每年送给廓尔喀岁币一万五千金，以换回被其侵占的聂拉木三处的中国领土。和约议定之后，廓尔喀军退出了中国境内。巴忠奏闻乾隆皇帝：西藏前线之事已了结，而对与廓尔喀私下议和之事却只字未提。

第二次抵抗廓尔喀

乾隆五十六年（1791 年），廓尔喀第二次入侵后藏，出兵抢占聂拉木。随后，廓尔喀又出兵占据济咙。此时，沙玛尔巴再次唆使廓尔喀抢掠寺庙，作为藏内违约的补偿。廓尔喀分两路进犯，一路由济咙进口，围攻宗喀；一路由乌咙前进，滋扰定结。八月，乌咙一路廓尔喀兵占领定日，攻宗喀不克，向济咙败退；济咙一路则未遇大的抵抗，很快占据了萨迦庙。廓尔喀兵向日喀则进发，驻防汉兵一百余名坚守十七昼夜。廓尔喀兵占领了扎什伦布寺。九月，扎什伦布寺内供奉器具等被廓尔喀兵抢劫一空，始退往聂拉木、济咙一带。西藏人民遭受了巨大灾难，无数牛羊被劫掠。

乾隆五十六年（1791 年）十月，乾隆帝听到廓尔喀兵再次侵入西藏的消息，下令对廓尔喀贼匪严加惩戒。他命四川总督鄂辉带兵入藏，但鄂辉心存推诿，办事极为不力。十一月，乾隆帝改派福康安为大将军，海兰察、奎林为参赞大臣，率领索伦兵 2000 余名从西宁出口进藏，以后又陆续调川兵、藏兵约 1.5 万名开赴前线；并命四川总督孙士毅、驻藏大臣和琳等负责粮草转运；将鄂辉、成德革职，仍命军前效力。十二月，福康安首先派成德领兵向聂拉木进发，作为偏师。成德带同穆克登额领兵攻克柏甲岭，五十七年（1792年）正月收复聂拉木，将廓尔喀大头人呢吗叭噶斯击毙。三月，福康安亲自带兵进剿敌匪，还传谕布鲁克巴、哲孟雄、甲噶尔等王出兵助战。四月，福康安大军自第里浪古起程，五月初七收复擦木，初十克复济咙，十五日攻占热索桥。至此为止，清军将廓尔喀人占领的西藏地方全部收复。

遵照乾隆帝谕示，福康安率领大军继续前进，很快深入廓尔喀境内，先后攻克布鲁克玛、协布钱以及扎木等地，临近噶多地方。清军分作三路，自六月初三发起进攻，经过激战，初九即已抵达雍雅地方。七月，清军发起对噶勒拉山区的进攻。经过噶革拉、堆补木、特帕朗古桥、甲拉古拉、集木集等处七百余里多次战斗，清军虽然最终获胜，但伤亡十分严重，都统台斐英阿、副都统阿满泰、御前侍卫墨尔根、保和、英贵等重要将领均阵亡。经过这一场血战，清军逼近廓尔喀首都加德满都，廓尔喀国王遂遣使求和。

廓尔喀国王喇特纳巴都尔最开始听到清军赴藏进讨廓尔喀兵的消息后，曾向清政府请求罢兵，理所当然地遭到拒绝。乾隆五十七年（1792年）三月，在福康安统兵进剿前夕，喇特纳巴都尔又呈递福康安禀帖一封及金花缎布匹、千里镜等物件，建议停止进兵，福康安以"诈妄之言，更不足信"而予以批驳。喇特纳巴都尔还曾遣使前往印度，请求孟加拉东印度公司以武力支援，未有成功。在外援断绝、清军已进抵边界的情况下，廓尔喀始向清政府请罪求和。五月二十八日，喇特纳巴都尔命将上年在聂拉木所掳的汉兵遣送回藏，并呈递福康安及官兵呈帖各一件，请求允准派遣大头人谢罪请降，福康安再次加以拒绝。六月初九，喇特纳巴都尔又将丹津班珠尔及内地兵丁、藏族群众20余人送回清军大营。十八日，还派大头目四人，到清军大营递禀乞降。福康安提出，廓尔喀必须将抢走的扎什伦布寺的所有东西归还，廓尔喀国王及其叔父来清军大营叩头认罪，从前在济咙边界所立大小合同两份一并交出查销等议和条件。七月初八，在清军逼近加德满都的情况下，喇特纳巴都尔派人表示愿意接受福康安所提各项条件。十七日，廓尔喀交出大小合同两份，送出沙玛尔巴骨殖、抢掠扎什伦布的贵重物品以及沙玛尔巴妻女等。

考虑到秋季已临近，若大雪封山，大军难以返回，道路险远、伤耗日增、粮饷不易接济等原因，福康安在乾隆帝授意下决定接受廓尔喀国王乞降。八月初八，喇特纳巴都尔派遣办事大头目噶箕第乌达特塔巴等四人恭赍表文准备前去北京，并备乐工、驯象、番马等物品 29 种，随表进呈，表示此后永远不敢侵犯边界。十三日，喇特纳巴都尔又派人给清军大营送来水牛、猪羊、食米、果品、酒等慰劳官兵。二十一日，福康安等自帕郎古领兵从廓尔喀境内撤回济咙；九月初三，派遣乾清门侍卫珠尔格阿等人护送廓尔喀贡使自济咙起身前往北京。

盛世修文

乾隆帝积极笼络汉族知识分子。乾隆元年就模仿康熙举行了一次博学鸿词科考试，南巡时更利用机会接见汉族知识分子。乾隆巡幸 12 次，途中召试士子，试以一诗一赋，一论一策。进入高等的，授予进士、举人，马上任为中书；若是生员，就赏给举人，准予会试。

乾隆帝汉文水平很高，能诗善画，精于骑射。清朝皇帝中对文化事业的重视和功绩当以他为最。在他统治期间，各种官修书籍达 100 余种，完成了顺治朝开始编撰的《明史》和康熙下令开始编写的《大清一统志》，他又令臣下编成《续文献通考》《皇朝文献通考》《大清会典》。除了这些历史、制度方面的著作外，其他类别的著作，著名的有文字音韵《清文鉴》、文学《唐宋诗醇》、地理《大清一统志》、农家《授时统考》、医学《医宗金鉴》、天文历法《历象考成后编》等重要文献。

乾隆在图书编纂方面的最大成就是亲自倡导并编成了大型文献丛书《四库全书》，收经史子集书 3000 多种，保存了大量古典文献。由于乾隆帝对文化事业的热心，汉学从乾隆朝愈益兴盛，至嘉庆朝，形成了著名的"乾嘉学派"。

乾隆六年（1741年），乾隆帝亲自下令搜集古今图书。他说："从古右文之治，务访遗编。目今内府藏书已称大备，但近世以来，著作日繁。如元、明诸贤以及国朝儒学研究六经阐明性理，潜心正学，醇粹无疵者，当不乏人，虽业在名山，而未登天府。著直省督抚学政留心采访，不拘刻本抄本，随时进呈，以广石渠天禄之备。"（《清高宗实录》卷134）从这份谕旨来看，搜集图书的范围限于元、明、清三朝图书，目的是充实皇家藏书。各省督抚学政仅把这个任务当作一般事务来办，因此没有什么收效，乾隆也没有过问落实情况，这次搜集古今图书与编纂《四库全书》关系不大。

30多年后，乾隆再次下令各省督抚学政搜集古今图书，则与编纂《四库全书》有直接关系了。乾隆三十七年（1772年）正月，为丰富宫廷藏书，乾隆颁发了一道征书诏令，访求天下遗书。但开始进行得并不顺利，各地官员敷衍塞责，征书诏令如同泥牛入海，10个月后收集到的藏书寥寥无几，令乾隆非常恼火。恰在这时，安徽学政朱筠上书提了四条征书的建议，最重要的一条是借征书的机会辑校宫廷所藏的《永乐大典》。《永乐大典》是明朝永乐年间编修的一部丛书，在《四库全书》之前是规模最大的一部。

乾隆不仅采纳了朱筠的意见，更推进了一步，认为《永乐大典》的体例、规模不尽如人意，应该在辑校《永乐大典》的基础上，汇集宫廷藏书和民间藏书，编成一部卷帙浩繁、超越前人的丛书。于是，征书变成了修书，编修《四库全书》的计划由此产生了。

乾隆再次下严令后，征书活动进入了高潮。至乾隆三十九年（1774年）八月，共征书不下万种，尤以文化发达的江浙等省为多。

江浙地区文化发达，藏书丰富，乾隆把该地区作为采访书籍的重点。他对江浙一带的藏书情况很熟悉，一些官僚富商的藏书楼都叫得出名字。他举例说，江浙地区藏书最多的人家，有昆山徐氏的传是楼，常熟钱氏的述古堂，嘉兴项氏的天籁阁、朱氏的曝书亭，杭州赵氏的小山堂，宁波范氏的天一阁，"皆其著名者"。乾隆说，他不仅知道这些藏书大家的书房名字，还清楚他们的藏书目录。除此而外，他对江浙书籍贩卖商人也了如指掌，认为这些人对采访书籍用处颇大。如山塘地方有一姓金的书贩，"乃专门世业于古书存佚原委，颇能谙悉"。"又湖州向多贾客书船，平时在各处州县兑卖书籍，与藏书家往来最熟。"（《清高宗实录》）乾隆要求江浙地方官，可以向这些书商了解本地藏书情况，采取借抄的办法搜书，抄完书还给被借之人，一定会收到大批图书。乾隆又一次声明，即使发现书中有忌讳字样，绝不加罪于藏书人。若确有"诞妄"字句，不应保存者，不过将该书烧毁，转告藏书人不得再收藏而已。若由督抚转呈政府，则不予过问。乾隆要求两江总督高晋、浙江巡抚三宝和江苏巡抚萨载务必切实负责，把这件事办好。

乾隆采取行政命令的办法，确实大见成效，自确定以半年为期之后，各省督抚闻风而动。两淮盐政李质颖从商人马裕处借出图书195种，将书目先送往北京，然后把部分图书送苏州书局校勘，部分送往扬州抄录。浙江士绅鲍士恭向巡抚三宝表示，愿将家藏图书共1900多种献给政府。浙江全省报告共采访书目有两千七八百种，江苏省也有1000多种，"并有称藏书家愿将所有旧书呈献"。这种情况表明，各省督抚为了完成乾隆所规定的任务，采取了强制的行政手段，不是向藏书家借出书来抄，而是干脆命令他们向官府献书。乾隆只好亲自出面干预，凡各地方所献之书，"俟校办完竣日，仍行给还原献人家"。他要求各省地方官，使用官印加盖于采访图书封面，并注明藏书人姓名和负责送书的官员名，书送到北京后，再盖上翰林院印，记录存档，以后返回各省，由督抚负责还给原主。

各地进献的书籍堆积如山，整理和编辑的工程非常浩大，为此专门成立了《四库全书》馆，总揽《四库全书》的编修。

乾隆指令，凡个人进书100种以上，选择其中精本送他本人亲自阅览点评题咏。然后，由四库馆优先抄录，即将原书发还，"俾收藏之人益增荣幸"。献书最多的是浙江鲍士恭、范懋柱、汪启淑和江苏马裕四人。他们各献书500至700多种，合计就有2000多种。乾隆下令由政府奖给鲍、范、汪、马四人各《古今图书集成》一部，"以为好古之勤"。献书100种以上者，江苏有周厚堉、蒋曾莹，浙江有吴玉墀、孙仰曾、汪汝瑮，朝中大臣有黄登贤、纪昀、励守谦、汪如藻等人，各赏给刚刊印的《佩文韵府》

一部。

乾隆三十九年（1774年）八月，各省运送到北京的图书已超过了上万种，四库馆里的工作开始大规模铺开。《四库全书》馆在乾隆三十八年（1773年）二月开馆，有总纂官、总裁官、校勘官、监造官等共360名，囊括了众多著名的专家学者，如经学家戴震、文学家桐城派散文代表人物姚鼐、史学家邵晋涵、文字学家王念孙等，都是清代学术史上的大家，总纂官纪昀也是一代通儒，其他状元、榜眼、探花还有多名，学术阵容强大。

四库馆臣的职责主要是鉴别书籍优劣，既有政治上的鉴别，就是审查书中有没有触犯禁忌的内容，也有学术价值上的评判。经过四库馆臣的甄别，这万余种图书分为应抄、应存目和禁毁三类。应抄的书3461种，就是《四库全书》所收录的全部书籍，其中又有一小部分最有价值而且版本珍贵的书，用活字排印成《武英殿聚珍版丛书》刊行。第二类书是应禁毁的书，这类书或者有反清的内容，或者与程朱理学正统思想相抵触，共3000余种，与《四库全书》收录的书籍数量相当。第三类介于二者之间，虽无犯忌的内容，但也没有垂范后世的价值，所以只著录书名，撰写提要，而不收录全文，这类书有6793种，比前两类都多。

乾隆传位

秘密建储制度，对于强化皇权、稳定政局、巩固统治起了非常重要的作用。但在乾隆刚刚即位的时候，由于受传统建储观念的影响，加之缺乏政治经验，他对秘密建储制度的认识与他的父亲雍正皇帝相背甚远。在他看来，秘密建储仅仅是一种"酌权济经之道，非谓后世子孙皆当奉此以为法则也"。对于储君人选标准，他也拘泥于以前立嫡立长之旧规，并且下定决心，"必欲以嫡子承统，行先人所未行之事，邀先人所不能获之福"。因而，乾隆元年（1736年）七月刚刚实行秘密建储，他毫不犹豫地把富察氏皇后所生的皇二子永琏内定为储君。但非常不幸，乾隆三年（1738年）

十月，永琏病殁，此后不久他又想内定皇后所生之皇七子永琮为储君。然而，事与愿违，就在他一门心思想着立嫡子的时候，将要被立为储君的永琮以及皇后富察氏却先后于乾隆十二年（1747年）底和乾隆十三年（1748年）初死去，乾隆皇帝企图以嫡子为储君之立储计划成为泡影了。与此同时，皇长子永璜和皇三子永璋不但"全无哀慕之忱"，甚至还有幸灾乐祸之意。乾隆皇帝对此极为不满，非常愤怒，立即严加训斥并对他们觊觎储位的非分之想予以严厉警告："此二人断不可入继大统""伊等若敢于朕前微露端倪，朕必照今日之旨，显揭其不孝之罪，即行正法"。经过这一事件的打击之后，乾隆吸取了教训，并且较为清醒地认识到"建储一事，亦如井田封建，固不可行于近世也"。为了防止重演前朝争储夺嫡造成的悲剧，乾隆皇帝对皇子们的控制非常严厉。

乾隆三十八年（1773年），乾隆已经63岁了，建储一事不能再拖下去了。乾隆皇帝经过反复慎重考虑，决心再次秘密建储。乾隆皇帝在位已近40年，已有相当丰富的各种政治经验，因而，这次建储，是在秘密中进行的。在确定储君之前，乾隆皇帝没有与任何人商量建储时机和储君人选，即使建储密旨书写完并将之藏于乾清宫"正大光明"匾额之后，他也没有向诸王文武大臣宣示。一切办妥之后，时机成熟了，才将此事谕知军机大臣。建储之后，乾隆皇帝一方面利用20多年的时间长期考察储君的品质和才能，一方面又恩威并举，进一步加强对其他皇子的控制。就施恩方面而言，乾隆的诸子在乾隆四十四年（1779年）后陆续得到了亲王、郡王、贝勒等爵位的晋封，乾隆还经常驾临各子府邸，来联络感情；就施威方面而言，继续严格禁止诸子与外廷官员来往，一旦发觉，则必然对涉及人员严惩不贷。为了保证自己的建储大计顺利实施，不受传统建储观念的破坏和影响，乾隆皇帝还利用一切机会深刻地揭露和批判传统建储理论及其带来的弊病。他认为，"秦汉预立太子，其后争夺废立，祸乱相寻，不可枚举"。之所以这样，在于"有太子然后有门户""盖一立太子，众见神器有属，幻起百端，弟兄既多所猜嫌，宵小且从而揣测，其懦者献媚逢迎以陷于非，其强者设机媒蘖以诬其过，往往酿成祸变，遂至父子之间，慈孝双亏，家国大计,转滋罅隙"。他还不遗余力地大力批驳嫡长子继承的传统建储原则,"至于立嫡立长之说,尤非确论""纣以嫡立而丧商,若立微子之庶,商未必亡也"。据此,他断言"建储册立,非国家之福,召乱起衅,多由于此"。为能够让广大臣民尤其是让诸皇子吸取这些历史教训并引以为戒,乾隆四十八年(1783年)十月,他特命诸皇子、军机大臣、尚书房总师傅等将历代册立太子有关借鉴惩戒的事迹编成《古今储贰金鉴》一书。此外,为了使广大臣民进一步深入了解秘密建储制度的重要意义,他全面论述了秘密建储的动机和效果。关于推行这一制度的动机方面,他认为,"盖不肯显露端倪,使群情有所窥伺,此正朕善于维持爱护之深心也"。立于秘密建储的效果,他则称康熙皇帝临终时"一言而定大计",以致雍正皇帝即位后"内外帖然";他还以自己借建储密旨即位后"人情亦甚辑宁"为例,指出,"此即不建储之益,固天下臣民所共见共闻者也"。据此,他得出结论,"不可不立储,而尤不可显立储,最为良法美意"。为了让后世子孙牢记并且坚持这一重要制度,乾隆后期,他一再宣称,秘密建储是本朝重要"家法",并要求"世世子孙,所当遵守而弗变"。他进一步断言,如果后世子孙不实行这一制度,恢复古制,必然会"酿成大祸"。正是由于他对秘密建储制度的反复阐述,才使得这一制度较为普遍地被统治集团中的各阶层所理解和接受。因而,尽管其皇子甚多,而且其中不少人都有觊觎储位的野心,但是一直到他退位的这十几年时间里,却始终没有发生像康、雍之际皇室内部为了争夺皇位发生骨肉相残的情况,从而也巩固了乾隆皇帝的最高统治地位,最终乾隆一朝没有受到威胁。就是在这样的情况下,乾隆皇帝85岁高龄之际,举行了传位大典,过起了太上皇的生活。

乾隆六十年(1795年),他的健康情况每况愈下。当年九月初三,他向全国臣民宣布了乾隆三十八年(1773年)写的建储密旨,立皇十五子颙琰为皇太子并决定在次年新正举行传位大典。嘉庆元年(1796年)正月元日,上至内外王公贵族下至文武百官与外藩使臣咸集太和殿,按班序列,恭候乾隆乘舆至殿内升坐。这时,鼓乐齐鸣,宣表官员跪宣传位诏书,皇太子以下所有官员皆跪伏殿内恭听。而后,大学士二人引导皇太子至乾隆皇帝御坐前俯伏跪地，让乾隆皇帝亲授"皇帝之宝"。最后，嗣皇帝率领群臣再向乾隆皇帝行九叩大礼，恭送已经成为太上皇的乾隆皇帝起驾还宫，嘉庆皇帝则御殿登极，接受文武百官朝驾。至此，传位大典完成，乾隆皇帝的太上皇生活开始了。

皇上与太上皇的权利之争

乾隆遗诏及功过评述

自评功过

从嘉庆三年（1798 年）开始，太上皇身体每况愈下，史书上记载他"心体焦劳，因勤政导致积劳成疾"，身体稍好一些，又"训政不倦，召见臣工如往常一样"。到了嘉庆四年（1799 年），在太上皇身边的臣仆都很清楚：太上皇要驾崩升天了。正月初一，新年第一天总算还没有什么事情。次日晨，乾隆还盼望着捷报从前方传来，并写下了生平最后一首诗：

> 三年师旅开，实数不应猜。
> 邪教轻由误，官军剿复该。
> 领兵数观望，残赤不胜裁。
> 执讯速获丑，都同逆首来。

当天晚上，乾隆病危，正月初三的凌晨离开了人世。

乾隆帝临终面谕"万年以后，当以称'宗'为是"，嘉庆帝据此为太上皇上庙号，称为"高宗"。

乾隆病逝的这天，他的遗诏在全国范围内发布，对自己的一生作了评价。

乾隆帝的遗诏应该说还是有一定的合理成份，至少在乾隆五十年（1785年）以前，国内局势还是比较平和的，从二征廓尔喀来说，也可以说乾隆对自己的评价还算公允。在乾隆朝前中期，确实整个清朝达到了极盛，国库丰殷，民富国强。但到了乾隆晚年，则形势便大有变化了，奸相和珅以受乾隆宠幸为契机，手握大权，一手遮天，专权乱政，吏治极为腐败，贪官污吏横行，鱼肉乡里，民多"蹙额兴叹"。乾隆写的最后一首诗《望捷诗》以及遗诏都对白莲教起义进行了总结和评述，但与实际情况多有出入。其实并不是他认为的已经擒获了"起事首逆紧要各犯"的那样，实际情况是镇压围剿工作已进行长达3年的时间，耗费了7000多万两军饷，但还没有明显的效果，且起义有星火燎原、正逐渐向各省蔓延之势。由此不难看出，乾隆在遗诏中对自己的评价有公允的一面，也有讳过扬功的一面。

嘉庆四年（1799年）九月，创造整个清朝乃至整个古代史的"全盛之势"的乾隆帝，葬于河北遵化马兰峪裕陵。

乾隆七年（1742年）他便开始为自己营造陵墓，最初打算他死后和父亲雍正安葬在一个地方，选定河北易县西永宁山下的西陵作为墓址，并已选好了穴位。后来，为使东、西两陵"香火并续"同时延续下去，又改选了东陵。建陵时，当时清王朝国库丰殷，国力强盛，财富积累颇多，所以整个工程耗银多达200余万两。其中地宫规模极为浩大，耗费了巨大的财力、物力和人力，仅用在汉白玉雕刻上就达8万个工。裕陵地宫是九券四门无梁柱的拱券式石结构建筑，四大金刚、五方佛、五欲供雕刻于券顶和四壁之上。内壁上刻有3万多字的梵文和番文经咒。地宫有四道石门，共八扇门，每扇门上各雕刻着四大天王座像。乾隆的主要墓室是地宫最后的部分，正中宝床上停放他的金棺，东侧为两位皇后（孝贤皇后和嘉庆帝的母亲孝仪皇后）的灵棺，3位皇贵妃的棺木位居两侧。

退而不让的太上皇

天无二日，国无二主。嘉庆即位后，乾隆帝宣布退位为太上皇帝。虽然退了位，但是他仍用"朕"为自称，谕旨称为"敕旨"。按照道理来讲，"太上皇"是不应该过多干预政事的，但是乾隆帝规定，"寻常事件"由嘉庆自行处理，一旦有军国要事和涉及到官员任免的事宜，则仍由他亲自指导，甚至是亲自进行处理，凡是新授府道以上官员，叩谢完皇上之后，还要前往太上皇那里磕头谢恩。此外，乾隆每天还对嘉庆进行"训谕"。《朝鲜正宗实录》就记载，乾隆曾对宠臣和珅说："朕虽然归政，大事还是我办。"和珅拟写政令奏请嘉庆批复，嘉庆也说："惟皇爷处分，朕何敢与焉。"由此可见，乾隆虽然号称归政于嘉庆，实则仍然掌握大权，嘉庆当时不过是个牵线木偶。

本来嘉庆即位改元后，全国上下、紫禁城内外，都应该统一使用嘉庆纪元，可宫廷中还是用乾隆年号。嘉庆帝即位后，钱币应该改铸"嘉庆通宝"。可乾隆龙驭上殡之前的那几年，乾隆、嘉庆两个年号的通宝各铸一半，同时流通。

据相关史料记载，退位后的乾隆帝，本应住在宁寿宫，把养心殿腾出来给新皇帝住，但他拒绝从象征着国家最高权力的养心殿中迁出，把嘉庆赶到毓庆宫去住，赐名"继德堂"。

每逢早朝，太上皇乾隆经常仍然端坐于御座之上接受百官朝贺，皇帝嘉庆则在一旁陪侍。朝鲜有使臣朝见大清皇帝，根据目击记述道：（嘉庆）侍坐太上皇，上喜则亦喜，笑则亦笑……（赐宴时，嘉庆）侍坐上皇之侧，只视上皇之动静，而一不转瞩。赵尔巽编写的《清史稿·仁宗本纪》也记载："（嘉庆）初逢训政，恭谨无违。"

乾隆虽然禅位，但仍把持大权，并且权利欲极重。嘉庆即位后，为了表示对儿子的祝贺和信任，乾隆本来打算召嘉庆的老师——时任广东巡抚的朱珪回京任大学士。朱珪为官素有清誉，当年在朝中就经常与恃宠弄权的和珅发生冲突。和珅认为朱珪一旦回京，将对自己构成极大的威胁。因此，他想方设法获得了嘉庆为朱珪而作的尚未写完的贺诗，拿给乾隆，声称嘉庆正迫不及待地培植自己的势力。乾隆深以为然，大为恼火，当即很不高兴地问身旁的军机大臣董诰如何处理。幸亏董诰是忠正之人，当即表示：嘉庆帝作的诗无非是向老师表示祝贺。身为学生，向即将得到升迁的老师表示祝贺，这是学生的本分，并无不当。乾隆这才不予追究，但也搁置了对朱珪的升迁。可见，乾隆皇帝对于身边臣子的信任已然超过嘉庆皇帝，嘉庆帝的一言一行都在太上皇的控制之内。

乾隆皇帝即位之初发誓不敢与康熙在位年数相同，在当时倒也是诚心诚意。但随着逐渐成为乾坤独断的一代帝王，长期说一不二的乾隆已经迷恋上了掌权的感觉，舍不得放手了。因此，此时的乾隆实际是"退而不休"，坚持"发挥余热"，希望在有生之年继续风光无限地把朝政把握在自己的手中。

其实，乾隆对于自己的长寿早有预感，因此在选择接班人的时候也以对他言听计从为标准。乾隆之所以如此谨慎，也是吸取了历史的教训。

话说嘉庆

嘉庆帝颙琰系清朝的第七代君主、入关后的第五位皇帝，在他执政二十五年（1796～1820年）期间，正值拿破仑活跃于法国的政治舞台，带领士兵征战驰骋欧洲战场。但是他非但无法与西半球的拿破仑相比，即使与清朝前期的几位很有作为的皇帝相较，也相去甚远。他所处的时代盛极而衰，道德败坏，纲纪废弃，内乱蜂起，各级官吏只知敷衍塞责，诸般政事，因循守旧，懒惰懈怠，带兵的大臣与将领更是厚颜无耻，营私舞弊，中饱私囊。这样，兵不可以战，民不聊生，腐败不堪的清朝犹如黄河决堤，一发不可收拾，险象环生。嘉庆在如此困难的条件下开始执政，其艰难可想而知，时代维艰，他很难在政治方面有大的作为。

乾隆二十五年（1760年）十月初六，嘉庆出生。按照清朝的祖宗之法，嘉庆皇帝一生下来就应分府居住，但他却有幸一直在深宫中成长，并且能够陪同在乾隆左右。嘉庆元年（1796年），乾隆帝禅位，在传位诏书中称："皇太子仁孝端醇，克肩重器，宗祐有托，朕用嘉焉。"从颙琰的前后表现看，他也的确是嗣皇帝的最佳人选。清朝政府历来都十分注重对皇子的教育和培养，史称嘉庆帝自六龄就傅，拜兵部侍郎奉宽为师，年十三，通五经，学今体诗于侍郎谢墉，学古文、古体诗于侍讲学士朱珪。嘉庆帝无疑是在严格的宫廷教育下成长起来的。另一方面，清王朝一代一代的皇子贵胄生于深宫，长于妇人之手，聪明才智和社会阅历的缺乏极大限制了他们，致使他们的知识结构极不完善，过于褊狭，嘉庆帝连蝗虫都不认识，便是一例：

嘉庆九年（1804 年）六月，嘉庆帝初秋时候去太庙祭祖，斋戒三日。当时风闻北京附近蝗虫飞集。嘉庆帝即下令直隶总督颜检查明此事，并核实具奏。颜检却敷衍塞责，谎称已经全部扑灭蝗虫，居然大胆妄称蝗虫不吃庄稼，唯食青草。此时，嘉庆帝早已过不惑之年，然而他不知道蝗虫的模样，以什么为食。官吏企图蒙混过关，孰料老天有眼，一只蝗虫竟然飞进斋宫，堂而皇之地停留在御案上，惊动了正在批阅奏章的嘉庆帝。他没有见过蝗虫，只能命人捉住，召集军机大臣们辨认。几位军机大臣经过一番推敲辨认，一致认定确实是蝗虫。随即太监又在宫内连抓十余只。嘉庆帝认为是上天恩赐，才使自己有幸一睹蝗虫，十分感叹，赋《见蝗叹》诗一首，并将捕捉的蝗虫与诗稿一并送交直隶总督颜检，严令其立即招集人员捕灭蝗虫。

其实嘉庆并不乏聪明才智，也很勤政，而且他从未像乾隆帝那样畋游无度，更不曾声势浩大劳师糜费地南巡。他曾经偶尔回忆起和父亲一起到南方巡游，不免对江南美好风光流露出留恋之情，苏州籍大臣吴熊光马上上书极力劝谏："苏州惟虎丘称名胜，实一坟堆之大者！城中河道逼仄，粪船拥挤，何足言风景？"对吴熊光这番"坟堆""粪船"之言，满朝文武都噤若寒蝉，可是嘉庆帝却不以为忤，虚怀纳谏，此后也再未起南游之念。

当年的朝鲜使臣对嘉庆帝的印象是："沉默持重，喜怒不形""引接不倦，虚己听受"，还说他"状貌则肉多骨少，而颇有和气。政令则凭之传说，虽未可详知，然大抵以勤俭见称"。确实是这样，嘉庆帝停止了对行宫的修葺工作，禁在内城演戏，提倡节俭，当了二十五年的皇帝，只举行过十次秋狝大典。

嘉庆九年（1804 年），江南大吏奏请在江南各书院颁发《御制诗文集》，嘉庆帝以"朕之政治即文章，何必以文字炫长耶"为由拒绝，可见他政治上并不是没有主见。更为难得的是，他非常清醒地认识到其父贬下褒上的秕政和自己亲政之后"因循怠玩"的官场恶习的极大危害性，曾表示要厉行节俭，实行休养生息的政策。他深知最大的弊端在于官吏不思进取"因循怠玩"。嘉庆十八年（1813 年），京师发生禁门之变，嘉庆帝痛心疾首，痛定思痛，对川楚白莲教起义、滑县天理教的反乱以及禁门之变这种危及社稷的肘腋之乱的大事进行了深刻反省。嘉庆帝对"因循怠玩"的这种官场恶习深恶痛绝，并多次指出其危害性，告诫群臣。他更深知"因循怠玩"导致政府行政能力低下。鉴于这种局面，嘉庆决定发动一场整饬吏治的运动，奈何他彻底变革的决心不够坚定，驾驭群臣的手腕不够娴熟，反而求全责备有胆有识敢于变革的大臣，这样使得大臣的优点无从发挥，更坐失了彻底整顿吏治的良机。翰林院编修洪亮吉曾上书军机王大臣，针贬时弊，如果能够顺应形势，加以引导，未尝不可以对贪官污吏进行一定程度的肃清，但嘉庆帝反而认为其书有讥讽之言，反以"洪亮吉平日耽酒狂纵，放荡礼法之外"相责难。嘉庆帝自从乾隆帝手中接过皇位，便有一种很深危机感，也意欲改变现状，但又不能摆脱"朕缵承统绪，夙夜勿报遑，以皇考之心为心，以皇考之政为政"的既定国策的限制，无法大胆变革彻底整顿，加上内乱纷扰，终日惶恐不安，在秕政与改革之间犹豫不决，欲进不能，欲罢不忍，让改革的机会一次又一次从手边逝去，颇为遗憾。

谨守祖业的守成之君

——清仁宗嘉庆帝

□帝王档案

⊙姓名：爱新觉罗·颙琰
⊙属相：龙（1760 年）
⊙年号：嘉庆
⊙在位：1796~1820 年
⊙享年：61 岁（1760~1820 年）
⊙庙号：仁宗
⊙谥号：受天兴运敷化绥猷崇文经武孝恭勤俭端敏英哲睿皇帝
⊙陵寝：昌陵（清西陵）
⊙配偶：15 人，皇后喜塔腊氏
⊙子女：5 子、9 女
⊙继位人：旻宁（道光）

嘉庆皇帝遇刺案

清廷入关后统治中国260余年，自顺治至宣统，先后共10位皇帝，其中，有两位皇帝遭遇到刺客的刺杀，那就是雍正帝和嘉庆帝。如果说，雍正遇刺，究竟有没有发生过，属不属实，证据不足，很难判断，已成疑案的话，那么，嘉庆帝遇刺则是千真万确，铁案如山，嘉庆帝尽管并未受伤，然而，从当时奏章档案看，嘉庆帝遇刺原因，仍是一团迷雾，难以分清。

嘉庆八年（1803年）闰二月二十日，嘉庆帝从圆明园上马，带着随从、侍卫，进入了神武门（今故宫博物院门）后下马换乘御轿，一切都显得很平静，没有任何征兆，加上此处已是皇宫禁地，跟班侍卫们都未提防。突然，从神武门西厢房南墙冲出一条大汉，朝嘉庆帝所乘御轿直扑过来。事出仓促，侍卫及近驾的人们都没注意到这位大汉。一时间，那人已奔至近前，皇帝的随从及侍卫这才注意到，大汉手里握着一把短刀，面露杀机。跟在嘉庆轿旁的定亲王绵恩立即感到事情不妙，迎面上前阻拦。岂知，那人来势极为凶猛，举刀便刺，绵恩衣袖被扎破，未能拦住那人。

从那人的来势及出手的招式中，人们已经看出，此人武功根基颇为扎实。这时，紧随皇帝的固伦额驸亲王拉旺多尔济、御前侍卫丹巴多尔济等5人，急忙一齐奔出，拦住来者去路，展开搏斗。这些跟班侍卫，都是皇家精选的大内高手，颇有功力，但那刺客身手极为敏捷，将侍卫丹巴多尔济身上扎伤三处。但卫士们经过长期训练，配合默契，各携兵器，以五敌一。除非是绝顶武林高手，否则是无法长久抵挡的。果然，卫士们以多打少，不出几个回合，已夺下刺客短刀，将其生擒。嘉庆帝事后虽然声称自己在轿内，对当时发生的事情毫不知情，但相距一箭之地，搏斗之声及迎驾、护驾者的惊恐之声，应当是听见了的。这是他登上皇位以后首次遇到刺客，可以想象当时他的惊恐之状。

皇宫生变，大内遇刺，刺伤侍卫，扎破亲王衣服，刺客距嘉庆御轿已经很近，皇帝虽有惊无险，但此事在朝廷内外引起极大的震动，成为当时一桩大案。

事变发生的当天，嘉庆帝先下令军机大臣会同刑部审讯要犯，但毫无结果。又下旨：此案着派满汉大学士、各部尚书并原派之军机大臣，会同刑部严审定罪。在刑讯逼供之下，刺客终于开口。

据供，刺客姓陈名德，47岁，北京人。陈德父母是镶黄旗人松年的家奴。因主家迁往山东，陈德自幼便和父母一起到了山东，成年后亦以给富豪人家当差为生。父母死后，陈德于乾隆末年到北京投靠亲戚，先后给五户人家当差为奴。案发前，陈德跟上了粤海关回京的王姓官僚的家人孟明，充当厨子，在孟家当差5年。不幸，陈德妻子病死，80岁的瘫痪岳母、两个未成年的儿子都需要他来照顾，维持生计，日子越发艰难。至本年二月，孟家因嫌陈德吃饭人多，能干活的人少，将他一家赶出。

据陈德供称，一家被赶出后，生活没有着落，只有投亲靠友，受人接济，几次搬家，无奈连个差事也找不到，因此产生了寻死的念头。本月十八日，将15岁的长子禄儿从雇处叫回，团聚一两天，然后准备自寻短见。但转念一想，自去寻死，"无人知道，岂不枉自死了"。于是，想去行刺皇帝，这样死也死得轰轰烈烈，惊天动地。

二十日晨，陈德带着长子禄儿出门。次子对儿问他父亲去哪儿，他随口便回答说，去替他也找个做工的人家。他怀揣短刀，先去酒店喝了两碗酒，然后带着禄儿从紫禁城东华门混进了皇宫。路上，禄儿问父亲要去找什么人，陈德不答，又说自己一会儿就要死了，让他千万不要认尸。禄儿一再追问原因，陈德只回答说，一会儿你就知道了，你不要管。父子从宫内夹道来到了神武门，夹在迎驾的人内。随后，就发生了行刺皇帝未遂之案。禄儿见势不好，马上逃走，不久亦被抓获。

嘉庆皇帝和会审各大臣明显不满意陈德的供词。一个失业厨子，生活固然艰难，但仅凭死得更壮烈、更轰动的念头就行刺皇帝，而且没人主使，也没有帮凶和同谋，实在是不可理解。而且，皇帝行动时间他为什么会如此清楚，皇宫守卫极为森严，他又是如何混进去的呢？于是，嘉庆帝命令大臣们加紧严审逼供，把陈德供词中提到的所有人员逮捕和传唤来。

不料，陈德的两个儿子、借住房主之保甲黄五福在被审讯时，均称并不知晓陈德行刺事，只说陈德最近几天都出去找当差的事做，很晚才回家。为了查清为何陈德如此熟悉宫中的情况，传讯了陈德过去的雇主、内务府包衣达常索。据称，达常索过去在宫中侍候过诚妃娘娘，让陈德陪同其进宫送过碗盏杂物。陈德当时还与太监杨进喜一起办过车辆事宜，这已经过去几年了。又传讯太监杨进喜，据称已有数年未见过陈德。

至二十一日，陈德好友王四、次子对儿等被提审，但仍然毫无进展。又严加审讯陈德，拷问其皇上昨日还宫消息及在御花园外换乘御轿之事是如何得知的。据陈德口供，他正想要自寻短见，又犹豫再三，寻思这样死去很不值得，正在这时，街上垫土铺路的人说起二十日皇上还宫的消息，被他偶然听到，这才有了行刺皇帝的想法。原来，从圆明园到皇宫，其间有些路段为泥土路，皇帝御驾经过之前，一般都会先派人铺垫打扫，陈德据此知道了皇帝的还宫时间。至于皇帝从何门入宫，在何处换轿，他声称并不知晓，是进了东华门之后，向宫内下人们打听才得知的。陈德还供称，自己只想到如果惊了圣驾，肯定当时会被乱刀砍杀，死也死得痛快。

审讯大臣对陈德的供词半信半疑，再次刑讯逼供，陈德反复交待，但仍然是所供的那些内容，又不敢动用重刑，人犯若死，干系甚大。只能多次提审陈德过去的几家主人、朋友、两个儿子等，并继续刑讯陈德。二十二日刑审了一天，方才得到了一些新的情况，即案犯陈德最近一段时间没有找到差事，情绪一直不好，一次在酒店与人口角，曾经动刀，扬言要杀人，经人劝解，才未酿成大祸。至于受何人指使入宫行刺皇帝，仍说不出所以然来。

二十三日，嘉庆帝下令加派九卿科道官员会审此案。二十三、二十四两天，加紧刑讯陈德及有关人员。所有相关人均称不知道陈德行刺过皇上，原因更是一无所知。而陈德在酷刑拷问之下，供称自己多次做过好梦，梦见要发大财，并且有黄龙袍加身，又抽到好签，想到自己如此一身好武功，如能入宫惊了圣驾，自然会得好处。至于主使及同谋，陈德始终坚持没有，并说不敢胡乱攀扯。

连续几天，增派会审大员越来越多，施用的刑罚也越用越严，然而案情却一筹莫展。但宫廷内外，均已知道二十日皇上遇刺之事，一时流言纷传，甚至有人开始胡乱推断，陈德的主谋、同党会是朝中哪些大臣，说得有板有眼。审案的官员们也很担心：不用严刑，害怕皇帝怪罪自己不认真办案；用刑过重，人犯若死，就断了线索，也难免不获罪；更可怕的是，如果严刑逼问之下，那陈德随意说出几个在朝大臣来，很可能会引起一场政治上的混乱。何况陈德曾在许多官员、富豪家中当差为奴，很可能是知道了一些官员的情况。审案大臣真是骑虎难下，不知道如何办是好。而朝野上下也议论纷纷，一些过去被嘉庆帝整治过的官员也惶惶不可终日，万一皇上怀疑自己，如何是好。

朝野上下这种议论，嘉庆帝也听到了一些风声。他感到，这宗案子应马上结案，拖下去极为不利了。如果案犯坚持不招供，参与审案的一大批官员将受到办案不力的谴责；如其随便指出一些朝中大员是主使人，势将引起政治动荡。于是，嘉庆帝断然下令停止审讯，立即结案，以稳定局势。

二十四日当天，内阁明发嘉庆帝圣旨：陈德行刺皇帝一案，审办诸大臣已经劳心费力了，对其主使、同谋及党羽穷究不舍，一片赤诚之心，忠君为国，必应如此。朕即位已有八年，虽然没有实行太多的仁政，却也从不妄行杀戮，朝野上下，非朕之臣民即朕之兄弟子侄，朕不忍心无端猜忌任何一人。至陈德行凶，有如狂犬伤人、鸱枭食母，主使不一定必有，同谋也不会太多，如果一味穷究不舍，恐怕牵连无辜，酿成大乱。即使朕不究问，终是疑案，如是，则损失甚大。现令将陈德及其子定罪，并对护驾有功人员进行奖赏，迅速结案。

谕旨由内阁明发，朝廷大臣才定下心来。同日，参与审案的军机大臣、各部尚书、刑部官员及九卿、科道官，列衔共同拟定结案奏疏，立即得到批准。陈德被凌迟处死，其子禄儿、对儿均被处以绞刑，其岳母年过八十，不再追究。所有护驾有功的定亲王绵恩等，均加封晋爵或受上赏，按责任轻重处罚守宫门不严的护卫、巡查不力的有关人员。今后，皇宫各门加强保卫稽查，御驾出入，严密护卫。

这场轰动朝廷内外的谋刺皇帝的大案到此就基本完结了。

英国侵华的加剧

图居澳门事件

英国多年以来一直苦于在对华贸易中没有立足之地，希望在中国沿海获取一个据点。马戛尔尼使团来华时就曾正式提出：在舟山附近指定一个未经设防的小岛给英国商人使用，以便英国商船停泊，存放货物，并允许英国商人在那里居住。这一无理要求严重侵犯中国主权，具有侵略性，当然遭到乾隆帝的严辞拒绝。但英国方面并未善罢甘休，他们又打起被葡萄牙人窃据多年的澳门的主意。嘉庆七年（1802年），英国兵船借口防止法国海军侵占澳门，来到伶仃洋面，准备随时上岸。两广总督吉庆"当即饬谕英吉利夷船回国，毋许登岸"。由于这次英国兵船没有异动，并且全部从中国海域离开，双方冲突没有触发。

嘉庆十二年（1807年），法国入侵并占领葡萄牙。英国担心法军侵占澳门，于是，海军少将度路利受英印总督派遣率兵三百到中国来。度路利到达中国海域后，不顾清政府尚未同意，葡萄牙人又极力反对，度路利擅自率领部队在澳登陆，并侵占了3座炮台，并"总以保护西洋人为词，迁延不去"。这分明是"阳借保护之名，徐图占据"。广州当局屡次劝导英人撤兵，英方均置之不理。在这种情况下，两广总督企图用停止贸易的办法逼英国人顺从，下了封舱令。然而度路利毫不示弱，摆出强硬对抗的姿态。无视清政府规定军舰不得进入黄埔，率3只兵舰驶入虎门，在黄埔停泊下来。与此同时，英印总督先后共派出13艘兵舰，登陆士兵达760名作为增援。不久度路利又率领兵弁水手200多人，驾舢板艇30多只，由黄埔驶至广州城外13行停泊，求见两广总督，"声称恳请总督奏明大皇帝，如蒙允准，在澳寓住"。几天后，英国人的数十只舢板又前来，想从十三行运些伙食。清军开炮将其吓退。这时嘉庆皇帝已经向吴熊光传出谕旨，命令他晓谕英人迅速撤兵，不可停留，"倘有不遵，统兵剿办"。吴熊光接旨后立即开始部署反击，度路利见势不妙，被迫宣称"情愿撤兵"。英船随后全数驶往澳门，并于次年撤离澳门。此后，由于英国陷于欧洲事务，只得把中国的事情撇在一边，才没有扩大事端。

刑事纠纷

鸦片战争以前，中英双方因英国人殴打杀害华人屡屡发生刑事纠纷。在这类纠纷中，中国作为主权国家，毋庸置疑拥有根据本国法律约束境内外国人的权力。然而，英国人罔视中国法律，一味袒护本国罪犯，制造了一系列中英冲突事件，主要有：

"天佑号"事件。嘉庆五年（1800年）正月，英国船只"天佑号"驶至黄埔。十八日夜间，一只中国小船在其船头抛锚多时，该船值班官员向其喊话，只因为小船没有回音，值班官员便命令哨兵开枪，船上的中国人一名被打伤，一名落水。事后，中国官员向英国大班要求交出开枪人，遭到英方拒绝。二月十八日，英国船长偕同证人来到广州城，接受广州知府、南海县令等中国官员的审讯。英方坚持说因为该中国船只有偷窃嫌疑，英方才开枪，竭力洗脱凶手的罪名。10天后，清朝官员不知出于什么原因，态度忽然转变，取消了审讯，承认落水者系"自行失足落水"。英国人只受到口头警告，以后不得随意开枪。这个案件就此草草结案。

"海王星"号事件。嘉庆十二年（1807年）一月，英国船只"海王星"号上的一群船员酒后斗殴，数名华人被打伤，一人被打死。粤海关监督获悉此事后，命令不许英船出港，并追令英方交出凶手。不久查定杀人主犯是英人爱德华·申恩。英国方面极力袒护凶犯，仅同意以罚金论处，并且还得将其监禁在英国船上。该船离开广州时，其船长拒绝了清朝官员把申恩留下的要求。凶犯被英国人带回澳门圈禁起来。一年以后就被释放，只交了四镑罚金。

商欠纠纷

商欠案是指中国行商与外国商人的债务纠纷，即因中国行商无力及时偿还预借英国商人的债款而引起的涉外商务案件。从18世纪中期以后，商欠作为一个国际商务问题，日益变得严重，直到鸦片战争爆发，也没能妥善解决。虽然清政府早已明文规定禁止行商向外国商人借钱和拖欠款项，但在缺乏近代金融信贷制度的中国封建社会里，一些行商资本薄弱，缺乏必要的周转资金，有时为解燃眉之急，不得不向外商，尤其是英国商人借贷。然而，英国商人所发放的借款不是普通的商业借款，而是用复利滚进的高利贷借款。行商借款恰如自掘坟墓，一旦英商感到债务人资不抵债，他们就会诉诸清政府，请求政府出面解决商欠问题。清政府对于揭露出来的这类案件，虽然能够以行政命令限期厘清商欠，却不能从根本上消除商欠存在的根源。

嘉庆年间，时有商欠案发生。嘉庆十四年（1809年）有因万成行行商沐士芳拖欠番夷货价24万余两而起的沐士芳案。同年还有会隆行行商郑崇谦负债近百万两和达成行行商倪秉发负债40余万两两个大案。嘉庆十五年（1810年）有七行案，查出11家行号中7家欠债，欠债共百余万两。对于商欠案，清朝政府的处理办法一般是以财产变抵，不足之数分年摊还。道光之前，商欠案尚未引起中英双方太大的争执和冲突。

嘉庆帝整饬吏治

限制进贡

统治阶级过分聚敛财富而激化社会危机是清朝中衰的根源，对此嘉庆帝深有体会，因此他一开始亲政，便从自身做起，下诏限制进贡，希望老百姓能够以此避免官吏的额外剥夺。

嘉庆四年（1799年）正月十五日，嘉庆帝亲政伊始，就总结太上皇禁止进贡珍宝古玩的禁令未得贯彻的原因，认为"只因和珅揽权纳贿"，终造成"屡经禁止，仍未杜绝"的局面，故下诏重申："试思外省备办玉铜瓷书画插屏挂屏等件，岂皆出自己资。必下而取之州县，而州县又必取之百姓，稍不足数，敲扑随之。以闾阎有限之脂膏，供官吏无穷之朘削，民何以堪。况此等古玩，饥不可食，寒不可衣，直粪土之不若，而以奇货视之可乎？国家百数十年来，升平昌阜，财赋丰盈，内府所存陈设物件，充牣骈罗，现在几于无可收贮之处。且所贡之物，断不胜于大内所藏。即或较胜，朕视之直若粪土也。朕之所宝者，惟在时和年丰，民物康阜，得贤才以分理庶政，方为国家至宝耳。"再有"年节王公大臣督抚等所进如意，取兆吉祥，殊觉无谓。诸臣以为如意，而朕观之转不如意也，亦著一并禁上"。嘉庆帝的三令五申在朝野上下却没有引起什么反响。就在当年的八月，福州将军庆霖置禁令于不顾，仍然依照旧例进贡。嘉庆帝十分恼火，斥责官场上这种阳奉阴违的习气，多年积累之下已经难以冲破，认为这种机巧逢迎，钻营附势实在祸国害民。他在宣谕中再次进行剖白："朕如此披诚训谕，而内外臣工，多有不能深信朕者，必欲陷朕好货之名，快其私愤，便其私图，虽系以小人之心，度君子之腹，不足与较，然朕之苦衷，亦不可不宣也。"庆霖被革职留任，作为后人教训。然而，嘉庆五年（1800年），皇三子上学，肃亲王永锡不识鉴诫，仍预备玉器陈设等物，派肃王府太监，私下转交皇后馆房太监递进。嘉庆帝得悉，下旨严责，令将进呈之物，当面掷还永锡。

嘉庆四年（1799年）正月十九日，嘉庆帝又禁止役使新疆叶尔羌民众采玉，革除了乾隆末年的另一弊政，命令就地抛弃已采玉石，采玉民众首领赏给缎匹，百姓赏给银两。上谕传至叶尔羌，采玉民众兴高采烈，内地的玉价却备受打击，骤降十之七八。

下诏求言

下诏求言是嘉庆帝整饬吏治的又一措施。嘉庆帝亲政之后，即晓谕九卿科道、内外臣工，以及庶民布衣奏事言政，以便疏民隐，理庶政，监督吏治。这种做法值得称道的地方就在于广开言路，放开了对批评的钳制。尹壮图曾因忤逆乾隆帝而遭遭，嘉庆四年（1799 年），嘉庆帝将其召回北京，希望直言参政。尹壮图将回到京城，旋即上书奏称："现今所急者川省军务，尤莫急于各省吏治。吏治见澄清，贼匪自然消灭。贼匪不过癣疥之疾，而吏治实为腹心之患也。以今日外省陋习相沿，几有积重难返之势，惟在亟宜剔刷，破格调剂，庶乎有益，似非徒仗雷霆训谕所能耸其听也。臣以为除弊者不能搜其作弊之由，则弊终不可除。治病者不治其受病之根，则病终无由治。伏查乾隆三十年（1765 年）以前，各省属员未尝不奉承上司，上司未尝不取资属员，第觉彼时州县俱有为官之乐，间阎咸享乐利之福，良由风气淳朴，州县于廉俸之外，各有陋规，尽足敷公私应酬之用。近年以来，风气日趋浮华，人心习成狡诈。属员以夤缘为能，上司以逢迎为喜，踵事增华，夸多斗靡，百弊丛生，科敛竟溢陋规之外，上下通同一气，势不容不交结权贵以作护身之符。此督抚所以竭力趋奉和珅，而官民受困之原委也。"尹壮图官场潦倒，在地方上蛰居了 10 年，再没有指摘最高统治者的锐气。但是他对问题看得很透彻，视吏治败坏为心腹大患和社会败坏的根源，值得赞赏。大学士王杰可以说是朝廷中头脑最清醒，最奉公守法的大员，他也上疏表达了与尹壮图大体相同的见解，奏请皇帝"追溯旧章""博访众论""思至当之方"改革流弊，肃清驿站，"以杜亏空""以挽积重之势"。

王杰与尹壮图等在上疏中说的，裁陋规，倡节简，讲求爱民之术，奖擢清廉之员，都是以维护统治阶级的根本利益为宗旨，以保清王朝江山永固为目标的，与嘉庆帝整饬吏治的初衷相统一，故得到褒扬鼓励。翰林院编修洪亮吉上书军机王大臣直言政事，就没有这么好的运气了，洪亮吉奋笔从"风俗则日趋卑下，赏罚则仍不严明，言路则似通未通，吏治则欲肃而未肃"四方面，对嘉庆帝整饬吏治"当一法祖宗初政之勤，而尚未尽法。用人行政，当一改权臣当国之时，而尚未尽改"加以批评。他明说自嘉庆帝四年"三四月以来，视朝稍晏"，而"退朝之后，俳优近习之人，荧惑圣听者不少"，身边唯一没有的就是敢于直言提出意见和建议的人，坦率地陈说，"犯颜极谏，虽非亲臣大臣之事，然不可使国家无严惮之人"，认为现今办事缺乏效率，

"处事太缓","千百中无一二能上达者,即能上达,未必即能见之施行",况"以圣天子赫然独断"欲了结一事尚属不易,"事事不得平者,不知凡几"。因此提出"设官以待贤能",凡召见"必询问人材,询问利弊",提倡"集思广益之法",因为即便圣明如"尧舜之主,亦必询四岳,询群牧。盖恐一人之聪明有限,必博收众采,庶无失事"。这一疏稿,浩浩荡荡,针砭时政,切中肯綮,精辟入理,在清代谏章中也属凤毛麟角。但疏稿中"视朝稍晏""荧惑圣听"之语,以及重新起用"严惮之人""犯颜极谏"的建议,被视为"指斥乘舆",忤逆犯上,部议照大不敬律准备判处他斩决。嘉庆帝虽怒其语戆,仍放其一条生路,将其发配伊犁充军。洪亮吉一心报国,将身家性命置之度外,终因上疏而被惩处。而嘉庆帝亲政之初,大张旗鼓地"诏求直言,下至末吏平民,皆得封章上达",到头来则自己缺乏贯彻的度量,始倡终弃,自然与预期相去甚远,就连他自己也发现"罪亮吉后,言事者日少",特别是"于君德民隐休戚相关之实,绝无言者"。

言路虽然"似通而未通",嘉庆帝下诏求言之举毕竟撬松了清朝由来甚久的思想钳制政策。后来的知识分子更由此找到呼吸的缝隙,"相与指天划地,规天下大计",清朝万马齐喑的沉闷得以改观。

整饬失败

嘉庆帝整饬吏治的结果,恰似他广开言路的努力,可谓靡不有始,鲜克有终。因此,嘉庆朝的吏治与乾隆末叶相比,好不到哪儿去。官吏串通舞弊,贿赂公行,肆无忌惮。嘉庆十四年(1809年)淮安府报灾办赈,江南总督派候补知县李毓昌查赈。当时,查赈官大多敷衍了事,甚至更敲诈索贿,上下相蒙,亟亟营私。但李毓昌却是个办事认真的人,查出山阳县知县王伸汉捏报户口,浮冒赈款3万两。王伸汉急忙用重金去贿赂李毓昌,遭到拒绝。王又忙请知府王毂出面说情,再次被拒。王伸汉做贼心虚,恐丑事外场,就买通李毓昌的仆人,夜进毒酒,再用布带将李毓昌勒死。次日,知府王毂收受王伸汉白银一千两,草草验尸,以李毓昌自缢上报完结此事。李毓昌的叔父见死者身有血迹,疑点很多,便赴京告状。这一山阳县杀官灭口案真相大白后，嘉庆帝命斩王伸汉，绞王毂，恶仆受极刑。一波方平，一波又起，这年冬天，京城又发生一起大案。三个工部书吏私雕假印，捏造事由向户部三库及内务府广储司领取银两。帑银领取的手续相当严密，先要工部尚书签押，然后通知户部，经过户部大员复查之后，才能领得帑银。但是朝廷大员因循惰玩全不以政务为重，书吏们便串通一气巧为谋划，专趁朝廷大员宴饮谈笑之时，送上文稿。大员随手画押，有时甚至由幕友代画。这些书吏用这种办法先后领取总计达上千万两之巨的白银。事情败露后，为首3人当即处斩，从者2人秋后处决，余犯7人发往黑龙江为奴。工部、户部尚书因为玩忽职守被降职处分。嘉庆二十四年（1819年），更有兵部失印大案。

自嘉庆帝决心整饬吏治，严格规章制度起，历时20余年，至嘉庆二十五年（1820年），他仍在慨叹"怠惰玩公，积习甚为可恶"，足见求治与整肃根本没有效果。

加强海防，查禁鸦片

防范侵略

嘉庆帝在当政的20多年中，除了着力于内政的整饬和全力扑灭农民起义而外，由于西方资本主义势力的东侵，他也不得不处理棘手的同资本主义国家的关系问题。

嘉庆十年（1805年），英国有4只护货兵船来到了广州，同时还给大清皇帝带来一封英王书信，信中表示英国愿意出兵帮助大清剿除起义军。嘉庆帝对英国的这个举措表现了高度的警惕，对英王文书中的出兵意向，他明智地加以拒绝，表示："海洋地面，番舶往来，原应内地官兵实力查缉，焉有借助外藩消除奸匪之理？"同时，嘉庆还谕令粤督倭什布严密防范："护货兵船向来必有湾泊处所，总当循照旧规，勿令任意越进为要。"然后又对即将到任的粤督那彦成，"修明武备，整顿营伍……以慑外夷而靖海疆"。

嘉庆十三年九月，英国又借口帮助澳门葡人抵御法国，将带有炮械火药的兵船4只停泊在香山县属鸡颈洋面。随后这些兵船的300名英国士兵，公然在澳门登陆，占领了澳门东西炮台。后来，英舰见广州毫无准备，竟将兵船驶进澳门，停在黄埔，有一些士兵驾坐着三板船至省城外，总兵黄飞鹏一看有外国士兵乘船靠近，便向那几条船开炮示警，轰毙英兵1名，伤3名，英军被迫陆续撤退。嘉庆帝接到澳门传来的奏报十分重视。为此，他严正声明，葡人与法人互相争杀，是他们之间的事，只要不妨碍我大清国，我们并不过问。但是，无论是中国与外藩都各自有一定疆界，我大清的兵船可从来没远涉外洋，到你们那屯兵驻扎。而你们英国兵船竟敢驶进澳门登岸居住，未免太冒昧了！他还一针见血地说：帮护葡人也好，效力"天朝"也好，统统不过是他们的借口，究其真实动机不过是找机会霸占澳门。他严正警告英国侵略者："即速撤兵开帆"，"若再有延挨，不遵法度，则不但目前停止开舱，一而即当封禁进澳水路"，"并当调集大兵前来围捕"。同时，他又以五百里特急谕令，命令粤督吴熊光："边疆重地，外夷竟敢心存觊觎，饰词尝试，不可稍示以弱。""当密速调派得力将弁，统领水陆官兵，整顿豫备，一有不遵，竟当统兵剿办，不可畏葸姑息，此事于边务夷情，大有关系。"然而粤督吴熊光、粤抚孙玉庭只顾惦记着税收一事，并没把边防重视起来。嘉庆非常生气，传谕申斥粤督吴熊光、粤抚孙玉庭"懦弱不知大体"。他认为，一个国家的边防重地"任令外夷带兵阑入，占据炮台，视为无关紧要，不知有何事大于此事者？"嘉庆帝将严重失职的吴熊光革职，并于十四年三月将其遣戍伊犁，孙玉庭革职罢归。英国侵略者面对戒备森严的广东海防，只好"开帆远去"。

十四年，贸易季节来临时，嘉庆帝指示新任粤督百龄：英吉利"素性强横诡诈"，"于本年该国货船到时，先期留心侦探，如再敢多带夷兵欲图进口，即行调集官兵相机堵剿。"

以上情况表明，嘉庆帝对来自西方的侵略者保持了高度的警惕，实行了坚定明确的抵御政策。

这件事过后，英国护货兵船并没有把嘉庆的警告当回事，仍不遵定制，不仅不停泊外洋，有时甚至将兵船驶至虎门。十九年二月，嘉庆帝令现任粤督蒋攸铦：如果英船再违定制，就向他们开炮。同年，他批准了蒋廷铦提出的防备方案，采取"坚壁清野"的措施，对中外贸易交往作了以下规定：严禁民人私为夷人服役；洋行不得搭盖夷式房屋；铺户不得用夷字店号；清查商欠不得滥保身家浅薄之人承充洋商；不准内地民人私往夷馆。在加强广东方面防备的同时，对居住京师的外国人也加强了管理。当时，在京师充当钦天监监正、监副，以及在内阁充当翻译的外国人计11人。十六年，嘉庆帝饬令其中4人回国，对仍居留京师的7人，采取措施对他们的行动加以限制。这些措施都是在英国兵船屡犯广东之后采取的，因而具有正当的防卫性质。

查禁鸦片

对于外敌入侵，嘉庆帝一直态度鲜明：人不犯我，我不犯人；人若犯我，我必犯人。对于从乾隆朝以来已逐渐成为社会公害的西洋鸦片流毒，嘉庆帝更是主张严加禁止。他对鸦片流毒造成的危害有清醒的认识。嘉庆十五年（1810年），广宁门巡役查获身藏鸦片烟6盒入城的杨姓烟贩，嘉庆帝严谕指出："鸦片烟性最酷烈，食此者能骤长精神，恣其所欲，久之遂致戕贼躯命，大为风俗人心之害，本干例禁。该犯杨姓，胆敢携带进城，实属藐法，著即交刑部严审办理"，并要求各部门及粤海关严行稽查。他根据当时"嗜食者颇多，奸商牟利贩卖接踵而来"的严重情况，采取一系列严厉措施加以禁止。

嘉庆十五年三月，为严断鸦片流入京城，除令崇文门税务机构于所属口岸稽查外，他又令"步军统领五城御史于各门禁严密访查，一有缉获，即当按律惩治，并将其烟物毁弃"。为杜弊清源，他命闽、粤督抚"关差查禁"，"毋得视为具文，任其偷漏"。

十六年三月，因湖北巡抚钱楷上疏力陈烟害，嘉庆帝再次指出："鸦片烟一项，流毒无穷，无赖匪类沉迷癖嗜，刻不可离，至不惜以衣食之资恣为邪癖，非特自甘鸩毒，伐性戕生，而类聚朋从，其踪迹殆不可问，大为人心风俗之害。"并要求各海关严加禁遏，一旦案发，"失察卖放之监督及委员吏役人等一并惩办不贷"。

十八年七月，他"申禁私贩鸦片烟，定官民服食者罪"。

二十年春天，两广总督蒋攸铦和广东巡抚董教增联合建议制定《查禁鸦片烟条规》：西洋商船到港待检查确无鸦片后，始准卸货；减免官员以往失察的处分，以免瞻顾；该管官查获邻境兴贩首犯及鸦片烟应按量议叙，200斤纪录一次，1000斤加一级，5000斤以上准送部引见，军民人等查获100斤以上赏银10两，以次递加，赏银由失察地方官赔交；有徇情故纵者立即拿问，兵差诬拿者以诬良治罪。嘉庆批准了这一章程，并降谕旨指出："鸦片烟流毒甚炽，当向该夷人等明白晓谕，断不准销售。嗣后夷船到澳，均须逐船查验，如一船带有鸦片，即将此一船货物全行驳回，不准贸易；若各船皆带有鸦片，亦必将各船货物全行驳回，俱不准其贸易，原船即逐回本国。"此后在禁烟杜源方面有较大的进展，粤省陆续查获一些烟案。

嘉庆帝对鸦片的严厉禁止，在当时对抑制鸦片的泛滥起到了一定的作用，对道光朝的禁烟运动也产生了深远的影响。可惜的是，大批朝臣官员们在吸食鸦片中欺上瞒下，一边禁毒一边吸毒，禁烟运动就成为"贼喊捉贼"的官场游戏。

除禁烟外，嘉庆对外商偷运白银出洋问题亦高度重视。十九年，苏勒额奏称：洋商每年将内地足色银两私运出洋，复将低潮洋钱运进中国，任意欺蒙商贾，以致内地银两渐形短绌，请严加禁止白银出洋。嘉庆帝认识到，若将内地银两每年偷运出洋百数十万，岁积月累，于国计民生均有关系，命令粤督立即查明每年洋商偷运白银出洋的实数，订立章程，严密禁止。

嘉庆朝的保守政策

禁止流民出关

嘉庆的关外垦荒政策，与他的禁矿政策一样消极和僵化。虽然他很重视农业，但他只许百姓在关内耕地，而禁止流民到关外垦荒。嘉庆十三年（1808年）九月，为了进一步严格控制内地民人出关耕垦，由盛京将军富俊负责制定了新的章程，规定关内民人出山海关至奉天所属各地，除得有原籍发给的关照一张，填注姓名及所往处所，到关验明放行外，还应有随身护票一张备查。若出山海关至威远堡法库边门外，则应有原籍关照两张，一照山海关存留，一照边门存留。经户部议复，准予施行。至于章程规定，从嘉庆十四年（1809年）正月开始，将各该处民人户口、地亩，责成通判、巡检、地保等分别立限详报，以防续有流民前往籍户诡添情弊。户部则认为是项规定尚不严密，应饬令该将军按每一季度派员清查一次，将有无增添之处，具结报部备查。嘉庆立即批准了户部议复的章程，同时指出："盛京地方设立边门，原所以稽查出入，用昭慎重，若听任流民纷纷出口，并不力为拦阻，殊非严密关禁之道。嗣后著照该部奏定章程，交该将军严饬守口员弁，实力巡查，并出示晓谕各处无业贫民，毋得偷越出口私垦，致干例禁。"这在嘉庆一朝禁止流民出关私垦诸章程中，属内容最为详尽、措施最为严密的一个。

限制对外通商

如果禁止开矿、禁止关外垦荒等政策只是嘉庆重农抑商或防止流民作乱的手段，那么限制货物出口和进口则是闭关自守政策的继续，它保护了封建经济，隔绝了人民与外界的往来和交流。但这种保守、消极的对外贸易政策，既不利于社会经济的发展，也不利于国力的增强。当然，这并非嘉庆的首创，而是乾隆以来所实行的"闭关政策"的延续，而自给自足的自然经济，就是这种保守政策的牢固基础。

嘉庆嗣位后，严守乾隆所定下的一口通商的僵硬政策，丝毫没有松动的余地。即使在广州港，也并非实行完全的自由贸易，除了由公行实行垄断外，还有诸多的清规戒律，一般是规定外国商船于每年五六月间抵粤，泊黄埔换货，限于当年九十月间回航返国，即使账目未清，亦须在澳门住冬结算。所以当时的广州港，充其量也不过是一个季节性的贸易市场而已。

并且广州港的贸易对象，虽无明文规定，但实际上主要是对欧美商人开放，至于像北方的俄国等，则显然是被排除在外的。

嘉庆十年（1805年）十月，俄罗斯两艘商船，经海道南航，先后驶抵广州港。这些不速之客的到来，给粤海关及当地官员出了一道难题。当时即将卸任的粤海关监督延丰，虽然知道"该国向在恰克图地方通市"，但鉴于船货已到，而且俄国商人的意图只在"省费图利"。恰好当时即将卸任的两广总督那彦成，远在潮惠一带巡视，不在省城，而新任粤海关监督阿克当阿又已到任，即将进行交接，延丰为避"意存推诿"之嫌，遂在征得广东巡抚孙玉庭的同意后，特意给予通融，在委派员弁的弹压稽查下，准令俄商在黄埔卸货。延丰觉得自己这样处理是尽职尽责的，又是合情合理的，只是对于以后如何处理类似事件，心中还没有多大的把握，于是上折奏闻，恳请嘉庆给予训示。可是他万万没有想到，嘉庆看到奏折后，大发雷霆，斥责延丰"专擅乖谬"，"所办粗率之至"，下令对此事严加追究。他认为"外夷通商，自有一定地界，不准逾越"，"此等交涉外夷之事，自当慎重办理"。甚至连俄国商船所载究系何项皮张，共带若干银两，欲转贩何项货物，该船经由几国，其导引者又系何国，该商货物是自办牟利、抑系该国王遣令贸易等等，嘉庆也谕令新任粤督吴熊光逐一查明，以递速四百里奏闻。

没过几天，嘉庆又急谕吴熊光："该商船如尚未卸货，即令停止纳税"，并晓该商，现奉有大皇帝谕旨，通市贸易，本有一定地界，不可轻易旧章，着即将船只货物驶回本国，不许在广逗留，亦不许转往别处港口通市。可是吴熊光和阿克当阿刚一接手，便同样犯了类似延丰的"错误"。因其时俄国商船已卸货完毕，称该国"地处极北，若遇风汛，遂致阻滞一年，叩请早给牌放关开行"。吴熊光等见他们"情词极为恳切"，又念及"该商等远赴重洋贸易，海洋风爪靡常，若俟奉到谕旨方准放行，设至船只阻隔经年，既非体恤远夷之道，并恐该国心生疑畏，亦多未便"，便会同孙玉庭、阿克当阿"再四筹商"，一致认为"抚恤外夷，自应示之以信，既经准其卸货，似又未便久阻归期，致失怀柔远人之意"。于是在查明该船"所贩货物系茶叶、瓷器，并无违禁物件"后，准其开船离港返国。这自然免不了受到嘉庆的严厉申斥，此事最后处理的结果：延丰受到革职，吴熊光、孙玉庭、阿克当阿以"办理未协，不能无咎"，均交部议处。嘉庆还再次申饬嗣后遇有该国商船来广贸易者，惟当严行驳回，毋得擅准起卸货物，以昭定制。

这一事件若从表面上看，好像是延丰等人没有遵守制度的问题，但其实质却是反映了清政府对通商口岸规定过窄，限制太死，缺乏必要的灵活性。嘉庆所背的"处处防夷"的思想包袱极重，以至于疑神疑鬼，把一些在普通商业贸易中所出现的问题，也作为对外的政治问题去处理，致使君臣之间的处理意见严重脱节。因此，过错并不在于粤省地方官员，而在于嘉庆的指导思想过于保守。类似这样的事，在嘉庆一朝屡见不鲜。这足以说明嘉庆在死守"定制"方面，思想已趋于僵化了。

十六年十二月，嘉庆帝颁布了《御制守成论》，中称："后世子孙，当谨循法则，诚求守成至理，以祖宗之心为心，以祖宗之政为政，率由旧章。"嘉庆帝谨守他父亲的闭关自守政策，虽然有利于封建专制主义的维护和巩固，但对于中国社会的发展起着严重的阻碍作用，影响了中国学习世界先进的思想文化与发达的科学技术，致使中国在世界前进的行列中逐渐落伍，处于被动挨打的地位。嘉庆二十一年，英国以阿美士德为首的使团来华，因为没有向他三拜九跪就把人家撵走了，还写信给英王说，不懂礼仪就不要再派使团来，他不稀罕奇巧礼物。嘉庆帝在位时期正是 18 世纪末 19 世纪初，当时英国的工业革命已经进行几十年了，但嘉庆帝对此一无所知，继续严守先君之制，重本抑末，闭关自守，压制各地工矿业，清朝只能沿着衰微的道路继续走下去。

嘉庆二十五年（1820 年）七月，嘉庆帝在西部边陲不断传来的张格尔叛乱的报警声中，病逝于避暑山庄，享年 61 岁。

崇俭倡廉的平庸皇帝

——清宣宗道光帝

□帝王档案

⊙姓名：爱新觉罗·旻宁
⊙属相：虎（1782年）
⊙年号：道光
⊙在位：1820~1850年
⊙享年：69岁（1782~1850年）
⊙庙号：宣宗
⊙谥号：效天符运立中体正至文圣武智勇仁慈俭勤孝敏成皇帝
⊙陵寝：慕陵（清西陵）
⊙配偶：20人，皇后钮祜禄氏
⊙子女：9子，10女
⊙继位人：奕詝（咸丰）

道光即位

弹弓打下来的皇位

自乾隆中后期起，阶级矛盾越来越尖锐，尽管乾嘉年间的白莲教大起义已被扑灭，但残余势力并没有被肃清，他们继续变换着名目在北方活动，寻找时机反击。打着反清复明旗号的天理教就是其中的一支。他们在京城活动十分活跃，主要目标就是伺机攻打紫禁城。活动的首领之一名为林清，经推算，确定嘉庆十八年九月十五为起事吉日，恰逢嘉庆皇帝去了承德，京城人心浮动，防守空虚。林清自感机不可失，便如期举事。

到了九月十五中午，近百名天理教徒分别突袭紫禁城的东华门和西华门。他们之前就买通了几个信奉天理教的太监做内应，得以顺利混入紫禁城中。但因为不慎，这些起义军在东华门暴露了身份，而从西华门而入的另外 50 多人则在前来接应的小太监的引领下顺利闯进宫门。但由于路上耽搁了时间，等他们冲到隆宗门时，清宫守门侍卫已经闻讯关闭了大门。

此时，皇子旻宁恰好在上书房读书。时年 32 岁的旻宁是嘉庆次子，原本陪着嘉庆一同去了承德，后来提前回京，正赶上这场事变。当时，宫内人心惶惶，后妃们吓得哭成一团，太监们四处逃窜，侍卫们不知所措，闻讯赶来的王公大臣也不知如何是好。在此紧要关头，旻宁挺身而出，命令各门戒严，并派人调集援军，自己站在养心殿前观察局势。

隆宗门紧闭，天理教徒分出一拨人撞门，又派五六人爬上养心殿对面御膳房的房顶，准备跳进去杀人开门。旻宁瞧见，当即举枪射击，一名教徒中弹坠墙而亡。当时都是火药枪，放完一枪需要重新装填。旻宁乍逢大事，心中也十分紧张，一时找不到弹丸，索性扯掉胸前的金扣子，装进枪膛再次射击，将另一名在屋顶上手持白旗的天理教小头目打落。其他教徒见状连忙退了回去。此时，增援的禁军也赶来了，射出羽箭，将教徒全部杀死。旻宁见危机稍缓，立即命禁军继续搜杀残余天理教徒，自己则到储秀宫安慰母后，同时命令西长街布置警戒，以防再出巨变。

嘉庆接到奏报后，对旻宁临变之时处变不惊的处置大加赞扬，夸赞自己的二儿子有胆有识，忠孝兼备，当即加封旻宁为智亲王，加俸银一万二千两，所用的火铳也被赐名为"威烈"。旻宁立了大功，却不张扬，表示自己当时心里也很害怕，有许多处置也不太恰当，请父皇恕罪。旻宁的这番表现让嘉庆更加满意。

代父祭祖，心知肚明的大臣们

嘉庆二十四年（1819年）正月，嘉庆皇帝让旻宁代表他到太庙祭祖，这一举动使朝廷上下更有充分理由认定旻宁从嘉庆皇帝手里接过政权应该是势在必得。

旻宁自小文武双全。深得皇祖父和皇父喜爱。嘉庆皇帝共有四子，长子已夭折，旻宁排行第二，顺理成章被视为长子。并且，经过紫禁城平定天理教事件，立下大功，被封为智亲王，在三个兄弟中，爵位也是最高的。从这几个方面也能看出，旻宁继承大统的志在必得，顺理成章。

众人的支持

嘉庆二十五年（1820年）七月二十五日，嘉庆皇帝驾崩。事出突然，群臣毫无准备。国不可一日无君，嘉庆暴亡，必须马上议定新君。

嘉庆因为是猝死，没有机会留下立储遗诏。他一共生有四子，选谁来继承皇位，关系到不同政治集团的利益，是一个重大问题。按照惯例，应该是长子继位。嘉庆的长子两岁时即暴病身亡，皇族宗室因此建议由二皇子旻宁来继位。孝和睿皇太后虽非旻宁生母，但非常赞成这个建议。

禧恩和孝和睿太后支持旻宁继承皇位的理由中，都提到了旻宁在紫禁城事件中的功劳，可见，此次事件不但使嘉庆皇帝对旻宁大为赞赏，也同样令群臣和后宫对旻宁这个文武双全的皇子刮目相看。这在他继承皇位的过程中起着至关重要的作用。

有宗室的支持，又有太后的懿旨，而且后来军机大臣托津、戴均元称在承德避暑山庄找到了嘉庆帝立储遗诏，称立皇次子旻宁继承皇位。这样一来，旻宁板上钉钉，成为清朝的第八位皇帝，年号道光，史称道光皇帝。

新帝登极三把火

调整军机处

嘉庆二十五年七月，嘉庆帝病逝后，经过一番周折，近侍找到了藏在大行皇帝身边的镭匣御书。八月十二日，嘉庆帝的灵枢从避暑山庄启运回京。八月二十七日，旻宁正式即位于太和殿，颁诏天下，改明年为道光元年。

即位之初，道光就利用文字疏漏，动手收拾前朝勋旧权臣，调整军机大臣班子。道光抓住机会先收拾了托津和戴均元。军机大臣托津和戴均元二人是嘉庆遗诏的撰拟者，又是公启镭匣者。他们在热河所拟的遗诏中，有乾隆帝生于避暑山庄之语。此说与《清高宗实录》所载乾隆帝生于雍和宫不同，却与民间逸闻合拍。事发之后，道光龙颜大怒，令军机大臣明白回奏。军机大臣声言是根据嘉庆《御制诗文初集》的诗注撰写的。诗注称乾隆帝于辛卯岁诞生于"山庄都福之庭"。道光断然否定这种解释，他说，其语意"系泛言山庄为都福之庭，并无诞降山庄之句"，当日拟注者系误会诗意。于是，原来的军机大臣一律交部严议，托津、戴均元都受到处分，罢军机大臣、降四级留任。另两位军机大臣卢荫溥和文孚虽然留任，亦受到"降五级，六年无过，方可开缺"的处分。

经此事件后，经常出入宫廷、从事文字事务的臣子们见旻宁如此注意文字，均为之震惊。曹振镛是一个"历事三朝，凡为学政者三、典颖会试者各四"，"殿廷御试，必预校阅，严于疵累忌讳"的人，此时他提出"抽阅数本，见有点画谬误者，用朱管描出"的办法来抽查控制臣僚思想，这自然很容易被旻宁接受，继而形成风气。这是旻宁即位后处理的第一件大事，然而却是一个不好的开头。

镇压张格尔叛乱

道光帝即位后第二桩大事是镇压张格尔叛乱。嘉庆时，随着吏治的日益腐败，清廷派往新疆地区的办事大臣、领队大臣及侍卫、章京人等，"或意存见小，子女玉帛，嗜欲纷营，又役使回人自恣威福"。这些满族大员，还与当地伯克相勾结，"敛派回户，日增月盛"，"赋外之赋，需索称是，皆章京、伯克分肥，而以十之二奉办事大臣"。清廷驻新疆各级官员和维族上层分子的倒行逆施，横征暴敛，激起维族人民的强烈憎恨，他们反抗贪官污吏的事件不断发生。张格尔（准确音译应为"江罕尕尔"）系乾隆时因叛乱被诛的大和卓木波罗尼都之孙。他起初匿居于浩罕，后在喀布尔。在英国殖民者的支持下，他长期以来即在南疆进行活动，"以诵经祈福传食部落"。

张格尔向浩罕汗国的玛达里汗透露，说他祖父波罗尼都当年撤离喀什噶尔时，曾在城西的"古勒巴格要塞"的地底下埋藏了无数的金银珠宝，企图以此引诱浩罕出兵助他复辟。"古勒巴格"原是波罗尼都在喀什噶尔城西郊的私人庄园，波罗尼都在逃跑时将财宝埋在花园地下，也未尝不可能。但浩罕当局远不是那一点儿私人窖藏就能喂饱的，况且玛达里汗认为出兵清朝的时机也不成熟；为了不引起清朝的怀疑，便佯作姿态将张格尔扣押起来。但不久，却又听任张格尔"逃出"浩罕首府。

张格尔等不及了。玛达里汗对他明擒实纵，是对他行动的默许和支持。他立即着手网罗党羽，窜入帕米尔的深山老林之中。嘉庆二十五年（1820年）九月，张格尔利用南路参赞大臣斌静荒淫无度、回部离心的机会，纠众数百，袭击清朝卡伦（边防站）。清军有少量伤亡。

当时，喀什噶尔边境山区的柯尔克孜首领苏兰奇出于爱国之心，向喀什噶尔参赞大臣报告了这一敌情。参赞大臣斌静是个昏庸的贪官，听了之后并不在意。等到清军卡伦守军再次向他报警后，他这才感到事态严重，急忙派人火速飞报伊犁将军。

此时，张格尔已率领数百人顺利进抵图休克塔什卡伦，距喀什噶尔西北不过百余里，在山区村落烧杀掳掠，清军副护军参领音德布已英勇战死。

伊犁将军庆祥闻报后，日夜兼程亲自奔赴喀什噶尔。同时，喀什噶尔帮办大臣色普征额也率兵火速开赴边境御敌，与张格尔匪帮遭遇后，迅即获胜。张格尔仅率20余骑逃回浩罕。

道光四年秋至五年夏，张格尔伙同其弟巴布顶，集结200多人，自边界阿赖岭入境，进入乌鲁克仍伦（在今英吉沙县西依格孜叶）抢劫，伤清军官兵30余人，侍卫花三布阵亡。面对危局，清军游击刘发恒率卡伦守军奋力拒敌，张格尔与巴布顶抵挡不住，又退往边境山区。

道光五年九月，领队大臣色彦图，以兵200出塞400里追剿，无所获。色彦图竟纵杀无辜的游牧布鲁特妻子百余而还，部落头目汰劣克愤极，率所部2000，追击官兵于山谷。张格尔叛乱势力益发猖獗。

道光六年七月的一个深夜，张格尔又领着党徒200余人和浩罕汗国革职军官艾沙所带的60余名安集延士兵，第三次入卡作乱。他们自开齐山入境，以最快的速度绕过清军卡伦，占领了喀什噶尔以北40余公里的阿图什。在喀拉汗王朝索图克·布格拉汗的陵旁，张格尔向民众宣布，他此行的目的只是要到喀什噶尔阿帕克霍加麻扎去，以祭拜先祖在天之灵。消息一传开，有不少白山派信徒信以为真，先后赶到阿图什参拜张格尔。

与此同时，喀什噶尔参赞大臣庆祥也已闻报，火速命令帮办大臣舒尔哈善与领队大臣乌凌阿等，率兵直奔阿图什围剿。张格尔忙带着由引诱哄骗而扩充为千余人的部队迎战。这些未经训练的叛军一战即溃。张格尔马上掉头就跑，先往东退往伽师，再向西悄悄迂回到喀什噶尔城东5公里处，占领了阿帕克霍加陵园。

庆祥闻讯，又派千余清兵前往包围了阿帕克霍加陵园。此时张格尔已派人混入喀什噶尔城内，串通内应发动了变乱，叛匪冲出东门，在清军外围又形成一道包围圈。清军受内外夹击，处于明显劣势。在一个雷雨交加的夜里，张格尔顺利突围。

短短的几天，张格尔疯狂地煽动宗教情绪与民族仇视，不断招兵买马加强攻势。喀什噶尔附近清军防线已无力再维持，舒尔哈善、乌凌阿等将领，甚至原先的代理喀什噶尔参赞大臣穆克登布等，都先后英勇牺牲。清军残部由庆祥带领退守喀什噶尔汉城（即徕宁城，其址在今喀什地区公安处驻地）。此后，英吉沙尔、叶尔羌、和阗等地清军，也相继被张格尔叛军包围。闻知张格尔已得手，浩罕汗国也应邀派出 3900 侵略军赶来，企图与张格尔分享战利。两股强盗合兵，把塔里木盆地西南缘一带陷入一片硝烟战火之中。

张格尔探得喀什噶尔清军力量单薄，乃悔背前约。浩罕首领愤其背约，遂与张格尔叛军火并。这年八月，张格尔率部连续攻陷喀什噶尔、叶尔羌、英吉沙尔、和阗，西四城全陷敌手。张格尔叛乱，使回部城镇沦于战火，人民的生命财产遭受战火的浩劫，也危及了清王朝在新疆的统治，道光帝决定遣军入疆平叛。他任命伊犁将军长龄为扬威将军，着手部署征剿张格尔事宜。

总指挥官扬威将军长龄调乌鲁木齐提督达凌阿、伊犁领队大臣祥云保分统满汉官兵各数千，又封陕甘总督杨遇春为钦差大臣率兵 5000，再调山东巡抚武隆阿统吉林、黑龙江马队 3000 骑一齐出关，在阿克苏集结兵力共 3.6 万余，开始向喀什噶尔挺进。然后，清军仅用 5 个月的时间，即收复了张格尔盘踞的西四城，基本上粉碎了张格尔的叛乱。清政府平叛的迅速胜利，除了由于张格尔"须索科派，人心离散"，"暴虐已极，众心怨恨"的客观原因外，与道光帝的正确调度，也有密切的关系。

清朝此次发兵喀什噶尔，旨在全歼叛匪、活捉张格尔。然而敌军虽已瓦解，祸首张格尔却漏了网。为此，清朝责令长龄等人限期擒拿张格尔归案。

张格尔逃出喀什噶尔后，流亡于木吉、阿赖、拉克沙、达尔瓦斯等帕米尔深处山区，后来又纠集了 200 余人逃窜到柯尔克孜牧区萨克雅部落的托古斯托罗一带，伺机卷土重来。

道光八年春节前夕，喀什噶尔代理参赞大臣杨芳派遣细作至边境，放风说清军已全部撤离喀什噶尔，此地防务空虚。张格尔果然中计，带 500 余骑兵，于大年三十除夕夜偷越边境，连夜抵达阿图什，想乘清军过年无备，袭击喀什噶尔。

喀什噶尔一带百姓饱受张格尔战乱之苦，不仅当地黑山派信徒恨之如骨，就连素被张格尔视为依靠力量的白山派信徒们也不再追随他。各族人民主动向清军通风报信，组织民军沿途袭击堵截。加以扬威将军长龄与杨芳早率6000余清军设伏以待，张格尔见势头不对，未及一战，就掉头回逃。

长龄命杨芳与库车固山贝子鄂对之孙伊萨克等，率兵星夜追击至喀尔铁盖山，终于堵住张格尔。经过一场激战，张格尔余党被斩杀殆尽。张格尔仅带30余亲信弃马登山，妄图隐没在群山沟壑之中。杨芳手下副将胡超、都司段永福二将，率部全力追击，几乎未经格斗，就将张格尔生擒。至此，张格尔叛乱才算彻底平息。

道光八年五月庚戌（1828年6月22日），喀什噶尔六品伯克迈玛特和库车五品伯克斯迪克及部分清军押解张格尔到北京城，献俘于紫禁城午门之外，张格尔被判处死刑。

张格尔死后，道光帝综合臣下建议，实行了一系列善后政策，他谕令要"重抚绥"，力图妥善地解决各回城伯克自治问题，明文制定了各回城补放伯克章程。规定各城三品至五品伯克缺出，由本城大臣照内地体制，造具四柱清册，一劳绩，二资格，三人才，四家世，出具切实考语，将应升应补之人开列四五员咨送参赞大臣验看。为杜绝边吏和伯克等对回民的需索贪求，道光八年，照那彦成等所议，道光帝令将过去边吏伯克等扰累之事勒石永远革除，一勒各城大臣衙门，一勒各城阿奇木衙门，同时通行刷印，分贴各回庄明白晓谕，明文规定，此后各城大臣或受已禁陋规或改易名目，仍有侵削，即照乾隆年间规定的办法，立行正法，所有滥应中饱之阿奇木等亦予正法。道光帝实行的这一系列善后之策，为西部边陲的安宁巩固提供了条件。

平瑶民之乱

边疆之乱甫定，民族之乱又起。在嘉庆统治时期，蓬勃、迅猛发展的全国各族人民起义的浪潮被残酷地镇压下去了，然而，封建社会内部的矛盾仍然在不断激化，道光年间，各族人民反封建的起义时有发生。其中规模较大的是湖南、广东、广西瑶族人民的起义。湖南衡、永、郴、桂四州郡，界广东连州、广西全州，踞五岭之脊，是汉、瑶人民共居杂处之地。汉族地主阶级欺压瑶族人民，"掠攘侵侮"，而官府则"右奸民以朘瑶"。瑶族人民不堪封建统治者的欺压盘剥，奋而举起反抗的旗帜。

道光十一年（1831年）十一月，湖南永州江华县锦田乡瑶民联合广东瑶民六七百人，在赵金龙领导下，于两河口起义，迅速攻克两河口地区。道光十二年正月，江华知县林先樑、永州镇左营游击王俊"带兵往捕"，为起义军所败。王俊滥杀无辜以泄愤，激起瑶民更激烈的反抗。起义军迅速发展，各寨响应起义的达1000多人，聚集于长塘夹冲，皆以红布裹首为号。永州镇总兵鲍友智调兵700，永州知府李铭绅、桂阳知州王元凤各募乡勇数百合力进剿。赵金龙率军突围而出，至蓝山之王水瑶。起义军发展到二三千人，乘胜进至宁远地区。道光帝调遣总督卢坤、湖北提督罗思举赴剿，并令两广总督李鸿宾、广西提督苏兆熊各防边界。李鸿宾遣提督海凌阿率军进剿，海凌阿率宝庆协副将王韬以兵500余由宁远之下灌进攻。义军早有准备，一部分人扮成清军模样，混入军中，"伪充夫役，为官兵舁枪械"，大批义军则设伏于山沟陡狭之"池塘墟"。海凌阿率军至，义军四出冲杀，"乘高下突"，清军立即陷于混乱，王韬"披枪阵亡"，海凌阿亦被当场击毙。起义军声威大振。道光帝增调"久历戎行，身经百战"的贵州提督余步云至湖南，又布置各地实行"坚壁清野"，并令各瑶寨"自相团练"，使起义军"无食可掠，无人可裹"。官兵残酷征剿，到四月才镇压了赵金龙起义。但广西贺县、连州瑶民又分别起义，连败官军，清廷费了很大力气，才将义军镇压下去。

日益紧张的中英关系

商欠纠纷的继续

道光年间，商欠案有增无减。道光四年（1824年），丽泉行拖欠各国商人"货银十七万二千二百零七元"，外国人很不满，纷纷上告。道光六年（1826年），西城行行商黎光远，共欠在港花旗银行的外国商人的银两达47.7216万两。道光七年（1827年），福隆行商关成发拖欠英商银款百万元以上。同年，同泰行倒闭。道光八年（1828年），福隆行倒闭。两行都背负了沉重的债务。

道光九年（1829年），由于东生行拖欠外商债款过多，行商章官逃回老家。东生行的危机触发了英国商人长久以来在商欠问题上的不满情绪。英国商人决定强行要回拖欠的债款，于是中、英间一次较大的冲突就这样产生了。

道光九年（1829年）九月，英国大班采取强硬手段，令英国货船全部停泊在澳门外洋，要求把进口交易中止。九月初九，英方向两广总督提出了8条要求：第一，章官行不许倒闭，章官一定得拿钱回来。如果该行倒闭，外国人将要求立即偿清全部欠款。第二，成立新的行号。以后不论成立多少银行，都不需要承担破产的中外商人的债务。每个商人只承担自己的责任，别人的债务一概不管。第三，新体制开始运行后，旧行号就和它们原先的任何债务脱离干系，现在他们必须清偿债务或申明目前负债的数额。第四，现已破产的老行号的债务，在对每一笔进出口贸易的总量稍作调整之后，加以偿还。第五，中国方面必须每天征收进出口货物税，5天之内，总税款必须由中国政府送交英国政府。第六，允许外国人租借货栈。第七，行商不必为外国船只作保，把买办取消，由船长自由挑选他们中意的商人做交易。第八，减少进口规费的征收额，规费应按船只大小征收。

对这份请求书，两广总督李鸿宾并没觉得怎么样。他在给道光帝的奏折中说，英国人所递禀帖文义不明，而且一般来说，洋行长期倒闭歇业，拖欠洋人银子，因而洋人才要求清朝朝廷出面整顿秩序。他认为，英国人的绝大部分要求都有悖于"向定章程"，而且华人与洋人结交，不好处理事端，万不可行。只有区分船只大小征收进口规银一项，似乎可以酌情变通，以示天朝上国宽大之怀。他按照这个意思答复了英人。李鸿宾的作法后来得到道光帝的充分肯定。

李鸿宾的回复并没有让东印度公司的特派委员会感到满足。他们决定直接向清帝递交请愿书，并说直到皇帝答复了请愿书，他们才把船只从马尼拉返回。道光九年（1829年）十二月十七日，特派委员会致信英印总督，向他通报了"令人不满"的事态，请求他派出军舰来广州进行威胁。另外，委员会还建议英印总督亲自写信给中国皇帝，该信或由信使经尼泊尔进入中国呈交，或者由两艘战舰到天津交送，得到答复后，战舰才能离开天津港。然而，特派委员会内部意见并不统一，由于委员会主席部楼东和东印度公司伦敦董事会不主张采取过激的做法，同时清政府也答应只收80%的进口银，这才使濒临恶化的事态平息下来。

道光九年（1829年）的风波虽然过去了，然而中英商欠之争不仅没有解决，反而更加严重。在鸦片战争前几十年间，中英之间冲突的一个重要方面始终体现在商欠纠纷中。这个问题直到鸦片战争后签订《南京条约》才得到最后解决。其中战前积累的三百万元商欠包含在《南京条约》所规定的二千一百万赔款中。

英国对华"炮舰政策"

道光十四年（1834年），广州中英贸易进入了一个新阶段。东印度公司也不再垄断对华贸易，大批"自由商人"加入到对华贸易中来。那时英国国内有两部分人与对华贸易有直接利害关系：一是鸦片贸易者，二是曼彻斯特、格拉斯哥等新兴城市中与对华贸易有关的工业资本家、航运资本家、进出口商人和银行家等。向中国推销制造品和贩卖中国丝茶是后者的主要利润来源，也是他们成为真正近代资产阶级的标志，他们最迫切需要的是向中国推销英国产品，为英国工业品开辟中国市场。带着许多幻想，他们中的一些人希望将美产棉花，经过曼彻斯特加工成衣后，全部穿到中国人的身上，并想着打破东印度公司的茶叶垄断权之后，英国人的茶叶消费量会增加一倍。可是，令他们想不到的是，英商对华贸易之路并非坦途。由于英国行号从道光十三年（1833年）的66家增加到道光十七年（1837年）的156家，英商把大量的茶丝和其他中国货运出去，以致货价大幅度提高；与此同时，英商的大量出口物品却降了价。最令英商不高兴的是英国棉布出口一直很不稳定，只有走私到广州和其他地方的棉布才不会亏本。

早在贸易开放之前，东印度公司就指出，中商开办的"公行"是中英贸易的最大障碍。如果英国商人以私人贸易形式进行自由竞争，则更有利于行商对市场的垄断，中国商品的价格将提得更高，或者是质量变劣，而价格依旧。而英国制造品却从中得不到任何好处，英国商品不能畅销于中国。由于只有广州作为通商口岸，因而货物进口时被课以重税。尤其是北方需要毛棉纺织品的区域，英商想进行贸易，却一点机会都没有。所以，英国要进行自由贸易，必须把中国的"行商制"取消，同时，要建立贸易的基础，即与中国签订一项通商条约。然而，这一切都不是中国人所愿意做的。

贸易开放后的中英贸易状况，使英国工业资产阶级和"自由商人"认为，英国工业品不能进入中国市场，都应归咎于中国政府只开一口，并且设制了过分严格的要求。他们把对华贸易所遇到的种种矛盾都归因于清政府的贸易限制政策，认为要想打开中国市场，必须摧毁这种政策。于是，包括鸦片贩子在内的各利益集团，纷纷上书吁请英国政府动用武力，把对华贸易的障碍彻底清除掉。于是，这样就引发了英国炮舰政策的出台。

道光十四年（1834年）十一月，64名旅华英商上书英国国王，建议挑选一位合适的人选做全权大使，偕同一支相当规模的武装力量，封锁中国全部沿海贸易，再逼迫中国政府满足他们的要求。

道光十五年（1835年），从事过间谍航行的胡夏米把自己的侦探"成果"呈送外交大臣巴麦尊，建议道："我有两个方法，一个是用武力来换回过去的损失，以保障将来贸易的进行；第二，取消一切政治关系，撤回一切代表。我们采取了许多次不彻底恐吓行动，因而中国人势必将在单纯谈判中拒绝一切让步，这是毫无疑问的。这就逼我们不得不动武了。"胡夏米还进一步提出一整套武装进攻中国的作战方案："依我看，恰当的策略加上有力的行动，只要一支小小的海军舰队，就完全可以达到目的。我觉得最好从英国派一个大使来，去和印度舰队的海军司令联合行动。武装力量可以包括一艘主力舰，两艘巡洋舰，6艘三等军舰，34艘武装轮船，并载600人登陆，其中以炮兵为主力，并辅之以必要的陆上活动就足够了……敌对行动开始时，只对沿海进行封锁，在广州、厦门、上海、天津四个主要港口附近，利用小型舰队来驻扎……这些行动的结果，肯定会使中国海军的颜面扫地，并把数千只当地商船置于我们的掌握之中。"鸦片战争时，胡夏米的方案被当作英国侵华计划的蓝本。

在与对华贸易有关的各利益集团的共同呼吁下，为了英国资产阶级的利益，英国政府下定决心要为推进英国在中国的利益承担起责任。它觉得中英关系的格局只有用大炮和军舰才能改变，英国决定在地广人众的中国为英国资产阶级开辟一个前所未有的广阔市场。

虎门销烟

林则徐受命

道光十九年（1839 年）一月初八，林则徐离开北京的那天，发出"传牌"一道，晓谕自良乡县至广东省城沿途各州、县、驿站的官吏：这次出差，他自备轿、车，自带役夫，自付工价，沿途供应不许铺张，随行丁役不准向地方需索，地方官吏不许私送规费，如有犯者，严惩不贷。这道传牌造成了一种严肃的气氛，使人们感觉到林则徐的认真与负责。特别是广东方面的英国毒贩已意识到情况不妙。驱逐了一年多而不肯离开广州的老毒贩查顿慌忙逃去，伶仃洋面的鸦片趸船也开始移动。一月十一日，林则徐又在途中密札广东布政使、按察使查拿汉奸 61 名，包括"包买之窑口，说合之行侩，兴贩各路之奸商，护送快艇之头目"。他们都是外国毒贩的忠实走狗，逮捕他们，是对外国毒贩的严重警告。

一月二十五日，林则徐到达广州。翌日，林则徐在行馆门首张贴告示：严禁打点关说，慎密关防，所有随从工作人员不准擅离左右，藉端出入。这个告示再一次表示了林则徐禁烟的决心和认真的态度，使鸦片贩子无机可乘。

　　林则徐决定禁烟分两步走，第一个步骤是了解鸦片流毒的情况。除了和邓廷桢会晤之外，他把有关的行商散商集中在行馆附近，日夜传询；他与士大夫共同探讨时事，又借举行"观风试"的名义，召集书院肄业生数百人，要他们开列贩卖鸦片的所在地和贩卖者的姓名，要他们报告水师舞弊的情况。没过多久，林则徐已充分掌握了广州方面鸦片走私和鸦片经营的情况。于是，他一面着手整顿水师，一面进行第二个步骤：缴烟。

　　二月初四，林则徐召集贩卖鸦片的行商，宣布谕贴，限他们3天之内让所有外商保证永不夹带鸦片。谕贴历数过去行商欺饰隐匿、祖护外国毒贩之事，并警告说："如此事先不能办，则平日串通奸夷，私心外向，不问可知。本大臣立即恭请王命，将该商择尤正法一二，抄产入官，以昭炯戒！"同时又将另一谕贴交行商送往外商公司，义正辞严地指出外国毒贩贩卖鸦片是骗财害命，是"人心所共愤，天理所难容"的。林则徐宣布了"必尽除之而后已"的意图之后，命令所有外商在3天内将鸦片造具清册，等候收缴，并用汉文和外文立下字据，声明"'嗣后来船永不夹带鸦片，如有带来，一经查出，货尽没官，人即正法，情甘服罪'字样。"林则徐立下誓言：鸦片一日不绝，本大臣一日不回，誓与此事相始终，一定不中止禁烟行动！

　　一百年来，中国政府和官吏一直委曲求全，从没采取过如此严厉的方针。外国毒贩虽有畏惧之心，但在英侵略者代表义律和英国老毒贩颠地的唆使与阻挠之下，还抱着观望态度，希望有机可乘。

　　林则徐早已预料到毒贩们不会就此罢休的。在发表缴烟的次日——二月初五，就命令粤海关禁止外人离开广州，以为防备。二月初八，三天期限满了。毒贩们企图蒙混过关，只肯呈缴一千余箱鸦片，当即为林则徐所拒绝。于是林则徐下令逮捕颠地，理由是颠地为"钦交"烟犯，在中国居住已久，凡纹银出洋、烟土入口，都由他统一负责，在此次缴烟中，颠地因所带烟土最多，乃屡加阻挠，意图免缴。但颠地实为外国毒贩首恶，断难姑息纵容。逮捕令又说：其他毒贩有首先呈缴者，必加奖赏。英侵略者代表义律本在澳门，当他得知要逮捕颠地时，乃于初十日赶到广州，想掩护颠地逃离。与此同时，林则徐宣布如外商违抗政令，即将停泊黄埔各国商船先行封舱，不准上下货物进行贸易。同时下令人民不准将船只、房屋租赁给外商，所有外商公司所雇佣的中国人员一概撤出。而且又派兵包围了外商洋行。初十日下午起，275 名外商完全被隔离了，不论是通讯，还是饮食供应都与外界隔绝。

外国毒贩没有想到林则徐比他们技高一筹，行动会这样迅速。他们以为鸦片趸船隐藏得很深，在波涛汹涌的伶仃洋上，清朝政府的水师力量单薄，不敢把他们怎么样，万一没有出路时，还可逃回澳门或逃下船去。但万没想到林则徐会如此冷静缜密，采取了强有力的措施和方案。

毒贩的诡计没能得逞，"隔离"使他们有机会认识林则徐执行法令的坚决态度。二月十二日，林则徐一面派员指出义律指使大鸦片贩子颠地逃跑，并阻止英商呈缴鸦片的罪行，一面发出《示谕夷从速缴鸦片烟土四条》，从天理、国法、人情、事势四点晓之以理，动之以情。

二月十三日，义律终于作出了让步，禀呈林则徐表示服从清政府的决定。次日又具禀说，英商共有鸦片 2 万余箱，等待查收。同月二十一日，林则徐派人同义律的代表到澳门商讨缴烟事宜。二十八日，林则徐和邓廷桢亲自到虎门监视，次日开始收缴，至四月初九，全部收缴完毕。英国毒贩在缴烟过程中，曾屡次节外生枝，企图反悔，但由于林则徐的态度坚决和对英商的阴谋有所防范，使毒贩无计可施。

道光十九年（1839 年）二到三月，林则徐除了同外国毒贩进行斗争外，同时也加紧了对内部的清查工作。他在进入广东境内之初，就发现奸徒们对于禁令还抱有侥幸心理，以为官禁未必长久，到处打听罪名重轻与新例是否颁行。所以林则徐断定对这些奸徒只有以生死相胁，才足以使他们生震恐之心，他要求清朝政府从速定颁严例。在充分掌握毒贩奸徒贩卖、毒害民众的资料、捕拿大小烟贩的同时，林则徐根据先晓之以情理、后惩之以严法的原则颁布严例。在二月初，他通令全省士、商、军、民人等速戒鸦片；限定广州一地自二月底到三月底止，各府州县到二月底以内，各家呈缴烟枪、烟斗等烟具，由所在地方有司负责；责令各学堂教官清查生员有无吸食鸦片与贩卖情况；颁布查禁营兵吸食鸦片条规和编查保甲以断绝吸食兴贩的条规。在各种命令和条规中，林则徐决不放过广东绅士、官吏、将弁、兵丁等过去的徇私、舞弊行为。

广东虽然是鸦片烟毒的渊源地，但民众对于烟毒是深恶痛绝的，因此，林则徐有计划有步骤的禁烟措施，受到广东人民的拥护与支持。禁烟运动由广东扩展到各省。

虎门销烟

林则徐在鸦片收缴完毕后，呈请清朝政府如何处置。道光帝复命就地销毁，让沿海居民及居住在广州的洋人亲眼目睹，以示朝廷的威严以及禁绝之决心。

过去销毁鸦片的方法是用桐油搅拌，以火焚烧。但烧过之后，部分鸦片渗入地下，如果掘取泥土再加煎熬，还可获得相当数量的烟膏。林则徐认为这种旧方法不能彻底烧毁鸦片。经过再三研究，决定用盐卤和石灰来浸化。于是在虎门海滩高处开挖两个大池，长阔各十五丈，池底平铺石板，四周则栏椿、钉板，池前开一涵洞，池后通一水沟。浸化的过程是：先从水沟车水入池，加入食盐使成浓卤，然后将烟土切碎抛入，浸泡半日之后，再将整块烧透的石灰投入，使其分解。在石灰盐卤浸蚀鸦片之际，另派人用铁锄木耙反复翻戳，让烟土颗粒尽化，到潮退去时，打开涵洞，让池内经过腐蚀分解的鸦片浆流入大洋；并用清水刷洗池底，不让烟土有涓滴存留。如果第一天甲池尚未清洗，第二天便使用乙池。焚烟手续周密而科学。

道光十九年（1839年）四月二十日，从这一天起，林则徐开始在虎门海滩用上面说的方法销毁英国毒贩所缴呈的鸦片。销毁时，布置防备颇为慎重严密。钦差大臣林则徐、两广总督邓廷桢、广东提督关天培事必躬亲，粤海关监督经常在虎门照料销毁事宜，而广东巡抚、布政使、按察使、盐运使、粮道则分班到场查视，广东将军、左右驻防都统则轮流稽查弹压。在现场上，池岸周围树立栅栏，外人禁止入内，工作人员出入均经查核。

鸦片浸化程序繁琐，耗时太长，开始每天只能烧毁三四百箱，后增加至八九百箱。到五月十五日鸦片全部销毁完毕，共计237.6万余斤，值时价2400万元。

从四月二十二日开始的虎门销烟，是整个禁烟运动的高潮，从这一天开始，中国人民第一次向全世界，特别是向英国帝国主义者表示了纯洁的道德思想和憎恶非正义行为的坚决性，展现了中国人民反抗外国侵略的坚强决心。

鸦片战争

第一次鸦片战争爆发

道光十九年（1839年）三月，当义律被软禁于广州商馆，被迫呈缴鸦片时，就致函英国政府和英驻印度总督，要求采用军事手段，重新调整中英政治、商务关系。与此同时，交出鸦片的英国商人，亦以每箱一元的标准集资，由大鸦片商查顿等人在英国运动政府要求赔偿所交鸦片的款项。当中英贸易关系中断的消息传到英国，棉纺业资本家集团立刻作出了反应，四处奔走。曼彻斯特、伦敦、利兹、利物浦等城市的三百余家与棉纺业有关并在广州有代理商的商行，先后请求英国政府出面干涉。一些鸦片商还向政府提出了侵华作战计划和所需军队、装备数量等具体建议。由此，英国内阁于八月二十四日决定以武力解决问题，派遣一支舰队前往中国。外相巴麦尊先后秘密训令义律，告以英国政府的决定和作战方针，令其早做准备。道光二十年（1840年）正月，巴麦尊在致远征军总司令兼全权代表懿律的训令中，明确表示封锁广州及中国沿海口岸、占领舟山、要求赔偿、割让岛屿、订立条约等侵华作战和外交方针，并下发了《巴麦尊致中国宰相书》，向中国提出了以上各种无礼要求。三月，英国下院辩论对华战争军费案和广州英商损失赔偿案，经过三天的辩论，以271∶262票的微弱多数，决定发动对华战争。五月二十二日起，英国"东方远征军"陆续到达广州珠江口外，共有军舰 16 艘，武装轮船 4 艘，运输船 27 艘，载运地面部队 4000 人。在西方殖民史上，这支军队应该算是规模比较大的了。

与紧锣密鼓依次启动战争机器的英国相反，清王朝毫无战争准备。虎门销烟之后，道光帝认为禁烟运动可以就此结束了，只需了结善后事务即可，令林则徐早日结束。道光十九年（1839 年）十二月初一，他任命林则徐为两广总督，依例卸去林的钦差大臣一职，希望恢复平时状态。次日，他下令永远停止中英贸易的举动，正是以之为不计较"区区关税"，"驱逐"英国商船，不想再与英国交往的一劳永逸之计。至此，道光帝认为，中英交涉已经基本结束，对此不再注重。

负责中英交涉事务的林则徐等人，也错误判断了敌情。他们虽料到英国不会善罢甘休，必然会相应而动，但以为义律等人只能私下调动二三艘军舰来华，如道光十四年（1834 年）律劳卑来华和道光十八年（1838 年）马他仑来华那样，绝不会用侵略其他国家的策略来对付中国。为此，他们在广东的虎门、九龙尖沙咀一带加强防御，以静制动，等待时机。他们还认为，广东禁绝鸦片之后，英国船会纷纷北上，几次要求各地加强戒备，以防这些鸦片船。直至五月中旬，英军到达前夕，林则徐等人还认为，英国近来的船只，装有大量军械，其实仍然在运输鸦片。如此这般的敌情判断，使清王朝在毫无军事、财政以及心理准备的情势下，卷入这场战争。

英国首批侵略军到达广东珠江口外后，即据巴麦尊的训令，封锁广州海口，北上浙江定海（今舟山市）。后来英军分批到达，依次北上。六月初四，英舰一艘至厦门，投递《巴麦尊致中国宰相书》，这种方式不符合清朝体制，自然为当地清朝官员所拒，炮战打响了。同日，英舰五艘驶至定海，当地军民此时还不了解英军的意图，以为"来售货物"，或"风吹误至"。而英军却要求当地驻军交出县城及全岛，被拒绝。初七，英军进攻定海，经过九分钟的炮战，击溃港口一带的清军防御，次日占领县城。此后，英军以定海为据点，进逼镇海，向浙江当局递交《巴麦尊致中国宰相书》，遭到当地官员的拒绝。英军遂封锁宁波、厦门、长江口，兵犯乍浦，主力北上天津海口。至此，英军的第一步计划，即占领舟山、封锁海口的任务，基本上已经实现。注重海外贸易的英国，认为此举十分重要，实际上对以自给自足的农业经济为主的清王朝，并没有构成很大压力。岛屿被占，海外贸易中断，并不能成为清王朝在外交谈判上态度软弱的原由。英国对中国的认识也存在局限。

由于当时通讯条件差，清廷接到信息的次序也是颠倒的。六月二十二日，道光帝收到定海沦陷的奏报，七月初四，得知林则徐的上报——来华英舰船有十一艘，初五，收到乍浦、厦门军事冲突的报告。在此情况下，道光帝的最初反应，只不过是"英夷售烟图利"，因广东断其贸易而"分窜各路，肆行扰害"而已。他认为，小打小闹，不足挂齿，立即下令浙江清军予以反击，并命各地加强防范。此后得到的信息，使他感到了事情的严重性，于是于初九任命两江总督伊里布为钦差大臣，前往浙江"专办军务"。十二日，道光帝虽然认为可"即日翦除"英国的"内犯"，但不明英国的意图，于是破例，下令直隶总督琦善，"倘有投递禀帖情事，无论夷字汉字，即将原禀进呈"；并命伊里布，"密行查访，或拿获夷匪，讯取生供，或侦探贼情，得其实据"，查明英国"致寇根由"。十四日，英军抵达天津海河口外。十八日，琦善奉旨接收英国文件，即《巴麦尊致中国宰相书》。直至此时，清廷对英国的意图才恍然大悟。然而，这种因体制造成的讯息隔绝，道光帝后来竟把气出在地方官员身上。他下令将浙江巡抚革职拿问解京，罪名是拒收英方文件，"以致该夷船驶往各处，纷纷投诉，实属昏聩谬妄，致误机宜"。

当时，清廷朝野意见一致，若是海上交锋，清军不敌英军之"船坚炮利"，是以己之短击彼之长；若陆上对阵，则是以己之长击彼之短，击刺步伐，非其所娴，且腰硬腿直，一扑不能起。由此，清军虽可能在陆路取胜，但只能局限在陆上，无法"扫庭犁穴"；而沿海七省皆须有备，战端不知何时能了；况且国家经济条件不足以支撑长期战争。当英军南下，北方的险情消除之后，道光帝对自己的决策颇为满意。他在一奏折中朱批：好在他们只是为了贸易，又说是诉冤，这是我办理得手的时机，难道不是片言只语远远胜过了十万之师了吗？

道光二十年（1840年）八月二十一，道光帝任命琦善为钦差大臣，前往广东，主持中英谈判。九月初三，借口办理不善，将林则徐、邓廷桢交部严加议处（后革职）。初四，下令沿海各省撤退调防军队，以节省军费。先前奉命进剿定海英军的钦差大臣伊里布，至浙江后，由于英军战斗力强，便借词没有时机，延宕时日，结果得到了道光帝的褒扬。伊里布遂与定海英军谈判，十月，英军宣布浙江停战。

琦善进京请训后南下，于十一月抵达广州，与义律进行谈判。琦善本以为，撤了林则徐的职，满足了英人的要求，恢复断绝一年之久的中英贸易，再适当应允若干无伤天朝体制的"乞恩"之后，英军就会满意而归，中英关系就会恢复到禁烟之前的局面。在谈判中，他允诺赔偿英国600万银元，并打算除广州外，另辟厦门为通商口岸。但是，这些不远万里前来的"英夷"远非琦善所想象的那样，他们的胃口越来越大，义律坚持以巴麦尊所提的各项要求为谈判基础，并以战争相威胁。

广东虽在战前已作战备，主要战场虎门地区，设防亦有规模，但其防御工事等，只是按照抵御西方二三艘军舰来犯的规模而设计的。琦善到任后，对广东的防务十分鄙视，无意于大力筹防。当谈判无法再继续下去时，他曾增兵虎门，但只是为了"虚张声势，让洋人知道我们有备而来"，以便"备文向其详加开导"。十二月十五日，英军为胁迫琦善屈服，以军舰7艘、轮船4艘、登陆部队约1400人，攻破虎门第一重门户——沙角、大角炮台。

远在北京的道光帝几次接到琦善的奏折，奏折上说英国很难对付，十分轻视中国官员，大为震怒，决定采取作战的方式对付英军，令琦善、伊里布准备攻剿。沙角、大角战败的消息传京，道光帝决计主"剿"，向广东调派援军1.2万余名，任命皇侄领侍卫内大臣奕山为靖逆将军，湖南提督杨芳等为参赞大臣，前往广东，围剿英军，并令沿海各省加强防御。由此，沿海各省疆臣都支持道光帝的决定，准备在海岸扼要之地，构筑炮台工事，以对抗英军的舰船进攻。而在前线的琦善和伊里布，对英军的实力，了解得更为确切，没有加入主"剿"的大合唱。

此时尚未接到开战谕旨的琦善，虽在沙角、大角战败后，调兵增防各处要地，但在谈判中还没有争取到主动。英方提出索要尖沙咀（九龙）和香港两处地方，以交还其占领的沙角、大角，他同意可由英方选择一处"寄寓泊船"并要义律早作选择，以便奏报道光帝批准。而义律在复照中却作了错误的理解，称将接收香港岛，并私请释放商人两名。琦善再次复照，含糊其词，不作正面答复，仅称"现在诸事既经说定，所请释放港脚哪嘧及法兰西人啤哑呢二人，本爵阁部堂（即琦善）即饬去员，带交贵公使释放可也"。很容易就可以看出，该照会仅是对义律请求放人的回复。义律捉住各种事情已经说定一语，照会琦善，称英军交出沙角、大角，撤往香港；同时单方面发布文告，公布了与琦善达成的协定的内容：割让香港、赔款600万银元、中英交往平等，中英即将恢复贸易，此即所谓《穿鼻草约》。道光二十一年（1841年）正月初四，英方在没有取得清政府允许的情况下，正式占领香港。与此同时，定海英军也开始南撤。

英军占领香港后，琦善与义律两次会谈，都没有解决实际问题。正月二十二日，义律送致所拟《条约草案》七条。二十五日，又照会称五天之内若不盖印了结，将再次开战。琦善此时收到道光帝选将派兵、决计主"剿"的谕旨，了解到道光帝的态度有变，立即谎称患病，对中英谈判采用拖延战术。而义律亦得到了道光帝主战的情报，知道谈判不能解决任何问题。二十七日起，英军舰队驶往虎门一带集结。二月初三，英军进攻虎门主阵地侧后的三门水道。初六，攻破虎门第二重门户横挡一线各炮台，广东水师提督关天培以身殉国。随后，英军上溯珠江，沿江而上，一路进攻，连陷乌涌、琶洲、猎德二沙尾等处炮台。二十六日，英军陷广州城南珠江上的海珠等炮台，兵临城下。

由此，琦善在外交处于劣势。二月初六，正当虎门鏖战之时，道光帝收到广东巡抚怡良弹劾琦善私许香港的奏折，大怒之下，将琦善革职锁拿解京治罪，使他落得个身败名裂的下场。

广州的战局与骗局

就在英军逼临广州之际，参赞大臣杨芳于二月十三日首先赶到广州。

杨芳是清军的名将，道光初年用兵西北时，他战功卓著，擒敌酋张格尔，封侯爵。道光帝命其出征，正是因其昔日的风光。可是，十年河东、十年河西，如今的敌手，已不再是浩罕、张格尔之类的传统样式。杨芳初至，面对一盘散沙的局面，广东清军已被击溃，各省援军尚未到达，不得不以广州知府余保纯出面与义律商议停战。与此同时，他向道光帝隐瞒了广州城外各炮台沦陷的实情，虚张广州清军的战备部署，并捏称清军在珠江上获得小胜。道光帝十分高兴，对杨芳温旨慰加，并令交部优加议叙。

中英自禁烟运动起，已有两年没有进行贸易往来了。不仅印度等地所产的鸦片不能行销中国，而且英国所需的茶叶也无法装运出口。英国政府每年从茶叶进口中征税三百万镑，相当其税收的1/10，数字是相当惊人的。于是，义律在英军攻至广州时，便下令停止进攻，要求恢复中英贸易，意图是暂时停战。二月二十八日，义律与杨芳达成恢复通商的停战协议。这样，道光帝的主"剿"谕旨，在杨芳的操作下，又变成了主"抚"。杨芳在尔后的奏折中，谎称英军因广东戒备森严，畏惧而退，义律又立下字据，不为别的，只要照章办事就可以了，杨芳在"兵机"上考虑，准备"以纵为擒"。道光帝得奏后认为，此时各省援军尚未达到，开战还不是时机，便令杨芳"设法羁縻"，以吸引英军，不让其远遁大洋，致使将来攻剿费力。杨芳奉旨后，又再次上奏，称已允英国通商。道光帝不免大怒，朱批道：如果以贸易了事，又何必出兵，又何必逼迫琦善呢？并下令将杨芳严加议处。

然而，相对于后来发生的事情，杨芳的这一骗局，只不过是小巫见大巫。

三月二十三日，靖逆将军奕山等人到达广州。由于道光帝坚持对英作战，奕山、杨芳等只得筹备战事。广州在停战一个月后，局势再度紧张起来，英军舰队亦重入珠江。闰三月二十九日，奕山等令清军以师船火筏夜袭泊于珠江上的英军舰船，却未能成功。四月初一，英军击毁清方船筏75只，截留商船盐船140余艘。初三，义律发出通告，限奕山等于12小时内将清军撤出广州，遭到奕山的拒绝。初四，英军右纵队约360人攻占广州城西南的商馆，左纵队约2400人，避开清军防守较严的城东和城南，在城西的缯步一带登陆。初五日，登陆英军攻占城北观音山（今越秀山）诸炮台，使广州城完全暴露在英军的炮火之下。次日，奕山等就竖立白旗，派广州知府余保纯出面乞和。义律提出如果要停战，必须答应如下几个条件：奕山等在 6 天内率军出城至二百里外；7 天内交赎城费 600 万元；7 天内赔偿被焚商馆等处的损失。奕山同意了义律的条件。

　　清军彻彻底底地打了个大败仗，但奕山等人在奏折中完全隐瞒了真相。他虚虚实实地描绘了城北战事后，又生造了一个英军"乞和"的场景。道光帝被蒙蔽了。

　　相比之下，中英军事实力，绝非如道光帝和清朝一般官员所想象。英军不仅"船坚炮利"，在海上的实力大大超过中国，而且其陆军在装备、训练、战术等方面都胜于清军。定海、虎门、广州等处作战，英军采取避实就虚的方针，制定相应的谋略。蒙在鼓里的道光帝，沉浸在大兵"分路兜剿，务使逆夷片帆不归"的幻想中。这种骗局不仅使朝廷未能尽早看清形势，改变对策，仅仅从军事角度而言，也使其他各省不能吸取广东作战的教训，以致重蹈覆辙，一败再败。

　　就在中英广州停战的次日，发生了广州北郊三元里人民反抗英军的事件。先是林则徐、杨芳、奕山等人，在广东珠江下游一带倡办团练，当地士绅负责调集民力组成队伍，原先就有的"社学"等民间组织也大力活动，使广州北郊一带的民众结成规模可观的抗英网络。四月初九，英军在三元里一带抢掠，引起广大人民的强烈不满。次日，三元里等处一百零三乡的民众，包围观音山一带英军营盘。英军出击，被引自牛栏冈一带，被歼五人，伤 23 人。十一日，数以万计的民众再一次冲进英军营地。英军以攻城威胁清方官员，广州知府余保纯出面遣散民众。在清军已无招架之力时，三元里等地的民众反抗，曾燃起许多中国人心中的希望之光。英军的伤亡虽不为多，却大大超过了虎门、厦门、定海等处的正规作战。用民众之力战胜侵略者，关键在于有力的领导。清政府的阶级局限性决定了他们绝不可能真正领导民众，进行一场轰轰烈烈的全民战争。

　　四月十一日，广州清军撤往城外。次日，清方的赎城费也大体交清。英军根据停战协定，开始从广州城北撤退。至十八日，英军交还各炮台，退往香港。奕山等人再次上奏，谎称广东省对外事务已解决了，要求撤退外省援兵。道光帝接到这份假报告，于六月十二日批准广东援军"凯撒"，并谕令其他沿海省份的将军督抚：现在广东的外商船只，经过奕山等人多次冲击，现在已退出了虎门，"所有各省调防官兵"可以适当撤离。

在谎言的掩饰下，天下似乎太平了，战争似乎终止了，奕山等人相安无事。然而，就在各省准备撤防之际，更大规模的战争却又到来了。

东南沿海的溃败

道光二十一年（1841年）春，英国外相巴麦尊得到了《穿鼻草约》的消息，野心未能满足，认为所获权益太少，决定召回义律，改派璞鼎查全权负责。六月二十四日，璞鼎查在清朝沿海的一片撤兵声浪中，到达澳门。璞鼎查认为，要把清朝变为殖民地，必须发动更大规模的战争，把战火引向北方。他于七月初五命英军一部留守香港，自率主力（军舰9艘、轮船4艘、运输船22艘，陆军2500人）北上，直逼厦门。

最先提醒道光帝英军北上可能性的又是来自浙江。琦善解职后，负责浙江军务的伊里布亦被罢免。新任两江总督、钦差大臣裕谦，是清代名臣的后裔。他信心百倍地部署江浙两省的防务。当时有人谣传英军可能北上浙江，他于是奏请缓撤江浙两省的防兵。道光帝却于七月初一，令其照旧撤兵，不要被谣言蒙骗，以致于挠乱军心。

闽浙总督颜伯焘是一位主战派，他虽不信广东的骗局，但在道光帝的谕旨下，只好作出撤兵的命令。但其撤兵行动刚开始启动，英军的舰队就于七月初九到达厦门口外。初十英军向厦门守军发出最后通牒，要求交出厦门，未得到任何答复。当日下午，英军全力发动进攻，至次日清晨，占领厦门。颜伯焘与守军5000人大部溃逃。二十日，英军留下部分军队据守鼓浪屿岛，其余力量全部北上。

直至七月二十一日，道光帝才知璞鼎查北上的消息。二十八日，得知厦门失守，道光帝才连忙下令沿海各省停止撤兵，加强防御。在颜伯焘的奏折中，道光帝有了新发现：英军竟然也会陆战。他原以为，英军习于海战，如诱之登岸，便不足为患，故只需坚守海岸，无需虑及其登陆与之陆战。英军在厦门登陆后胡作非为，他十分不理解，连忙下令各地防御须水陆交严。可是，清朝各地布防海口的格局此时已无可改变，当这道谕旨到达时，浙江战局已无法收拾了。

八月十二日，英军至定海，几天下来，侦察守军防御设施，并在定海港当面的五奎山岛上，建立火炮支援阵地。定海清军不明英军的意图，成为惊弓之鸟，结果战战兢兢，毫无战功。十七日，英军发动进攻，突破清军的防御阵地，当日占领定海。守将葛云飞、王锡朋、郑国鸿三总兵战死。二十六日，英军转攻镇海，清军仍然无招架之力，钦差大臣裕谦在兵败后投水身死，浙江提督余步云临阵脱逃，二十八日，英军未遇抵抗，进据宁波。此时，英军的初步计划已基本实现，并受到兵力、季风等方面的限制，便停止进攻。

裕谦强烈要求主战，浙江定海、镇海两处是裕谦悉心讲究防卫的地区。道光帝对裕谦极为信任，而裕谦夸大其词的奏折，又使他恢复了作战的信心。但后来却是丢城失地、大将折亡。愤恨之至的道光帝，于九月初四下令授奕经为扬威将军，组织大军与英军决一死战。

扬威将军，曾是道光初年平定张格尔叛乱中采用过的统帅名号；奕经是道光帝的堂侄，时任协办大学士、吏部尚书，内廷还兼有御前大臣。名号和人选，都可以看出道光帝用心良苦；昔日西北边陲的荣耀将在东南沿海再度辉煌。可是这么一位身负重任的将军，自九月十五日出京，直到道光二十二年（1842年）正月初一，方至杭州。沿途3个半月，虚张声势，号称率13万大军来浙，以震骇英军。正月二十二日，他进抵前线慈溪，手中已握有一万名从各地调来的援军和大量雇勇，认为马上就可以收复失地，便下令于二十九日四更时分，即所谓"四寅佳期"，清兵勇分三路反攻宁波、镇海、宁海的英军。反攻是临时决定的，因此准备不足，结果是三路皆败。英军乘势于二月初四进攻慈溪长溪岭一带的清军营盘，清军再次败北而归，奕经等逃往杭州。

此时，清军在军事上已经无计可施。鸦片战争开战未久即调任浙江巡抚的刘韵珂，见此局势，从先前的主战、倡用林则徐对敌的态度上转变过来，上了有名的"十可虑"奏折，道光帝看后亦深感所奏属实。刘韵珂在折中虽未提议和，但在夹片中却推荐因主和而被革职发往军台的伊里布。道光帝的主"剿"意志，开始发生了动摇。二月十七日，他调盛京将军耆英署理杭州将军，将伊里布派往浙江军营任职。道光帝几经挫折之后才终于明白，自己所面临的"区区岛夷"，竟是清王朝前所未遇的悍敌。他也突然发现，自己对于这个敌手，一点儿也不知情。泱泱大国的大皇帝历来是不屑于过问有关"夷"人的知识的。

清政府求和

道光帝的态度转变，并不意味着打算立即向英国求和，也并不意味着向英国妥协。他只是企图在一定限度内作妥协，也就是"羁縻"政策。他特别希望在军事上获得一次胜利，哪怕是一次小小的胜利，作为与英国谈判的后盾，使之"就我范围"，即所谓"先威后德""控驭外夷"之道。他作出了两手准备，一手派耆英、伊里布主持和议，一面又责令奕经等竭力攻剿。他不想让耆英、伊里布做得太明显，也向各统兵大员隐匿了耆英等人的真正使命。但是，奕经在溃败之后，仅剩下一些溃兵败将，早已没有招架之力了，根本不可能实现道光帝梦寐以求的军事胜利。他的奏折中的种种攻剿方案部署，不过是哄骗道光帝的小伎俩罢了。

道光二十二年（1842年）二月二十七日，道光帝任耆英为钦差大臣。三月初五，耆英、伊里布出京。二十九日，耆英到达杭州，着手按照道光帝的预想筹备军务。而与此同时，英军又在实施新的作战计划。

英军在浙江度过了一个冬季之后，准备发动长江战役，攻占位于长江和大运河之交的镇江，中断清政府的漕运，强迫清政府投降。此时，英军的兵力分散驻扎于香港、鼓浪屿、定海、镇海、宁波等处，印度等地的援军尚未到达，兵力不足。只好不顾宁波、镇海，以集中兵力。奕经却谎称英军害怕清军威力，已经四散逃亡了。但是，奕经并没有像奕山那么幸运，其谎言没过几天不攻自破。四月初九，英军进攻位于杭州湾北侧的乍浦。

守军虽然顽强抵抗，但最终还是兵败城破，副都统长喜伤重而亡，乍浦失陷。

就在英军进攻乍浦之时，耆英让伊里布出面请和，同时上奏道光帝，直言没有良计对付洋人。英军对清方的这一举动，并不认真对待，傲慢地要求清政府接受他们所有苛刻的要求，方可停战；并提出释放全部英国战俘，须由"全权大员"出面谈判。伊里布随即同意释放英俘16名。然英军无心与清政府多费口舌，照其原定计划，放弃乍浦，继续北上。

四月三十日，英军到达长江口外，沿长江顺江而上，逼近清军重兵设防的吴淞口。五月初八，英军突破吴淞防御阵地，攻陷宝山。江南提督陈化成战死，两江总督牛鉴不敌英军，慌忙逃窜。接着，英军未遇抵抗，又进占上海。此时，从印度等地前来支援的军队陆续到达，英国在华武装力量达到军舰25艘，辅助船24艘、运输船60艘，陆军约1.2万人。二十八日，英军放弃上海，调集大量兵力进攻，其中舰船72艘，陆军7000人，声势强大，溯长江西进。六月十四日，以6000余人进攻镇江。守军拼死抵抗，副都统海龄殉难。英军在付出重大伤亡后，攻陷镇江。至此，清军精心筹防的地区，已全部被英军攻破，到了谈虎色变的地步。

自英军从乍浦北上之后，耆英、伊里布认定，只有求和这一条路可走，便由浙入苏，尾追英军，屡屡照会要求和谈。璞鼎查不达目的决不罢休，便以耆英等未有"全权"任命为由，不予谈判。身居京师的道光帝，除了"愤懑""痛恨"之外，束手无策，于四月十六日明发了一道洋洋千余字的上谕，历诉自己自禁烟以来种种为国为民的良苦用心，要求将帅疆臣"激发天良"，希望士民百姓全力以赴，以能"翦除夷孽，扫荡海氛"。对于耆英等人要求议和的奏折，因与其"羁縻"手段互不协调，他本不想同意，也久未松口。然而，清朝的国情已与以前不能同日而语了。

一年前道光帝罢斥琦善、伊里布，实行军事行动时，曾得到了整个统治阶层的拥护。统兵大员和沿海疆臣，纷纷表示作战的决心和信心，痛陈"剿灭逆夷"的重要性和迫切性。他们的这种决心和信心，并非建立在充分了解敌情、把握克敌制胜的战略战术之上，而是出于"天朝上国"的自尊和对"区区岛夷"的鄙视。一年来英军连战连胜的事实，使他们一一转了向，从轻敌到恐敌。他们早先不敢明言上奏主和，仅仅是害怕激起圣怒，加罪于身，只好是假意敷衍，得过且过，到了此时，蒙骗无法再继续下去，只得明言实情，上奏主和了。战事激烈的江浙两省，官员纷纷求和，两江总督牛鉴的奏折中，竟言危机重重，迫在眉睫，请求皇上早日作决定，来拯救人民的安危。而战事平静的闽粤两省，官员们听之任之，任凭道光帝几次下令进攻香港、鼓浪屿，就是按兵不动，以免战败。道光帝此时得不到主战派的支撑，即便他愿意开战，前敌将帅也无一愿战。清兵及其将领成了惊弓之鸟。失败主义情绪弥漫于整个清朝统治阶层。

六月十九日，道光帝接到镇江防守不支的奏报，密谕耆英，保持大国的威严，对洋人的要求作一下变通，同意答应中英平等交往、割让香港、闽浙沿海开放通商口岸三项要求。次日，他得知镇江失守，授权耆英、伊里布根据具体情况作出相应的措施。二十八日起，英军舰队继续驶抵南京城下，勒索赎城费。一心想与英军议和的耆英、伊里布，也一路追随到南京，以"钦差大臣便宜行事"的身份，与英人开始谈判。

此后进行的中英谈判，不过是英国单方面的要挟。近在咫尺的南京城，成了英军手中的抵押物。道光帝虽有再商讨之意，但议事大臣们却没有那个胆色了。耆英等人的奏折，名为请旨，实为婉转传达英国的最后通牒。道光帝虽有"何至受此逼迫，急恨难言"之叹，但除签字画押之外，别无选择。他在给耆英的上谕中称：我只有自恨自愧的份了，为什么事情闹到这种地步呢？万般无奈，一切只能答应他们的要求了，数百万人民生命攸关，且不止是江浙两省，所以各条款都按照商议的办理吧。他不敢再要求其他，只求英军能"全数退出大江"。道光二十二年（1842 年）七月二十四日，清钦差大臣耆英、伊里布登上泊于南京附近江面上的英军旗船"皋华丽"号，与英国全权代表璞鼎查签订了《中英南京条约》，又接连丧失了一系列主权和利益。

中英鸦片战争，是西方资本主义入侵中国打开中国大门的重要步骤，是他们将中国纳入世界殖民体系之中的重要步骤。

内忧外困的苦命天子

——清文宗咸丰帝

□帝王档案

⊙姓名：爱新觉罗·奕詝
⊙属相：兔（1831 年）
⊙年号：咸丰
⊙在位：1850~1861 年
⊙享年：31 岁（1831~1861 年）
⊙庙号：文宗
⊙谥号：协天翊运执中垂谟懋德振武圣孝渊恭端仁宽敏显皇帝
⊙陵寝：定陵（清东陵）
⊙配偶：16 人，皇后钮祜禄氏等
⊙子女：2 子，1 女
⊙继位人：载淳（同治）

奕詝即位

处心积虑得皇位

道光皇帝对于他的继承人考虑慎重，多年以来始终内心犹豫，举棋不定。鸦片战争结束那年，他已经过了 60 岁。国事的操劳，洋人的骚扰已经使他精疲力尽。他认为选择皇位继承人问题应该提到议事日程了。道光帝有 9 个儿子。由于长子奕纬 23 岁已经死了，皇二子奕纲和皇三子奕继幼年就死了，立储只有在皇四子奕詝、五子奕誴、六子奕䜣、皇七子奕譞之间选择。

道光二十六年正月初五日，正当传统的新春佳节余兴未消的时候，65 岁的道光皇帝突然降旨，宣布将皇五子奕誴过继给惇亲王绵恺为嗣子。这个决定，等于取消了他的皇位继承权。原来，道光认为皇五子奕誴言行浮躁不能担大事，不能考虑做继承人。从年龄来看，奕誴比奕詝的生日只差 6 天，同是 16 岁。这是接近成年的年龄。在这个关键时刻宣布奕誴退出建储圈之外，无疑对他是个不小的政治打击。后来，奕誴一生愤世，嘲弄朝廷，放言无忌与此事不能说没有关系。

当时，皇七子奕譞方 7 岁。他的两个同母弟奕诒 3 岁、奕譓 2 岁，不仅在年龄上不占优势，而且他们的母亲庄顺皇贵妃地位较低，由常在进琳贵人，又进琳贵妃。她与奕詝的母亲孝全皇后，奕䜣的母亲静皇贵妃相比较，占不了上风。奕譞兄弟三人在竞争中自然处于劣势。

继承人只能在皇四子奕詝和皇六子奕䜣两人中选择。诸位皇子中，奕詝与奕䜣从小在一起读书习武，关系最为密切。兄弟俩不仅成长为熟读经史、兼通诗文、擅长骑射的少年才俊，还共同研创出枪法二十八式，刀法十八式，这使得道光皇帝十分欣慰，特意将枪法赐名为"棣华协力"，刀法赐名为"宝锷宣威"，比喻兄弟二人协力同心。

奕詝 10 岁时，他的生母孝全成皇后突然死去，他便由奕䜣的生母静贵妃抚养，兄弟两人感情更深一层，如同一母同胞。兄弟俩感情很好，但是，皇帝既称"寡人"，皇位只有一个，究竟谁能成为皇位的继承人呢？

从实际情况看，奕䜣的条件比较优越。奕䜣的生母静皇贵妃在道光皇帝的后妃中居第二位，仅次于皇后。而且，当时孝全皇后已去世，静皇贵妃摄六宫事，又担起抚育奕詝的担子，很得道光皇帝信赖。这对于奕䜣来说是"得天独厚"了。奕䜣的劣势也十分明显。他不是皇后的儿子，在正统观念占主导的时代里，嫡庶之别是严格的界限，突破传统观念困难很大，道光皇帝不能不有所顾忌。奕䜣在年龄上又比奕詝小一岁。他虽然善于骑射，但少功于心计，不如奕詝。其实奕詝的心计不是自己的本事，而是老师杜受田的主意。

在道光晚年的一个春天，他命皇子们随驾到南苑围猎。围猎是清朝推崇尚武传统的活动，通常也是检验皇子骑射才干的考试。奕䜣果然武艺超群，在围猎中获得猎物最多。而奕詝却只是站在一旁，不发一箭。原来，奕詝知道自己骑射不如奕䜣，于是事前请他的老师杜受田给他出了个高招。杜受田告诫奕詝说：阿哥到了围场，千万别发一枪一箭，而且要约束手下人不得捕捉一只动物。皇上如果问及原因，你便说现在正值春天鸟兽万物孕育的时候，不忍心伤害它们，也不愿用这样的方式与弟弟们竞争。奕詝照计而行，果然，道光皇帝听后非常高兴，赞叹道：这真是具有帝王心胸的人说的话啊！开始有了把皇位传给他的打算。

又有一次，道光皇帝传旨召奕詝和奕䜣入对问策，就是要问问他们对国事政务的看法。二人接旨后分别请教自己的老师。奕䜣的老师卓秉恬有才气，少年得志，办事认真，为人耿直，他告诉奕䜣：皇上如果问你的话，"当知无不言，言无不尽。"而杜受田却告诫奕詝：如果谈国事政务，阿哥是比不过六爷奕䜣的。这时只有一条计策，只要皇上说自己快死了，不等他问国家交给你该怎么办时，你就只管趴在地上哭。奕詝对老师言听计从，他的一番表现，使道光皇帝深感这个孩子仁孝，铁心让奕詝做皇位继承人。

道光三十年，被内忧外患困扰多年的道光皇帝终于走到了生命的尽头，奕詝和奕䜣的皇位之争也有了结果。正月十四日，道光帝病危，急召宗人府令载铨，御前大臣载垣、端华、僧格林沁，军机大臣穆彰阿、赛尚阿、何汝霖、陈孚恩、季芝昌，总管内务府大臣文庆，公启镝匣，宣示建储朱谕："皇四子奕詝著立为皇太子。皇六子奕訢封为亲王。道光二十六年六月十六日。"同时宣示了两份交代身后应办事项的遗旨。一份包封上写有"御前大臣军机大臣公同手启"，并贴有封条，上有签名。另一份包封上贴有封条，盖有"道光之宝"戳记和"封"字。此外，匣中还有朱谕一份："皇四子奕詝著立为皇太子，尔王大臣等何待朕言，其同心赞辅总以国计民生为重，无恤其他。"这份朱谕是道光三十年正月十四日道光帝临死前在圆明园慎德堂亲笔书写的，字写得很潦草。

道光皇帝的一纸朱谕，决定了奕詝和奕訢的地位，从此奕詝黄袍加身，成为咸丰皇帝，而奕訢作为亲王俯首称臣。兄弟俩的地位改变了，但斗争却并未结束。

借母丧治政敌

奕詝当上皇帝以后，恭亲王奕訢小心谨慎，曾一度得到咸丰皇帝的信任，出任领班军机大臣。但是到了咸丰五年，因奕訢多次请求为其生母孝静皇贵太妃封后，惹得咸丰皇帝大为不快。

到了咸丰五年（1855年），孝静皇贵太妃病重了，她在弥留之际的时候，咸丰皇帝去看望这位抚养自己有功的皇贵太妃，当他走到她寝宫门口的时候，恰巧碰见奕訢从门里面走出来，兄弟俩在那碰了一个照面。

咸丰皇帝随口问道：额娘病得怎么样了？奕訢答道："已笃！意似等待晋封号方能瞑目。"仓促间咸丰皇帝不置可否，仅仅"哦、哦"了两声。没想到奕訢听后立即到军机处传达咸丰旨意，礼部随后就上了一个奏折，请尊封皇贵太妃为康慈皇太后。

为此咸丰皇帝非常生气，但苦于已经给人答应出去的印象了，不得已批准了。9天后，七月初十康慈皇太后病逝。咸丰发泄心中怨气的时候到了，七月二十一日咸丰皇帝便以"办理丧事有疏忽"的罪名将奕訢赶出军机处，并罢免了他的其他重要职务，从此再不重用他。

同时，咸丰还降低了养母康慈皇太后丧礼的等级，创造了清代皇后丧礼的特例。这位太后的陵墓慕东陵也很特殊，它没有与皇帝的陵墓在一起，而是与16个妃子的园寝在一起。但是，中间还是用墙与妃子们的墓分隔开，用了黄瓦，以示区别。

这种既有别于皇后又有别于妃子的处理，隐隐地透出了咸丰的用心：他要让弟弟知道，皇帝的亲生母亲和养母，就是有区别的。咸丰警告弟弟：别再想打皇帝宝座的主意。

就这样，奕詝终于战胜奕訢坐稳了皇位。

治吏选才

咸丰即位以后，展现在他面前的清王朝是政治混乱、财政匮乏、军队窳败、民不聊生的萧条景象。年少气盛，血气方刚的咸丰，颇有点进取的精神。他采取了一系列措施，调整对内对外的政策。咸丰知道，腐朽的官场习气大大降低了政府的功用，不利于自己的统治，必须改变这种状况。为此，咸丰帝首先向军机大臣穆彰阿开刀。穆彰阿，满洲镶蓝旗人，历任内务府大臣、步兵统领、兵部尚书、吏部尚书、大学士等职，深得道光帝的信任和宠幸，任军机大臣20余年。他结党营私，排斥异己，压制群僚，无恶不作。咸丰即位10个月后，即亲笔朱谕，历述穆彰阿的罪状后，给予革职永不叙用的处分。对另一个大学士，曾任广州将军、签订《南京条约》的耆英，也因与穆彰阿狼狈为奸，先被贬官，后予处死。

与此同时，咸丰也选拔了一批他认为有才能的人。由于杜受田帮助自己登上皇位，咸丰自然对他感激涕零。甫即位，就任杜受田太傅兼署吏部尚书，不久又调任刑部尚书、协办大学士。杜受田死后赠太师大学士，入祀贤良祠，赐金5000两治丧，儿子升官，由检讨（翰林院史官，位次编修）升为庶子（太子属官）。在此前后，咸丰又分别擢升了穆荫、肃顺、匡源及怡亲王载恒、郑亲王端华等。尤其是肃顺，在清朝中算是出类拔萃。咸丰还用严刑整顿朝纲，打击贪官污吏，力图挽救腐败的世风，虽然也取得了一些成效，但并没有从根本上解决社会矛盾，因此农民起义一直在迅速发展。

金田起义

拜上帝会与起义的酝酿

洪秀全为广东花县客家人，生于清嘉庆十九年（1814年）一月。幼时聪明异常，所读之书能一目了然，但因家庭贫穷，只能一面读书，一面务农、放牛。18岁时他应聘为本村塾师，以后，他一边读书，一面参加科举考试。几次科考却屡次失利，但因偶然的机遇与基督教结下了不解之缘。道光十六年（1836年）洪秀全到广州应试时，得到一部基督教徒梁发所编的《劝世良言》，那是一本浅显易懂的基督教布道书，但当时洪秀全并没有理会，翻了几下便丢进书箱。这次应试仍未被录取，胸怀大志、文才出众的洪秀全更加愤世嫉俗。第二年，应试再次失败，洪秀全大病四十天，据说他在病中写出了一首诗：

手握乾坤杀伐权，斩邪留正解民悬。

眼过西北江山外，声震东南日月边。

道光二十三年（1843年），洪秀全最后一次赴广州应试，结果仍未被录取，这次他最终放弃了科举入仕的道路，激愤地说："不考清朝试，不穿清朝服，要自己来开科取士。"当他再拿起《劝世良言》细细品读的时候，发现其中一些基督教义很对农民的胃口，于是，在六月间便开始向亲友宣讲教义。洪秀全同好友冯云山、族弟洪仁玕共同研究《劝世良言》，提出独拜真神"皇上帝"，不拜邪神偶像，不行恶事，戒绝饮酒、抽烟、邪淫等恶习。他们将洪秀全在道光十六年（1836年）应试失败后，因病所做异梦描述一番，说洪秀全神游天上，遇到一位高居宝座的老人，赐给他一把宝剑，让他代表天父上帝到人间斩除妖魔。这位老人就是天父上帝，同他一道追杀妖魔的就是天兄耶稣。随后，洪秀全请铁匠"打铁罗"铸了一把"斩妖剑"，随身佩带，以天父次子的身份斩诛妖魔，并写出一首《吟剑诗》："手持三尺定山河，四海为家共饮和。擒尽妖邪归地网，收残奸宄落天罗。东南西北敦皇极，日月星辰奏凯歌。虎啸龙吟光世界，太平一统乐如何！"

在这之后洪秀全三人开始积极传教，扩大组织，招收信徒。开始他劝信徒信奉上帝、耶稣、天堂、地狱，后来便逐渐产生了反清的思想。在他们的积极活动下，吸收了一些信徒，但引起了朝廷官员的注意。他们砸毁了私塾中孔子的牌位，无法在家乡继续待下去。在这种情况下，他们准备出游天下。

道光二十四年（1844年）四月初，洪秀全、冯云山、冯瑞嵩、冯瑞珍开始远游他方，由南而北，历经广州、顺德、南海、番禺、增城、从化、清远、曲江、阳山、连山等地，一路上宣传教义，发展信徒。并逐渐开拓领域，为日后太平天国根据地的创立打下了基础。

在云游途中，一些人中途折回，而冯云山表示愿意与洪秀全"遍游天下，艰苦甘心"。五月二十一日，他们到达广西贵县赐谷村，在洪秀全表兄王盛均家住下。从此，洪秀全一边教书，一边宣传教义。很快，赐谷、长排、大横等地成了他们传教的重点地区，入教者达百余人，在此基础上形成了广西第一个"拜上帝会"。赐谷村北面十几里的六乌山口有一座六乌庙，地主、族长常在这里处理族务，欺侮乡人，洪秀全带人捣毁了六乌庙，在贫困乡人中树立了威望，震惊了当地。

这一年九月和十一月，冯云山和洪秀全分别前往桂平和花县，各自宣传教义，发展信徒。冯云山历尽千辛万苦，终于在十一月到达桂平新圩，一边拾粪、挑担、割禾、打谷和在砖窑里做苦工来维持生计，一边设法传教，冯云山克服人地生疏的困难，跋山涉水，往来于紫荆、金田地区。在平凡的劳动中逐渐接近下层民众。生活虽苦，但他心中充满远大的志向，并作诗云：

孤寒到此把身藏，举目无亲也着忙。

拾粪生涯来度日，他年得志姓名扬。

后来，他又来到紫荆山大冲曾玉珍家教书。据百姓传闻，他还到过坎泽和紫荆山区西南的瑶区鹏隘教过书。冯云山在紫荆山地区开展艰苦的宣传、组织活动。经过两年多的努力建立起一个被称为"拜上帝会"的组织。

紫荆、金田、江口等地，在清代都属桂平县，居民多数以耕地、烧炭为业，受苦很深，这里时有起义发生。早在明代，便有著名的侯大苟所领导的大藤峡瑶、壮族农民起义，前后绵延了数百年，留下许多感人的斗争传说。鸦片战争前，紫荆山里又爆发了一次农民暴动，参加者五六百人。这里，天地会的势力也有很强的基础，在道光十五年至十六年（1835 ~ 1836年）间曾领导了一次起义。当时天地会领导的水上"艇军"，沿西江在两广各地活动，江口为其据点之一。

"三多"充分说明了金田村的贫困：无耕田的人多；卖儿卖女的人也多；逃荒要饭的人多。金田附近一带住的全是汉、壮两族的贫苦农民。金田村背面即是紫荆山，这是一个总面积达二百多平方公里的大山区，四面高山环绕，中间丘陵起伏，沟壑纵横。紫荆山区住的是壮、瑶、客家（汉）几族人氏，大多以种山烧炭为业，生活很是艰难。冯云山正是利用这一有利形势，团结贫困民众，因此，入会者十分踊跃。冯云山便在这里积极酝酿并成立了"拜上帝会"。

拜上帝会提倡人人都是上帝的子女，大家都是同胞，应该彼此平等，休戚与共，有福同享。这种教义对于苦难深重的农民有着极大的吸引力和号召力，因此，在桂平、贵县、博白、陆川的客家人，以及紫荆、金田的壮族农民和紫荆山区、平南鹏化山区的瑶族人民，有许多都加入了拜上帝会，组成了浩浩荡荡的拜上帝会众。紫荆山区300余家的烧炭佬和龙山矿工是拜上帝会积极争取的对象。他们生活困苦，性情急猛，后来太平天国的核心人物杨秀清、萧朝贵便出自此。

与此同时，洪秀全在广东老家花县一边教书，一边解析拜上帝会的教义。从道光二十五年（1845年）起，洪秀全接连写了《原道救世歌》《原道醒世训》《原道觉世训》《百正歌》《改邪归正》等数篇文章与诗歌，对宗教理论加以阐释，宣传上帝创造一切、主宰一切，要人们信奉唯一真神——上帝。书中还表露了洪秀全的反清思想。这些文章编入了后来南京印行的《太平诏书》。

洪秀全在广西积极传教，并将他的同学冯云山和族弟洪仁玕首先施行洗礼。洪秀全把自己的思想秘密及对统治者的仇恨全都告诉了洪仁玕，说："上帝划分世界，让大家各自掌管好自己应得的那一份，但是满洲人却抢走了我们所应该得到的家产。"又说："上帝帮助我们恢复祖国，让我们保管好自己的财产，但不要侵害别人，互相帮助，以礼相待，我们将同拜同一天父，共同崇敬同一天兄及世界救主之真道，这就是自从我的灵魂上天以后心中的一大愿望。"洪秀全在这时又做了一个奇怪的梦，梦见红日放在手中，醒后便吟成一诗云：

五百年临真日出，那般焰火敢争光。

高悬碧落烟云捲，远照尘寰鬼域藏。

东北西南群丑曝，蛮夷戎狄尽倾阳。

重轮赫赫遮星月，独擅贞明耀万方。

洪秀全与罗孝全结识是在道光二十六年（1846年）下半年，当时罗孝全正在广州传教。洪秀全便与洪仁玕决意去广州一趟。罗孝全也想与洪秀全结识，便让助手朱道兴邀洪秀全去广州讨论教义，洪秀全便赴广州，与罗牧师研究真道。但因有教中其他人的阻挠而未能受洗礼，二人因此失望地离开广东转赴广西，去寻找挚友冯云山。

道光二十七年（1847年）六月，洪秀全历尽艰苦，第二次前往广西，因囊中羞涩，只能徒步前往。但不幸的是，在路上又被盗贼偷窃得一干二净。先到县衙，得到授赠四百枚铜钱，又在西行船上受到船友捐赠六百枚钱，省吃俭用，终于到达了广西贵县王姓亲戚家中。当他得知冯云山已有很多信徒，开辟了紫荆山根据地后，非常高兴。八月，洪秀全欣喜地到大冲去会见冯云山，一同巩固和发展拜上帝会。

　　紫荆山拜上帝会教徒迅速增加，其中有卢新泽（谐音）、卢六、曾亚顺、石达开、杨秀清、萧朝贵等人，他们以后成为了太平军的重要领导人物。他们的活动不可避免地带有一些神秘色彩，萧妻名杨云娇，自己说在丁酉年曾患一场大病，错迷中灵魂向天上飞去，遇见一圣人指导她加入拜上帝会，让她真心实意地跟随上帝，她就是这样加入拜上帝会的。当时人经常说，男学冯云山，女学杨云娇。以后拜上帝会的教义从紫荆山迅速传播至广西数县，如象州、浔州（今桂平）、郁州及平南、武堂、贵县、博白等地，许多有家业、有势力、有功名的人及其家族均入会，如有势力者韦昌辉、举人胡某等一体入会，拜上帝会的影响越来越大。

　　十月，洪秀全和冯云山为更快地扩充力量，便离开大冲，来到高坑冲，在卢六家里设立拜上帝会的总机关，又制订了"拜上帝会"的各种条规，一面又派人四处活动，在两广的汉、壮、瑶等各族人民有许多都加入了拜上帝会。

　　当时，在广西象州府一带有著名偶像甘王爷，为当地人所共同信仰。传说甘王爷本为象州居民，他极信风水，曾求一风水先生为他择一好穴，又杀母，逼姐与一浪荡子通奸，并且让州县官员赏一袭龙袍加身。他死后，象州人士都惧怕甘王爷显灵，所以户户供奉，企求平安。洪秀全听会众报告甘王爷事后，不由得怒火中烧，于是与冯云山、王为正等赶往甘王庙。两个人后面到达，只见洪秀全手持木棍，痛殴偶像，并历数甘王爷十大罪状：第一罪，杀母；第二罪，蔑视上帝；第三罪，恐吓上帝子女；第四罪，贪图上帝子女的食物；第五罪，逼其姐与浪荡子通奸；第六罪，爱听男女淫词荡曲；第七罪，妄自尊大；第八罪，榨取民财；第九罪，向州官强求龙袍；第十罪，如邪鬼常行恶事。有这样十罪，实属十恶不赦，必杀无疑。于是，三人共同捣毁了甘王庙，洪秀全还亲自写了一首诗怒骂甘王爷：

　　　　题诗草檄斥甘妖，该灭该诛罪不饶。
　　　　打死母亲干国法，欺瞒上帝犯天条。
　　　　迷缠妇女雷当劈，割累人民火定烧。
　　　　作速潜藏归地狱，腥身岂得挂龙袍。

捣毁甘王庙的活动大大鼓舞了群众斗争的勇气，树立了拜上帝会的威信。此后，洪秀全也更加为人信服，信徒增加更速。后洪、冯又捣毁了紫荆山庄的雷庙。雷庙位于花雷、田心两江的合水口处，是富绅王作新父子筹建的。这一下引来了当地豪绅的反对，王作新向桂平衙门控告洪、冯以拜上帝为名，到处毁坏神坛庙宇，实为反叛之徒。道光二十八年（1848年）一月县官遂逮捕了冯云山及卢六，在审讯过程中，冯云山针锋相对进行斗争。听到冯云山入狱的消息，洪秀全曾打算向时任广东总督的耆英申诉，但因耆英调走而没能成功。

这个时候，广西拜上帝会的会众自愿筹集巨金援救冯、卢，求县官秉公审理。这时县官转而认为拜上帝会教徒原非叛逆，便有意释放二人。再加上冯云山在狱中写的申辩信，叙述王作新的险恶用心，申辩自己冤情，证明人人当拜上帝，并不违反法律。这时卢六已死于狱中，于是县官派差役二人将冯押解到广东原籍释放。但行至几里路外，在冯的侃侃而谈下，二位差役在路上就将冯云山释放了，并加入拜上帝会，没过多久，二人便受洗礼成为教徒。

冯云山回到紫荆山，才知道洪秀全为救自己回到了广东，于是又转头回广东花县。这时洪秀全又折返回桂，得知冯已出狱，又东折回花县。道光二十八年（1848年），二人终于在花县见面。冯云山家乡在洪秀全家乡的北面约五六里，是一个多山的地带，两人经常借牧牛机会相见、攀谈。洪秀全还借此机会传经布道，劝告人们信仰上帝。二人在家乡逗留到次年六月，用友人筹集的路费，再次离粤入桂，谁也没有想到，他们再也没有机会回到家乡。

道光二十九年（1849年）十月初九，洪秀全长子出世，当时正是太阳初升之际，成百上千的鸟翱翔天际，随后落于洪秀全屋后一月之久，村里人认为这是新王降世的征兆，洪仁玕派专人送信前往广西洪秀全处，报告这个喜讯。

洪秀全与冯云山回到紫荆山，受到拜上帝会众的热烈欢迎，并有兄弟告知，当他们离开紫荆山时，为了安定信徒，杨秀清以"天父上帝"下凡附体，萧朝贵以天兄身份传言群众，安定民心。

杨秀清生于广西桂平县紫荆山区的一个村庄，出身贫苦，富有谋略与组织能力。传说，有一天，当众人下跪祈祷时，他突然倒在地上，全身出汗，一会儿似有神附体，口中念念有词，或责骂，或预说未来之事。言语有时模糊，有时为韵语。有人便记录下来，拿给洪秀全审察，认为这些话出自上帝。萧朝贵为广西武宣县人，也是贫苦农民出身，为人勇敢刚强，公平正直。他也是在一次偶然的机会里，取得了代天兄传言的资格。二人在洪秀全、冯云山去广东时以天父、天兄资格代言，稳定了广西拜上帝会众的情绪与组织，颇受会众信赖与爱戴。但同时也种下洪秀全、杨秀清矛盾的隐患。

道光二十九年（1849年）的广西，遍地是民众武装起义的烈火。全省十一府一直隶州，从一二千人到七八千人的起义队伍就有20多支。天灾人祸迫使成千上万的贫苦农民流离失所，丧失了一切生活依据，除了造反，没有别的出路。在这种情况下，各种民间秘密组织异常活跃。以桂平为中心，东到平南、藤县，西到桂县，北到武宣、象州，南到陆川、博白以及广东的信宜、高州、化州、廉江和清远等地，都能找到拜上帝会组织的影子，拜上帝会领导民众与地主团练进行斗争。洪秀全、冯云山回到广西见到这种形势，认为起义的时机已经到来。

在不断的斗争发展中，拜上帝会逐渐形成了以洪秀全为首的核心，冯云山、杨秀清、萧朝贵、韦昌辉、石达开为核心成员。他们大多数是两广地区的贫苦人民，韦昌辉和石达开除外。韦昌辉为广西桂平金田村人，是地主兼典当商；石达开为广西贵县那帮村人，也是地主出身，因其为客家人，颇受当地地主排挤，故加入拜上帝会。这个领导核心领导了著名的金田起义，推动了太平天国前期的蓬勃发展，但也埋下了后来裂变的祸根。

拜上帝会积极准备武装起义，并选拔了一批内行的会员，分别去桂平的金田村、紫荆山的渌田村、平南花州的林长坳（现为上帝坪），以及陆川的陆茵村等地，开炉制造武器。有的以打制农具为掩护来打造起义用的刀枪，其中金田村规模最大，冶炼炉就开了12座，打好的武器秘密投进西边的犀牛潭中储藏起来。

与此同时，拜上帝会还将会众农民训练成有军事知识、有组织的半军事人员。在洪秀全的直接组织下，在紫荆山地区成立了 4 个大馆，平南花洲地区也成立了 3 个大馆，由胡以晃主持训练，其他如贵县、陆川等地也建立了大馆。

团营起义

经过一段时间有计划的准备，举义的条件已经基本具备。道光三十年（1850 年），洪秀全、冯云山命令各地会众在十一月初四前到金田村"团营"，整编队伍，准备武装起义。

获得消息后，各地会众扶老携幼，陆续到金田会合。成千上万的贫苦农民群起响应，他们烧毁了茅草屋，变卖所有的物产，手持器械，途中不断阻击前来拦截的清军、团练，从四面八方向桂平县的金田村进军，一场大的风暴就要到来了。

清道光三十年（1850 年）十二月初十，这一天正是洪秀全 38 岁生日，二万多贫民在洪秀全的带领下，拿起自制的武器，汇集到金田村西边的犀牛岭营盘周围，举行誓师起义，当时旌旗蔽天，欢天动地，真是"万民响应，四方乐从"，同呼"杀妖！"震天动地。男军和女军分营排列，雪亮的刀矛在空中晃动，闪闪发光。不持武器的妇女儿童，有的挥舞彩旗，有的敲锣打鼓。一首民谣唱道："天国旗号飘得远，四方兄弟到金田。兄弟姐妹都来到，降魔斩妖声震天。"

洪秀全登上营盘中央的高台，率众庄严宣告起义，随即颁布军纪五条：

第一，遵条命（遵守天条和命令）；第二，别男行女行（男女分营）；第三，秋毫莫犯；第四，公心和傩，各遵头目约束；第五，同心合力，不得临阵退缩。

团营起义后，会众以红布包头，蓄发易服，定名为"太平军"。这五条纪律，加强了太平军的团结，赢得了广大群众的拥护，为日后取得一系列胜利奠定了坚实的基础。

道光三十年（1850 年）十二月十四日，洪秀全率师东进二十里，此时，遭到了清军的围攻，太平军英勇奋战，在大湟江口大破清军。江口为浔江、大湟江和鹏化水的汇合处，无论在经济上或军事上都占有十分重要的地位。上通桂平、贵县，下达平南、苍梧，是天地会武装的主要活动区。洪秀全在此设立大营，与天地会武装联系，以承认拜上帝会教义原则、遵守太平军纪律为条件，接受了罗大纲、苏三娘等部二千多人加入太平军，罗大纲、苏三娘后来成为太平军著名的男女将领。张钊、田芳等先加入太平军，后因不愿服从太平军的纪律，而叛变投敌，洪秀全及时地驱逐平定了他们。人们将洪秀全呼作"太平王"，到处传颂"金田起义出大王"。

面对这种局势，清军也不能坐视不理，再也不能将他们作为"乌合之众"了，由主要镇压天地会转而镇压太平军。十二月十七日，清朝派李星沅为钦差大臣从桂林赶到柳州，向荣从横州（今横县）带兵到桂平，共同策划围剿太平军。咸丰元年（1851年）二月，向荣指挥一万余名官兵分东西两路向江口进军围剿太平军。而太平军只动用了三千兵力，在冯云山、杨秀清、萧朝贵、罗大纲的带领下，以逸待劳，奋勇杀敌，几个冲锋便把清军杀得弃甲丢戈；太平军继用刀矛作战，一下子打死打伤好几百清兵，战胜了五倍以上的清军。此次战役，太平军以少胜多，显示了威力。三月，起义军主动撤出江口，转而进攻紫荆山区的武宣，并进行扎营整顿工作。

太平军攻无不克，战无不胜，将清军向荣、周天爵的兵马杀得损兵折将，太平军人心振奋，决定稍稍整顿，占领武宣后，再进行新的更大规模的作战。三月二十三日，洪秀全在武宣东乡正式称天王；杨秀清为左辅正军师，领中军主将；萧朝贵为右弼又正军师，领前军主将；冯云山为前导副军师，领后军主将；韦昌辉为后护又副军师，领右军主将；石达开为左军主将。这就是著名的东乡称王，武宣建制，太平天国前期的五军主将制度初步建立。

三月底四月初，清政府针对与太平军作战连连失败的情况，为了扭转局面，从广州、四川、安徽、贵州增援4000余人，由国库拨银300万两，又由四川运米5000石备用，准备进行更大的"平叛"行动。五月十五日晚，太平军主动撤离东乡，突破清军防线，前往象州，直指庙旺。一路上连克庙旺、古城、寺村、中平、百丈、新寨和大乐圩等地，势如破竹，乘胜前进，接着洪秀全在新寨立大营，指挥全局。

攻克永安

咸丰元年（1851年）五月底六月初，太平军在马鞍山、独鳌岭、梁山村大败清军乌云泰部，斩杀清军官员十五人，士兵近三百人，清军全线崩溃。当时，老百姓编出一首民谣，对官军进行嘲讽，说："象州官府带兵多，打起仗来乱鸡窝。天兵山头一声喊，狗官尽找乌龟壳。"

不久，太平军又撤离象州，一路上经过新圩、平南，与清军进行了多次血战，在取得官村大捷后，然后又声东击西，攻克永安。官村大捷后，太平军在与清军的斗争中初步取得了主动权，先在八峒山区的大旺扎营立寨。然后洪秀全把将士分为水陆两路合攻永安。陆路由大旺火速东行，出滕县大黎，屯扎5天。这5天内，大黎人给予了太平军很大的支持，他们不畏山高路远，踊跃参加太平军，太平天国后期将领英王陈玉成，就是大黎人，当时他才14岁，却容貌俊秀，行动机敏。紧接着罗大纲率领一部分太平军，翻越龙头界，经樟村进入永安黄村，穿古眉峡，到水窦村，九月二十四日黎明，罗大纲率队直逼永安城郊，占据东山头，进驻南门外长寿圩。次日猛攻县城，经过几回合的战斗，杀死团练头子苏保德，使州官吴江投井自杀，军正丁履吉在学署上吊自杀，消灭了清军的大部分，太平军乘胜一举攻克了永安城。这是太平军自从金田起义后第一次占领城池，因此士气十分饱满。

攻克永安后第七天，天王洪秀全从容地进入永安城，威风凛凛，甚是尊严。进城后，洪秀全立即以天王的名义发布诏令："各军营战士军将，一定要全力为公，不可产生私心杂念，要一条心，紧跟天父、天兄和朕，从今以后，命令各军将：在斩杀妖魔占领城市以后，取得的一切金银财富，不得私自隐藏，全都归天朝圣库所有，违者严加惩处。"太平军的最高指挥机构设在州署，洪秀全在这里听取诸臣奏事，指挥作战。

太平军攻克永安城后，清政府极为震惊，第二天，急令乌兰泰部从平南赶到永安，进驻附近佛子村，与太平军展开对峙局面。太平军以逸待劳，十月十五日才出兵与清乌兰泰、刘长清、李能臣、李瑞、张敬修等部接战，大败清军。从咸丰元年到二年（1851～1852年）四月，清廷采取加大兵力的办法，调兵勇 5 万余人，配备 100 多尊大炮，耗银近 1000 万两，依靠优势装备，围攻永安城，双方僵持半年多，但并未阻止住太平军的发展势头。

太平军与天王洪秀全进驻永安之后，一方面指挥太平军与清军作战，一方面进行休整补充，制定颁布了各种制度，首先改州衙门为天朝，让手下各位将领随时奏事，并颁布太平天国年号，开创新朝。咸丰元年（1851年）十二月，洪秀全发布封王诏令，将五军主将制度加以发展，分封诸王，其中：左辅正军师杨秀清为东王，右弼又正军师萧朝贵为西王，前导副军师冯云山为南王，后护又副军师韦昌辉为北王，石达开为翼王。西王以下，俱受东王节制。这样，杨秀清实际掌握了太平天国的各项大权。建朝后，太平天国在太平军中开始建立赏罚登记制度，颁布了著名的天历。将南王冯云山在道光二十八年（1848年）于桂平狱中草创的天历稍加改定，规定一年为三百六十六日，单月三十一日，双月三十日，沿用干支纪年、月、日的古法，并改地支中丑为"好"、亥为"开"、卯为"荣"。天历于咸丰元年（1851年）冬公布，定是年为太平天国辛开元年。太平军的这些休整称为永安建制，一方面除旧，另一方面布新，以示新朝，加强了中央政权组织的建立，对以后的发展有重要意义。

太平军在永安停留了半年多的时间，清军逐渐增加兵力达三万多人，包围了永安城，城中粮、盐、弹药极其缺乏，根据这种情况，太平军决定突围。咸丰二年（1852年）四月初五，太平军突破清军围困北上，使清军遭到重创，突显了腐朽的清王朝军队的各种弊端，在永安、昭平间之大山中，又杀死清军总兵以下官兵五千人左右。八月十九日，开始围攻桂林，清军将领乌兰泰身负重伤，滚下崖涧，没过多久，乌兰泰死于阳朔。但桂林是广西省会，清军主力均在这里，太平军围攻一个月，未能攻克，于是在五月二十一日，太平军主动撤离桂林，第二天占领兴安县城。六月初三，太平军攻破全州城。初十，在向湖南进军途中在水塘湾与敌人伏兵发生激战，南王冯云山不幸中炮，身负重伤，不久在蓑衣渡去世。十二日，太平军自广西进入湖南，占领道州，在道州扩充队伍，铸造大炮，这期间湖南会党群起响应，清军望风而逃。但在七月底太平军攻打长沙的战斗中，西王萧朝贵中炮受伤，沿至八月下旬去世。年底，太平军攻克武汉三镇。咸丰三年（1853年）三月十九日，太平军攻克江苏南京，并以此作为太平天国都城。

太平天国从组织酝酿到团营起义、永安建制、打出广西、进军江南、攻克南京，历经近10年时间。它动摇了清朝的统治，也给了外国帝国主义极大的震动。

天京事变

领导集团的内讧

建都南京（天京）、西征的胜利以及天京地区的辉煌战绩，使太平天国在军事上达到了全盛时期。革命形势对太平天国的发展十分有利，但是太平天国的领导人却被胜利冲昏了头脑，尤其是身为主要领导人的洪秀全和杨秀清，抛弃了起义初期那种质朴的思想作风，代之而起的则是对权利名位和奢侈生活的追求。定都南京不久，他们就立即大兴土木，拆毁大批民房，动用成千上万的男女劳力建造豪华壮丽的天王府和东王府。天王府城周十余里，墙高数丈，内外两重，宫殿林苑，侈丽无匹，就连后花园也是雕琢精巧，金碧辉煌。杨秀清为了营建东王府，不惜大批毁坏附近的民房、商店以开拓地基。东王府虽逊于天王府，但也是周围数里，墙高数仞，穷极工巧，骋心悦目，土木工程的构建在天京首屈一指。天王从民间大肆挑选嫔妃，不断选取民间秀女入宫，此例一开，其他各王纷纷效仿，这就给民间带来了极大的痛苦和灾难。

身为东王的杨秀清也过着豪华奢侈、排场十足的生活。他每次出行时，天京全城大放礼炮，行人回避，甚至还要跪在街头，高呼千岁，否则就要受到严厉惩处。他出行时常常大摆仪仗、鼓乐，仪仗队常常多达数千人，以至排成二三里的长队。

　　太平天国因袭了封建君主制度，颁布了等级森严的礼制，对诸王及其妻子儿女、亲戚和各级官员的称呼，都作了严格的、烦琐的规定，不得乱称。例如，天王洪秀全得称万岁，凡上言皆呼万岁、万岁、万万岁！其子称幼主，亦称万岁，但不三呼。洪秀全的女儿被称为天金。东王杨秀清称九千岁，其属下上言呼九千岁、千岁、千岁、千千岁！其子为世子，称殿下，亦呼千岁。杨秀清的女儿被称为东金。对丞相至军师皆称大人；师帅至两司马皆称善人，如此等，不一而足。他们的服饰、仪仗、卫队、舆马等也都有严格的规定。例如天王的轿夫64人，东王的轿夫48人，连最下级的两司马也有轿夫4人。太平天国的领袖们沉湎于声色犬马的繁华生活之中，养尊处优，骄奢自大，关系逐渐疏远，原来的同吃同睡、情同骨肉已不复存在，而是变为彼此不合，猜忌日生。对权利名位和奢侈生活的追求逐渐发展成为相互之间的争夺权利。在太平天国的领导集团中，逐渐形成洪杨矛盾与杨韦矛盾两组错综复杂的矛盾。

　　洪秀全和杨秀清之间的矛盾，主要是由杨秀清骄傲专横，而使天王大权旁落引起的。杨秀清有出色的政治和军事才能，从金田到南京，他是实际上的军政指挥者。太平天国起义前期能够取得那样巨大的发展，是和他的领导分不开的。他总理天国的军政要务，辅佐天王，深孚众望。但是，建都南京以后，杨秀清的个人权势的不断上升使他权欲熏心，野心膨胀，威风张扬，不知自忌。随着军事上的一连串胜利，杨秀清自恃功高，一切专擅，骄傲专横的倾向日益严重地表现出来。洪秀全徒存其名。凡天国的军政要务都先在东王府商议好之后，才转奏天王，而天王所能做的就是不得不下旨批准东王的奏议。杨秀清每诈称天父下凡附体，命令洪秀全跪在自己面前，甚至历数洪秀全的罪过，用杖责打他以示惩戒。从定都南京到天京内讧的前夕，杨秀清扮演天父下凡的次数不算多，但却有3次是针对洪秀全的。杨秀清权欲熏心，抓住一切时机与洪秀全争权，凡事都与天王对着干：例如凡是天王认为可行的事，他一概认为不可行；凡是天王认为应该杀的人，他都说不能杀，以此来表明权力掌握在自己手中。而性情暴烈的洪秀全也不是好惹的，他不甘心让大权落入杨秀清之手，处处与自己过不去，因此洪、杨二人的矛盾越来越尖锐。

杨秀清与韦昌辉之间的矛盾也很尖锐。韦昌辉是金田起义的发起人之一，他虽出身于地主家庭，但加入拜上帝会后却很坚决地变卖全部家产，所得全都用来制造武器，为起义做准备。而他全家族的人在他的带动下，几乎全都参加了拜上帝会和太平军。当冯云山、萧朝贵相继牺牲后，他的地位仅次于杨秀清，经常在外统兵打仗，拥有重要兵权，这对于杨秀清不能不构成一种威胁。韦昌辉曾读过书，小有才气，为杨秀清所忌恨，加上杨秀清自恃功盖诸王，骄傲专横，不把别人放在眼里，对韦昌辉极不尊重，常因小事而任意挫辱。韦昌辉屡受其辱，早就对杨秀清怀有不满情绪。但他表面上却对杨秀清阿谀逢迎，唯命是从，常在杨秀清面前装出尚有惊恐之心、不敢十分多言的样子。只要杨秀清的轿子一到，就三两步地跑出来毕恭毕敬扶轿迎接。他与杨秀清讨论问题的时候，还没说到三四句话，必会跪下向杨秀清称谢，并说："若不是四哥您教导，小弟才疏学浅，怎会知道这些？"有一次韦昌辉的哥哥与杨秀清的姜兄争夺住宅，杨秀清徇私枉法，袒护姜兄，要杀韦昌辉之兄，又偏偏叫韦昌辉给其兄定罪。韦昌辉心中对杨秀清的做法极为愤恨，但表面上仍是迎合杨秀清，甚至要给自己的哥哥处以五马分尸的酷刑，并说只有这样做，才能起到警示众人的作用。韦昌辉表面上迎合杨秀清，暗地里却寻找机会准备夺他的权。

杨秀清对他周围的将领和士兵更是严刑峻法，随意加以杖责甚至处死，引起人们的普遍不满。

咸丰六年（1856年）取得军事胜利后，杨秀清居功自傲，打算乘机进一步扩大个人权势，企图取得"万岁"的称呼，将洪秀全取而代之。同年六、七月间，他借天父下凡附体，召天王洪秀全到东王府听令。洪秀全来到东王府，杨秀清以天父的口气责问道："你和东王都是我的儿子，东王有天大的功劳，他的封号何止是九千岁？"洪秀全回答说："东王打下了大片江山，也应该将他封为万岁。"杨秀清又说："东王的世子岂能只是千岁？"洪秀全回答说："东王既然是万岁，东王的世子也就是万岁，而且世世代代都是万岁！"

　　权力受到严重威胁的洪秀全虽然答应了杨秀清"逼封万岁"的要求，但立即密令在江西督师的韦昌辉、在湖北督师的石达开以及在丹阳督师的秦日纲等火速返回天京诛杀杨秀清。韦昌辉得令后急如星火，率心腹部队2000人赶回天京。在天京附近遇到燕王秦日纲，便劝秦回京诛杨。秦日纲平日对杨秀清也极为不满，便随北王韦昌辉于八月初三深夜回到天京，封锁天京的交通要道，包围了东王府。四日凌晨，韦昌辉冲进东王府，将杨秀清和他的全家老小全都杀死，杨秀清的许多部下也被杀害。天亮时，东王府内外尸首积塞，秦淮河的水都被血染成了红色。

　　石达开听到变乱的消息后，急忙从武汉洪山驻地赶回天京。他见杀人太多，很不满意，责备韦昌辉不该滥杀。韦昌辉见石达开不满，顿起歹心，又企图杀死石达开。石达开闻讯后，连夜缒城逃出天京城。杀红了眼的韦昌辉却把留在天京的石达开一家老小全部杀害。石达开逃至安庆，起兵讨韦，并要求洪秀全交出韦昌辉的人头，否则就攻下天京。但是洪秀全为了斩草除根，不理会石达开的要求，默允韦昌辉继续搜杀东王的部属。

　　后来，洪秀全见事态发展难以控制，便下令制止韦昌辉滥杀。但韦昌辉接到天王的诏书后，大怒说："我为他除去杨秀清这个大祸害，现在他反而责怪我，是想为自己沽名钓誉吗？"并立即派兵进攻天王府，双方对峙数十天。韦昌辉的滥杀无辜和专横残暴，激起了天京广大将士的愤怒和人民的不满。十月初，石达开讨韦大军逼近天京，天王洪秀全接受了将士们的要求，将韦昌辉处死，被捕杀的还有秦日纲及其同伙200多人。韦昌辉对天京历时约两个月的恐怖统治结束。事后，洪秀全派人将韦昌辉等人的首级送安徽宁国府交石达开验看。石达开见韦昌辉已被处死，起兵靖难的目的已经达到，家仇也已得报，于是答应洪秀全回天京辅政。

　　十月底，石达开率军回到天京，洪秀全命他提理政务，天京军民欢天喜地。石达开自幼读书，胸怀大志，且为人平和，重义气，讲究实际，善驭部下，要文有文，要武有武，是太平天国一位不可多得的统帅。天京变乱时，石达开斥责韦昌辉滥杀无辜劝其住手的行为是正义的，后来遭到迫害，深得人民同情。他起兵讨韦也是符合情理的。如果没有石达开的强大的军事压力，韦昌辉不可能迅速被惩办。因此，石达开得到朝中百官的支持和拥护。全朝文武向天王保举石达开总理朝政，辅佐天王治理天国。但是，内讧的阴云依然笼罩着天京。洪秀全长期居住深宫，几乎不与外界接触，日益脱离群众，也不了解当时的实际，加上他的生活纸醉金迷，身边都是善于阿谀奉迎、挑弄是非的小人，这使他的思想变得保守、狭隘，疑心重重。杨韦事变对他的打击很大，使他几乎对所有的有功之臣都心存疑忌，除了信用洪氏本家之外，对外姓大臣不肯放心地委以重任。所以，他对颇受军民爱戴的石达开也疑心重重，不肯重用，反而把自己的两个昏庸无能的哥哥洪仁发、洪仁达封为安王和福王，干预朝政，以牵制石达开。石达开对天王的这些做法非常伤心和不满，满朝文武对此也深表反感。石达开的心腹谋士张遂谋乘机蛊惑视听，劝石达开说："翼王您很得军心，为什么要受人压制而苦闷不乐？中原之地不容易占领，您何不效刘玄德进入四川成就鼎足天下的一番事业呢？"石达开小心谨慎地在天京待了半年多，生怕遭到洪氏兄弟的暗算，使自己落得第二个杨秀清的下场，于是决定出走天京。

石达开出走

咸丰七年（1857年）五月，石达开带领部下离京出走，并在所经之地张贴告示，说明自己出走的原因并非是对天王不忠，而是天王对自己疑忌过重，他日难免被天王加害，既然天王怀疑自己的一片忠心，为求自保只得离京远征，但自己对上帝和天王的忠心是永远不变的。

石达开出走时，带走了太平军中的10多万精锐之师，天京仅剩下一些老弱残兵。太平军的领导集团分裂之后，天国的军政因一时无人主持而出现危局，天王洪秀全也差点成了孤家寡人。这种局面使洪秀全坐卧不安，头痛万分，于是下令让朝中百官想方设法将石达开迎接回来，但石达开宁死也不返回，而在安庆驻扎将近半年之久。如果他以安庆为中心，与天京互为犄角互相声援，对太平天国革命还是有利的，可惜他脱离天京后，下定决心率军远征，并打算攻下四川，自立一国，与太平天国分道扬镳。但石达开毕竟是孤军作战，没有建立根据地，粮食、武器等补给困难，军心逐渐涣散，分离、叛降的情况不断出现，从而削弱了实力。咸丰七年（1857年）八月，石达开自皖南入江西，后在浙、闽流动，多次被清军打败。咸丰八年（1858年）九月，再次经过江西进入湖南，第二年退回广西。此时石达开及其部下普遍产生悲观失望的情绪，部下纷纷脱离石达开投奔到江西李秀成领导的太平军中。同治二年（1863年）三月二十七日，石达开率领的三四万大军到达大渡河边的紫打地，准备渡河直取成都。但是夜间河水陡涨数丈，大军无法渡过。石达开打算等水势减去再行强渡，不料清军赶来，和当地土司的队伍相配合，石达开的军队被团团包围，形势极为不利：北面是大渡河，对岸有清军总兵唐友耕严密把守，西面松林河有土司王应元把守，东面马鞍山有土司承恩岭把守，南面山高路险被承恩岭砍倒千年古树堵塞，并有清军参将杨应刚把守。石达开陷入重围。四面八方都有敌军严密把守，他亲自指挥军队制造船只和小筏子，为抢渡大渡河做准备。但几次抢渡，均被清军打退。石达开屡战失利，伤亡惨重，已陷入绝境。而四月十七日的全军突围又以抢渡失败而告终。石部兵马死伤大半，且又弹尽粮绝，将士将战马杀掉来吃，战马被杀光之后，又吃桑叶来充饥，甚至还有将人杀死而吃人肉的。四月二十三日，清军攻陷紫打地石部大本营。石达开率余部七八千人奔到老鸦漩，再次被清军挡住去路，武器等物资全已失掉，走投无路。石达开自知没有生路，其妻妾五人，抱持幼子二人，携手投河，石达开正想投河时，突然想到如果真心向清军投诚，也许侥幸会得到一条生路。此时，清军高悬"投诚免死"的大字标幅，设计诱降石达开，动摇石部军心。于是石达开在敌人的诱惑下，给四川总督骆秉章写了一封求降信，用箭射入清营。信中表示：怕死求荣，身事两个君主，这是忠臣不会做的事；然而如果能舍掉一个人的性命来保全三军，正义之人必定会挺身而出。他在信中提出了投降条件：如果骆秉章能够答应他的条件，不计前嫌，宽容为怀，赦免他的部下，也不要欺辱他的部下，而且能对其部下按官授职，量才擢用，或者遵从他们的意愿让他们愿意当兵的继续当兵，愿意当平民百姓的就当平民百姓，并对他们恩德并施的话，那么他宁愿自己一人自刎或被杀来保全自己的部下，这显然是不切实际的幻想。

清军乘势施展阴谋诡计，派杨应刚等亲赴石营劝降。杨应刚等先送信给石达开，在信中发誓要放石达开军队一条生路。见面后又指着青天白日发誓，表示会说到做到。石达开信以为真，便与之订盟。第二天，石达开带5岁的儿子石定忠、宰辅曾仕和等至清营谈判投降条件，希望以停止最后的抵抗来换取保全残部，结果受骗被俘，押至成都。石达开被俘后，不亢不卑，不出摇尾乞怜之语，连敌人也承认他是被迫投诚，并非真心归顺。五月初十，石达开在成都被凌迟处死，时年仅33岁。他的部下数千人被清军于一夜之间屠杀殆尽，5岁的爱子也被处死了。

天京事变，是太平天国由盛到衰的重大转折点，带来了极其严重的后果。它大大削弱了太平天国的力量，造成朝中无将、国中无人和天京空虚的严重局面，给清军纠集一切力量进行反扑创造了有利时机。清军从上游重整旗鼓，顺长江东下，全力反攻太平军。咸丰六年（1856年）清军攻陷武汉，围九江。江北大营和江南大营也趁机得以重建，天京再度被包围。太平天国形势急转直下。咸丰七年（1857年）十月，清军攻陷镇江。咸丰八年（1858年）四月陷九江。太平军在江西的大部分地盘重陷敌手。

第二次鸦片战争

亚罗战争

咸丰六年（1856年）九月初十，清广东水师在广州江面上检查了一艘名为"亚罗号"的船，逮捕了船上12名涉嫌水手。这纯系中国内政，与英国毫不相干，但英驻广州领事巴夏礼闻讯后，遵照英国政府的指示，以"亚罗号"曾在香港登记，属英国船为由，要求释放全部被捕水手，被水师官员拒绝。于是，巴夏礼一面向公使包令报告，捏造水师官兵在逮捕水手时扯下了船上的英国国旗，污辱了英国的尊严；一面致函两广总督叶名琛，要求赔礼道歉，释放被捕人员，并保证今后不发生此类事件。这就是"亚罗号"事件的大致内容。

"亚罗号"是一艘划艇，咸丰四年（1854 年）在内地造成。它的设计者是中国人苏亚成，该划艇综合了中西合璧的样式。后卖给居住在香港的中国人方亚明。咸丰五年（1855 年）八月十七日，该船在香港殖民政府注册，取得了为期一年的执照，并雇佣一名爱尔兰人为船长，但水手全都是中国人。到"亚罗号"事件发生时，其执照已过期 12 天，按法理，已不再受香港政府保护，但英国官员却对清政府隐瞒了实情。更为重要的是，"亚罗号"是一条海盗船，也是一条走私船。多次在海上进行抢劫、走私活动。澳门政府曾经发现这条船的海盗活动，并想把它扣留下来，但它却侥幸逃脱了。清水师官兵正是得到了几天前在海上被劫商人的举报，才检查并扣押这条船的。被捕的 12 人中，有两名是臭名昭著的海匪。

按照英国的航海惯例，船舶进港停靠后，须降下国旗，等到离港时再升起。当清朝水师官兵上船搜查时，该船的船长正在另一条船上用早餐，该船也未做任何开航前的准备。也就是说，此时船上若升起国旗，那只能是意味着水手们反叛船长，准备潜逃了。清水师官兵说搜查这条船时并没有见到船上升有国旗，但该船船长一口咬定他在远处看见了扯下国旗的全过程。作为海盗船的船长，他的证词又疑问丛生，破绽百出。

退一步来讲，即使"亚罗号"的执照尚未过期，即使"亚罗号"从事的不是走私和海盗活动，即使清水师官员扯下了英国国旗，中英之间的如此微小的纠纷，通过协商也是很容易解决的。但巴夏礼、包令却一味扩大事态，乘机讹诈，用包令自己的话来说，就是"希望能在混水中摸一些鱼"。九月十二日，即事件发生的两天之后，叶名琛答应释放水手九人，并将获犯送到英领事馆，但巴夏礼百般挑剔，拒不接受。十四日，巴夏礼根据包令的训令，提出两天内释放人犯、赔礼道歉的无理要求。叶名琛拒绝。十八日，包令照会叶名琛：如果你们不尽快答应我们的条件，弥补你们的错误，那么休怪我们命令我国水师攻城，将和约中没有答应的入城、租地等事项变成事实。此处所谓"和约缺陷"，就是中英长期交涉的入城、租地等事项。二十三日，巴夏礼限叶名琛 24 小时内承认其条件，否则攻城。

叶名琛答应释放水手 10 人。次日，叶名琛答应释放全部水手，但因本国水师并未将船上的英国国旗扯下，所以不答应赔礼道歉一项。于是，包令即将事务移交英驻东印度及中国区舰队司令西马縻各厘手中，令其进攻广州。亚罗战争，即第二次鸦片战争开始了。

九月二十五日，西马縻各厘率英舰三艘，突然闯入珠江，越过虎门，攻占广州东郊的猎德等炮台。叶名琛此时正在阅看武乡试，闻讯后说："肯定不会有事的，傍晚时他们自会离开。"下令水师战船后撤，并不准放炮还击入侵的英国军舰，言毕继续阅看骑马射箭。二十六日，英军攻占南郊凤凰冈等处炮台，叶名琛仍不动声色，继续阅看武乡试。二十七日，英军占领海珠炮台、商馆等处，兵临广州城下，叶名琛这才下令中断中外贸易，企图以此制裁英国。二十九日，西马縻各厘照会叶名琛，提出入城要求，叶名琛没有给他答复。恼羞成怒的西马縻各厘下令于当日下午炮轰两广总督衙署。署内兵役逃匿一空，而叶名琛端坐二堂，毫无惧色，发布告示：要求广州军民齐心协力、痛加剿捕，不论是谁，杀死一名英军可以得到 30 元赏银。三十日，英军炮轰新城城墙，到傍晚的时候，城墙就轰塌一缺口，叶名琛仍不为所动。十月初一下午，100 多名英军攻入新城。叶名琛于当日上午因去文庙烧香，听到新城被英军攻入的消息后，暂时躲避在新城的巡抚衙署。当日晚，西马縻各厘因兵力不足，无法占据广州，不得不从城内撤兵。此后，英军连续炮击广州，并三次照会叶名琛，仍旧提出道歉、入城等无理要求，叶名琛在三次回复中照样加以拒绝。初九，西马縻各厘照会叶名琛，表示断绝两国友好关系，并于十三日攻毁猎德炮台，十五、十六日攻占虎门各炮台。二十日，英国公使包令前往广州，要求进城与叶名琛会见，被叶名琛一口拒绝。

与前一次战争相比，叶名琛这次的举动可以说是擅权自专。其中最重要、最突出的表现是，他不但很少向咸丰帝请示，甚至不及时报告广州所发生的重大情况。远在京城的咸丰帝，当时并不知道广州发生了什么事情，仍把注重力集中在到上海谈判修约的美国公使身上。迟至十一月十七日，也就是"亚罗号"事件发生两个多月后，咸丰帝才收到叶名琛关于"亚罗号"

事件的奏折。叶名琛和当年鸦片战争时的杨芳、奕山一样，在奏折中隐瞒吃了败仗，只说是自己这一方打胜了。他谎称击退英军进攻，毙伤英军400余名，并称：调集两万多名水陆兵勇就足够堵截剿灭英军了。在此错误情报的影响下，咸丰帝自然无法作出正确的决策，他命令叶名琛：如果英国连吃败仗之后，自己知道不该惹祸而前来要求停止战事的话，你只要想方设法控制他们的行动，消除争端就行了。如果他们仍然任意胡作非为，你万万不可迁就他们，和他们议和，不要像耆英等人那样做出迁就议和的误国的下策，以致开启他们向朝廷要求权利的祸端。咸丰帝认为叶名琛熟悉英国的情况，一定有驾驭他们的办法，下令让他相机行事。当年在鸦片战争中因弹劾琦善私许香港而名噪一时的怡良，此时任两江总督，他通过上海这一窗口了解了广东战争，但困叶名琛为咸丰帝宠臣，不敢说明实际情况，只是将广东战况委婉地在奏折中说明。咸丰帝全然不信，让怡良不要被眼前情况所迷惑。

叶名琛如此办理，一方面是因为遍及半个中国的太平天国运动浪潮，使朝廷忙得没有喘息之机，无兵无饷又无主见，地方官上奏往往不能奏效，反会获罪，隐藏实情不报或谎报军情已成为地方官的常情；另一方面是因为叶名琛自以为抓住了英军的老底，只不过是借"亚罗号"事件来进入广州城，英军的进攻只不过是道光二十七年（1847年）英军行动的重演。反对入城是叶名琛起家的根本，他绝不可能轻易让英军进入广州城。于是，他采用道光二十九年（1849年）的老方法，以断绝通商、兴办团练来对付英国，使自己不致重蹈二十七年耆英在英国兵威下屈服的覆辙。他认为，包令、巴夏礼不过是虚张声势，恫吓一下而已。西马縻各厘的几艘军舰能量有限，只要清军能够坚持到底，英方必无计可施，自然会撤退。因此，尽管英方的炮弹和照会纷纷交过来，叶名琛仍不为所动。"镇静"成为他对时局的态度和对策了。

广州附近的水陆战事，虽是英军常占上风，然而英国由于兵力不足，无法长期作战，所以常处在打打停停的状态。西马縻各厘于十二月先从商馆把军队撤到南郊凤凰冈，又从凤凰冈再退出珠江。叶名琛以为其"镇静"

的计策产生了作用，得意洋洋，于七年（1857年）正月上奏，说在水陆战中都打了胜仗，现在英军的情况处于不利地位。咸丰帝对此深信不疑，谕令叶名琛：如果英军首领自知理亏，对所犯的罪行表示悔恨，要求议和并不再提起进城的事的话，你只可答应他们的请求，消除兵端，但不可迁就他们，以免他们故态复萌，肆意要挟我大清国答应他们的过分要求。战场上受挫的清王朝，此时竟幻想并等待着英国的求和！朝廷的决策与广东的实际，完全南辕北辙。而咸丰帝不准"迁就"的谕旨，也使叶名琛只能硬着头皮撑到底。三月，叶名琛第三次向咸丰帝谎报胜利。此后，他干脆连报都不报了。咸丰帝在北京等得心焦，于五月下旨，令叶名琛将近况详细并全部奏报上来，以便令他放心。而在此时，一百艘广东水师船和雇来的红单船在珠江上被17艘英舰打得大败，广州外围炮台纷纷被英军占领，广州城实际上已经处于内江无战船、外围无炮台、孤城困守的局面，而叶名琛的第四次奏折，仍然不据实报告。主管对外事务的钦差大臣叶名琛，正是用欺瞒蒙蔽咸丰帝的办法，成为清政府对外政策的决策人，使清王朝在完全不知情之中，再次卷入于大规模的战争。

亚罗战争，是第二次鸦片战争的开始。严格来说，它还不是中英两国之间的全面战争，而只是广东清军与香港英军的较大规模的军事冲突。但是随着冲突的升级，全面战争也随之爆发了。

英法联军攻陷广州

"亚罗号"事件的消息传到伦敦之后，英国政府全力支持包令、巴夏礼的战争行动，并准备调遣军队，扩大战争。此时的英国首相，正是鸦片战争时期任外相的巴麦尊。他一直主张武装侵略中国，扩大英国在华利益。但是英国议会中许多人有不同的意见。咸丰七年（1857年）二月，上院一议员提出一项议案，谴责英国在华官员擅用武力，经过辩论，这项议案以110票比146票被上院否决。巴麦尊政府以36票的优势获胜。此时，下院一议员也提出了类似的议案，表决时以263票比247票得以通过。根据英国的政治制度，政府的重大决策被下院否决后，或者是政府总理辞职另组政府，或者是解散下院重新大选。巴麦尊在下院议案通过后的第二天，宣布解散下院。结果，巴麦尊一派在重新选举中获得大胜。二月底，英国政府派额尔金伯爵为办理对华交涉的高级专使，准备对华正式用兵，并与法国、美国频频联络，准备联合行动。

"亚罗号"事件发生前，法国传教士马赖非法潜入未开放的广西西林县传教，在咸丰六年（1856年）正月被当地官员处死。这就是"马神甫事件"，又称"西林教案"。事件发生后，法国驻华官员多次要求赔偿、道歉。叶名琛或者置之不理，或者给予拒绝。八月，法国政府在其驻华官员的要求下，准备向中国派遣军队，并且和英国驻法公使商量联合用兵的事情。此时，得到英国政府的请求，法国与其历来在欧洲或殖民地事务上格格不入的英国，结成同盟。咸丰七年（1857年）三月，法国政府委派葛罗为办理对华交涉的高级专使，率兵来到中国。

"亚罗号"事件发生后，正在上海交涉修约的美国驻华委员伯驾闻讯赶回香港，准备参与行动。咸丰六年十月，美舰两艘由珠江驶向广东，被清军误击，美国军舰紧接着攻克了5座清军的炮台。事后，叶名琛对误击事件道歉，美军退出所占炮台。尽管伯驾等美国在华官员一再要求武力侵华，建议占领台湾、舟山等处，然而美国对外用兵权归于国会，国内又南北对立，势如水火。因此，美国政府仍坚持用"和平"的方法达到修约的目的，婉拒英国结为同盟的要求，但在修约问题上却答应同英法一致行动。咸丰七年（1857年）三月，美国政府派列卫廉为驻华公使。

此外，还有俄国。俄国由于侵华方式和目的与英、法、美有所不同，所以俄国的侵略对中国造成的损害最大。

这样，当时世界上最强大的四个国家——英、法、美、俄联手对付清王朝，其中英、法是主凶，美、俄是帮凶。而此时的清王朝正处于国内普遍反叛的困境。太平天国、天地会和各少数民族纷纷竖起义旗，关内十八行省中，已有十三省卷入于战争，其余直隶、山西、甘肃、陕西、四川等省，也不时爆发一些颇有规模的聚众抗官事件。这种清朝自建立以来从未遇见的混乱局面，使清王朝陷于立国以来前所未有的危险境地。因此，尽管咸丰帝内心仍坚持对外强硬的主张，但在叶名琛一再奏报"胜利"之后，仍然害怕英国会再次报复，引起战争，谕令叶名琛尽早了结中英争端。至于停止对外贸易，历来是清王朝"驾驭外夷"的重要手段，但此时国内战争的规模，使清政府财政空前紧张，粤海关每年数百万两的关税已成为清王朝坚持战争的重要饷源。原来一直是外国人要求恢复通商，而现在却变成了清朝皇帝要求恢复通商，并在给叶名琛的谕令中多次提出。

叶名琛早已得知额尔金来华的情报，但他认为，这是因为英国政府不满意包令等人与中国挑衅，因而另外派人来广东订约。七年闰五月，额尔金到达香港，想要联合法、美进行交涉，但法、美新使未到；想要进攻广州，兵力又不足。此时，印度爆发了士兵起义，使得原来想要调往中国的英军不能如期前往。额尔金见此时留在香港毫无意义，便返回印度，并将已调往香港或尚在途中的英军撤回印度，用以镇压士兵起义。叶名琛却把额尔金的行动误认为是英国无能的表现，认为他的"以静制动"方略取得很大效果。

九月，列卫廉和俄国公使普提雅廷先后抵达香港；十月，额尔金返回香港。此时，英国已基本控制了印度的局势，将兵力转移到中国。英在香港、广州一带有军舰 43 艘，舰上官兵 5500 余人，香港还有陆军 4000 余人。法国在香港、澳门一带也有军舰 10 艘。兵力已集结完毕，四国使节在商议后，于二十七日让额尔金、葛罗分别照会叶名琛，提出三项要求：第一，入城；第二，赔偿英国自"亚罗号"事件以来的损失，为马神甫事件向法国道歉、赔偿；第三，清朝派"平仪大臣"与英、法进行修约谈判。这个照会限定叶名琛十日之内答应前两项，否则"令水陆军重为力攻省垣"。这无疑是最后通牒。

但是，叶名琛却不这么认为。中英争端以来，他在香港等处派有大量探子收集情报，但他仍用陈旧的观念去分析情报。他所感兴趣的是，额尔金在印度兵败逃至海边，正好得到法国军舰相救，才逃过这一劫难，英国女王"国书"刚刚送到香港，令"中国事宜务使好释嫌疑"，"毋得任仗威力，恃强行事"等此类子虚乌有之事。根据他的分析，额尔金新到任，如果将以前英方提出的要求置之不理，害怕国内的舆论对他不利，因而这次的照会不过是试一下而已。另外，印度士兵起义后，英军没有饷银来源，如果能像道光二十一年（1841年）奕山似的给予银两600万，也能解燃眉之急。于是，叶名琛得出结论，额尔金的照会是英国在无计可施之后的"求和"行动。叶名琛还据错误的情报认为，葛罗的这次照会是英国从旁怂恿的结果，不是法国自己的要求，而且在美国的大肆嘲笑后，已感到惭愧。根据以上分析，叶名琛于十月二十九日复照额尔金、葛罗，拒绝了英、法的要求。

三十日，英法联军占领广州珠江对岸的河南。十一月初九，10天期限已经到了，英、法专使通知叶名琛，他们已经把事务移交给军事当局。同一天，英法陆海军司令也照会叶名琛等大吏，限二日内，广州清军退出九十里之外。叶名琛无视这些行动，仍拒绝接受英、法要求。两日过去了，英法联军还没有行动。叶名琛以为英、法不过是恫吓而已，再加上叶名琛好扶乩，此时谶语都是吉祥的预告，使其增强了这种认识。广东著名行商伍崇曜，看到这种情形想要出面向英、法贿赂以求和，托人向他进言，遭到痛斥。十二日，他上了一道长达七千言的奏折，声称"英夷现已求和，计日准可通商"，表示要"乘此罪恶贯盈之际，适遇计穷力竭之余"，将英方的历次要求"一律斩断葛藤，以为一劳永逸之计"。咸丰帝接到此奏折，心中悬虑已久的中英争端，竟能得到如此圆满的解决，总算放下心来。谕令中称："叶名琛既窥破底蕴，该夷伎俩已穷，俟续有照会，大局即可粗定。"他指示叶名琛，"务将进城、赔货及更换条约各节，斩断葛藤"。

咸丰七年（1857年）十一月十三日，即叶名琛上奏的次日，英法联军以战舰20余艘、地面部队5700余人向广州发起进攻。炮弹落到总督衙署，兵士们又一次一轰而逃，而叶名琛仍然独自在府内寻拾文件，声称"只有此一阵，过去便无事"。十四日，英法联军攻入城内，广州城陷，叶名琛等大吏仍居城中，并不逃跑躲避。广东巡抚柏贵请行商伍崇曜等人出面与英法议和，伍崇曜进见叶名琛，叶仍然坚持不许英国人入城会见。二十日，他还再次重复过25天就没事了，各士绅说和就可以了，万万不可允许英法入城之类的昏话。二十一日，英法联军搜寻广州各衙署，捕走叶名琛，送上英舰。他仍保持钦差大臣的威仪，准备与英法专使谈判，然而额尔金、葛罗根本不见他。第二年，他被送往印度，仍以"海上苏武"自居，囚死异域。叶名琛的所作所为，当时人们曾讥讽为："不战不和不守，不死不降不走，相臣度量，疆臣抱负，古之所无，今亦罕有。"

《天津条约》的签订

咸丰八年（1858年）正月，英、法、美三国驻上海领事向清政府递交照会，并重申他们修约的要求，并要求清政府派钦差大臣前往上海谈判。二月，英、法、美、俄四国使节到达上海，当他们得知清政府拒绝在上海谈判，并命令他们回广东谈判的消息后，决定北上，直接与清廷交涉。三月初，四国使节先后到达天津海河口外。十一日，四国使节要求清廷六日内派大员前往大沽谈判，否则将会采取必要手段。

咸丰帝此时极不愿开战，认为"现在中原未靖，又行海运，一经骚动，诸多掣肘，不得不思柔远之方，为羁縻之计"。他派直隶总督谭廷襄出面与各国谈判，并命令他尽量瓦解四国的联合，对俄表示和好，对美设法羁縻，对法进行劝导，对英严词诘问，先孤立英国，然后由俄、美出面说合。谭廷襄奉旨行事，结果处处失败。英、法两国专使或者以照会格式不对的名义，拒绝接受，或者因为谭廷襄没有"钦差全权"的头衔，不同他会晤。谭廷襄所能打交道的，只有以"伪善"面目出现的美、俄公使。6天过去了，期限也到了，由于额尔金与英海军司令西马縻各厘的矛盾，英军兵力尚未集结，尤其是能在海河内行驶的浅水炮艇不足，英法联军推迟了进攻。

此后的交涉中，咸丰帝对四国的要求一概拒绝，只同意可酌减关税，但又不准谭廷襄同四国决裂开战。这一决策难倒了承办官员。由于英、法专使始终拒绝会晤，谭廷襄等人只能求俄、美从中说合，而俄、美又提出了谭廷襄不敢答应、咸丰帝也不会答应的要求。谭在交涉中看出俄、美与英、法沆瀣一气，认为俄、美"外托恭顺之名，内挟要求之术"，假借说合之名，"非真能抑其强而为我说合"。于是，在此一筹莫展之际，他提出全国规模的"制敌之策"：上海、宁波、福州、厦门等通商口岸，定期闭关，停止贸易；两广总督尽快想法收复广州，使英、法等国有所顾忌受到威慑；然后由他出面"开导"，使各国适可而止，及时撤兵。咸丰帝则认为，"此时海运在途，激之生变"，黄宗汉还没有到任，柏贵已被挟制，"若虚张声势"克复广州，被英法等国"窥破"，只能使形势更加恶劣。因此，他仍让谭廷襄对四国的要求进行驳斥，并布置了驳斥的理由。而对于谭廷襄自以为大沽军备完整、不惜一战的思想，则警告说："切不可因兵勇足恃，先启兵端。"这样，退兵的办法，仅剩下谭廷襄的两张嘴皮子。但英、法专使又不见谭廷襄，谭廷襄即便浑身是嘴也无处说去。

四月初六，英、法专使及其海陆军司令商量后，决定以武力攻占大沽，前往天津。初八，英、法专使要求，其可以在海河内行驶船只，限清军二小时内交出大沽。大沽位于海河出海口，是京、津的门户，战略地位极为重要。该处设有炮台4座。英法联军占领广州后，咸丰帝听说英、法等国即将北上，遂下令加强该处的防守，派援军6000余人。此时大沽一带共有清军约万名，其中驻守炮台3000余名，其余驻扎炮台后路各村镇，作为增援部队。当英、法的无理要求被拒绝后，英法联军遂以炮艇12艘，登陆部队约1200人进攻大沽南北炮台。经过两个多小时的激战，守军不敌而败，驻守炮台后路的清军更是闻炮即逃。十四日，英法联军未遇抵抗，占领天津。十八日，四国使节要求清政府派出"全权便宜行事"大臣，前往天津谈判，否则将进军北京。

大沽炮台的失陷，极大地震动了清王朝。上一次战争因为已是很久之前之事，他们也只剩下一些模糊的记忆，未想到精心设防号称北方海口最强大的大沽，竟会如此轻易地落于敌手。战前对防卫颇具自信的谭廷襄，言词大变，称"统观事务，细察夷情，有不能战，不易守，而不得不抚者"，要求咸丰帝议和。大沽、天津不同于广州，距北京近在百里，感到皇位基座微微颤摇的咸丰帝，于二十日派出大学士桂良、吏部尚书花沙纳为"便宜行事"大臣，前往天津，与各国谈判。第二天，他又根据惠亲王等人的保奏，起用曾在登基之初被降为五品员外郎的耆英，以侍郎衔赴天津办理交涉。他想利用耆英当年与英国等国的交情，在谈判中能得到点便宜。

二十一日，桂良、花沙纳到达天津，先后会晤四国使节。英、法、美态度强硬，俄国使节却声称若同意应允俄国的条件，他们可以替清廷向英、法说合。对咸丰帝寄予厚望的耆英，英、法专使却拒绝会晤，只派出两名译员接见。自从英法联军攻陷广州之后，劫掠了两广总督衙署的档案，对耆英当年阳为柔顺、实欲箝制的底蕴，了解得一清二楚。耆英与英、法代表会面时，英国译员手里拿着档案，对着耆英讥笑怒骂，大肆凌辱。耆英此时已年近七旬，政坛上被冷落了8年，本来对于这次复出喜出望外，自以为凭自己当年与英、法等国的老交情，必定能有所收获，自己也可以东山再起。可没想到受到这等羞辱，不堪忍受，两天后便从天津返回北京。桂良、花沙纳没有兵权，面对英、法的嚣张气焰，忍气吞声，只能开展"磨难"功夫。他们多次请求态度相对温顺的俄、美出面说合。俄、美乘机借调停之名而最先获利。五月初三《中俄天津条约》签订。初八《中美天津条约》签订。

清政府与俄、美签订条约之后，原以为俄、美"受恩深重"，理应知恩图报，帮助清政府说合。但是俄、美只是表面上敷衍清政府，实际上却希望英、法勒索越多越好，那么他们就可以凭借最惠国条款"均沾"利益。十二日，英方发出照会，声称如果清廷仍不作出决定，英军就要进军北京。十五日，英方提交和约草案五十六款，"非特无可商量，即一定字亦不容更易"。咸丰皇帝听到这个消息，准备再次开战，而桂良等人知道开战必败，于是在五月十六日，与英方签订了《中英天津条约》，又在第二天与法方签订了《中法天津条约》。条约签订之后，桂良才上奏咸丰帝，极力陈述不可再次开战的原因，"只好姑为应允，催其速退兵船，以安人心，以全大局"。炮口下的谈判，结果肯定是这样的。咸丰帝非常恼火，只能把气撒在替罪羊身上。十九日，他命令耆英自尽，罪名是"擅自回京"。

条约签订之后，侵略者要求照《中英南京条约》的例子，由皇帝朱批"依议"后才肯撤兵。二十三日，咸丰帝批准中英、中法《天津条约》。二十八日，英法联军撤离天津，到六月初七，退出大沽口外。

火烧圆明园

咸丰十年（1860年），清王朝内忧外患，危机不断。

从三月起，太平天国一路攻克杭州，回援天京，捣毁江南大营，接着又东征常州、苏州，至五月又占领了松江府城，随时准备进攻上海。各地反清起义也接连不断。

国际方面，英法联军陆续抵达中国沿海，其中英军有军舰79艘，陆军约2万余人，雇运输船126艘；法军有军舰40艘，陆军7600余人。在西方殖民主义扩张史上，集中如此庞大规模的兵力亦属罕见。英、法公使及海陆军司令在上海制订了详细的军事行动计划，侵略军先后占领舟山、大连、芝罘，并霸占上海、舟山为转运兵站；他们以大连、芝罘为前进的根据地，对渤海湾进行封锁。至五月，英法联军集结完毕：英军把700艘军舰开入渤海，在大连驻扎陆军1.1万余人；法国军舰已大部进入渤海，在芝罘驻扎6700余名陆军。初八，英、法两国政府向欧美各国发出通告，宣布开始对中国宣战。

六月十五日，英法联军率领舰船200余艘、陆军1.7万余人，分别从大连、芝罘出发，中途躲开防守严密的大沽，在清军未设防的北塘登陆。直隶总督恒福奉旨对英、法使节一再照会，希望他们按照美国先例，进京换约，而英、法两方气势汹汹，对此根本不理。僧格林沁已奉旨不得首先开战，因此也未能乘登陆之敌立足未稳，就对他们予以打击。英法联军在没有任何障碍的情况下，登陆行动进行了整整十天。二十六日，英法联军首先攻占大沽西北的新河，二十八日，又占领了大沽西侧的塘沽。至此，大沽炮台正面虽防守严密，但却无济于事，而防守薄弱的侧背，却完全陷入敌军魔掌。僧格林沁见形势不好，便准备在大沽与敌军决一死战，奏请咸丰帝善保津、京。得知此讯，咸丰帝大为惊恐。僧格林沁是咸丰帝最为信赖的，骁勇善战，所辖之军是清军在北方之精锐，若失去此将此兵，清王朝将无人统兵，无人打仗。于是，他亲颁朱谕："天下根本，不在海口，实在京师"，让僧格林沁如果受挫，立即率部回守天津，以防英法联军的进军，此处可"另择可靠大员，代为防守"大沽炮台。他还不顾英、法当时决计开战的态度，自欺欺人，下发了一道谕旨，派大臣前往北塘，"伴送英、佛（法）两国使臣，进京换约"。

英法联军于七月初五开始进攻位于大沽北岸主炮台西侧的石疑炮台，守军奋力迎击，支持两小时最终抵挡不住，大多战死，指挥作战的直隶提督乐善亦阵亡。僧格林沁见大势已去，急忙统兵撤离大沽，中途避开天津，直奔通州。大沽南北炮台经营三载，耗资数十万，安炮数百位，但却未能在战斗中发挥应有的作用。英法联军在占领大沽后，于初七朝无兵防守的天津全面出击。

咸丰帝此时只得再派出大学士桂良和恒福同任钦差大臣，在天津与英法联军进行新一轮谈判。英、法提出的条件是：增加赔款；把天津辟为通商口岸；承认《天津条约》；公使驻京与否由英方自行决定。英、法漫天要价，大大超过开战之初。桂良等人根据咸丰帝的谕旨想进行辩解，但却遭英、法拒绝，英、法只许签字，不容商议。桂良等人要求宽限几日以便他们奏请圣旨，而英、法又以桂良无"全权"为由，中止谈判。二十三日，英法联军由天津开始进逼北京。

咸丰帝此时矛盾重重，进退两难。他因不能容忍英、法两国的条件，欲背水一战，但前方军情不利，这使之难下决心，七月二十三日，只得再次派出钦差大臣怡亲王载垣带人前往通州谈判；因英法联军兵盛，于是他想尽快逃离危险的北京，但又怕颜面丢失。二十四日，他下发一道朱谕，称"朕今亲统六军，直抵通州，以伸天讨而大张挞伐"。同时下发僧格林沁请咸丰帝巡幸木兰的折片，想由军机大臣等出面请求移驾，以此来保全自己的威仪。而大臣们经过仔细讨论之后，却既不同意他亲征通州，也不同意他巡幸木兰。

英法联军步步逼近，使谈判的地点从天津转到了通州。至八月初二，钦差大臣载垣等人奉旨，一一接受英法方面的各项要求。初三，英国使团中文秘书巴夏礼，又得寸进尺，提出进京换约时须向咸丰帝亲递国书，这下子刺痛了咸丰帝。自马戛尔尼使华以来，西方使节觐见中国皇帝的礼仪，一直令清王朝极为不满。咸丰帝绝对不能容忍不跪不拜的觐见。他从历次谈判大臣的奏报中，竟然认定巴夏礼是英方的"谋主"，早就下令载垣等人设法将其及随从"羁留""勿令折回"。于是谈判再次宣告破裂，载垣立即通知驻守通州东南张家湾一带的僧格林沁，采取行动，准备向英法联军开战。

八月初四，僧格林沁率部从半路截获由通州返回的巴夏礼等39人以示宣战，并派出2万大军与英法联军正在推进的先头部四千人于张家湾展开激战。结果僧部大败，退往通州以南的八里桥。初七，僧格林沁又率清军约3万人与英法联军5000人，再次于八里桥正面交锋，结果清军再次遭重创而败退。在第二次鸦片战争中，张家湾、八里桥两战是双方投入兵力最多、最为激烈的战斗。清军的马队在英法联军猛烈炮火轰击下冒死冲锋，但终因炮火密集、伤亡惨重而败退，又冲散了跟进的步兵。两战的结果，英法联军先头部队只是耗尽了弹药，但兵员伤亡较小；而僧格林沁等部清军却人员死伤无数，溃不成军，完全丧失了战斗力。偌大的北京城，失去了最起码的抵抗力，完全暴露在英法联军的兵刃之下。战斗力最强的僧格林沁见败局已定，上奏请求"赶紧议抚"。初八，八里桥之战结束后的第二天，咸丰帝以"秋狝木兰"为名，仓皇从圆明园逃向热河。临行前，他任命其弟恭亲王奕訢为"钦差便宜行事全权大臣"，全面负责"督办和局"。

英法联军在经历八里桥之战后，稍事休整，继续朝紫禁城步步进逼，初十至通州，十二日至北京朝阳门外。恭亲王奕訢一再寄书额尔金、葛罗，请求停战议和，而英、法专使要求先释放巴夏礼等人，然后再决定议和之事。二十二日，英法联军在德胜门外再次击败僧格林沁部下的清军，随后闯入圆明园，大肆掠夺、抢劫。在京清政府官员，在英、法的威胁命令下，于二十四日释放巴夏礼等人，二十九日按英法要求，打开北京安定门，英法联军一部进入北京城。而额尔金却借口巴夏礼等人遭受苛暴，疯狂地对清朝皇帝进行"报复"和"惩罚"，竟然下令放火焚毁圆明园。九月初五，英军执行这一命令，火烧圆明园。

圆明园内的烈火冲天而起，熊熊燃烧，三日不灭。北京城的居民抬头就可看到西北方向的浓密的硝烟。这座历经90余年才修建而成的、耗银上亿两的东方名园和艺术殿堂，被侵略者一把火就烧成灰烬。各种珍奇异宝都被抢光了，雕梁画栋的精美建筑也都被烧光了，只剩下那些烧不着、打不烂的石柱，还保存在那里，向世人诉说着侵略者的暴行，并且记录了清朝统治者们丧权辱国，屈服于外敌的耻辱！

此后奕䜣等人完全听命于额尔金、葛罗的行动，进行所谓的交涉。一条不留地答应英、法提出的条件，一字不差地同意英、法拟定的条约。九月十一日，奕䜣与额尔金签订了《中英续增条约》，并互换了《中英天津条约》。第二天，奕䜣又同葛罗签订了《中法续增条约》，并互换了《中法天津条约》。十五日，躲在热河的咸丰帝，批准了上述条约。十九日起，侵略军心满意足地开始从北京撤军。

《中英北京条约》共有九款，其主要内容为：赔款增至银八百万两；割让九龙给英国；增开天津为通商口岸；完全承认《中英天津条约》；由英方决定公使驻否北京。《中法北京条约》共有十款，其主要内容为：赔款增至800万两；增开天津为通商口岸；完全承认《中法天津条约》；清政府禁教期间没收的教产，应原数奉还，并由法国公使转交各处教民。

从以上分析可以看出，中英、中法《北京条约》，连同以前所签订的中英、中法、中美、中俄《天津条约》和中英、中法、中美《通商章程善后条约：海关税则》，是西方列强使用武力强加于中国的又一批不平等条约。再将鸦片战争后的第一批不平等条约合在一起，西方列强从此便肆意欺凌中国人民，侵夺中国利益，这些奠定了所谓"条约体制"的基础。但是，奕䜣与俄国公使于十月初二签订的《中俄北京条约》却远远超过了这些条约的总和。

咸丰之死

世人皆知，咸丰皇帝有四大癖好：

其一，咸丰贪恋美色，在避暑山庄，他依旧不问窗外风雨，今朝有酒今朝醉，只图自己逍遥快活。据书中记载：奕䜣置兵败于不顾，携妃嫔游行园中，寄情于声色既聊以自娱，又自我麻醉。据野史记载：山西籍孀妇曹氏，风流姝丽，脚甚纤小，喜欢在鞋履上缀以明珠。咸丰帝召入宫中，最为眷爱。国难当头，他却依然沉浸于美色，不思进取。

其二，贪丝竹，他把一个戏班挪到承德，上午唱叫"花唱"，下午要"清唱"，天冷在屋子里演，夏天在"如意洲"演出。每天乐不思蜀。

其三，贪美酒。咸丰贪杯，一饮即醉，而且大耍酒疯。野史记载："文宗嗜饮，每醉必盛怒。每怒必有一二内侍或宫女遭殃，其甚则虽所宠爱者，亦遭戮辱。幸免于死者，及醒而悔，必宠爱有加，多所赏赐，以偿其苦痛。然未几而醉，则故态复萌矣。"

其四，贪鸦片。咸丰继位不久，违背祖训，吸上鸦片，并美其名曰"益寿如意膏"。而且咸丰在热河期间常常吸食鸦片来刺激自己、麻醉自己。

咸丰如此折腾自己，自然就离死不远了。根据相关史料记载，早在北京时，咸丰帝就因为被酒色掏空了身子，面黄肌瘦，时常咳嗽不止。后来医生开出药方，说鹿血是纯阳之物，可以长期饮用，滋阴壮阳。于是咸丰帝就养了百余只鹿，每天取血引用。后来到了热河，鹿群留在北京，而他又不知休养生息，成天沉溺声色之中。

到咸丰十一年（1861 年）七月，老毛病终于又犯了。这次没有鹿血滋补，咸丰帝终于走向了死亡的边缘。十五日，咸丰帝病重，临死前立载淳为皇太子，并命八名心腹重臣为顾命大臣。两天以后一命呜呼，结束了他年仅31 岁的生命。

因人成事的短命皇上
——清穆宗同治帝

□帝王档案

⊙姓名：爱新觉罗·载淳
⊙属相：龙（1856 年）
⊙年号：同治
⊙在位：1861~1874 年
⊙享年：19 岁（1856~1874 年）
⊙庙号：穆宗
⊙谥号：继天开运受中居正保大定功圣智诚孝信敏恭宽毅皇帝
⊙陵寝：惠陵（清东陵）
⊙配偶：5 人，皇后阿鲁特氏
⊙子女：无
⊙继位人：载湉（光绪）

辛酉宫变，太后垂帘

密谋夺权

咸丰十一年七月十七日，咸丰帝驾崩了。他临终前做了三件事：一、立皇长子载淳为皇太子。二、命御前大臣载垣、端华、景寿，大学士肃顺和军机大臣穆荫、匡源、杜翰、焦祐瀛八人为赞襄政务大臣，八大臣控制了政局。三、授予皇后钮祜禄氏"御赏"印章，授予皇子载淳"同道堂"印章（由慈禧掌管）。顾命大臣拟旨后要盖"御赏"和"同道堂"印章。十八日，大行皇帝入殓后，以同治皇帝名义，尊孝贞皇后为皇太后即母后皇太后，尊号为慈安太后；尊懿贵妃为孝钦皇太后即圣母皇太后，尊号为慈禧太后。

咸丰死后，年仅5岁的载淳继位，拟年号"祺祥"。可是，这个年号尚未正式启用，清廷内部就发生了一件重大的夺权斗争，这个斗争影响了小皇帝载淳的一生。

治丧期间，慈安太后住在东六宫的钟粹宫，后来被称为"东太后"；慈禧太后住在西六宫的长春宫，被称为"西太后"。八月初一日，恭亲王奕䜣获准赶到承德避暑山庄叩谒咸丰的梓宫，同两宫太后会面约2个小时。然后，奕䜣在热河滞留6天，尽量在肃顺等人面前表现出平和的姿态，麻痹了顾命大臣。

奕䜣一回到北京，立即暗中紧锣密鼓地为政变做各种准备，尤其加紧做好军事布置。初五日，醇郡王奕譞为正黄旗汉军都统，掌握实际的军事权力。初六日，御史董元醇上请太后权理朝政、简亲王一二人辅弼的奏折。十一日，就御史董元醇奏折所请，两宫太后召见八大臣。肃顺等以咸丰遗诏和祖制无皇太后垂帘听政故事，拟旨驳斥。两宫太后与八位赞襄政务大臣激烈辩论。八大臣"哓哓置辩，已无人臣礼"。肃顺恣意咆哮，小皇帝吓得尿了裤子。两宫太后不让，载垣、端华等负气不视事，相持愈日，卒如所拟。八大臣想先答应两宫太后，把难题拖一下，回到北京再说。

当时，清廷的嫡系武装共有两支，分别控制在僧格林沁和胜保手中，他们都与肃顺嫌隙甚深，咸丰帝死后都无条件地站在皇太后和奕䜣的一边。咸丰帝一死，胜保即自行带兵回京，经与奕䜣密商之后，胜保在下达谕旨不许各地统兵大臣赴承德祭奠后，于八月初七日赴热河祭奠咸丰帝，并乘机在京畿一带和北京、热河之间沿途布防。奕䜣还以太后命令示步军统领、神机营都统和前锋、护军统领，以把这些京城武装控制起来，为己所用。在此之前，手握重兵的僧格林沁早已不顾当时的政治体制，一再坚持奏折必书"伏乞皇太后、皇上圣鉴"字样，公然与肃顺等人对抗，表示自己坚定拥护皇太后的立场。

有了胜保、僧格林沁的武力作强大的后盾，奕䜣等人谋划的政变已是"万事俱备，只欠东风"。然而，此时肃顺等人却全然不知自己已成他人刀俎之上的鱼肉，依然得意忘形。自以为顾命制度既符合祖宗家法，又为大行皇帝遗诏所定，其合法性已不容置疑。奕䜣则一再以软弱谦卑之态麻痹肃顺等人，肃顺等人果然上当，毫无察觉。同时奕䜣通过心腹曹毓瑛的通风报信，对热河那边的风吹草动了如指掌。曹毓瑛本是肃顺的心腹，被肃顺任为军机处领班章京，参与机要。后因咸丰帝拟增一军机大臣上学习行走，按序理应曹毓瑛担任，但是肃顺却安排了焦祐瀛。曹毓瑛明表谦让，却心怀怨恨。后见肃顺等人与奕䜣集团有矛盾，其权位难保长久，于是改换门庭，投靠奕䜣，现在正是他立功和向奕䜣表示忠心的时候。

正当慈禧和奕䜣磨刀霍霍的时候，肃顺等人又犯下了一个致命的错误。当时，端华系步军统领，统率在京八旗步军和在京绿营马步军3万人，掌京师九门管钥，身居要职，举足轻重。载垣兼銮仪卫掌卫事大臣、上虞备用处管理大臣之职，掌管皇帝的侍卫队与仪仗队，负有随侍皇帝渔猎、率领三旗侍入值之责，肃顺兼任响导处事务大臣，掌管着一支皇家侦察部队。这就是说，端华、载垣、肃顺统领着京城和皇帝的主要安全保卫力量。可是，他们三人见慈禧被迫退让，奕䜣对赞襄制度也不敢提出异议，遂认为大局已定，无人能撼动他们的权位，于是，以"差务较繁"为由，一起辞去上述要职。他们也许是为了表明专心致力于摄政事务，不敢包揽一切，以取得太后的信任和支持而作出的一个姿态。但这正是皇太后尤其是慈禧求之不得的，遂以两宫太后的名义同意了他们的请求。慈禧非常精明，在委任奕䜣同党瑞常等接任步军统领等职的同时，又特地委派端华暂署行在步军统领，以防肃顺等人起疑。这样，肃顺等人手中仅有的一点兵权也丢了，他们离死亡又靠近了一大步。

九月二十三日（10月26日），是咸丰帝灵柩回京的日子。肃顺等人安排载垣等随同两太后和小皇帝在避暑山庄丽正门外跪送咸丰帝灵柩启程返京，然后从间道先行，提前赶回京师。而肃顺、仁寿、奕谭、陈恩孚、宋晋等人，则护送咸丰帝笨重的灵柩，从大道缓缓而行。这一安排正中慈禧下怀，她抓住这一至关重要的机会，选用快班轿夫、日夜兼程，提前四天赶到北京。

二十三日，大行皇帝梓宫由避暑山庄启驾。同治与两宫太后奉大行皇帝梓宫，从承德启程返京师。两宫太后和同治只陪了灵驾一天，就以皇帝年龄小、两太后为年轻妇道人家为借口，从小道往回赶。咸丰十一年九月二十八日（1861年10月31日），两宫太后和小皇帝一行到达京郊，恭亲王奕䜣出城迎接，密陈在京政变部署情况，两宫太后听了颇为放心。当天，两宫太后在郊外宿次召见了奕䜣，双方开始为政变做最后一项准备。那就是密商政变后的政治体制，也就是权力如何分配的问题。

二十九日，同治奉两宫太后回到北京皇宫。因为下雨，道路泥泞，灵驾行进迟缓。同治奉两宫太后间道疾行，比灵驾提前4天到京。

突发政变

这时，肃顺等人的败局已定，垂帘听政势在必行。而奕䜣这位曾经与皇位擦肩而过的皇子，如今已是功高盖世，众望所归，手握实权。他早已盯上了这一次难得的争权机会，但不好直接提出。于是，他便策动其亲信、手握重兵的胜保上了《奏请皇太后亲理大政并另简近亲王辅政折》。

　　胜保奏折首先就赞襄政务王大臣的不合法性进行了抨击。他说，肃顺等人辅政，是以他们自己代写的圣谕为依据，而且当时，先皇已是弥留之际，近支亲王多不在侧，所以未能择贤而任之，这是先帝的未竟之志。而现在，嗣圣既未亲政，太后又不临朝，谕旨尽出于八大臣。他们已开矫窃之端，大失臣民之望，如果循此不改，一切发号施令，真伪不分，这样，不独天下人心日行解体，恐怕外国人闻之，也觉于理不顺，势必招致天下大乱。胜保的此番议论，等于将肃顺等人置于矫诏窃权的位置上，这对他们无疑是致命的一击。

　　接着，胜保在奏折中又引经据典，论证垂帘听政和亲王辅政多有先例，而且合情合理。当务之急，应该因时制宜，不应拘泥细枝末节。

　　最后，胜保明确主张："为今之计，非皇太后亲理万机，召对群臣，无以通下情而正国体；非另简近支亲王佐理庶务，尽心匡弼，不足以振纲纪而顺人心。"

　　从胜保奏折的内容可以看出，胜保为政变成功后设计的政治体制，实质就是皇太后听政与近支亲王辅政相结合，太后听政为其名，亲王辅政为其实。至于肩负辅政重任的近支亲王，在胜保等人的眼中，自然非恭亲王奕䜣莫属。从后来的事态发展来看，慈禧的目标是代行君权，个人专政，其内心深处并不想接受这种政治体制，但她不得不依靠掌握朝廷实权、具有崇高威望的奕䜣和手握重兵的胜保，于是不得不暂且答应下来。三十日（11月2日），两宫太后在宫中召见奕䜣、文祥、桂良、贾桢、周祖培等人。慈禧面对众人，一把鼻涕一把泪，斥骂肃顺等八大臣大逆不道、飞扬跋扈、图谋不轨的种种罪行，并将英法联军入侵北京、圆明园被焚掠、皇都百姓受惊、咸丰皇帝出巡的政治责任全扣到载垣等八大臣头上。众大臣愤慨无比。周祖培说："何不重治其罪？"

　　慈禧顺水推舟："彼为赞襄王大臣，可径予治罪乎？"

　　周祖培答道："皇太后可降旨先令解任，再予拿问。"

　　说到这里，慈禧确信留京大臣对诛杀肃顺等人毫无异议之后，随即抛出早在热河期间就由醇郡王奕譞拟好的谕旨，交给恭亲王奕䜣，当众宣示。

谕旨核心意思有两点：一是要求王公大臣等妥议皇太后亲理大政并另简亲王辅政；二是宣示八位赞襄政务大臣的种种罪行，谕令解除他们的一切职务。

刚宣读完毕，恰逢载垣、端华进宫上朝，见奕䜣等王大臣竟在殿内，非常诧异，大声质问："外廷臣子，何得擅入？"奕䜣答道："有诏。"载垣、端华就更摸不着头脑了，毫不客气地责备两宫太后不该召见奕䜣等人。太后大怒，立即传下另外一道谕旨，奕䜣当场宣示："将载垣、端华、肃顺革去爵职拿问，交宗人府会同大学士六部九卿翰詹科道严行议罪。"载垣、端华听罢如坠云雾之中，厉声斥问："我辈未入，诏从何来？"奕䜣不予理会，一声令下，一群侍卫将其拿下，押到宗人府看管起来。

两宫太后又以小皇帝的名义，火速发出密旨，命令正在回京路上监视肃顺的睿亲王仁寿、醇郡王奕譞相机擒拿肃顺，押解回京，交宗人府听候议罪。此时，护送灵柩的肃顺才行至密云县。监视他的仁寿、奕譞接到驰送而来的密旨，连夜率兵赶去，在卧室中将其拿获。肃顺这才如梦方醒，跳骂道："悔不该早治此婢！"押至宗人府，碰见载垣、端华二人，肃顺怒道："若早从吾言，何至有今日！"二人无可奈何，答道："事已至此，还说什么！"

这样，慈禧和奕䜣集团经过紧密的配合和周密的部署，取得了政变的成功。

十月初一日，命恭亲王奕䜣为议政王、军机大臣。随之，军机大臣文祥奏请两宫太后垂帘听政。初三日，大行皇帝梓宫至京。初五日，从大学士周祖培疏言"怡亲王载垣等拟定'祺祥'年号，意义重复，请更正"，诏改"祺祥"为"同治"。"同治"含义可做四种诠释：一是两宫同治，二是两宫与亲贵同治，三是两宫与载淳同治，四是两宫、载淳与亲贵同治。

十月初六（11月8日），恭亲王奕䜣等人公布八大臣八条罪状，而后，扔下两条白绢，令载垣、端华自尽。肃顺则被无帷小车押赴刑场处决，在通往刑场的大街上，人山人海，熙熙攘攘，人群中有人高喊道："肃顺，也有今天啦！"于是人们纷纷以瓦砾泥土掷之，肃顺白白胖胖的面目很快就模糊不可辨别了。此人是条硬汉，行刑之前一路破口大骂，刑场上不肯下跪，刽子手用刀柄敲断他的两条腿，方才跪下。接着，奕䜣等王大臣会议提出将景寿、穆荫、匡源、杜翰、焦祐瀛五人革职，发配新疆效力。

慈禧和奕䜣进一步肃清余党，将陈孚恩、黄宗汉、刘昆、成琦、德克律太等人革职，将太监杜双奎、袁添喜、王庆喜等发往边远地区充官兵奴仆。

此外，慈禧和奕䜣非常清醒地知道，肃顺、载垣、端华掌权多年，其党羽遍布六部九卿，至于依附逢迎、巴结讨好者，在京师内外文武百官中，更是大有人在，但如果一一追究，广为株连，势必弄得人人自危，风声鹤唳，不利于笼络人心，稳定政局。为此，慈禧、奕䜣在处死载垣、端华、肃顺之后，连下三道上谕，宣布既往不咎之意，但内含肃杀之气，意在告诫宗室王公、文武百官，不得抗拒垂帘，否则肃顺等人前车俱在，必将严惩不贷。

初九日，载淳在太和殿即皇帝位。二十六日，礼亲王世铎上《垂帘章程》。两宫太后懿旨：依议。于是，皇太后垂帘听政之举，舆论已经造成，章程亦已制定。

二十九日，军机处将所查抄的肃顺家产账目及其来往书信，全部当众销毁。至此，人心大定。

十一月初一日，同治奉慈安皇太后、慈禧皇太后御养心殿垂帘听政。垂帘听政之所设在大内养心殿东间，同治帝御座后设一黄幔（初为黄屏），慈安皇太后与慈禧皇太后并坐其后。恭亲王奕䜣立于左，醇亲王奕谭立于右。引见大臣时，吏部堂官递绿头笺，恭亲王奕䜣接后，呈放在御案上。皇太后垂帘听政，这在中国历史上实属空前绝后。也就是从这个时候起，同治帝就失去了家庭生活的乐趣，成为他母亲手中的一个傀儡和工具。同治帝在位13年，前12年是在两太后垂帘的情况下虚坐龙椅的傀儡皇帝，最后只亲政了1年。

这次政变，因载淳登极后拟定年号为祺祥，故史称"祺祥政变"；这年为辛酉年，又称"辛酉政变"；因政变发生在北京，又称为"北京政变"。其时，"辛酉政变"的三个主要人物——慈安皇太后25岁，慈禧皇太后27岁，恭亲王奕䜣30岁。

洋务运动的兴起

兴办企业

从 19 世纪 60 年代开始，洋务派以"自强"为口号，依照西方资本主义国家的方法来研制新式枪炮和船舰，兴办了一批军事工业企业。其中规模较大的军工厂主要有：

江南制造总局。同治四年（1865 年），在曾国藩支持下由李鸿章在上海建立。总局购买了美国旗记机器铁厂和苏州制炮局的部分机器，同时又委派容闳从美国购进一部分机器，综合构成该局的生产设备。创办经费为 54 万余两白银，以后又投入很多经费。拥有工人二千余人，在洋务派创办的军工企业中，规模最大。主要是生产枪炮、弹药、水雷和小型船舰。该局还附设译书馆，翻译西文书籍。

金陵机器局。同治四年（1865 年），李鸿章署理两江总督时，把他在苏州创办的洋炮局迁到南京并加以改造扩建而成。主要生产枪支、火炮，为淮系军阀供应军火。

福州船政局。同治五年（1866 年），左宗棠在福州闽江马尾山下设立该局，也称马尾造船厂。该局以 47 万两白银起家，是洋务派创办的规模最大、设备最齐全的轮船修造厂。该厂还附设船政学堂，专门教授英语、法语、算法和画法，为驾驶轮船和造船培养专门人才。该局系南洋水师的基地。

天津机器局。这是同治六年，崇厚在天津筹建的，英国人密妥士任总管，从国外购买机器，制造火药。虽耗资巨大但成效不佳，同治九年（1870 年）李鸿章调任直隶总督时接管了该厂，招募洋匠，添置设备，扩大规模，使该局有了一些起色。随后又扩大规模，分为东、西两局。东局设在天津城外东南方的贾家沽，西局设在天津城南海光寺。主要生产弹药、水雷、炮架、洋枪等。

19世纪70年代以后，洋务运动的重点转向兴办民用工业企业，但军事工业的扩展却丝毫未放松，许多省份相继兴办了小型军工企业。此外，张之洞于光绪十七年（1891年），在汉阳创办了湖北枪炮厂，这是洋务运动后期兴办的最大的军火工厂。

上述军工企业性质都属于官办，严格地控制在清政府和湘、淮系等军阀集团手中，绝对不允许商民插手和仿办。

洋务派从19世纪70年代到90年代，在兴办军工企业的基础上，又打出"求富"的招牌，开始大量兴办民用工业企业。洋务派从19世纪70年代起大办民用企业主要有两个原因：首先是他们在创办军工企业的实践中遇到一些困难，比如资金奇缺、原材料供给不足和运输落后等，加上经办人员极度的挥霍浪费而使企业难以维持，使他们认识到"必先求富而后能强"。也就是说必须通过大力发展民用工业企业来积累资金，打下雄厚的经济基础，才能辅助军工企业的发展。再者，他们想通过兴办民用企业来抑制洋商倾销洋货和列强的经济掠夺。洋务派代表人物在奏章、书信、谈话中都表示过要"稍分洋商之利"，"欲收已失之利还之于民"等想法。虽然洋务派在兴办民用企业的过程中各有企图，甚至还有一些表里不一的伪君子，但也不能说他们没有抑制洋商和夺回利权的意图。从他们兴办民用企业的实践来看，也的确尝试过一些抵制洋商倾销洋货的努力。

自19世纪70年代到90年代的20余年间，洋务派大约创办了20多个民用企业，涉及交通运输、采矿、纺织、冶炼等行业，规模较大的有以下几个：

上海轮船招商局。同治十一年（1872年）由李鸿章在上海创立。这是近代中国第一家轮船航运公司，也是洋务派兴办的第一个民用企业，形式为官督商办。当时，李鸿章上奏获准后，清廷拨直隶练饷局制钱22万串，折合白银13.3万两作为股本，委托沙船富商朱其昂、朱其绍兄弟在上海设局筹集商股而创办。初期仅有轮船三艘，到光绪三年（1877年）已有大小船共30艘，在各口岸设27处分局。该局在经营过程中遭英、美轮船公司的不断排挤，在极其困难的情况下，它不仅没有被挤垮，而且蓬勃发展，是民用企业中最有成就的一个。

开平矿务局。光绪四年（1878年）李鸿章在天津创设。最初由李鸿章派唐廷枢在天津计划创立开平矿务局，目的是开采唐山煤矿。原拟官办，后因清廷财政困难，改为官督商办。光绪七年（1881年）开始开采出煤，每天的产量达五百至六百吨。由于该矿设备优良，煤矿储量大，煤质好，产量逐年增加。除供应轮船招商局、天津机器局、北洋海军用煤外，还在市场上大量出售，在天津很好地抑制了洋煤进口。

上海机器织布局。这是李鸿章于光绪八年（1882年）派人收集商股在上海筹办的，是近代中国第一个机器棉纺织厂，于光绪十六年（1890年）投产。资本来源于公款和商股，股资由50万两逐渐增至100万两。从英、美两国购置了纺织机械，包括轧花、纺纱、织布一整套设备，共有3.5万枚纺锭，布机达530台。经营兴盛，利润很高。光绪十九年（1893年）由于失火而被毁灭殆尽。不久由李鸿章派盛宣怀重新建厂，更名为华盛纺织厂，性质仍是官督商办。

电报总局。光绪五年（1879年），李鸿章为了军事上的需要而在大沽炮台至天津之间试设电报，试验成功。光绪六年（1880年），李鸿章在天津设立电报局，任命盛宣怀为总办。第二年就开始铺设天津到上海的线路，年内竣工。这是中国第一条长途通讯线路。同时，在紫竹林、大沽口、济宁、清江、镇江、苏州、上海等地分设七个分局。光绪八年至十年（1882～1884年），上海至南京、南京至武汉的电线相继架设完毕。光绪八年（1882年），因官款不足，电报总局又吸纳商股和民资而改为官督商办。

铁路交通运输业。光绪元年至二年（1875～1876年），英国人在上海至吴淞段修筑了铁路，全长三十六华里，从此中国便有了铁路。后因机车轧死一人，清廷要求司机偿命，并派李鸿章到上海进行谈判。愚昧的清政府出28万两白银购回铁路、机车，然后把机车抛入江中，铁轨、车辆被弃置在海滩，后来全部烂掉了。此后清政府内部争论了许多年铁路问题。开平矿务局于光绪六年（1880年）修筑了唐山到胥各庄的铁路，总长十一公里，用以运煤，但这却是中国近代史上自办的第一条铁路。这条铁路后来又延长到天津，又从唐山延至山海关。光绪十三年（1887年），台湾修筑了从基隆到台北的铁路，后又把铁路延长到新竹。从此中国的铁路事业逐渐发展起来。

洋务派接着又创办了台湾基隆煤矿、黑龙江漠河金矿、兰州机器织布局、汉阳铁厂、湖北织布局等民用企业。

这些民用企业大致上分3种经营方式，即官办、官督商办、官商合办，但官督商办的方式占主导地位。这是因为清廷缺乏资金，不得不利用社会上现有的私人资本，以解决经费来源。而拥有货币财富的买办、商人为获取最大利润，也企图在官府的保护下更加顺利地经营企业。二者便自愿结合起来，产生了官督商办这种形式的近代企业，并且一直延续到19世纪80年代。之后官督商办的形式逐渐被官商合办所代替。官商合办也就是官、商各认股份，拥有各自的权利义务，共同经营管理企业。但是由于这种经营管理存在很多弊病，企业仍处于清政府控制之下，企业的正常发展还是遇到了很大阻碍。

但是洋务派兴力的民用工业企业归根到底还是中国近代史上比较先进的资本主义性质的企业，它在一定程度上推动了社会经济的发展。首先，这些新式工业企业规模较大，并开始使用大机器生产，开创了近代工业企业经营管理的新格局，奠定了中国资本主义近代工业基础。当然，这个基础比较薄弱。其次，民用企业生产的产品目的是要投放市场，这不仅扩大了资本主义商品经济的影响，而且其中一些产品还抵制了洋商洋货。再次，民用企业同军工企业一样，引进西方先进的科学技术，培养了一批工程技术人才和一批近代产业工人，积累了大量技术资料，传播了近代科技知识，对中国资本主义工业的发展起了积极的促进作用。

加强海军、倡导西学

在兴办军工、民用企业的同时，洋务派还筹建了海军，加强海防建设，设立外文学馆，派遣留学生到国外学习先进科技。

从19世纪60年代开始，由于列强疯狂侵略我国邻邦和边疆地区，导致边疆地区出现了普遍危机。同治十三年（1874年），在美国的怂恿和支持下，日本出兵侵略我国台湾，东南沿海局势变得非常紧张。光绪元年（1875年），两江总督沈葆桢、直隶总督李鸿章等人上奏请求筹建北洋、南洋和粤洋三支海军。经总理衙门核准，每年调拨海关银四百万两来资助筹办海军，计划10年之内建成。光绪十年（1884年），三洋海军已初步建成。北洋海军归北洋大臣管辖，拥有15艘船舰，负责防卫山东、直隶、奉天海域；南洋海军属南洋大臣统辖，拥有17艘船舰，负责江浙海域的安全；福建海军由福建船政大臣管辖，拥有11艘船舰，防卫闽粤海域。在中法战争中，经过马尾之战后，福建水师几乎全军覆没。清政府在光绪十一年（1885年）又增设海军衙门，统理海军、海防事宜，任命醇亲王奕诉为总理海军大臣，而会办李鸿章却掌握着实权。此后，李鸿章趁机扩充由他所统领的北洋海军，任用淮系将领丁汝昌为水师提督，扩充舰只到22艘，成为海军中实力最强的舰队。此间，为逢迎讨好西太后，奕谩、李鸿章等人不惜挪用海军经费修建颐和园。光绪十四年（1888年）以后，海军不再增加船舰及其他装备，军纪越发涣散，派系斗争严重，内部矛盾加剧。

洋务运动有一项重大贡献，那就是设立各种学馆，派遣留洋学生。为了培养精通外语和熟谙洋务的人才，洋务派积极筹划设立各级各类学馆、学堂。咸丰十一年（1861年）奕诉奏请设立京师同文馆，第二年该馆正式成立，以教授外文为主，同时也开设了天文、历史和数理化等课程。此后，广州、上海等地也纷纷效仿，成立学馆。光绪六年（1880年），李鸿章奏请设立天津水师学堂，八年又设一分馆，定名为管轮学堂。水师学堂学生学习天文地理、几何代数、平弧三角、驾驶御风、测量演放鱼雷等项。管轮学堂学生学习算学几何、三角代数、物力汽理、机器画法、机器实艺、修造鱼雷等课程。光绪十一年（1885年）李鸿章还在天津创办了武备学堂，专门用来轮流培训淮军及北洋各军军官，并聘请德国军官李宝等对官兵进行德国式操练，以提高各军能力。据保守统计，到光绪二十一年（1895年），洋务派共创办大约20余所外语和各类工业技术学堂。许多军工或民用企业还附设翻译馆，用来讲习、翻译外国书籍。

同治九年（1870年），在中国近代第一个留学生容闳的建议下，曾国藩奏请派遣留学生出国，清廷批准了此事。同治十一年（1872年），中国第一批学生从上海出发赴美留学。到光绪元年（1875年），共派遣120名留学生。此后赴外国留学人员还在不断增加。例如，李鸿章在筹办海防的过程中，感到船舶与驾驶人才奇缺，便于光绪二年（1876年）奏请派福州船政局附设学堂的18名学生赴法国学习制造轮船，另外又派12名赴英国学习驾驶。福州船政局先后派出众多留学生，其中有许多在国外深造成才的，如严复、刘步蟾、林永生、萨镇冰等，他们后来均成为海军中的优秀教官和将领。李鸿章在筹办海防的同时，也对陆防进行了一番整顿，光绪二年（1876年）曾选拔一批年轻的中下级军官卞长胜等七人赴德国学习陆军的有关军事技术。光绪五年（1879年）学成归国，按照德国操法训练军队，大大提高了将士的军事技术。

总体上讲，在30余年间，洋务派相继创办了几十个近代化的军工、民用企业，组建了近代化的海军，并成立了传播西学的学堂。在世界资本主义势力频繁入侵，商战、兵战蜂拥而至，民族危机日渐加深的形势下，这些做法无疑是进步的，有重大意义。洋务派引进了西方的生产技术和设备，并且引进了先进的生产力，创办了许多近代工业企业，这一系列的活动都不自觉地促进了资本主义生产关系的产生和发展。这就使古老的中国的生产方式发生了一些深刻变革，开始用大机器生产来逐渐取代家庭手工业和小作坊生产，改变了几千年来一直沿袭的封建经济结构。所以从客观上讲，洋务运动成为中国资本主义近代化的起点。

当然，洋务派学习和利用西方先进的科学技术，兴办近代工业企业的根本目的是为了拯救和维护清朝封建统治，他们主观上并不是要触动封建主义的体制和根基，而是企图对西方近代科技进行移花接木，以使中国封建体制适应正在发生剧烈变化的国内外形势。但事实上，洋务派不仅创办了中国第一批近代工业企业，而且冲击了封建思想文化的堤坝，使其产生了一个缺口，为西学的进一步传入创造了良好条件。随着西方科技知识的传入，西方的哲学、政治思想开始影响中国。西方的社会政治学说成为批判封建主义的锐利武器，奠定了资产阶级政治运动的物质和思想基础。新的经济因素必然带来新的政治、思想、文化因素，也一定会对中国传统的经济结构、思想文化结构带来很大的冲击，所以说洋务运动产生的多重后果绝对是洋务派始料不及的。

洋务运动事实上没有、而且也不可能把中国改变成为西方列强那样的资本主义国家，更没有达到其"自强求富"的理想目标。当时就有人评论洋务派是"一手欲取新器，而一手仍握旧物"，只"新其貌，而不新其心"。

同治之死

同治经常出没于花街柳巷，秦楼楚馆。据说他常到崇文门外的酒馆和妓院中饮酒作乐，"伶人小六如、春眉，娼小凤辈，皆邀幸"，又沉迷于"小说淫词，秘戏图册"中。这个时候，他又认识了王庆祺。

这王庆祺本是一世家子弟，英俊潇洒，多才多艺。有一次在广德楼饭庄唱曲儿，恰巧被微服私行的同治遇到，同治大加赞赏，便一见如故，给其加官进爵，原本王庆祺只是个小小的翰林院侍读，骤然以五品官加二品衔，毓庆宫行走。这王庆祺其他本事没有，吃喝玩乐的手段却花样繁多，居然比已故的载澄还高明一筹。这下子同治真是心花怒放，于是与王庆祺朝夕相处，日夜游玩，简直一刻也离不开。

有一次，太监给同治送茶，远远就看见同治与王庆祺两人坐在榻上凑在一起津津有味地看一本小册子，状甚亲密，太监心中疑惑，待走近一看，居然是本《秘戏图》。两人看得入迷，连旁边有人都浑然不觉。由是便传出了同治亦好男色的说法。此外也有说同治甚至连宫内太监也不放过的不堪说法："有奄杜之锡者，状若少女，帝幸之。之锡有姊，固金鱼池娼也。更引帝与之狎。由是溺于色，渐致忘返。"

同治的身体本来就弱，根本经不起这种醇酒妇人的折腾。很快他就病倒了。同治十三年（1874年）十二月初五，年仅19岁的同治在养心殿驾崩。

无力回天的囚徒皇帝

——清德宗光绪帝

□帝王档案

⊙姓名：爱新觉罗·载湉

⊙属相：羊（1871 年）

⊙年号：光绪

⊙在位：1874~1908 年

⊙享年：38 岁（1871~1908 年）

⊙庙号：德宗

⊙谥号：同天崇运大中至正经文纬武仁孝睿智端俭宽勤景皇帝

⊙陵寝：崇陵（清西陵）

⊙配偶：3 人，皇后叶赫那拉氏

⊙子女：无

⊙继位人：溥仪（宣统）

被抱来的皇帝

两宫再垂帘

载湉即位，太后垂帘

同治十三年（1874年）十月三十日，同治帝载淳刚刚亲政不到两年就突然得了天花。消息传出，文武百官都非常震惊。天花在当时是不治之症，顺治帝就死于天花。在这种情况下，视权如命的慈禧太后便想在同治帝死后再次垂帘听政，并开始多方面策划。

首先，同治帝刚患病七八天，经过御医精心调理，病情已逐渐有所好转，这时慈禧就迫不及待地同慈安太后一起，接连两次在同治帝病榻旁召见军机、御前大臣，示意他们呼吁皇上下令"两宫太后权时训谕"，再次垂帘听政。不久，同治帝便发布上谕，通告臣民从此之后，内外陈奏事件，均由皇太后阅读以后，予以裁定。慈禧就这样在同治帝还未驾崩时，就急不可耐地乘机揽权。

同治帝病危之后，慈禧更加毫无顾忌地全面投入了储位之争，想按照她的意愿来选择幼帝，以便再次垂帘听政，执掌清王朝的统治大权。

按清代祖宗家法，若皇帝死后无子，则应从皇族近支选一个晚辈的人来继承帝位。同治帝下一辈是"溥"字辈，按惯例，同治帝死后应从"溥"字辈中挑选一人，继承皇位。"溥"字辈中，道光帝长子奕纬的长孙溥伦是最为合适的人选，因为立溥伦既符合同治帝嗣子的惯例，并且合乎次序。但慈禧为了统揽大权，坚决反对立"溥"字辈的人继承帝位。因为如果那样做，慈禧将会由于她的孙辈为帝而被晋尊为太皇太后。太皇太后，虽然地位更加显贵，但已无权势，就不便于再垂帘听政、干预国事了，因此，慈禧极力坚持从"载"字辈中选择嗣帝。

在皇室近支中，最有资格入选的"载"字辈应是奕䜣长子载澂，但慈禧因奕䜣和她有矛盾，且载澂当时已经 17 岁，如立为帝，就要亲政，这样便不利于慈禧揽权，倘若慈禧不归政，又会遭群臣反对，因此慈禧决意不立载澂，而立醇亲王奕譞之子载湉。当时，载湉年仅 4 岁，即位之后慈禧仍然可以操纵大权，而且其母又是慈禧的妹妹，即使将来皇帝长大成人，还可以让他顺从慈禧，听她摆布。慈禧决定了以后，便暗中预先制定了御用冠服，只待同治帝驾崩之后，就马上把载湉迎入宫中立为皇帝。

十二月初五，傍晚时分，慈禧召集御前会议。她突然传旨召见王公、大臣，确定立奕譞之子载湉。

载湉继大统之事确定以后，第二天，慈禧便命六部、九卿、翰、詹、科、道商量确定垂帘章程，接着宣布明年改年号为光绪。光绪元年（1875 年）正月二十日，载湉在太和殿举行登极典礼，接受百官朝贺。至此，由光绪帝继承大统，两宫太后再次垂帘听政。

光绪帝在位前二十年（1875 ~ 1894 年），是自由资本主义向帝国主义加速过渡的时期，也是资本主义国家加紧对殖民地半殖民地进行侵略和掠夺的时期。19 世纪 90 年代初年法国经济学家勒鲁瓦·博利厄直截了当地说，"开拓殖民地是一个民族的力量扩张"，开拓殖民地是文明国家必须完成的一项重要任务。正因为如此，各个帝国主义侵略者便加紧了对中国及其周边国家的殖民掠夺，并大量抢占中国领土。光绪五年（1879 年），日本以武力强行占领琉球群岛，并将其改名为冲绳县；光绪九年（1883 年），越南沦为法国的殖民地；光绪十一年（1885 年），缅甸被英国完全占领；十六年（1890 年），英国强迫清政府承认"它对锡金的保护权"，与此同时不断骚扰中国边境。从同治十二年（1873 年）到光绪二十年（1894 年），西方列强威逼清帝国政府签订了大大小小共 90 余个不平等条约，进一步破坏了中国主权，使中国加速沦为半殖民地国家。

大臣诽议

慈禧违反祖训，强立载湉为帝，彻底表现了她"利幼君可专政"的政治野心，朝野内外对此反应强烈，虽然人们害怕女后专权的淫威，不敢公开表示反对，但仍有一些人通过种种途径，表示了他们的抗议与不满。

首先表示不满的是内阁侍读学士广安。当慈禧宣称载湉"承继文宗显皇帝之子，即承继大行皇帝为嗣"以后，他立即上奏要求太后公开召集王公、大学士、六部、九卿公议，当众下一个定论，以防日后有变。这实际是抗议慈禧选立载湉为帝，而未给同治帝立嗣的做法。上疏之后，慈禧太后传旨把他训斥了一顿。

同治帝皇后阿鲁特氏，因不堪慈禧折磨和凌辱，在同治帝死后不到百日便自杀身亡，于是御史潘敦俨便以此为借口，上奏要求慈禧赐以美谥，表扬皇后，并发扬其美德。实际上是对慈禧迫害阿鲁特氏表示一种抗议，同时也是间接地对立光绪帝再次表示抗议，结果也被慈禧斥为"糊涂""谬妄"，而被革了职。

广安、潘敦俨二人的奏折只是委婉、含蓄地表达了清廷统治集团内部一些人对慈禧独断专行的不满，行动比较温和，没有产生什么影响，仅仅是反对慈禧的一个小小插曲，很快就被慈禧压服了。可是到了光绪五年（1879年），吏部主事吴可读，在慈禧给同治帝及其皇后举行"大葬"的时候进行了尸谏，以死来请慈禧为同治帝立嗣，这一壮举出人意料，引起了不小的轰动。吴可读，字柳堂，甘肃皋兰人。道光三十年（1850年）考中进士，后来升为御史。他为人正直，从不攀援亲贵。同治十二年（1863年）曾因谈论国事而被降调。当时提督成禄有罪，被押送到京城，刑部定拟罪为斩立决，恭候钦定，而吴可读奏请减轻对成禄的处罚。王、大臣等说他刺听朝政，请皇上为他定罪，同治仅命降调，结果吴可读被降调为吏部主事。同治死后，朝廷明颁诏书，立醇亲王奕譞之子载湉入继大统，他与广安的想法一样，但方式不一样，因为他看到广安疏奏没有一点用，而且还受到责骂，因此，决定采取更激烈的方式来进谏。下定决心以后，他每天都在寻找一个合适的机会，一直没有如愿。直至光绪五年（1879年）他才找到尸谏的时机。这一年闰三月初五，恭奉梓宫安葬惠陵的事务结束后，送葬的队伍返回京师，半路上，在蓟州三义庙歇息。当天人们就看到前来送葬的主事吴可读一直都不吃饭，不喝水，有人好心劝之，他婉言谢绝。晚上，夜深了，悄无声息的时候，人们逐渐地进入梦乡之后，吴可读还是安静地一动不动地坐着。凉气袭来，他依然稳如磐石。只见他闭目很久之后，对着惠陵的方向连连遥拜，从怀中掏出前天夜晚草拟的奏疏，缓缓地放到桌子上，然后又提笔写下了几个大字："请吏部堂官代奏。"办完所有的事情以后，他又提笔作一首绝命诗："回头六十八年中，往事空谈爱与忠。抔土已成皇帝鼎，前星预祝紫微宫。相逢老辈寥寥甚，到处先生好好同。欲识孤臣恋思所，惠陵风雨蓟门东。"写完之后，把诗放到了奏疏之上。最后，他拿起早已预备好的毒药，慢慢地送入口中，吞了下去。

第二天早上，当人们推开吴可读的房门时，见他直挺挺地倒在地上，安祥地睡着，脸上带着一丝苦涩的笑。人们看到了桌子上的那张纸条，才恍然大悟，原来吴主事早已抱定死志了！

回到京师后，吏部长官遵从吴可读的遗嘱，代他将奏折呈给两宫皇太后。

慈禧仔细读完吴可读的奏折，虽然不太高兴，但她感到这的确是公忠之义，所以这一次她并未发怒，只是下达懿旨："嗣后皇帝生有皇子，即承继大行皇帝为嗣。此次吴可读所奏，前降旨时即是此意，着王、大臣大学士六部九卿翰詹科道将吴可读原折会同妥议具奏。"随后又用朱笔在其奏折中写下八个大字："以死建言，孤忠可悯。"

吴可读以死相谏一事，轰动了朝廷内外，人们议论纷纷。同吴可读同年中进士的一些人，特为吴可读于文昌馆设祭，并献上挽联以表悼念。

朝中大臣也有一些反应，他们有的口头议论一下，有的则上奏点评。有的认为吴可读的死是没有意义的，他以死进谏其实是一种"于我朝家法未能深知，而于皇太后前此所降之旨，亦尚未能细心仰体"的举动。有人认为吴可读虽一片忠心，但其死则是由于过分忧虑造成的。

各大臣就此事纷纷上奏两宫皇太后，慈禧会同慈安分析综合各大臣的意见后决定应赶快结束此事，于是特颁懿旨宣示文武百官：两宫传下懿旨，吴可读便按五品官厚葬，抚恤其家人，并根据其遗嘱把他葬到蓟州。吴可读的奏折被收在毓庆宫，只能作为后世的档案，供后人观瞻，三义庙的血算是白流了，最多不过引起人们的一些哀怜罢了。

中日甲午战争

朝鲜"东学道"起义

19世纪末以来，帝国主义列强对中国的邻邦朝鲜展开了激烈的争夺。在这场争夺中，通过"明治维新"走上军国主义道路的日本表现得最为贪婪和野蛮。

吞并朝鲜是日本"大陆政策"的重要组成部分。自从明治维新以来，日本军阀一直奉行"征韩论"的国策。光绪元年（1875年）八月，日本舰队进入汉江江口，并强占了永宗岛。次年一月，朝鲜被迫与日本签订《江华条约》十二款。条约规定：第一，开元山、仁川为商埠，日本货物免缴关税。第二，日本可以自由测量朝鲜海岸。第三，日本享有领事裁判权。此外，条约还明确规定："朝鲜为自由之邦"。这表明日本为了独霸朝鲜，极力想要破坏朝鲜与清政府的传统宗属关系。《江华条约》是日本强加给朝鲜的第一个不平等条约。此后，日本及其他列强侵略朝鲜的步伐都加快了。光绪三年和六年（1877年和1880年），日本又分别在元山、釜山设置了特别居留地（租界）。日本的一些商业公司利用不平等条约，大量向朝鲜倾销商品，使朝鲜的手工业遭到极大摧残，严重地破坏了朝鲜经济的发展。当时，以王妃闵氏为首的闵妃党把大院君李昰应排挤出去，掌握了最高统治权，日本便乘机培植亲日势力，通过各种手段把闵妃党置于自己控制之下。

日本对朝鲜的政治、经济侵略，加剧了朝鲜国内的反日情绪。大院君李昰应利用这种情绪，于光绪八年（1882年）六月初九在汉城发动兵变，处死了一些官吏和日本教官，焚烧了日本驻朝鲜使馆，最后驱除了闵妃党，重新执掌政权，史称"壬午兵变"。兵变发生后，日本政府一面派兵侵入朝鲜，一面命令驻朝公使花房义质逼迫朝鲜赔偿损失，并企图割占巨济岛和郁陵岛。得到朝鲜兵变的消息后，清朝署直隶总督张树声上报清政府，同时，派北洋水师提督丁汝昌、道员马建忠及广东水师提督吴长庆等，率军队和兵舰赴朝，于七月十三日平息了兵变，大院君被迫归政于朝鲜国王。日本的侵略计划被清军的迅速行动挫败了，花房义质看到中日两国在朝鲜的兵力悬殊，未敢轻意挑衅清朝军队。日本政府未能实现利用兵变割取朝鲜领土和夺取更大权益的企图。但是，朝鲜仍被迫于光绪八年（1882年）七月十七日与日本签订了《济物浦条约》，日本以保护使馆为借口，获得了在朝鲜驻兵的权利。

壬午兵变后，日本政府一方面加强针对中国的扩军备战，同时，竭力培植朝鲜亲日势力。当时，在朝鲜出现了金玉均、洪英植、朴泳孝、徐光范等贵族青年为首的开化党，这个党具有资产阶级改良主义的性质。日本侵略者为了利用开化党来实现其侵朝计划，便采取各种手段诱惑和拉拢金玉均，而金玉均等也想依赖日本夺取朝鲜的统治权。光绪十年（1884年）九月，日本驻朝公使竹添进一遵照日本政府的指示，开始策动开化党发动政变。他先蛊惑金玉均等人说：中法两国正在交战，清国即将灭亡，你们切不可坐失良机。接着，他又帮助开化党制订了政变的计划和具体行动方案。

光绪十年（1884年）十月十七日，金玉均等人按照与竹添进一秘密制订的行动计划，制造事端，把日军引进王宫，然后挟持国王，组织起一个由开化党人担任要职的亲日政权。史称"甲申事变"。

汉城民众对政变的发生十分愤慨，纷纷要求打入王宫把倭奴杀尽。有些朝鲜大臣来到清军营地，请求派兵援助。十九日，在朝鲜驻守的清朝记名提督吴兆有、总兵张光前、帮办袁世凯分别率领清军与朝鲜军民一同攻进王宫，击败了开化党和日本侵略军，把被挟持到宫外的朝鲜国王拦回。次日，竹添进一自己焚毁日本使馆，带领日军退到仁川。开化党人金玉均、朴泳孝等逃到了日本。

甲申事变后，日本国内出现了主战、主和两种争论。有的报纸大肆鼓吹要"占领朝鲜京城"；有些官僚政客也叫嚣要武装吞并朝鲜。但是日本政府考虑到其军事力量无法与清军匹敌，所以决定暂时维持和局，积极备战，等待时机卷土重来。光绪十一年（1885年）一月，日本政府派伊藤博文为全权大使，陆军中将西乡从道为副使，同李鸿章在中国天津举行谈判。李鸿章采取退让妥协的方针，三月初四，与日本签订了《中日天津条约》。条约规定：从签约之日起的四个月内，中日两国军队全部撤出朝鲜；将来朝鲜国内如果发生内乱或重大事件，中日两国或一国派兵，应事先告知对方，事定后要立即撤回，不得留驻朝鲜。这样，日本虽然撤走了驻朝鲜的军队，但却获得了随时可以向朝鲜派兵的特权，为其后来发动侵略战争开辟了道路。

日本侵略者早在中法战争结束时就已经形成了吞并朝鲜和占领中国的计划。日本政府根据伊藤博文为首的侵略分子的策划，积极进行备战。甲申事变后，日本的一些官僚政客竭力挑拨日本与亚洲邻国的关系，声称日本应该与西方国家一同来"兴亚洲"，要按照西洋人的办法，对朝鲜和中国发动武装进攻。从光绪十六年（1890年）开始，日本侵略集团的战争煽动达到了高潮。同年底，新上任的日本首相山县有朋在帝国议会上发表"施政演说"，提出了保持国家独立的自卫之道，鼓吹日本必须保护利益线和守卫主权线。主权线，指国家的疆域界线；利益线，指关系主权线安危的地区。朝鲜就是山县有朋所说的利益线，他把朝鲜视为与日本安危密切相关的地区，公然宣称要进行"保护"。

光绪十五年（1889年）后，日本政府疯狂扩军备战，到甲午中日战争前夕，日本已拥有陆军29万人，海军配备了31艘军舰、37艘鱼雷艇。光绪十九（1893年）底，由于日本国内各派政治力量相互倾轧，政局开始动荡不安，日本统治者决定用发动战争的方式，转移各派政治势力的视线，以防止国内出现更大的动荡。

光绪二十年（1894年）春，朝鲜爆发了"东学道"农民起义。"东学道"又称为"天教""东学教"，是朝鲜农民的秘密反抗组织，具有宗教的色彩。这年一月初十，"东学道"信徒全琫准率众在全罗道古阜郡起义，攻占郡府，俘获郡守，释放囚徒，夺取武器，严惩贪官，开仓济贫，广大群众因而十分拥护起义。四月，起义军攻占井邑、咸平、长城等郡，东学道徒和广大农民不断来投，队伍迅速壮大到万数千人，并建立了执纲所作为政权机构，发布了"辅国安民、逐灭洋倭、尽灭权贵"等战斗纲领。四月二十八日，农民起义军攻克朝鲜南部重镇全罗道首府全州，兵锋直指汉城。

农民起义的风暴使朝鲜封建统治者受到极大震撼。他们惶恐不安，立即派遣洪启薰率领八百京兵，于四月一日从京城出发，赴全州进剿。但被起义军多次打败。朝鲜统治者看到单凭自己的力量已无法镇压起义军，决定请求清政府派兵帮助围剿。四月三十日，兵曹判书闵泳骏向清政府驻朝鲜总理交涉通商事宜大臣袁世凯提出请求援兵的公文，请袁世凯"迅即电恳北洋大臣，酌遣数队，速来代剿"。接到朝鲜政府的乞兵公文后，袁世凯迅即向北洋大臣直隶总督李鸿章请示。

李鸿章立即命令北洋水师提督丁汝昌派"扬威""济远"二舰，驶往汉城、仁川，保护侨商，并派直隶提督叶志超、太原镇总兵聂士成率2000余兵士东渡。五月初三，东渡清军乘坐招商局轮船赴朝。与此同时，又向驻日公使汪凤藻发电，令其根据中日《天津条约》，照会日本外务省：清政府根据朝鲜国王的乞兵公文，按照"保护属邦旧例""派令直隶提督叶志超，选带劲旅，星驰往朝鲜忠清、全罗一带，相机堵剿，刻期扑灭，务使属境又安，各国在韩境通商者皆得各安生业，一俟事竣，仍即撤回，不再留防"。

日本挑起朝鲜问题

在此之前，日本侵略者就一直在密切注视着事态的发展，并大量进行阴谋活动，企图把事态扩大，以制造出兵朝鲜的机会。日本参谋本部认为，朝鲜必定要向清政府求助，而清政府也肯定会答应出兵。到那时，日本就有了借口而派兵入朝。四月二十九日，日本内阁通过了陆奥宗光的建议，即如果中国确实派遣军队赴朝鲜，不管其用何名义，日本也必须派遣相当的军队赴朝。这清楚地表明，日本早已确定了发动侵略战争的方针，决定趁清政府派兵助剿之机，出兵进占朝鲜。

但是，日本政府仍担心清政府不愿派兵赴朝，便极力诱惑。日本驻朝使馆译员郑永生曾诱劝清廷驻朝"总理交涉通商大臣"袁世凯说：东学党起义愈拖愈不好办，贵国政府为何不迅速出兵助韩，日本政府决没有其他用意。四月二十六日，日本参谋本部根据伊地知幸介的报告，认为朝鲜政府必然请求中国援助，中国也必将同意朝鲜的请求。因此，参谋本部认为，日本有必要出兵朝鲜。当天，外务大臣陆奥宗光同回国的日本驻朝公使大鸟圭介就出兵事宜进行了磋商。四月二十九日，日本内阁召开会议。会议根据陆奥宗光的意见，正式决定出兵朝鲜。当夜，陆奥同外务次官林董及参谋次长川上操六对出兵的策略、兵力等问题进行了商讨。五月初一，陆奥向大鸟发出关于处理朝鲜问题之训令。通知他如果确认清政府出兵朝鲜时，"帝国政府应立即派遣兵员"。"如清国官吏问及我出兵的理由，可按照《天津条约》第三款回答之：朝鲜国内发生叛乱有危及帝国公使馆、领事馆及帝国侨居臣民生命财产之虑，因而出兵"。五月初二，关于日本出兵朝鲜致清国的照会被内阁会议通过。同日，日军成立了战时大本营，并命令大鸟公使返回朝鲜任职。五月初三，向日本驻中国临时代理公使小村寿太郎发出训令，让他把日本出兵朝鲜的消息通知清政府。五月初五，日军开始军事行动。从五月初七起，日军陆续抵达朝鲜。至十三日，共有八艘军舰，载着约四千名陆军，五百名陆战队入朝。兵力是赴朝清军之两倍。

　　五月初五，日本驻华临时代理公使小村寿太郎，向清政府提出日本出兵朝鲜的照会。清政府接到照会的第二天，据理驳斥日本出兵的理由。在给日本的复照中重申了清政府系"应朝鲜之请，派援兵戡定内乱，乃从来保护属邦之旧例"，并强调："目下釜山、仁川各港情形，虽然平静，然该两地为通商口岸，故暂留军舰，以资保护。若贵国派兵，系专为保护使馆领事馆及商民，自无必要派多数军队。贵国派兵，既非出于朝鲜请求，望勿进入朝鲜内地，以免惹起惊疑。"但日本挑衅的决心已定，因而对清政府的劝告毫不理睬。五月初九，日本政府在照复中蛮横无礼地说，日本此次派兵朝鲜，"系根据日韩济物浦条约之权利；而出兵手续系根据天津条约，帝国政府可自行裁决派遣军队多寡，其进退行止，毫无受他人掣肘之理"。

　　实际上，早在复照清政府之前，日本就已出兵朝鲜了，五月初二，日本参谋部设立了战时大本营，并请天皇批准派出混成旅团赴朝。同日，陆奥宗光便命令大鸟圭介带领四百余名陆战队员，乘"八重山"号军舰动身。接着，一户少佐率领日军一大队向朝鲜进发。就在叶志超、聂士成率领清军分别于五月初五、初六到达朝鲜后，初七，大鸟便带兵进入汉城，其后续部队也分批不断到达朝鲜。李鸿章在得知日本出兵朝鲜的消息后，才看清了日本的阴谋，所以急电袁世凯阻止日军的行动。五月初九起，袁世凯与大鸟在汉城举行紧急会谈，就双方撤兵问题进行商讨。但日本政府侵朝的战争机器已经开动，不愿就此罢兵。因此，李鸿章阻止日本派兵的活动宣告失败。五月下旬，已有万人左右的日军进驻朝鲜。

为了蓄意扩大事态和制造出兵朝鲜的借口，五月十一日，日本内阁会议通过了所谓改革朝鲜内政的方案。声称：平定乱民以后，为了改革朝鲜内政，须由中日两国共同向朝鲜派出若干名常设委员，"查核"朝鲜有关的经济、政治、军事。清政府在收到包含上述内容的照会后，于五月十八日让汪凤藻复照日本政府，表示反对共同"改革"朝鲜内政，并再次建议中日两国军队应该共同从朝鲜撤出。对于这一答复，陆奥宗光于第二日又一次复照汪凤藻，表示日军决不能撤出朝鲜。此后，日本一方面仍继续向朝鲜增派军队，另一方面准备独自"改革"朝鲜内政。五月二十三日，大鸟公使与朝鲜国王就"改革"朝鲜内政的必要性进行了详谈。六月初十，日本向清政府提出所谓声明，即日军今后如在朝鲜发生不测，责任应由清政府承担。同时，陆奥宗光训示大鸟圭介：当前之急务应是促成中日冲突，为实行此事，可以采取任何手段。可以说中日战争已如箭在弦上，一触即发。

朝鲜朝野对日本入侵朝鲜，感到相当惊惧。五月初五，朝鲜外务督办赵秉稷强烈要求杉村濬，从速电告日本政府，"即施还兵之举，以敦友睦，免生枝节"，遭到日本无礼拒绝。五月初六，大鸟公使由日本回到仁川，决定于第二日率兵入京。朝鲜政府立即派人劝阻，又被大鸟严拒。初七，大鸟率420名海军陆战队员，携四门野炮，强行闯进汉城。

此时，赴朝清军已到达牙山。朝鲜政府也不断增派援军，同先期赴朝进剿的官兵协同作战，收复了全州。朝鲜局势逐渐平静下来，日本以护使护侨护商作为出兵的借口已不存在。但当赵秉稷访问大鸟，对其擅自率兵入京进行责问，并敦促其立即撤兵时，却又一次遭到拒绝。为了避免冲突，清政府决心令赴朝部队定期返回国内，并希望日本同时撤兵。各国舆论也强烈谴责日本派兵的行为是师出无名。但是，日本政府不仅拒绝撤兵，反而继续增兵，并召开内阁临时会议，作出了"日军在任何情况下都不能撤退"的决议。陆奥宗光还对大鸟圭介发出训令，"即使外交上有多少纷议，亦必使大岛少将所率之本队悉数列阵汉城"。这一切表明，日本政府已决心挑起战争冲突，因而对中朝两国的强烈抗议和各国舆论的谴责充耳不闻，一意孤行。但是，日本强词夺理，在外交上陷于被动。为摆脱困境，日本政府需要寻找新的借口，制造新的事端。

光绪对日宣战

当日本步步进逼，战争一触即发之际，清政府内部在和战问题上也存在着分歧。这时，慈禧太后垂帘听政和训政达20余年之久，她虽已宣布"撤帘归政"，由光绪皇帝亲政，但内外大事的最后决定权仍掌握在太后手中。此时在清廷内部逐渐形成了两个政治集团。一些顽固守旧的贵族、大官僚，依附于太后，实际上操纵和控制了清政府的军政外交大权，从而形成了"后党"集团。光绪帝自登基以来，一直受慈禧太后控制，亲政以后依然没有太大的权力。为了改变受制于人的处境，光绪皇帝依靠他的师傅翁同龢，把一部分官僚集结在一起，形成了"帝党"集团。"帝党"成员大多数是通过科举擢升的一些文职官员，没有掌握实权，力量薄弱。

面对日本的战争威胁，清朝统治阶级内部，大体上是形成了主和、主战的两派势力："后党"主和，"帝党"主战。

主和派以慈禧太后为首，主要包括庆亲王奕劻、恭亲王奕䜣、李鸿章淮系集团、军机大臣孙毓汶、徐用仪等握有实权的贵族大官僚。主战派以光绪皇帝为首，包括被李鸿章排挤的湘系集团，以及翁同龢等没有实权的文职官员。

在甲午战争中，握有清政府军事外交大权的李鸿章，一开始就"一意主和"，他认为敌强我弱，中国不能和日本开战，因而消极备战，把希望寄托在国际调停上。五月中旬，袁世凯、汪凤藻请"厚集兵力"，均遭他的拒绝。五月二十日，总理衙门电询李鸿章，"倭如不停地添兵，我应否多援以助声威"，李复以"今但备而未发，续看事势再定"。从这可看出，李鸿章存有侥幸观望的态度，不作战守准备。

相反，光绪帝则主张一面议和来商谈，一面作备战准备，即"实力备战以为和地"，不完全把希望寄托在英俄调停上。从五月下旬起，他一周之内连发三道上谕，指示备战。五月二十二日谕令："口舌争辩已经无济于事。……此时事机吃紧，应如何及时措置，李鸿章身负重任，熟悉倭韩情势，着即妥筹办法，迅速具奏。"五月二十八日又谕："现在倭焰愈炽，朝鲜受其迫胁，其势岌岌可危，他国劝阻亦徒托之空言，决裂将不可免"；"我战守之兵及军火粮饷，必须事事筹备确有把握，才不致临时诸形掣肘，贻误事机"。五月二十九日严旨："倭人胁迫朝鲜，其焰方张，势将决裂，内防外援，自宜事先预筹"，"若待事至决裂而后议守议战，肯定来不及，不可不事先筹备"。他提醒李鸿章，"不宜借助他邦，致异日节外生枝"。对于李鸿章乞求英国派军舰赴日、勒令日本撤兵的做法，光绪帝认为："如出自彼意，派兵护商，中国亦不过问；若此意由我而发，彼将以自护之举，托言助我，将来竟要求我补偿所耗兵费，中国断不应允。"并警告李鸿章，"嗣后该大臣与洋人谈论，务必格外谨慎；假若轻率发端，以致贻误事机，定惟该大臣是问"。他还对李鸿章专恃俄使调停的做法特别提出告诫："俄使喀西尼留津商办，究竟彼国有无助我收场之策，抑或另有觊觎别谋？李鸿章当沉几审察，勿致堕其术中，是为至要。"

六月十二日，日本驻华临时代理公使小村寿太郎照会总理衙门，把日本政府的"第二次绝交书"递交给中国，指责中国"徒好生事"，"将来如发生不测之变，日本政府不任其责"，实际上是向中国发出最后通牒。面对如此严峻局势，光绪帝感到战争势不可免，便由前一阶段的一面备战，一面和商，转而针锋相对地坚决主战。十四日，令军机大臣和总理衙门大臣讨论朝鲜事态。十六日，翁同龢等上奏《复陈会议朝鲜之事折》，主张采取"不战而屈人之术"，一方面迅速准备战事，派军前往朝鲜与日军相持；

另一方面"稍留余地",如日方"情愿就商,但使无碍大局,仍可予以转圜"。这个意见得到光绪帝的同意。在"一意主战"的同时,仍然向日本敞开"和商"的大门。

但是,日本已决心在战争的道路上继续走下去。六月二十一日凌晨,日本驻朝鲜公使大鸟圭介率领日兵攻入朝鲜王宫,发动政变,劫持了国王,并成立了以大院君李昰应为首的傀儡政权。接着,逼迫大院君废除同清政府缔结的一切条约,并"授权"日军驱逐在朝的中国军队;二十三日清晨,日本海军在朝鲜牙山湾丰岛附近海面,突然袭击中国舰船,悍然挑起侵略战争。同一天,日本入朝的陆军混成旅团,由汉城出发南下,向驻在牙山的清军进攻。至此,和平解决中日争端的大门被日本完全关闭了,清政府被迫应战,以战争反对战争。六月二十九日,总理衙门照会日本驻华临时代理公使小村寿太郎,指责日本首先挑衅,"致废修好之约,此后与彼无可商之事"。同一天,日本外务大臣陆奥宗光向中国驻日公使宣布,两国进入战争状态。七月初一,光绪帝正式下诏宣战。宣战诏书揭露了日本政府悍然发动侵略战争的种种事实,宣布"倭人渝盟肇衅,无理至极,势难再予姑息容忍。着李鸿章严饬派出各军,迅速进剿,厚集雄师,陆续进发,以拯救韩民于涂炭"。同一天,日本天皇睦仁也下诏宣战。中日两国政府的宣战,标志着中日甲午战争的正式爆发。

中日之战

清政府在对日宣战的同时,派大同镇总兵卫汝贵率十三营盛军、高州镇总兵左宝贵率九营奉军、提督马玉昆率四营毅军、副都统丰升阿率六营奉天练军盛字营和吉林练军,共三十二营,总计13500人,入朝参战。卫汝贵率盛军六千人入平壤,提督马玉昆率毅军二千人进义州,左宝贵率所部准备开赴平壤。为往牙山增兵,李鸿章雇用英国小商轮"飞鲸"号、"爱仁号",载一营清军前往,由北洋舰队的"济远""扬威""广乙"三舰护航。二十一日,又租英国商轮"高升"号,载着二营清军,运往朝鲜,军械物资则由北洋舰队的运输舰"操江"号运送。清军运兵计划被日本间谍窃取,日军遂准备在朝鲜海面截击中国军舰和运兵船。二十二日，"飞鲸"号、"爱仁"号抵达牙山。次日凌晨，"济远""广乙"二舰从牙山返航，行至牙山口外的丰岛海面遭到日本军舰的猛攻，日军"吉野"号首先开炮，"秋津洲""浪速"号也猛烈开火。北洋舰队被迫进行还击。开战不久，双方战舰都被击伤，"广乙"号中弹后起火，失去战斗力，管带林国祥令南驶搁浅，后自行炸毁。"济远"号管带方伯谦仓皇躲入仓内，并下令挂上白旗逃离战场。"吉野"号穷追不舍。爱国水手李仕茂、王国成两人自动操尾炮轰击，四发三中，把"吉野"号击退。"操江"号和"高升"号被"浪速"号、"秋津洲"号包围。"操江"号被俘。"高升"号上的爱国官兵视死如归，冒着敌人的炮火，英勇还击，直到船体全部沉没，1200名官兵除300名遇救外其余皆壮烈殉国。

二十六日，日军向牙山东北二十公里的成欢进犯，聂士成率领三千名清军奋勇抵抗。二十七日凌晨，于光炘等在佳龙里伏击日军，击毙日军中队长尉松崎臣等多人。后因日军增援，于光炘等牺牲。日军猛攻聂军较薄弱的左翼，聂士成多次派兵增援，均未能成功。聂士成率众抵抗日军进攻，击毙了日军大队长桥本昌世少佐和多名士兵，终因弹药不足，遂奋力杀出重围，成欢失陷。

四路大军入朝后，清军占据了优势，本应抓住战机，主动南下进攻汉城的日军。虽然光绪帝下旨："星夜前进，直抵汉城""相机进取，力挫凶锋"。可李鸿章置谕旨于不顾，令各军"先定守局，再图进取"。结果，四路大军入朝后，既不南下攻敌，又不据守险要之地，而是聚集在平壤，给敌军以陆续增援和集结兵力的时机。六月底，叶志超率部从牙山败退，七月下旬逃抵平壤。他谎报军情，向清政府邀功。清廷不辨真伪，对他赏银两万两以示嘉奖，并任命其统帅平壤各军。逃将升官，败军受赏，消息传出，全军哗然。叶志超对战守不作认真布置，每日与诸将狂喝滥饮，坐等日军来攻。日军利用这一有利时机大力增兵朝鲜，至八月上旬，先后运送陆军3万余人在仁川、釜山、元山等地登陆。

七月初一，中日双方正式宣战。宣战后，清政府继续坚持避战静守的策略方针，在平壤消极防御，坐待日军从容进兵。八月十三日至十五日，日本陆军约万人，按预定计划分四路包围了平壤。十六日，日军分三路对平壤发动总攻，战斗在大同江南岸、玄武门和城北牡丹台及城西南同时进行。经过两天激战，平壤被日军攻陷。左宝贵等爱国官兵为国捐躯，叶志超等弃城北逃。

十八日晨，完成护航任务返航的北洋舰队在驶至大东沟附近海面时遇到日军联合舰队。为了偷袭北洋舰队，日军联合舰队司令伊东佑亨竟下令悬挂起美国国旗，以此为掩护，急速驶向北洋舰队。中午时分，丁汝昌判断出这支急驶而来的是日本舰队，命令各舰升火，准备战斗。黄海海战终于爆发了。

日舰共有12艘船，其中包括由"千代田""松岛""桥立""严岛""扶桑""西京丸""比睿""赤城"八舰组成的本队和由"吉野""浪速""高千穗""秋津洲"四舰组成的第一游击队，旗舰为"松岛"号。北洋舰队包括"定远""镇远""济远""经远""致远""靖远""来远""广甲""扬威""超勇"等10艘战舰，"广乙""平远""福龙"也曾一度参战，旗舰为"定远"号。丁汝昌先以"犄角鱼贯阵"迎敌，后见敌舰是"一字竖阵"，又下令改为"犄角雁行阵"，以"定远""镇远"两舰居中，其余各舰横着排列。但尚未完成队形变换，激战已经开始，所以刚交战时，北洋舰队是以人字阵与日舰对垒。距敌近六公里时，"定远"舰管带刘步蟾即下令开炮遥击，各舰相继发出第一排炮弹，但由于距离太远均未能击中目标。日舰在相距三公里时，发炮轰击，第一游击队四艘战舰向距主力舰较远的右翼"超勇""扬威"两舰集中进攻。"扬威""超勇"中炮起火，"超勇"沉没，"扬威"搁浅，失去战斗力。"定远"舰施放大炮，船身颠簸，站在飞桥上督战的丁汝昌因而被抛到舱面负伤，改由刘步蟾指挥。刘步蟾镇定自若，水兵们顽强抗敌，"定远"等舰猛击敌舰"比睿""赤城"两舰，使它们都退出战斗。

下午，日舰采取首尾夹攻战术，对北洋舰队构成很大威胁。"致远"舰管带邓世昌率舰迎击日本舰队，鏖战中弹药即将用完，而船体受伤严重，"吉野"号又迎面开来，邓世昌便下令加大马力撞向"吉野"号，准备与敌人同归于尽。"吉野"号一边慌忙躲避，一边施放鱼雷。"致远"舰不幸被鱼雷击中，全舰沉没，邓世昌等200余名官兵，除20余名得救外，其余皆壮烈牺牲。见"致远"舰沉没后，"济远""广甲"两舰遂夺路逃走。"济远"舰慌不择路，竟撞沉了搁浅的"扬威"舰。"广甲"舰偏离航线，搁浅在大连湾的三山岛外，次日被日舰击沉。"经远"舰受到日本第一游击队的围攻，全舰将士在管带林永升的指挥下，孤军奋战，发炮攻敌，在炮战中，林永升等200余名官兵仅16人获救，其余皆壮烈殉国。"定远""镇远""来远""靖远"四舰在极端不利的情况下沉着应战，先后击中敌舰"松岛""西京丸""吉野"等，杀死杀伤众多敌人。海战进行了五个多小时后结束，双方互有损失，日舰稍占优势。李鸿章旋下令北洋舰队回威海卫拒守。日军占领朝鲜全境并掌握了渤海、黄海制海权，分陆海两路向中国进逼。

九月二十六日，日本侵华第一军在山县有朋的率领下，从朝鲜的义州向清军的鸭绿江防线发动攻击；第二军在大山岩的指挥下出大同江，在花园口登陆，直犯金州，南攻辽东半岛。二十七日，与马金叙、聂士成交战后，日军攻陷虎山。二十八日清晨，日军进攻九连城，守将吕本元、刘盛休早已逃之夭夭，日本侵略者因而不费一枪一弹即占领这一重镇，后又攻陷安东（今丹东）。同日，花园口也被日军占领，随后日军又侵占貔子窝。十月初七，日本侵略者开始进攻金州，旅顺总兵徐邦道自告奋勇赴金州抗敌。初八，双方在距金州五公里的石门子展开大战。徐邦道因孤力无援，退守旅顺。初九，日军侵占金州，然后兵分三路向大连进犯。大连虽有炮台，配备了最新式的大炮，弹药储存丰富，但守将赵怀益贪生怕死，临阵逃脱，这样，日军于初十不战而得大连，当地的120门大炮及大量炮弹、军用物资全部落入敌手。

二十一日，日军开始进攻旅顺。旅顺尽管拥有30座炮台，近150门大炮，环海布有水雷，驻有30余营军队，但是作为实际统帅的龚照玙贪鄙庸劣，金州失守前曾一度逃到天津。临时统领姜桂题也是一个无所作为的庸才。因此当日军进攻旅顺时，只有徐邦道率部奋勇抗敌，并于次日在土城子一带沉重打击了日军。二十三日，徐邦道统率的爱国官兵伤亡也不小，而且疲饥交加。在这时刻，黄仕林等人却率部逃走，其部下公然抢劫银号公库，使旅顺陷于一片混乱中。二十四日，日军会攻旅顺，徐邦道寡不敌众，被迫突围。次日，旅顺失陷。日本侵略者进入旅顺后，进行了灭绝人性的大屠杀。他们见人就疯狂地乱砍乱杀，有的被割去双耳，有的被砍掉脑袋，有的被挖去双眼，有的被钉在墙上，有的妇女被奸污后开膛剖腹。这场大屠杀共进行了四天，尸横遍野，血流成河，仅有 36 名当地人幸免于难。日本侵略者在他们的脸部刺上免杀的记号，让他们来抬同胞的死尸。日本侵略者的残暴本性暴露无疑。

为了乞求和平，十一月二十四日，清政府正式通知日本，决定派张荫恒、邵友濂为全权大臣赴日媾和。但是，日本侵略者并不肯就此收兵，他们又把侵略的矛头伸向了北洋舰队的重要基地威海卫。十二月，日本从国内调派一支军队抵达大连湾，与入辽东半岛的部分日军汇合成新的军团，以大山岩为司令官，共计 2 万人，由联合舰队 25 艘军舰、16 艘鱼雷艇掩护，准备进攻山东半岛。日军首先进攻成山以抄威海卫的后路。十二月二十五日，日本侵略者攻陷成山和荣成县城后，由陆路向西挺进。山东巡抚李秉衡派兵与敌在枫岭、桥头等地交战，屡战屡败，威海卫后防诸要塞全部落入敌手。光绪二十一年（1895 年）一月初五，日军向威海卫南帮诸炮台发起进攻，同时，联合舰队也从海上发起攻击。

当时，北洋舰队尚有两艘铁甲舰、5 艘巡洋舰、6 艘炮艇、12 艘鱼雷艇，战斗力还比较强。但李鸿章等人严禁海军出击，命其死守威海卫，陷于被动挨打的不利局面。从一月初五起，日本联合舰队在伊东佑亨的指挥下，对威海卫发动了多次进攻，南北帮炮台先后被日军占领。北洋舰队因而受到日本陆、海军的夹击。十一日，"定远"舰中鱼雷搁浅。次日，"威远"号也中鱼雷沉没，"来远"舰中雷。十三日，日本联合舰队发动总攻，旗舰"松岛"号受到重创。北洋舰队 12 艘鱼雷艇擅自逃逸，有的被俘虏，有的被击沉。十四日，日舰又一次发动攻击，"靖远"舰受重伤。总教习美国人浩威、英国人马格禄鼓动北洋舰队的外国人及威海卫营务处提调牛炳昶等，逼迫丁汝昌投降，被丁汝昌拒绝。十五日，日舰再次进攻，"靖远"舰中炮搁浅，其余舰艇的弹药已将用尽，浩威、马格禄等人再次劝降，还挑动士兵逼迫丁汝昌投降。丁汝昌见大势已去，派人炸沉"靖远"舰。"定远"舰管带刘步蟾也派人将"定远"舰炸沉，然后自杀殉国，实践了他自己在开战初立下的"苟丧舰，将自裁"的誓言。十七日，丁汝昌也在绝望中自杀身亡。十八日，"广丙"舰管带程璧光乘"镇北"炮艇把降书递给了日本联合舰队，日本侵略者获得了"镇远""平远""济远""广丙"四舰和六艘炮艇及刘公岛上的全部军用物资。二十三日，日本舰队开进威海卫港，并在刘公岛登岸。北洋舰队全军覆没。

在日军进攻山东半岛的同时，中日双方在辽东也分东、西两路展开了激战。东路大高岭一线，依克唐阿、聂士成率部与日军不断周旋。陈湜的湘军与聂士成军换防后，同东边道道员张锡銮一起，会同当地民众，分别于二月初二和初五收复了宽甸和长甸。在西线，清军先后五次反攻海城，但均告失败。日军侵入辽东半岛后，从海城、岫岩、盖平分三路出击，清军一路溃败。日本侵略者在占领鞍山等地后，于二月初八大举进犯牛庄。当日军杀进牛庄市区时，守将魏光焘、李光久等正在吸食鸦片，看到日军后迅速逃走了。广大爱国官兵自发地抵御日军，有的据屋后墙角死守，先后有2000人牺牲。次日，牛庄失陷。牛庄失守后，吴大澂从田庄台逃到石山站。守卫营口的宋庆当晚也统率三万大军逃到田庄台。十一日，日军不战而得营口。十三日，日军猛攻田庄台，宋庆经过激战，敌不过对手，弃城逃走，未及撤离的近二千名官兵惨遭杀害。日本侵略者攻陷田庄台后，纵火焚城，田庄台一市至此遂成为一堆废墟。日本侵略者占领了整个辽东半岛。

《马关条约》

光绪二十年（1894年）九月，英国提出的"联合仲裁"失败后，清政府转而请求美国出面调停中日争端。美国为了从和谈中得到好处，表示愿意出面斡旋。十月初九，美国驻日公使遵照本国训令告诫日本政府，战争要适可而止，否则"如果中国被打垮，英、法、俄、德等国将以维持秩序为名，瓜分中国"，这样不利于日本。在美国劝告下，十一月初一，日本政府通过美国驻华公使转告清廷，同意与中国议和。十一月二十四日，清廷正式派户部左侍郎张荫桓、巡抚邵友濂为议和全权大臣。光绪二十一年（1895年）一月初七，张荫桓、邵友濂同日本全权代表伊藤博文、陆奥宗光在广岛开始进行谈判。日本虽同意清政府遣使议和，但并不是真心诚意地想实现和平。这是因为，一则日本尚未实现攻占威海卫、消灭北洋舰队的图谋；二则认为张、邵二人"全权不足"，不能满足其通过谈判进行勒索的要求。一月初八，双方代表进行第二次会晤，伊藤等按照事先的密谋，无理刁难中国代表。他们以张、邵二人的全权证书手续不完备为借口，反诬中国没有和谈诚意，拒绝开议，并肆意践踏国际外交准则，把清政府拍给中国代表的电报扣留，拒不交出。清政府为了不使和谈破裂，委曲求全，表示可以修改全权证书，日方同样予以拒绝。日本公开点名要李鸿章为清政府全权代表，清政府被迫答应。为尽快媾和，二月十八日，李鸿章以美国人科士达为顾问，带领他的儿子李经方及随员伍廷芳、马建忠等，乘坐德国轮船，赶赴日本马关。二十四日，李鸿章与日本全权代表伊藤博文、陆奥宗光在马关开始议和。李鸿章提出先停战、后议和的要求。伊藤博文见机行事，肆意勒索，遂提出包括占领天津等地在内的四项停战条件。李鸿章见日方的停战条件极端苛刻，只好撤回停战要求，先议和款。会谈结束后，在返回寓所的途中，李鸿章的左眼下部被日本暴徒小山丰六郎用手枪击伤，谈判被迫中断。

李鸿章遇刺后，日本政府一度恐惧不安，既担心列强乘机干涉，又怕李鸿章据理采取强硬措施。而为了在谈判中达到割占中国台湾的目的，日本又调兵进犯澎湖列岛。二十九日，澎湖列岛被日军攻陷。陆奥宗光通知李鸿章：日本政府已经同意暂时停战。李鸿章在得到陆奥宗光的通知后神情十分高兴。三月初五，双方签订了不包括台湾和澎湖列岛在内的、为期三周的停战协定。

自三月初七起，议和进入第二阶段——缔结和约的谈判。日方提出了包括要求中国承认朝鲜为完全的独立国；日本割取台湾全岛及附属各岛屿、澎湖列岛、奉天南部地方；赔偿日本军费三亿两库平银；开放北京、重庆等七处为通商口岸等十一款议和条约底稿，条件非常苛刻，并限四日内议复。经过李鸿章的再三乞求，三月十六日，伊藤博文提出了一个修正案，将战争赔款、奉天南部割地和增开通商口岸等要求作了一些缩减。"声明此系文武熟商再三核减尽头办法，请三日内回信。两言而决，能准与不能准而已"，并以"战争持之愈久，则花费必将愈多，今日我方应允之讲和条件，并非到他日亦必须应允之"进行威胁。甚至恫吓说："倘不准，定即添兵。广岛现泊60只运船，可载数万兵，小松亲王专候此信，即日启程。"在日方的催逼和威胁下，三月十八日，清廷被迫电谕李鸿章与日方订约。二十三日，李鸿章与伊藤博文、陆奥宗光签订《讲和条约》（即《马关条约》）十一款及《议订专条》三款。《展期停战另款》二款、《另约》三款、《马关条约》十一款的主要内容是：

第一，中国承认日本对朝鲜的控制；

第二，中国把辽东半岛、台湾全岛及所有附属岛屿、澎湖列岛割让给日本；

第三，赔偿日本军费二亿两库平银，分八次交清。"第一次赔款交清后，未经交完之款，应按年加每百抽五之息"；

第四，日本臣民得在中国通商口岸城邑，任便从事各项工艺制造，又得将各项机器任便装运进口，只交所定进口税；

第五，开放重庆、沙市、杭州、苏州为商埠，日船可以沿内河在以上各口自由航行，载货搭客。

中日之战和《马关条约》对中国产生的影响极为严重。尽管中国军民英勇抵抗外来侵略者，用鲜血和生命谱写出一曲曲英雄壮歌，但是仍无法从根本上扭转败局。北洋水师全军覆灭，湘军的大溃败，既是清朝封建统治者主和投降造成的恶果，又暴露了其极端虚弱的本质。中国人民受到日本侵略者惨无人道的屠杀，国家领土受到强盗铁蹄的践踏。赔款及赔款利息数额巨大，超过清政府每年国库收入的3倍，清政府被迫向列强大举借取外债，中国人民的负担更加沉重。而日本侵略者则以这笔赔款大力发展本国资本主义，逐渐转化为帝国主义国家。条约规定的日本人可在中国投资建厂的权利像一根绳索，捆绑住中国民族资本主义发展的手脚，阻碍了中国近代生产力的发展，而列强对华的资本输出便合法化了。《马关条约》的签订使列强侵华的野心急剧膨胀，各国争相在中国投资，进行资本侵略；列强在中国拼命划分"势力范围"，掀起一股瓜分中国的浪潮。《马关条约》的签订，进一步加深了中国半殖民地化的程度，中华民族的危机空前严重。

还政风波

太后训政

光绪十二年（1886年）光绪帝16岁，已到亲政年龄。慈禧太后碍于祖宗传下的制度，只好作出归政的姿态，于七月十一日召见奕譞和世铎等亲王，"谕以本年冬至大祀圜丘为始，皇帝亲诣行礼，并著钦天监选择吉期，于明年举行亲政典礼"。当天，这道懿旨就向外公布了。

慈禧的懿旨颁发后，光绪也随即明发上谕，表明他的态度："兹奉懿旨于明年二月归政，朕仰体慈躬，敬慎谦抑之本怀，并敬念三十年来圣母为天下忧劳尽瘁，几无暇刻可以稍资休息，抚衷循省，感悚交深，慈复特沛温纶，重申前命，朕敢不祗遵慈训，于一切几务，兢兢业业，尽心治理，以冀仰酬我圣母抚育教诲有加无己之深恩。"这样，光绪帝终于得到了亲裁大政的承诺，他于是为此而积极进行准备。

奕譞明知慈禧嗜权如命，并不是真心想归政，此举不过是摆个样子，而且慈禧之所以首先向他提出归政问题，实际是在考验他，看他究竟持什么态度。奕譞很善于揣摸慈禧心理，还不到五天，便想出个"训政"的主意，带头上奏"呈恳皇太后训政"。奏折首先对皇太后垂帘听政以来的文功武治极力加以美化，之后便以种种冠冕堂皇的理由，提出等光绪帝年满"二旬"再归政，而且即使亲政之后，也必须永远按照现有规制，一切事情，先请懿旨，再向皇帝奏闻。这就使光绪帝亲政的时间被大大推迟了，更重要的是"承照现在规制行事"，等于把慈禧操纵清廷实权的局面永远固定下来，慈禧自然对此求之不得。

奕谡在自己带头上奏的同时，又指使世铎、伯彦纳谟祜等人，也异口同声地请求太后"再行训政数年"，以壮大声势。为保证顺利实施训政，接着奕谡又同世铎等人商议制定了一个《训政细则》。按照这个细则，所有军国大事，都要"候懿旨遵行""呈慈览发下"或"恭候慈览"。这样，即使光绪帝亲政，也不过是个傀儡，慈禧仍把持了一切军国要政的最终决定权。

光绪亲政

光绪亲政以后，知道皇太后的势力遍布朝廷内外，欲成就大事不容易，所以凡事必先征求慈禧意见，然后才能明发上谕。然而即便如此，慈禧还是不放心他，在宫廷内外密布间谍，随时搜集情报，监督光绪的活动，甚至居然在光绪身边安插自己的心腹。

在光绪亲政之后，慈禧假装表示对光绪"关心"，特地召见光绪说："我身边有一王姓太监，为了照顾你的身体，从今以后，我让他不断前往你身边侍奉，以慰我之心愿。"光绪听到"王太监"三个字，已了解了此中深意。王太监很受慈禧信任，他善于窥测别人秘密，宫中称他为"香王"。光绪明知慈禧派他来自己身边是别有用心，但仍得感谢皇太后的一片"好心"，因此，光绪连忙说道："孩儿对亲爸爸十分感激，还望亲爸爸保重御体。"从此以后，光绪身边每月中有15天由这位"香王"侍奉，这样光绪这15天的一举一动便处于慈禧的严密监视之中。当然，间谍远不止一人，因为慈禧不可能对另外15天放任不管。光绪身边时常出没的一些太监，几乎都是慈禧的间谍，因此一件小小的事也无法瞒过慈禧。例如，光绪很器重廷臣长麟、汪鸣銮，常跟他们商量朝中大事甚至一日召见三次。这件事，很快就被传报到颐和园。慈禧对此二人疑心很重，她很怕二人与光绪密谋夺走她手中的大权，为此召见光绪后说出了她的决定："皇帝，我看长麟与汪鸣銮图谋不轨，你还是免了他们吧！"光绪听后，知道慈禧有疑心，如果不遵旨，恐怕以后更不好办事；如果惹怒了太后，后果会不堪设想。于是，他无可奈何地当即表态："孩儿遵旨便是！"第二天，发出上谕，二人被以"迹近离间"的罪名革职，永不叙用。

帝后两党的形成与斗争

光绪帝亲政后，慈禧太后虽退居颐和园，但仍操纵和把持朝政。光绪帝每月至少要到颐和园向慈禧"听训""请安"两次，有时甚至多达六七次；重要奏折，必须送呈慈禧阅览后，方能处置，所谓光绪"事太后谨，朝廷大政，必请命乃行"，说明光绪帝仍处于傀儡地位，随时受慈禧摆布。那些接近光绪的近臣对这种状况非常不满。南书房行走、侍读学士陆宝贵向光绪进言："母后只可婉劝，不可唯谨"。御史安维峻则上疏指责慈禧"皇太后既归政皇上，若仍遇事牵制，将何以上对祖宗，下对天下臣民"。光绪帝本人也不甘心于充当傀儡。为了摆脱慈禧的控制，他利用身边的亲信，开始组织政治力量，在其周围渐渐形成帝党集团。

协办大学士、户部尚书翁同龢是帝党核心人物。翁同龢原是慈禧的亲信，曾任同治帝师傅。光绪帝即位后，又被慈禧指派为光绪帝师傅，在弘德殿教授读书。光绪帝亲政后，翁同龢渐渐倾心于光绪，而光绪处理军国大政时，也十分倚重他，差不多事事都与他商量，因而成为光绪帝党的主要人物。军机大臣李鸿藻在政治上也倾向于帝党，翁同龢的至友工部侍郎长麟、汪鸣銮以及礼部侍郎志锐、侍讲学士文廷式、侍读学士陆宝忠、经筵讲席官李文田等，也都成为了帝党成员。不过，帝党成员的骨干主要还是清流派的一些人物，如工部主事沈曾植、翰林张謇、国子监祭酒盛昱、编修王仁堪、黄绍箕、丁立钧等。此外，御史高燮曾、安维峻等也靠近帝党。这些人有的是光绪近臣，有的是翁同龢门生故吏，这些人大多是无权无勇的词馆清显、台谏要角，只有翁同龢在政府中权势还比较大，这就注定他们敌不过后党。

相比之下，以慈禧太后为首的后党，阵容则相当强大。内有控制军机处的慈禧亲信徐用仪、孙毓汶以及大多数的六部九卿等；外有封疆大臣中权势最重、地位最高的北洋大臣兼直隶总督李鸿章作为支柱，使得众多文武百官以及京外督抚藩臬，或诱于权势利禄，或慑于慈禧淫威，大半都投靠于后党。

帝后两党均属清朝封建统治集团，它们是伴随慈禧、光绪为争夺清廷最高统治权而产生和形成的，1894年中日甲午战争的爆发是其最初的分野并使矛盾趋于表面化。

在甲午战争中，慈禧和光绪对日本侵略的态度截然相反。慈禧顽固保守，厌烦战争，特别担心战争会影响她的六十大寿的庆典，于是置国家民族利益而不顾，一意主张妥协求和。以李鸿章为首的一批地方官僚为维护其私利，也力求退让求和，屈膝投降。以翁同龢为首的一部分官僚则主张积极抵抗。在对日的和战问题上，帝后两党遂产生了严重的分歧与激烈斗争。

在中日战争爆发前，日军步步向中国进逼，在严重的侵略威胁面前，是立足本国，积极准备抗敌，还是依赖外国调停，搞所谓的"以夷制夷"，构成了帝后两党的第一个分歧。李鸿章奉慈禧旨意，竭力主张避战，幻想通过英、俄等国的调停，和平解决争端。针对这种情况，光绪二十年（1894年）五月二十二日光绪帝向李鸿章发出谕旨，明确指出，依照现在情形看来，口舌争辩，已经无济于事，并要李鸿章对俄使的调停提高警惕，说："俄使喀布尼留津商办究竟彼国有无助我收场之策，抑或另有觊觎别谋，李鸿章当沈几审察，勿至堕其术中，是为至要。"李鸿章对光绪帝谕旨采取阳奉阴违的态度，仍集中主要精力会见俄、英等国使节。二十八日，光绪帝又向李鸿章发出上谕，严厉地斥责说："前经迭谕李鸿章，酌量添调兵丁，并妥筹办法，均未复奏"，并又一次强调"势甚岌岌，他国劝阻亦徒托之空言"，要求李鸿章加强防御。六月初二，又就李鸿章擅自乞求英国政府派舰赴日"勒令撤兵"一事，特意发出谕旨，严正申明：对日本的战争挑衅，中朝自应大张挞伐，不宜借助其他国家，以致日后别生枝节，并告诫李鸿章今后绝不要做乞求外力示弱于人的事。另一方面，光绪帝为加强抗战，集中国力筹备战守事宜，又第一次公开冒犯慈禧的旨意，请求把修建颐和园工程的款项用来扩充军费，慈禧对此勃然大怒。

爱国官僚积极支持光绪帝的主战态度，翁同龢在战争乌云密布之际，主张调东三省及旅顺兵迅速赶赴朝鲜，以备抗战。战争爆发后，慈禧命他去天津传话李鸿章请俄国出面调停时，翁以"臣为天子近臣，不敢以和局为举世唾骂"为由，断然拒绝了慈禧的旨意。李鸿章却在慈禧的指使下，一再抗拒光绪帝的上谕，一味寄希望于外国调停，电令已被日军包围的驻朝清军，"宜驻牙山静守，切勿多事""我不先与开仗，彼谅不动手"。这样，中国军队完全陷入被动挨打的地位。

战争爆发后，是屈辱求和还是坚持抗战，构成了帝后两党斗争的第二个回合。在日军挑起丰岛海战与成欢之战后，七月初一，清政府正式对日宣战，命令李鸿章迅速派出各路大军进剿，并谕令"沿江、沿海各将军督抚及统兵大臣，整饬戎行，遇有倭人轮船驶入各口，即行迎头痛击"，于是全国出现了一个令人振奋的抗战局面，主战派暂时占据了上风。然而李鸿章等人却对国内出现的这种奋发局面快快不乐，徐用仪、孙毓汶等军机大臣，极力干扰破坏光绪帝组织的抗战和试图整顿军政的努力，使陆军在平壤战败和北洋水师在黄海之战中遭受严重损失，清政府的抗战很快出现了一落千丈的颓势。

平壤、黄海之战失败的消息传来后，举国上下一片震惊，后党在这时乘机散布妥协投降论调，开始同英、俄公使频繁接触，再次施展故伎乞求外国调停。帝党为了坚持抗战到底，要求严惩李鸿章，并把主持军国大计的军机大臣交部议处，从"玩法营私"的徐用仪、孙毓汶等慈禧亲信手中夺回军事指挥大权，重新起用与慈禧素有旧怨的恭亲王奕訢主持军机处。双方斗争的结果，给予了李鸿章"革留摘顶"的处分，奕訢也重新主持军机处和总理衙门。另一方面，慈禧则下懿旨，以"干预朝政"的罪名，将珍妃、瑾妃降为贵人，把坚决支持光绪帝抗战的志锐发送到乌里雅苏台，并撤销满汉书房，使光绪帝再没有机会接近自己的亲信近臣。慈禧对帝党人物采取了上述处罚镇慑措施之后，背着光绪帝决定对日求和。重新上台的奕訢，也有免于光绪帝的期望，没有违背慈禧的求和意图，继续坚持反侵略战争，而是加紧对日进行议和活动。

当然，帝党的反侵略斗争也不彻底，他们在后党的打击下，在战败的既成事实面前，最终只有接受辱国丧权的不平等条约，但他们比起后党的卖国投降，多少表现了一定的爱国主义精神，从而使帝后两党从权力之争的狭小圈子中跳出来，具有了抵抗和投降，爱国和卖国的斗争性质。

甲午战后，光绪帝"愤外难日迫，国势阽危，锐欲革新庶政致富强"。翁同龢认识到只有变法才能图存自强，必须采取西法改革清政府。在维新思想的影响下，光绪帝终于开始认真考虑康有为所提出的变法事宜。从此之后，翁同龢日益亲近维新派，支持和资助康有为在北京创办强学会，并把康有为密荐给光绪帝，沟通了维新派同光绪帝的关系，使之得以互相结合起来。于是帝党便走上了维新变法、救国自强的道路。帝后两党之间的斗争，又围绕变法维新展开了。

维新运动期间，后党反对变法，恶毒地攻击维新运动。对此，维新派在舆论上给予了强有力的批判。帝党则不仅在舆论上配合维新派，严厉驳斥后党的反动叫嚣，指出"时势危迫，不革旧无以图新，不变法无以图存"，而且在政治上也大力反击后党。维新运动开始后，徐用仪、孙毓汶禀承慈禧太后旨意，利用其掌握的权力，反对变法，翁同龢上疏光绪帝，先后把两人逐出军机处，搬掉了阻碍变法的两块绊脚石。强学会被封后，帝党上疏力争，把其改为官书局，选刻中西书籍及译摘报刊，以扩大见闻。保国会成立时，后党以"名为保国，势必乱国而后已"为借口，要求查究，遭到光绪帝严厉斥责："会能保国，岂不大善，何可查究耶！"光绪帝顶住了顽固派的攻击，撤去造谣诽谤的御史文悌之职，使维新运动得以继续高涨。百日维新期间，后党成员许应骙、怀塔布阻挠新政，反对把各科考试改为策论和开经济常科，帝党成员杨深秀、宋伯鲁立即反击，上疏弹劾二人，光绪帝则"著许应骙按照各节，明白回奏"，以后怀塔布、许应骙又阻挠部属王照上书言事，光绪帝斥之为"故为抑格"并将其撤职查办。帝党的有力反击，使后党的气焰在一定程度上受到打击，从而维护了维新运动的开展。

面对维新派与帝党的结合，后党也不甘示弱，极力破坏阻挠。后党一再以"斥退""拒收"阻挠维新派的上书，并想方设法削弱帝党势力、摧毁维新派。光绪二十一年（1895年）十二月初三，后党先把帝党骨干成员户部右侍郎长麟，吏部右侍郎汪鸣銮，以"上年屡次召对，信口妄言，迹近离间"的罪名，革职查办，永不任用。继而又由李鸿章指使杨崇伊，对强学会进行弹劾并强行解散。次年春，杨崇伊再次出面参劾帝党中坚分子文廷式，以"遇事生风，常于松筠庵广集同类互相标榜，议论时政"的罪名，将文廷式驱逐回原籍，永不叙用。光绪帝颁布"诏定国是"后的第四天，后党为铲除光绪帝的羽翼，又由慈禧直接下令，迫使光绪革去翁同龢的职务，并驱逐出京，使光绪帝失去了股肱。同时慈禧又强迫命令光绪帝，凡授予二品以上大臣新职，须到颐和园向太后谢恩，并任命荣禄为直隶总督，次年五月初五又实授为直隶总督兼北洋大臣，统率聂士成、董福祥、袁世凯三军，从而"身兼将相，权倾当朝"。军政实权就这样被后党牢牢掌握。最后终于发动政变，镇压了维新派，击败了帝党，扼杀了维新运动。

戊戌政变

斗争加剧

清朝封建专制政权是满洲贵族战胜汉族人统治的明王朝后建立起来的。虽然从清朝建立开始，清的统治者们就汲取了元朝蒙古贵族的教训，注意缓解民族矛盾，没有采取明显的民族等级政策，但这并没有从根本上解决问题，清朝统治的二百多年历史中，一直充斥着满汉间的民族矛盾。中央政府的内阁、军机处虽也有所谓满汉复职形式，但汉官只不过是个陪衬罢了。以后的太平天国运动使满清贵族意识到必须要利用汉族地主的势力来巩固自己的统治，所以不得已才把部分地方统治政权向汉族地主开放，但很多重要权力还是牢牢掌握在自己手中。清朝末年的维新运动、宪政运动更深刻地触及了清朝统治，使满洲贵族统治者忧心忡忡。

维新运动兴起后，慈禧太后、恭亲王、刚毅、荣禄、徐桐及绝大多数满洲大臣，之所以拼命反对变法，除了有保守思想外，其更深层的原因是他们害怕改革的深入触及自身利益，害怕200多年辛苦经营的满族政权毁于一旦，害怕自己手中特权的丧失，总之，他们已把维新运动上升到了汉族人对"满族人的夺权斗争"的高度。保国会并非"保中国不保大清"，但满洲贵族却宁愿如此理解，以保证建立他们共同对外捍卫自己特权的联合阵线。这一点上，刚毅就是一个很好的例证。刚毅曾说："改革者汉族人之利，而满族人之害也。"刚毅之言代表了满洲人中守旧党人的心事。

满洲贵族这种执拗的偏见，成为变法运动的极大障碍。何况，维新志士的思想言论中也确有"反满革命"的浓重成分，谭嗣同就是一个典型。他无情地揭露满洲贵族入主中原，屠杀和压迫汉族人的种种罪恶，表现出对满洲贵族势不两立的姿态，他说满洲贵族与古代暴君相比，其残忍程度有过之而无不及，"古之暴君，以天下为之私产止矣"，而满洲贵族"起于游牧部落，直以中国为其牧场耳，苟见水草肥美，将尽驱其禽畜，横来吞噬。所谓驻防，所谓名粮，所谓厘捐，及一切诛求之无厌，刑狱之酷滥，其明验矣"。对满洲贵族无比痛恨的他高呼"誓杀尽天下君主，使流血满地球，以泄万民之恨"。

谭嗣同与康有为相比，在维新运动中更讲究策略，表现比较克制，但随着维新运动的日益推近，他的奏折也尖锐地涉及了满汉问题。五月二十七日，他上奏的《请裁绿营放旗兵改营勇为巡警仿德日而练兵折》，提出各省驻防八旗兵丁"听其所好，择业而从，优给三年之粮，听其改附所在民籍"。要求取消手持特权而又腐败无能的八旗老爷兵，把他们改为一般的"民籍"。到八月末，康有为又上了《请君民合治满汉不分》的奏折，他认为"不宜于一国民之内，示有异同，若疆界既分，即生彼此"。明确提出了取消满汉差别。他以北魏文帝的成功改革为例，让光绪仿效"定裁满汉之名行同民之实"。他还说服光绪帝废除满洲姓氏、取消贵族封号和国家朝号。

七月二十日后，康有为又上《请断发易服改元折》，奏折说"今为机器之世"，而满族所推崇的"辫发长垂，行动摇舞，误缠机器，可以立死，且垂辫"为外人指笑",应剪掉才合乎时代潮流。又说清朝时兴的褒衣博带同西装西服相比亦"极可怪笑",也应当更换成新式服装。同时提出改光绪二十四年(1898年)为"维新元年",从而让举国之民"改视易听,咸与维新"。同时,又上《请设新京折》,建议光绪把都城迁往江苏上海附近,而北京派人留守就行了。

七月二十九日,光绪皇帝根据袁昶的奏折,命令八旗子弟旗民"各习四民之业,以资治生"。

满洲贵族认为康有为是公开与他们为敌,拿他们开刀。如其建议中:改八旗民丁为民籍;取消满族人特权,免除亲贵封号;更易满族姓氏、服饰;迁都上海附近等,这种种举措分别是汉族人的夺权行动,是200多年来反清反满的重演。出于这种想法,满洲贵族才对维新变法百般阻碍。早在保国会活动时,他们就指控维新派是"专变祖宗成法",是"辩言乱政""名为保国,实为乱国",那时他们就要鼓动慈禧讨伐维新派。由于种种原因,慈禧当时并未发难。"诏定国是"之后,光绪帝和维新派进行了突变式的变法,改革风潮如狂风暴雨,呼啸而来。光绪皇帝百日之内竟下发数百道新政上谕。这一切都引起了满洲顽固派的无比仇恨,尤其是康有为上述奏折的发表,以及满洲顽固派连遭光绪帝惩罚,使他们更加深信光绪帝已背叛了祖宗,成了汉族人的皇帝,于是忍无可忍,从而举起了政变的屠刀。

光绪告急

当变法力度进一步加大,守旧的保守贵族势力屡受打击之时,颐和园内的老佛爷——慈禧正在静观待变。她对守旧派们向自己寻求支持并不理会,对维新变法也似乎是任其发展。这使守旧派大惑不解。

其实,慈禧虽然表面上不动声色,但却从未停止过对时局的思考。她要出其不意一举成功。这时荣禄成了这里的常客,许应骙、怀塔布成了这里的听差。

光绪皇帝一直关注着颐和园内慈禧太后的动向,并通过康有为等维新派人士及心腹的小太监不停地打探消息。光绪二十四年(1898年)八月,他得到这样一个重要情报：慈禧准备利用九月在天津阅兵之机，发动兵变，囚禁光绪，复行垂帘。

光绪得知这一消息后，大吃一惊，他没有想到风暴到来得如此之快，慈禧与荣禄竟会这么凶狠。如何对付呢？他不得不求救于康有为等人。

百日维新期间，光绪与慈禧确曾计划过去天津阅兵。由于当时正值新旧两派斗争紧张之时，所以上谕一下，朝野内外，猜议纷起，风传要在天津阅兵过程中废除光绪皇帝。八九月间，这个风闻在京津之间广为流传。

康有为当然要采取应对之策。但当时，维新派手中并无兵权，这是很要命的事情。对此，他感到很痛苦："收兵权则恐警觉，不抚将则恐不济事，日夜忧危"。只好一面请求光绪帝"仿日本立参谋本部，选天下虎罴之士，不二心之臣于左右，上亲摄甲胄而统之"；一面运动北洋军队，同守旧派争夺兵权。同时，又进行"围园执后"的谋划。

七月二十九日，军机章京杨锐应皇帝召见来到养心殿光绪的书房。

光绪遣散走身边的人后，便把慈禧准备军事政变的事情一一转告了杨锐。然后付密谕一道，命令他迅速出宫与康梁等人商量救驾对策。杨锐身负重担，怀揣密谕，叩辞出宫，辗转一阵，召集康有为、刘光第、林旭、谭嗣同等人，在康有为的书房集合会面。康有为等人见杨锐面色难看，情绪紧张，便知有大事发生。杨锐掏出皇帝密诏说："有皇上朱笔密谕。"康有为眼疾手快，见到杨锐出示密谕便伸手接了过来。

在密诏中，光绪说出了自己的苦衷和焦急心情，向康有为等发出了紧急求救的呼号。

康有为看了密诏，一时也无计可施，便把谭嗣同找来商量。康有为说："现在情况有些不妙，太后他们可能要策划一个大阴谋。我们上受皇上知遇之恩，下受黎民百姓的重托，在这样的关键时刻，须想出一个好主意，先发制敌，才是上策。"

谭嗣同表示赞同："您说的对，目前局势确实严重，现在的关键问题是我们手头没有军队，在生死关头，哪里去找忠心保护皇上的军队？到时候我们只能任人宰割，死倒不可怕，只是壮志未酬，愧对国人，到时也难以瞑目！"

康有为对谭嗣同的话表示认同，也认为没有军队是维新派的致命伤。这时，他想起了袁世凯这个人。当时袁世凯手中有兵权，对维新表现得也很积极，康有为把"勤王"的希望寄托在了他的身上。听了康有为的介绍，谭嗣同也同意了请袁世凯帮忙、共渡难关的计划。

囚禁光绪

袁世凯将光绪召见之事又向慈禧汇报一遍。为显示自己的功劳，又添油加醋地说什么光绪命令他"带兵来围颐和园，并用暴力冲破园门，就在乱兵之中结果太后的生命"。

袁世凯一席话，不禁使慈禧怒从心头起。盛怒之下，立即传旨起驾回宫，与光绪这个与她作对的死敌算账。

慈禧深夜起驾回宫，光绪事先没有得到任何消息，自然也无丝毫的准备。

慈禧通宵部署。八月初六晨，假借光绪之名，发了一道"主谕"，宣布自这一天起，"由太后再度训政，一切军政大事均听太后圣裁"。随即慈禧发出了一道懿旨："皇上忽然病重，都是康有为等进呈红丸所至。予命皇上养病，一切大政由予临朝做主。康有为等图谋不轨，实为大逆不道，著步军统领衙门、九门提督一体严拿。"

慈禧一声令下，朝廷内外空气马上紧张起来，迅速行动，捉拿康梁等维新派人士。好在康有为先一天奉光绪之命离京去了上海。慈禧知道这个消息后，立即发电给烟台等几处康有为去上海的必经之地，要求严密搜捕捉拿康有为。当电报到达烟台时，因烟台的东海关道员正与德国办交涉，忙得不可开交，也未来得及看电报内容，所以虽然电报先于康有为到达烟台，但康有为到烟台港后依然安然无恙。慈禧为了保证将康有为彻底逮捕归案，在发电的同时，又派了两只头等兵船日夜追赶。但这两只兵船以烧煤为动力航行，因领命出海匆忙，未来得及装上足够的煤，所以只追赶了一日，就因煤要用完而不得不返回，这一捉拿计划至此也破产了。

当康有为所乘轮船到吴淞口时，只见有一小火轮迎面开来，并升旗叫大船停轮。于是两船并拢起来。有一个洋人从小火轮跳到大船上来，对着手中的照片找见了康有为，一把拖住，问道："你在京可杀人？"康有为被问得莫名其妙，不知如何作答。见洋人取出一份电报，康有为一看，才知道了事情的前因后果，知道自己正在清廷的通缉之中。康有为愤怒不已，想投海一死，被同船人劝住。这名洋人了解了事情的始末后，非常敬佩，说道："你不要多虑，我是英国人，本国领事久慕先生大名。今日接到上海道照会通知，说是贵国上海道带了沪兵在码头守候，准备捉拿先生。所以领事派我先来相救。你不用多说了，快随我下船去吧。"康有为说："承领事怜救，敢不奉命？但我是一中国人，官吏耳目甚密，即使能逃出吴淞，还有别的地方可以藏身吗？不如我以一死谢天下。"英国人劝止了康有为，并不由分说把康有为拉到小火轮上。英国人又说："你如果逃到我国，我国必能保护你，何必寻此短见？"于是，在英国公使的庇护下，康有为转危为安，不几天便乘英国军舰到了香港。

在康有为得到英国公使庇护的同时，梁启超也作为政治犯得到了日本驻北京领事馆的庇护。不久，他被保护去了日本。

变法失败

维新党人除此二人脱逃外，其余诸人多被清廷逮捕。包括徐致靖、杨深秀、杨锐、林旭、谭嗣同、刘光第、康广仁等。其中除去徐致靖未赴法场，其余六君子全部遇难。

同时，慈禧发出上谕，宣布废除百日维新的全部新政，恢复旧制。

八月十一日，宣布恢复所有被裁撤的衙门和冗员；禁止士民上书；废时务报局；停办各省州县新办起的学堂。

八月二十四日，下令恢复八股取士旧制，停止经济特科；废止农工商总局；禁闭全国新设的报馆，严拿报馆主笔。

八月二十六日，宣布禁止会社和一切社会团体，严拿会员；宣布恢复裁撤的巡抚职位。

九月十八日，宣布恢复武场科考旧制。

与此同时，慈禧重奖了在此次政变中效力的守旧派官员，其中荣禄升为军机大臣，兼为节制北洋陆海各军；怀塔布被提升为左都御史兼理藩院尚书；李盛铎被任命为驻日公使。刚毅、王文韶、廖寿恒、李鸿章、袁世凯、文悌等也都分别得到了慈禧的恩惠与封赏。

慈禧还想斩草除根，彻底根除维新派，害死光绪，但因各地的反抗情绪激昂和一些大臣的建议，不得不停止株连更多的维新人士。光绪与康、梁等人领导的维新运动失败了。

戊戌政变，以变法志士的淋漓鲜血给慈禧集团的胜利抹上了耀眼的底色，给慈禧、荣禄、许应骙、怀塔布之流带来了欢笑，它并没有减轻中华民族所经受的灾难，相反，那一丝变法图新的曙光已被彻底扫除了。

庚子事变

八国联军侵华

清廷宣战

光绪二十六年（1900 年）五月，义和团在京、津、保三角地区不断发展壮大，不断破坏芦保和京津两铁路线，火车停驶后，义和团准备进入北京。不仅义和团强烈要求灭教，部分清军（董福祥所部甘军、武卫后军）也越来越敌视洋人。此时，不时传来洋人失踪或被捉的消息。四月二十二日，法国驻北京的天主教主教樊国梁，写信给法国驻京公使，说不幸的事件就要来临了，要求派遣海军卫队进京。后来，由于驻京各公使的要求，总理衙门允许各国派使馆卫队，但限制人数，即每个使馆人数不得超过 30 名。五月初四，各国卫队从天津搭火车陆续北上，计有英、俄、法、美、意、日、德和奥匈兵，另外还有 19 名军官，总计 451 名武装人员。其中有 2 名军官及 41 名卫兵保护天主教北堂（即西什库教堂），其他 17 名军官和 391 名卫兵负责保护使馆。

　　五月上旬，势态越来越紧张。驻京的各国公使认为来到的四百余名卫队人数不够，恐怕帮不上忙，乃共同议定：凡有舰队在中国沿海一带停泊的各国公使，电告本国政府，下令给各自海军统领，在排外运动和北京被封锁占上风的情况下，立刻采取措施救护。于是，列强立刻在大沽口组成联军，推选英国海军中将西摩为统帅。包括英兵 736 人，德兵 450 人，俄兵 315 人，法兵 158 人，美兵 100 人，日兵 52 人，意兵 40 人，奥兵 25 人，共计 1876 人，组成一支海军混合部队。五月十四日上午，西摩联军分批从天津搭火车向北京进发，沿途受到义和团和董福祥武卫后军、聂士成武卫前军的拦击。他们拆电线，毁铁路，围攻敌人，使联军损失惨重，被迫撤退。

　　西摩联军自天津向北京进发后，驻天津的各国领事与大沽口各国海军当局曾进行会谈，研究下一步的计划，但没有实质性进展。当时情况危急，五月十九日，各国驻大沽口守军将领，分别开会商议。他们在会议上表示："已经见到许多中国军队的调动，有切断津沽铁路的企图，在白河口也布置了水雷；会议决定必须采取步骤保全铁路并保护天津外侨。"第二天会议决定先下手为强，一切准备好后，各国驻使于二十日夜向中国驻大沽守将升任喀什噶尔提督的天津镇总兵罗荣光出示最后警告，要求罗明日两点钟以前交出大沽炮台，否则立即开炮。罗荣光拒绝后，各国海军立刻于当夜 23 时提前开炮轰击，八国（按：实际为七国，美国这次未参加）联军侵华正式开始。第二天早晨大沽炮台失守。

　　五月二十日午刻，慈禧传旨在仪鸾殿召见王、大臣、六部九卿。仪鸾殿来了文武百官百余人，首先由光绪开口责备各大臣不能镇压乱民，神情非常严厉。随后侍读大学士刘永亨出班奏道："臣刚才见董福祥，请皇上下旨驱散乱民。"话未说完，只见端王载漪大声说："好，这是失人心的第一要义。"刘永亨害怕他的威势而不敢说话，只听袁昶跪在门外大呼："臣袁昶有话上奏！"袁昶走进内殿，极力讲述义和团不必畏惧，乱民以拳进攻，根本不必害怕，即便有妖术，从古到今也没有能依仗此成事的。慈禧质问道："法术不足恃，难道人心也不足恃吗？今日中国十分贫弱，所仗者人心，若连人心一同失之，国将以何立？今京城扰乱，洋人要调兵来，将何以处之，尔等有何见识，各据所见，立即报来。"

各位大臣各言其是，但无法统一意见，此次御前会议未做决定而结束。

二十一日，慈禧再次传旨召见众文武于仪鸾殿，然后对众臣言明新情况，"顷得洋人照会四条：第一，指明一地，令中国皇帝居住；第二，代收各省钱粮；第三，代掌天下兵权，……今日衅开自彼，国亡在目前，若竟拱手让之，我死无面目见列圣。一战而亡，不是更好吗"。文武群臣都点头同意："臣等愿效死力！"

慈禧见全体通过就结束了御前会议。后来有人向荣禄问："照会有四条，为何太后只宣布了三条？"荣禄答道："有一条是让太后还政，太后避而不谈。"

二十二日、二十三日分别召开会议，最后决定向各国开战。五月二十五日，清政府发布宣战上谕，宣称对外国入侵者要决一生死。清廷的宣战只是惺惺作态而已。这道慷慨激昂的上谕并没有交给任何国家，也未说明和哪国开战。这是清政府在义和团的压力和帝国主义的进攻之下无可奈何的做法。他们企图利用义和团抑制洋人，以发泄对帝国主义的怨恨。宣战后，清政府便向反对宣战的李鸿章、张之洞、刘坤一等人袒露心迹，让他们体会朝廷一片苦心。义和团来势汹汹，遍布北京城，剿灭义和团，则即刻祸起后院，只能是因势利导，徐图挽救。此后，清政府又要求各驻外国公使向驻在国说明，这次对外国宣战，完全是身不由己，要求各国政府体谅，并表示要找机会设法惩办义和团。可见，以慈禧太后为首的清政府对外宣战和招抚义和团都是另有企图的，它要为以后向帝国主义投降留条后路，不仅利用义和团抗帝，而且必要时就以出卖义和团来抑制列强的进攻，以保住统治地位。

宣战后，以慈禧太后为代表的清政府给北京义和团发放粳米，白银10万两，并奖励抗击列强的天津义和团，以示笼络；同时又任命庄亲王载勋、协办大学士刚毅等带领义和团，制定章程，以便控制和利用义和团。许多义和团民对清政府很信任，被欺骗而受其摆布。所以，义和团在津京发展到高潮时，也意味着他们受骗上当，必将走向失败。

抵抗列强入侵

光绪二十六年（1900 年）五月十四日，英、美、日、意、德、法、奥、俄等八国聚集了 2.1 万多人，在英国海军上将西摩的率领下，大举进犯北京。义和团和部分爱国清军听说后，立即拆毁津京铁路，围追堵截，阻止侵略军北攻。联军在落垡和廊坊数次遭到义和团的打击，历时四天，方走完一半的路程。此后，西摩又企图从水路入京，同样被阻，只好率残余军队退回天津，义和团粉碎了西摩进犯北京的计划。

五月二十一日，八国联军占领大沽炮台后，义和团与爱国清军相互配合，在天津城郊英勇抗击侵略者。他们英勇奋战，视死如归，在天津老龙头火车站和紫竹林租界，同联军展开了殊死搏击。

老龙头火车站是京津塘铁路的枢纽，也是天津租界与外界联系的军事要地，有 1700 余名俄守军。五月二十二日，义和团民数千人在首领曹福田的统率下，与部分清军合力攻打盘踞车站的沙俄侵略军，俄军死伤 500 多人。义和团和清军曾多次攻进车站，激战中车站轮番被双方占领，但最后清军得手。

紫竹林租界位于海河西岸，天津城东南，各国领事馆和洋行都在这里，是侵略军的老巢。联军集结在这里达两万人左右。六月初六张德成带领所谓"天下第一团"的 5000 多名团民，袭击紫竹林租界。他们设计骗敌，以火牛踏雷，几番攻入租界，杀死许多敌人。

另外，东局子和武备学堂也发生了激烈的斗争。武备学堂本是清政府用来培训军官的，失守大沽后，该校几十名支持和加入义和团的学生开炮轰击租界，严重威胁联军。五月二十初一下午，德英军队火攻学堂，学生们奋起反击，联军久攻不下，便放火焚烧房屋，引爆弹药库，几十名学生全部壮烈牺牲。

武备学堂的战火未熄，保卫东局子的战斗又拉开帷幕了。东局子是华北最大的兵工厂，当时在东局子也设立了义和团坛口，驻守该局的清军中有许多义和团的人。五月二十七日，俄英军队 600 多人攻击东局子，守军和义和团将其击退。六月初一，联军派出 2800 余人围攻东局子，守军和义和团民进行了坚决反击。在激烈的战斗中，联军的炮弹落入该局的火药库，引起爆炸，侵略军一拥而上，东局子失守。

联军一系列入侵行动和在大沽口外的聚集，使驻扎在北京的帝国主义侵略势力更加张狂。早在五月十五日，日本使馆书记生杉山彬到车站接援军，路过先农坛附近被杀。外国侵略者借机在东交民巷使馆附近建筑工程，分兵驻守，驱赶居住此地的中国居民，并且不断开枪射击义和团民、群众和巡街守城的清军。五月十八日，德国公使克林德看到正在练武的义和团人，便带兵开枪杀死20多人。

庚子年（1900年）围攻使馆战斗可以说是历史上一个特殊的战争。从五月二十四日开始进攻至七月二十日联军攻入北京，使馆最后解围，前后几乎两月，中国似战非战，似和非和，打打停停，全过程充满了矛盾和怪异的现象。五月二十四日，发生了一件事情，极其严重。当天上午德国公使克林德乘轿车前往总理衙门途中被八旗兵恩海枪杀。这件事鼓舞了慈禧太后。此前，自十二日起，留居北京的外人就一直处于"被包围"中，当时外国使馆人员及外侨都集中在北堂、使馆区和美以美会教会（战事起后，全体撤入使馆）。以后，在京的外国人，急切地盼望西摩联军的到来，另一方面则是等待清政府负担责任。北京朝廷中只有少数人看到了问题的严重性，如蒙古八旗人尚书立山，汉族人许景澄、袁昶一直反对与外人弄僵。还有一个在慈禧太后身边的重要人物荣禄，不断告诉太后保护外国公使，不使情况弄得太糟。五月二十一日荣禄请求太后准许把各国使节护送到天津去。这样，二十一日清廷曾发上谕命令荣禄率领他的部队保护使馆，并表示如各外国使节及其眷属愿意前往天津的话，他们会在路上受保护。二十三日下午4时，清廷已接到大沽守军的消息，知道各国海军已发出要索大沽炮台的警告，因此，经过总理衙门通知各国公使同他们的僚属、眷属、卫队和所有的在京外人，在24小时内从北京撤回天津，中国军队将奉令沿途护送。二十三日以前，慈禧太后在某些官员的要求下，还不敢公然违背国际惯例，即国与国间虽相互交战，也不宜伤害来使。当时各国驻京公使接到总署通知都十分吃惊，他们自二十日就被紧紧地包围，无法联系西摩联军，仅靠一小部分使馆卫队，用于京城防守人数不够，用以行军至天津更嫌不足，现在总理衙门声言派军队跟着，他们则认为靠不住。但是各国公使考虑到除了离开北京之外，将别无退路。于是各国外交团决定抢时间，给总理衙门一个通知，要求二十四日上午9时到总理衙门拜见，以便解决行军的细节、护送的方式以及运输工具的问题。外交团希望通过这一次拜见，"进一步作出表示而说服中国政府承认它的手段的愚蠢"。各公使们认为离开京城是必要的，且达成一致意见，但德使克林德拒不同意。二十四日上午9时，外交团未接到总理衙门关于约期谒见的答复，各使节决定可以毫不顾虑地前往，克林德大声反对，并告诉他的同僚们，他已给总理衙门发出照会，他将单身前访，责备中国大臣违背国际法，破坏外交使节不可侵犯的惯例。克林德这一表示，遭到各使节的全体抗议，指出这样做对他个人十分不利。但克林德独排众议，径自前往。结果，他被害的消息很快就传来了。克林德被害，使事情复杂了。这时慈禧如果回心转意再想遵守国际公法，保护外使，就必须来个一百八十度的大转弯，承认杀害外国公使的责任，立刻排斥朝廷中仇外势力，调集可靠部队镇压义和团，并解除对使馆和北堂的围困。但慈禧太后此时十分憎恨洋人，克林德之死，不但没有引起她的警觉，反而使她及其近臣深解其恨，并蔑视"洋人"。内阁学士那桐，请端王将克林德戮尸，并在东安门枭首示众，由于袁昶极力反对，才盛棺埋葬。慈禧太后也以此洋洋自得，信心百倍。第二天她对端王说："洋人的事情，就像锅里的鱼，我待洋人不薄啊，让他们的亲属游览南海，现在我们齐心合力，团结对外，定能打败敌人。"慈禧太后和她身边权贵们当时这么想，所以克林德被杀后，短期内出现了一个围攻使馆的高潮。但由于荣禄等朝臣和南方督抚如李鸿章、张之洞、刘坤一的抗议，转入停攻和缓攻，后来两个月中，由于认识上难以达成一致意见，便出现了打打停停的怪事。

当时，躲藏在使馆和北堂的外国人中共有473名外国平民，外国卫兵451名，还有数千名中国教民。使馆和北堂虽然器械精良、掩体坚厚，但与人数众多的武卫军、神机营、虎神营以及义和团众相比，根本没有还击力。

他们能坚持两个月的主要原因是慈禧太后斗志不坚，还有，就是存在着西方人称之为"已经很清楚地看出这次凶暴攻击将产生什么后果的一派"。这里有必要提及的是大学士和武卫军都统荣禄。荣禄清楚地知道攻击使馆的严重后果，在整个围攻中，他坚持暗中保护。太后在五月二十四日至二十八日五天中，对洋人痛恨到极点，以致气愤无比，大动干戈，下令进攻。二十九日后则稍有觉醒，荣禄则可大显身手。由于东南督抚不合作及京中大臣荣禄等暗中保护，再加上慈禧太后对洋人的暧昧态度，导致围攻使馆许久仍无战果。

处死五大臣

北京自五月以来，慈禧太后主张借拳拒洋，以载漪、刚毅为首的顽固势力，安抚义和团入京，包围使馆、教堂，经常烧杀掠夺，祸及居民，京城秩序大乱。局势发展令人忧虑。可是，在清廷的几次御前会议上，由于载漪一派人的压制，持异议的大臣多噤不敢言。宣战后，局势已经进退两难，"灭洋"——实际在北京仅表现为围攻使馆、教堂——之声笼罩一切。在北京满洲权贵及附和它们的朝臣炽热猛烈的气氛下，形势愈发难以预料。这时在朝臣中却有几个人置自己的安危于不顾，挺身而出，他们公开地与刚毅、载漪等立异，提出他们解决时局的方案。这就是许景澄、袁昶、联元、徐用仪、立山五人。这五人在八国联军逼近北京前夕，未经审讯，立即被斩。这就是五大臣被杀事件。辛丑条约后，清廷曾颁诏给五人平反，大加褒奖，史称"五忠"。

五大臣的被杀，固然是清廷内部顽固与洋务两派斗争的结果，是顽固派对洋务派的大反扑，也应看作是愚昧狂妄战胜理智，落后战胜先进的典型。

五大臣仅因所持政见不同，有的只是与政见有丝缕联系，便被诬陷投狱，最后连当时的司法程序都不经过，就全被杀害。说明当一种极端思潮控制众人时，对于一个国家或社会的破坏力有多大！

京津失陷

天津保卫战中，部分爱国的清兵和将领也同侵略者展开了殊死搏斗。六月初十，直隶提督聂士成率领武卫前军两营从天津城南绕到租界西南面。

他一面命令架炮于城墙之上，向跑马场及租界一带轰击；一面挑选百名勇士，潜入跑马场用手雷轰击敌军。次日，聂士成率部沿马场道进攻，一直攻打到租界边缘的小营门一带。六月十三日，联军向天津城西南郊进攻，围截义和团和清军。联军在占领纪家庄的同时，又分兵6000多人攻击小营门、马场道一带的聂士成军。聂军在不利的形势下后退到城南八里台，联军马上又组织围攻，聂士成冲锋陷阵，一马当先迎击来犯的侵略者，他指挥武卫前军勇敢前进，奋力拼杀。在猛烈的炮火中，聂士成身中七弹，腹破肠流，壮烈牺牲。

八里台之战后，联军占领了位于海光寺的机器西局。天津战况紧急，清政府派帮办北洋军务的宋庆到天津主持战局。六月十七日，联军分两路大举进攻天津城。一路由日、英、美、法、奥军组成，进攻南门；一路由俄、德军队组成，进攻东北角的水师营炮台。守卫南门的清军和团民发炮还击，打死打伤侵略军800余人。这是中国军民在抵抗联军侵略的战争中，杀敌最多的一次。六月十八日，日军炸毁城墙，清军与义和团在城内同侵略者进行巷战后，被迫退到天津。

在天津保卫战紧急之时，清廷于六月间任命李鸿章为直隶总督，准备投降，集中力量镇压义和团。指挥天津防守的清军将领马玉昆等，利用义和团马玉昆旧照民与联军对战的机会，命令清军从背后射击团民，使义和团腹背受敌。清政府的卑劣行径，使义和团受到严重的损失。

天津失陷后，八国联军在城内无恶不作，由于联军的残暴屠杀，"自城内鼓楼迄北门外水阁，积尸数里，高数尺"。无数天津民众死伤。联军还大肆抢劫财物，日军从长芦盐务署抢走白银200多万两。俄军占领造币厂，抢走了几百吨存银。这些强盗不仅抢劫官署、钱庄、工厂、商店，而且还挨户搜掠银钱、文物古玩、钟表、皮毛丝绸、金银珠宝等财物。

联军分区占领天津，由日、英、美、法、俄、德等国成立了"都统衙门"（即暂行管理津郡城厢内外地方事务都统），天津陷入殖民统治达两年之久。

与天津保卫战同时，北京义和团向帝国主义侵略者发动攻击。从五月十九日起，部分清军和义和团围攻西什库教堂长达63天之久。战斗打打停停，毙伤了一些守堂的敌军，但始终未能攻占教堂。自五月二十四日起，义和团又开始进攻东交民巷使馆区，打了56天，也未能攻下。义和团和部分清军只是希望惩罚侵略者，合力围攻西什库教堂和使馆区，并没有识破清政府所要弄的伎俩，也不懂各国使馆应受驻在国保护的国际公法，反而给列强提供了扩大侵略的借口。

以慈禧太后为首的清政府虽然对外宣战，但其根本立场是敌视民众和媚外妥协，总在借机对侵略者投降。五月二十四日，慈禧太后曾下令荣禄等人率清军和义和团民围攻使馆和教堂，但清军只是装腔作势，暗中保护。在围攻西什库教堂时，荣禄曾要求军队不必攻击过猛，想为后来的投降做铺垫。与此同时，那些手持大刀长矛的数万义和团民却大量死于侵略者的枪口之下。后来，慈禧太后又在驻京侵略者无法得到支持的情况下，多次派人给使馆和教堂送去白面、大米、水果和蔬菜。荣禄的武卫军居然半公开的把弹药送给侵略军，反过来屠杀义和团民。

八国联军占领天津后，继续向北京进犯。七月初十，联军两万人由天津沿运河两岸向北京进攻。当时，津京之间的清军约有10万多人，但清廷正忙着向侵略者求和，并无切实有效的抵抗行动。大部分清军一路望风溃逃，只有少部分爱国清兵和义和团在沿途不断阻击联军。七月十一日，侵略军进攻北仓，义和团奋起杀敌，敌军死伤400余人。在敌军不断增派援兵的形势下，北仓被占领。十二日，联军进攻杨村，清军很快溃散，宋庆、马玉昆带领军队向通州逃亡。十三日，清政府任命李鸿章为议和全权大臣，乞求投降。临时受命为帮办武卫军事务大臣的李秉衡无法统辖"勤王军"，军心涣散，调度不灵。十四日，在河西务与侵略军作战时，不打已散，李秉衡无力挽回败局，退至张家湾服毒自杀。联军很快占领通州。十九日，联军逼近北京城，是日夜，俄军抢先进攻东便门，日军接着进攻东直门、朝阳门。义和团和一些清军奋力抵抗，联军死伤300多人。此时，由于广渠门守备空虚，英军乘隙而入，接着俄军、日军也相继入城。这时城内的守军如荣禄的武卫军，载漪的虎神营、神机营，董福祥的甘军等已先后败亡。二十日，北京失陷。慈禧太后带着光绪帝和皇族及王公大臣等从西华门急逃，经居庸关、大同、太原，逃奔西安。途中她一方面发布上谕要对义和团"痛加铲除"，一方面授予李鸿章"便宜行事，朝廷不为遥制"的卖国全权。

荣禄揣摩慈禧的态度将有转变，为了留一条后路，他串通敌人，暗中助之。北京抗击战正激战不已时，荣禄出任大帅，他不但不指挥战斗，反而对积极参加战斗的董福祥大加约束，不给董军大炮地雷，借口是若用大炮地雷，宗庙宫阙内廷恐为震动，并且密嘱诸将不可武力攻取东交民巷，恐伤和好之意，力保中国大局，所以"东交民巷攻占不下，皆因荣相不准诸将力攻之故"。

慈禧在这个问题上虽未明确支持荣禄，但却事事不问，并对董福祥的积极参战表示不同意，这些事实充分证明慈禧的态度开始转变，由积极支持义和团逐渐转为阻挠镇压。这样，义和团的行动受到限制，像荣禄这样的人在暗中阻挠与其洋人作战。而就在此时，八国联军陆续派兵，再次进犯北京，终于打败了义和团。八国联军遂在北京肆意横行。

光绪二十六年（1900年）的夏末，八国联军逼近北京，清王朝的统治者顶着烈日出逃。据后来慈禧自己说，她原是不想跑的，这么一大把年纪了，早已无所谓了。这也是实情。可是无奈载漪、载澜这两个推动慈禧对外国宣战的祸首，唯恐外国人追究他们，所以极力劝诱慈禧逃跑。开始慈禧还犹豫不决，后来终于同意了。她心中已实在不知洋人会怎样处理自己。

联军未入城时，庆亲王奕劻请派李鸿章入京与各使议和，各国大使纷纷应允，定于七月十七日会晤。届期，总署大臣相顾畏首畏尾，只得作罢。

李鸿章奉命北上，到达江南时，听说情况紧急，密奏"请勿迁都，勿攻使馆，则事或可转圜"。这也是比较积极的处理危机的办法，但慈禧没有接受。

当联军炮攻宫城时光绪帝竟要前去以礼相阻，说："彼军法文明，朕往必无害，且可议款"，表现出英勇无畏的精神。太后认为他疯了，珍妃这时也斗胆求情于太后，自陈所见："皇上不必西去，应该留在京城处理大事。"珍妃能与皇上相互应和，也有缘由。光绪帝在瀛台囚禁时，曾冲破重重障碍，会见珍妃。此次如能留京主持和议，或能获得出头露面之一日。

慈禧当然不会给光绪这个机会，结果皇帝被"挟之俱西"，而珍妃被推坠于井。据说当珍妃临危时皇上曾替珍妃求情，反遭慈禧斥骂。

《辛丑条约》的签订

八国联军对北京进行了更加疯狂的洗劫和残暴的屠杀。他们集中兵力包围各坛口，屠杀义和团民众，仅在庄王府一处，侵略者就枪杀和烧死了团民1700多人。他们见人就杀，许多地方"尸横满地，弃物塞途，人皆踏尸而行"，有的地区甚至尸首堆积如山，很多家庭"虚无一人，而遗尸未敛，蛆出户外"，境况惨然。联军统帅在京特许军队公开抢劫三天，他们疯狂而贪婪地洗劫了堆满金银翡翠、珍奇异宝的皇宫，颐和园，三海，抢劫各官衙的库款多达6000万两白银。另外，他们还抢劫和毁坏了皇宫、颐和园、翰林院收藏的大量图书文物。明代的《永乐大典》被抢走300余册，其他各种珍本图书被抢劫和损毁达4.6万余册。他们还抢走北京天文台的四分仪、六分仪、天球等古铜天文仪器。这次洗劫把中国"自元明以来之积蓄，上自典章文物，下至国家奇珍，一扫而光"，损失之大已无法统计。

八月，瓦德西指挥联军进一步扩大侵略，陆续占领了山海关、张家口、保定、秦皇岛，并向山西进犯。同一时期，沙俄除参加八国联军侵犯津京，镇压义和团之外，还出兵10余万，霸占了东北三省，并于六月二十日到二十一日，制造了"海兰泡惨案"和"江东六十四屯血案"，黑龙江以北的中国居民有20余万人不幸被杀。沙俄为实现其独霸中国东北的"黄色俄罗斯"计划，以武力迫使盛京将军增祺派出代表，签订了《奉天交地暂且章程》，妄图使中国东北地区成为俄国独占的殖民地。《章程》签订后，全国各阶层人民纷纷抗俄，迫使清廷未敢承认这一条约，并将增祺革职。

庚子事变和八国联军入侵，使国家空前蒙难。

八国联军攻占北京后，各帝国主义国家对如何处置中国，难以取得统一的意见，矛盾不断激化。此后，英、俄、美、法、德、日、意、奥八国，加上比利时、西班牙、荷兰，在"惩办凶手"和索要战争赔款问题上，不断争吵。这时，美国第二次提出"门户开放"政策，在重申第一次"门户开放"政策的原则之后，又以"保持中国的领土和行政完整"作为借口，建议各帝国主义国家共同维护以慈禧为首的傀儡政权作为统治中国的工具。光绪二十六年（1900年）十一月初三，十一国共同提出《议和大纲》12条，强迫清政府全部接受。慈禧太后见到李鸿章送来的《议和大纲》中没有把自己作为凶手加以惩办，十分高兴，立即命令奕劻、李鸿章全部答应。

慈禧西行之时，就准备投降八国联军。还在逃跑的路途中，也即七月二十六日，慈禧命令李鸿章与徐桐、荣禄、崇绮立刻与八国议和。八国首先提出应该惩罚凶手，但惩罚凶手也即惩罚慈禧，所以他们经过反复掂量，准备饶过慈禧，只要她屈服就行。慈禧对此十分感激。她这样说道："洋人本来打算惩罚祸首，今天幸亏没有提出，不能不感谢祖宗的佑护。"

慈禧虽未受惩罚，但必须有人替她受过。为了议和，也为了排斥异己势力，她宣布的第一批替罪羊有载漪、载勋、刚毅、赵舒翘等。他们有的被处死，有的被流放，有的被撤职，有的被降级，处罚十分严厉。

经过反复谈判，加之慈禧等也完全遵照帝国主义列强提出的条件，严惩了抗击联军的官员，同意了他们的要求，最后和议终算成了。

光绪二十七年（1901年）七月二十五日，列强代表同清政府的全权代表奕劻、李鸿章在和约上签字，因这一年是农历辛丑年，故称《辛丑条约》。这个条约共十二款，另有19个附件，主要内容是：

第一，清政府向各国赔款白银4.5亿两，以关税、盐税和常关税作担保，分39年还清，年息四厘，本息共计9.8亿多两百银。

第二，各国在北京东交民巷设立使馆区，中国人不准在界内居住，允许各国驻兵以"保护使馆"。

第三，清政府必须拆除大沽炮台及北京到大沽沿途所有炮台。在天津周围二十里内，不准驻扎中国军队。允许各国在北京到山海关铁路沿线的12个战略要地驻兵。

第四，清政府要惩办支持和赞助过义和团运动的官吏，永远禁止中国人成立或加入任何反帝组织，违者处死。清朝各省官吏必须保护外国人的安全，镇压人民的反抗斗争，否则"即行革职，永不叙用"。

第五，总理衙门改为外务部，班列六部之前，以办理今后与各国交涉事宜。

《辛丑条约》是帝国主义在镇压了义和团运动之后，强迫清政府签订的又一个不平等条约。这个条约的签订使列强在政治、经济、军事等方面对中国的侵略大大加深。此外，侵略者还重新确立了以慈禧太后为首的清政府充当它们掠夺中国的帮凶，实际上使中国成为各国侵略者共管之下的半殖民地国家，清政府已成为帝国主义势力控制中国的工具。中国已完全成为半殖民地半封建社会。

声势浩大的义和团运动虽然被中外反动势力联合扼杀了，但是这场反帝爱国运动带来了深远的影响。

义和团运动使帝国主义瓜分中国的愿望落空，大大阻碍了他们的侵略步伐。

义和团运动使人民群众更加认清了清政府的反动本质，促进了人民群众的觉醒，为资产阶级民主革命的发展奠定了基础。

义和团运动推动了亚洲各国民族解放运动。在义和团运动期间，亚洲民族解放运动空前高涨。朝鲜、印度、波斯、土耳其、菲律宾等国出现了形式不同的反帝爱国斗争。义和团运动支援、影响了亚洲各国人民的民族解放运动，成为亚洲各国人民民族解放运动的一面旗帜。

和约签订之后，两宫立即准备回京。为了减轻地方驿站的负担，因此他们决定分三批回京，即第一批先行者为在陕没有重要工者，第二批继行者为两宫及随行侍卫人员，第三批为在京中没有重要事务的人。

光绪二十七年（1901年）八月二十四日，两宫从西安出发。这次回京，跟出逃时相比自然是大不相同。光慈禧一人就有三千辆车，装运金、银、绸缎、古董、玩器等名贵物品。

慈禧回京师的消息传开之后，京中王公大臣暨文武大小官吏，都聚集在马家堡车站准备迎接慈禧。各国男女，都想见中国三次垂帘听政者和囚禁的皇帝，因此在车站人们蜂拥而至。

下午3时，火车到站，慈禧走在最前面，光绪紧跟其后，洋人见状，纷纷向前，争相一睹为快。使慈禧不悦的是，竟有外国人手持摄影机摄她的影，真乃"大不敬"。幸好不一会儿走出了站，进入八抬大轿，两宫历尽劫难后终于回到了久违的京都。

革命初兴

资产阶级民主革命的兴起

从光绪二十七年（1901 年）起，经过八国联军侵华浩劫的中国政局有所变化。随着"新政"的推行，中国民族资本主义表现出继续发展的趋势，民族资本家集团开始形成一个独立的社会阶级。同时，各级新式学堂逐渐兴办起来，据统计，截止宣统二年（1910 年）国内各新式学堂学生发展到 1307390 万人；与此相联系，能够出国留学已成为一种时尚，以到日本留学的人数为例，光绪二十七年（1901 年）为 280 名；光绪二十八年（1902 年）为 614 名；光绪二十九年（1903 年）为 1242 名；光绪三十年（1904 年）为 2557 名；光绪三十一年（1905 年）为 8000 名；光绪三十二年（1906 年）为 1.2 万人。这表明新的知识分子队伍正在形成和壮大。从光绪二十七年起到三十一年（1901 ~ 1905 年）中国同盟会成立前的五年间，伴随着资产阶级、小资产阶级及其知识分子队伍的不断扩展，资产阶级民主革命发展到新的时期，呈现出蓬勃发展的五大趋势：

第一，五年间，资产阶级领导的反对列强掠夺的爱国运动空前发展。拒俄运动、收回矿权路权运动、声援旅美华工抵制美货运动，接连不断，波及全国，先后卷入斗争的群众达数十万人。

第二，资产阶级民主革命思想广泛而又迅速地传播开来，新增革命报刊 30 余种，出版宣传鼓动革命的小册子达 60 余种，刊出的针砭时弊的谴责小说达数百种，其中最有代表性的报刊有《开智录》《国民报》《游学译编》《大陆》《湖北学生界》《浙江潮》《苏报》《童子世界》《女子世界》《中国白话报》《中国日报》《广东日报》《檀山新报》（檀香山）

《图南日报》（新加坡）等。这些刊物有的宣传爱国思想，号召救亡；有的对清廷丧权辱国，昏庸腐败进行抨击；有的呼吁学习西方，奋起自强御侮；有的从"美国独立""法国革命"中寻求理想；有的从卢梭的《民约论》、约翰弥勒的《自由原论》、孟德斯鸠的《万法精意》中借取天赋人权、自由平等的思想武器。这些革命报刊和所宣传的革命思想，在国内外青年知识分子中广泛地传播，使资产阶级民主革命思想，成为不可阻挡的时代潮流。

第三，在传播民主革命思想和对保皇派进行斗争的过程中出现了一批革命的宣传家和思想家，其中著名的代表人是章炳麟、邹容、陈天华。

章炳麟，字太炎，浙江省余杭县人。早年曾接受改良思想，曾对维新变法大肆宣传。戊戌变法失败后，他逐渐转变了政治立场，走上了革命道路。当时，康有为、梁启超等改良派逃亡国外，成立了"保皇会"，继续主张改良的思想，鼓吹建立君主立宪，反对革命，曾得到海外华侨广泛支持。光绪二十八年（1902年），康有为发表了《与同学诸子梁启超等论印度亡国由于各省自立书》及《答南北美洲诸华商论中国只可行立宪不可行革命书》两封长信，对清政府的统治大加赞美，指责革命将会导致天下大乱，以致"亡国灭种"。第二年，章太炎在上海《苏报》上发表《驳康有为论革命书》等文章，对康有为的保皇主张进行深刻而又全面地批判，指出只有革命才能有民主自由，明确表述了资产阶级民主革命的观点。他把被保皇派奉若神明的光绪皇帝斥为"载湉小丑，未辨菽麦"，针对康有为"宣扬公理不明，民智未开，而不能进行革命"的观点，提出了以革命明公理，用革命开民智的主张。他还特别撰文向国人推荐邹容所著的《革命军》一书，在社会上影响很大。章太炎的文章打击了保皇派的气焰，促进了人们的觉醒。

邹容，四川巴县人，到日本留过学。光绪二十九年（1903年），不满20岁的邹容在上海出版了震动一时的《革命军》。他对民主、革命热情地歌颂，宣传资产阶级的自由平等、天赋人权学说，主张用革命手段"扫除数千年种种之专政政体"，恢复人民的民主权利。他提出了建立资产阶级的"中华共和国"的号召，要求彻底地废除君主专制政体，反对外国人干涉中国的革命和独立，并大声疾呼"革命独立万岁！"《革命军》出版后，很快风靡海内外，先后印行 20 多次，销量上百万册。清朝政府非常害怕，与上海的帝国主义势力勾结起来，于光绪二十九年（1903 年）查封了《苏报》。章太炎和邹容先后入狱，邹容在监狱里倍受折磨，死于狱中。

陈天华（1875～1905 年），原名显宿，字星台，湖南新化人，家庭贫穷，从小就喜欢中西历史，关心时事政治，"尤喜谈平等自由诸说"。光绪二十九年（1903 年），官费留学日本，在东京弘文学院学习。时值日俄两国争夺中国东北的激烈时刻。他痛恨清廷腐朽卖国，决心投身反帝反封建的民族民主革命的斗争中，积极参加拒俄义勇队。同年，写成了《警世钟》《猛回头》两本重要著作。他用通俗流畅的白话文，描述中国被瓜分的惨景，号召人们立即行动起来，同列强、同朝廷作斗争。他的《猛回头》《警世钟》激动人心，扣人心弦，极富感染力，同邹容的《革命军》一样，被人们争相传诵，为宣传反清革命，促进武昌新军起义，起了很大的作用。

孙中山领导兴中会在国外继续进行活动，在华侨中发展组织，宣传革命，与康有为、梁启超等改良派作了尖锐的斗争。光绪二十九年（1903 年），孙中山发表了《敬告同乡书》，把革命与保皇的界限严格划分开来，揭露了梁启超假革命真保皇的面目，指出革命与保皇根本不同，"革命、保皇二事，决分两途，如黑白之不能混淆，如东西之不能易位"。孙中山旗帜鲜明的革命言论，弄清了是与非，推动了革命形势的发展。他还在《中国问题的真解决》一文中充满信心地指出：清朝统治"正迅速地走向死亡""中国现今正处在一次伟大的民族运动的前夕""全国革命的时机现已成熟""一旦我们革新中国的伟大目标得以完成，不但在我们的美丽的国家将会出现新纪元的曙光，整个人类也将得以共享更为光明的前景"。

此外，在不断壮大的宣传队伍中十分著名的还有，杨笃生、章士钊、刘光汉、胡汉民、汪精卫、马君武、冯自由、宋教仁、朱执信、廖仲恺、陶成章、秋瑾，以及秦力山、戢元丞、张继、吴稚晖、陈去病等。革命宣传风起云涌，把更多的爱国志士推向民主革命的前沿，而革命队伍的壮大，使革命组织纷纷建立起来。

第四，革命团体的纷纷出现。光绪三十年（1904 年）是资产阶级民主革命运动达到高潮的一年，一年之中就涌现出 12 个革命团体，遍及江、浙、湘、鄂、皖、闽、赣、川、陕，及云南、贵州、广东等十二直省。

此外，光绪三十年（1904 年）前后，其他一些革命小团体也纷纷成立。如福建的共和山堂、安徽的岳王会、江苏的励志学会、江西的易知社、云南的誓死会、贵州的科学会、四川的公德会、广东的群知社，还有励学斋等。

第五，作为资产阶级民主革命领袖的孙中山已被广大革命者认同和拥戴。

光绪二十六年（1900 年）秋，孙中山在惠州起义失败后去了日本，到光绪三十年（1904 年），他主要理论和实践贡献有三：一是，积极支持华侨和广大爱国知识分子的爱国活动，同他们的联系十分密切。光绪二十九年（1903 年），东京留日学生拒俄义勇队和军国民教育会相继成立时，他秘密建立青山军校，招聘日本军事专家授课，使许多革命者都紧紧地团结在一起，"一时京滨道上往还频繁，总理所居，座客常不空也"。二是，从思想上、政治上"大击保皇毒焰"，把革命与保皇的界限分清，"使人人知所适从"。这几年，他最重要的著述有《中国问题的真解决》《驳保皇报书》《敬告同乡书》等。他尖锐地批判了保皇派的君主立宪思潮，从政治思想上为民主革命的发展清除障碍。三是，广泛团结和接纳革命者，积极做好建立全国性的政党组织准备。光绪二十九年（1903 年）秋至三十一年（1905 年）夏，孙中山为了"招集同志，合成大团"进行环球旅行。他先在越南河内，在华侨中建立兴中会分会，后取道檀香山、日本，而后前往欧洲、美洲。在檀香山，他整顿兴中会，创立"中华革命军"，提出"驱除鞑虏，恢复中华，创立民国，平均地权"十六字纲领。之后他在美洲参加致公党，把十六字纲领写进该党章程。孙中山转赴欧洲，在柏林、布鲁塞尔、巴黎等地，一些华侨和留学生对他表示热烈的欢迎。他在这些地区建立革命组织，均以此十六字为号召。孙中山这一理论，为全国政党的建立奠定了思想和组织基础。

中国同盟会的成立

随着革命形势的急速发展，原来由各革命团体分头活动的斗争形式，已经不能适应形势发展的需要。革命党人深切地感到组建一个全国性的统一政党来领导革命运动的必要性。于是，革命领袖孙中山开始活动，他广泛接触革命团体的负责人，致力于建立起一个具有更广泛的社会基础和明确的政治纲领的革命政党。在与黄兴、宋教仁等人磋商后，孙中山决定成立一个全国规模的统一的革命组织，以便指挥全国革命斗争。经孙中山提议，该组织定名为中国同盟会，纲领是"驱除鞑虏，恢复中华，创立民国，平均地权"。光绪三十一年（1905年）七月二十日，中国同盟会成立大会在日本东京正式举行，孙中山以及兴中会、华兴会和光复会等革命团体的部分成员参加了这次会议。会议通过了同盟会的章程，选举出领导机构，孙中山被推举为总理。

同盟会的本部设在东京，本着三权分立的原则，在总理之下设有执行、评议、司法三部。执行部庶务科总干事由黄兴担任，总理外出时，本部工作由黄兴来负责主持。国内分设东、西、南、北、中五个支部，支部以下设各省区分会；在海外分设南洋、欧洲、美洲、檀香山四个支部，支部以下按国别和地区设立分会。

同盟会成立后，革命党人在组织建设上获得了迅速的发展。在短短的几年里，广东、广西、福建、浙江、贵州、湖南、湖北、江西、江苏、安徽、山东、陕西、山西、河南、直隶等国内各省份相继出现同盟会的分支组织，在海外的新加坡、马来西亚、菲律宾、檀香山等地革命党人的组织也有所发展。同盟会的分支组织的发展奠定了资产阶级革命运动全面高涨的组织基础。

光绪三十一年（1905年）十月三十日，同盟会的机关报《民报》在东京创刊。在《民报》的发刊词中，孙中山将同盟会的十六字纲领归纳阐发为民族、民权、民生三大主义，即三民主义。

民族主义内容包括"驱除鞑虏，恢复中华"，即推翻满清皇朝的统治，争取国家和民族的独立, 也就是孙中山所说的民族革命。鉴于辛亥革命期间, 许多革命党人存在浓厚的种族复仇主义思想, 在解释民族主义时孙中山特别强调"对于满洲不以复仇为事"。他指出民族革命并不是要灭尽满族人, "我们并不是恨满洲人, 是恨害汉族人的满洲人。假如我们实行革命时候, 那满洲人不来阻害我们, 决无寻仇之理"。可见, 民族主义是反对腐败的满族统治者和由他们把持的腐朽政权以及那些反对革命、维护满族腐朽政权的汉族人, 而不是针对所有满族人。这就是将民族主义同种族复仇主义区别开来。在当时, 帝国主义成为清王朝的太上皇, 清王朝已成为帝国主义统治中国的工具, 中华民族与帝国主义的矛盾、人民大众与封建主义的矛盾, 已集中体现在中国人民与清王朝统治阶级的矛盾上。因此, 只有推翻清王朝的统治, 才能拯救危亡, 争取民族的独立。孙中山曾经指出: 满清政府极端腐败, 以致中国的形势非常危险, 帝国主义者也企图瓜分中国, 不进行革命就不能挽救民族危亡, 不进行革命就不能驱逐帝国主义者, 振兴国家。

民权主义的内容是"创立民国", 即推翻君主专制制度, 建立资产阶级的民主共和国, 也就是孙中山所说的政治革命。孙中山曾经明确指出, 他所领导的革命不同于以"反满复汉"为宗旨的天地会, 也不同于"只以驱除光复自任, 此外无转移"的朱元璋、洪秀全, 而是"驱除鞑虏, 恢复中华之外, 国体民生尚当与变革""我们所主张的革命是三民主义和五权宪法的革命"。他一再阐明必须将民族主义和民权主义紧密结合起来, 民族革命和政治革命一次完成, "我们推倒满洲政府, 从驱除满族人那一面说, 是民族革命, 从颠覆君主政体那一面说是政治革命, 并不是把它分作两次去做。政治革命的结果便是建立民主立宪政体。按照当前的政治形势, 即使君主是汉族人, 我们也不能不革命"。

民生主义的内容为"平均地权", 也就是孙中山所说的社会革命。孙中山主张核定地价, 把革命后因社会经济发展而增长的地价收归国家所有, 并逐步由国家向地主收买土地。孙中山认为西方资本主义国家, 就是由于没有能够解决好土地问题, 才产生了各种矛盾和弊病。为了能够使中国在革命成功后避免资本主义的祸害，以致造成新的社会危机，他提出了民生主义，希望能够将政治革命和社会革命一次完成。

三民主义是一个比较完整的资产阶级民主革命的纲领，它的提出，对于统一革命党人的思想，动员、号召群众，起到了巨大的积极作用。但是，同盟会的纲领也有它的局限性，它没有明确提出反对帝国主义、封建主义的战斗口号，没有提出彻底的土地纲领。因此，它是一个不彻底的民族民主革命的纲领，这是由于中国民族资产阶级的软弱性和妥协性造成的。

此外，同盟会成员对其纲领的理解也各不相同。有的只是从单纯反满的角度去理解民族主义，有的乐于接受民族、民权主义，却不赞成民生主义。在组织方面，同盟会所计划中的组织系统，始终未能完备地建立起来。在支部一级，仅建立了海外的南洋支部和国内的南方支部。本部和地方分会之间联系不够密切。而且同盟会内部还存在着较为严重的派系斗争。这一切，都为日后革命运动的发展留下了隐患。

光绪驾崩之谜

清光绪三十四年（1908年）十月二十一日，光绪帝崩逝，年仅38岁。《清史稿》载："癸酉，上疾大渐，崩于瀛台涵元殿。"意思是说光绪帝是病死的。不过清末名医桂庭在所写的《诊治光绪皇帝秘记》一书中却有不同的记载：光绪帝临死前三天，曾在床上乱滚，并且肚子疼痛难忍，脸颊发暗，舌头又黄又黑，似乎有中毒的迹象。那么光绪帝真的是中毒而死吗？

1980年，清西陵管理处对清光绪帝及隆裕皇后所葬崇陵棺椁（于1938年被盗）进行了清理并重新封闭，而光绪及隆裕皇后的头发被移至棺椁外，保存在清西陵管理处文物库房。

光绪皇帝的遗骨犹在，随着科学技术的发展，通过尸体检测来揭开真相，越来越成为可能。2003年，中央电视台清史纪录片摄制组、清西陵文物管理处、中国原子能科学院反应堆工程研究设计所和北京市公安局法医检验鉴定中心四个单位开始共同合作，组成"清光绪帝死因"专题研究课题组。课题组运用侦查破案的思维方式，根据信息的产生、传递、处理、还原、应用等原理，充分利用"中子活化""X 射线荧光分析""原子荧光光度""液相色谱/原子吸收联用"等一系列现代专业技术手段，通过开展综合分析、模拟实验、双向推理、多维论证等多项工作，对清西陵保存的光绪头发、衣物、遗骨以及墓内外环境进行反复的检验和缜密的分析研究。在经过五年研究之后，2008 年 11 月 2 日，课题组对世人公布确证"光绪帝系砒霜中毒而死"这一结论，但学术界仍可提出异议。

如果光绪帝是中毒而死，那么谁又是凶手？有人认为以当时的条件、环境而论，如果没有慈禧的主使和授意，谁也不敢、也不能下手毒杀光绪，而且慈禧又有谋害光绪的动机，因而，慈禧就是毒杀光绪的凶手。

慈禧去世

慈禧去世

到了光绪三十四年（1908 年），74 岁高龄的慈禧进入皇宫已有 58 年，对大清的统治已 48 年，十月，慈禧因年纪大了，体力不支，她的精力明显不够用了，此时她也不免有些担心，于是千方百计保养，但尽管如此，她还是病倒了。

她在病倒之后，尽管想不到自己的寿命不久了，但自知年纪大了，既然病倒就十分不利。所以，她一方面依然将朝廷权力握在手中不放，甚至到死前的最后一刻；另一方面必须得考虑自己的身后之事，作一些安排。

慈禧在病重期间，作出了一个重要的决定，就是将醇亲王载沣将近 3 岁的儿子溥仪迎入宫中。光绪去逝之后，慈禧就在朝廷内外宣示溥仪为入关后第十代皇帝，这是慈禧所立的第三个傀儡皇帝。

在立溥仪登极即位之前，慈禧就下了一道懿旨，曰："现值时事多艰，嗣皇帝尚在冲龄，正宜专心典学，著摄政王载沣为监国，所有军国政事，悉秉承予之训示施行，俟嗣皇帝年岁渐长，学业有成，再由嗣皇帝秉裁政事。"这充分表明，慈禧虽然立了皇帝，但她绝不放弃手中大权，哪怕一点点。

这年十月二十二日，慈禧太后正在中南海仪鸾殿的御榻上，静卧养病。几天来，慈禧的病情加重了，而且是明显加重，御医们绞尽脑汁，用尽医术为她治疗，但也无济于事，应诏赴京的全国各地名医也轮着为慈禧诊断、治疗，开出许多方子，但慈禧的病情却日益严重。

慈禧出生在大清帝国中衰之际。西方资本主义列强对东方的富庶很感兴趣，更想吞掉中国这块土地。他们极力用各种方式来撬开中国的大门。在她6岁那年，英国发动了鸦片战争，中国的大门被隆隆的炮声打开了。列强涌了进来，眼看大清政府面临着危亡。她在宫中正受咸丰宠幸的时候，洪秀全在南方闹起了太平天国革命。没有多久，英法发动了第二次鸦片战争，咸丰内外交困，逃入热河避难。在一个集权专制的政体下，最高统治者皇帝重色轻政，为所欲为，手中的大权自然就会失去。在咸丰纵情声色、不问政事的情况下，肃顺等人乘机想篡权，后妃不甘受人指使，与奕䜣联合，最后使肃顺大败，慈禧垂帘听政，步入了政治舞台。她与慈安、奕䜣制定了对洋人妥协、集中全力镇压太平天国革命的政策，终于外揖洋人，内平太平天国。由此形成了所谓"同治中兴"。但时间不长，中法战争中，中国军民齐心协力，镇南关一战大败法军，法国茹费理内阁倒台。慈禧害怕再发大乱，导致别的国家也来干涉内政，因此同李鸿章等人积极鼓吹乘胜即收，与法国签订《中法新约》，造成了不败而败的局面。10年后，中日甲午战争爆发，中国惨败，被迫签订《马关条约》，丧失主权，也大大加深了半殖民化。民众对洋人的侵略十分愤恨，山东闹起了义和团。慈禧采取利用义和团反洋人的策略，招来了八国联军，结果北京被攻陷，慈禧西逃。自《辛丑条约》签订后，中国进入了半殖民地半封建社会，洋人几乎掌握了大清帝国的命运。

慈禧不但破坏大清祖制垂帘听政，而且将列祖列宗不得重用太监，更不允许他们参政干政的祖训抛到九宵云外，重用起安德海、李莲英等太监，导致他们在朝中胡作非为、权重一时。但是，也许是慈禧在自豪过后又痛心疾首的缘故，慈禧在临终前留下遗言，即是："以后勿再使妇人预闻国政，此与本朝家法有违；尤须严防不得令太监擅权，明末之事可为殷鉴。"

慈禧的殡葬前后，所烧的纸人、纸马、楼库、器皿、松亭、松轿、衣、帽、鞋、履、衾、被、枕、褥等数不胜数。在出殡前两个月，仅仅一次就在东华门外烧掉一只"大法船"。

出殡的那一天，送葬队伍声势浩大，旗伞飘扬，在最前面走的是64人的引幡队，举着花花绿绿的万民旗、万民伞。在其后是上千人的法架卤簿仪仗队，举着无数个金瓜、钺斧、朝天镫，刀枪如林，幡旗蔽日。跟在仪仗队后面的是由100多人组成的抬着慈禧的巨大棺材的大杠。皇家规矩特别多，还把棺材装饰成轿的模样，称为"吉祥轿"。跟在棺材后边的是十路纵队的武装兵弁。最后面是由数千辆车子组成的文武百官、皇亲国戚的车队。送葬队伍蜿蜒十多里，所路过的地方，不能有任何障碍物，只要是有的，不问大小、多少，一律拆掉。

从北京到东陵，要走六七天。途中不仅有已设可供食宿休息的行宫，而且还每隔一段距离用高级布匹搭起芦殿、黄幄。即使这些临时住所，也是金瓦玉阶，朱碧辉煌。芦殿是供棺柩暂停用的，它先以黄绸围成内城，又以白绫子围成外城，外城之外，还有一道网城。

慈禧葬礼准备了近一年的时间，花了120万两白银，消耗资金是如此惊人。

见证历史变迁的末代君王

——清宣统帝溥仪

□帝王档案

⊙姓名：爱新觉罗·溥仪
⊙属相：马（1906 年）
⊙年号：宣统
⊙在位：1908~1911 年
⊙享年：62 岁（1906~1967 年）
⊙庙号：无
⊙谥号：无
⊙陵寝：先葬八宝山公墓，后移葬清西陵华龙陵园
⊙配偶：5 人，郭布罗·婉容等
⊙子女：无
⊙继位人：无

清宫三代无婴啼

连续三位帝王均无后

同治皇帝载淳，十九周岁死去的时候，没有留下一儿半女，虽然野史曾提到过皇后阿鲁特氏已怀有龙种，但正史中得不到任何依据，便无法作数。掐指一算，同治皇帝于同治十一年九月（1872年10月）举行大婚典礼，死于同治十三年十二月（1875年1月），这期间两年零三个月的时间里，他居然无法留下自己的一点骨血，实属怪事。

光绪皇帝死的时候三十八岁，居然身后也没有留下一男半女。光绪皇帝于光绪十四年十月（1888年11月）大婚，虽然他在政治上难以有所动作，是慈禧控制下的傀儡皇帝，但在婚姻中，还是有一些自主权利的，慈禧并不会去干涉他的私生活。而且作为一国之君，他起码有着皇后妃子，几名女子陪伴，而且还有宠爱的珍妃常伴身旁，但膝下无子，确实让人费解。

而作为光绪帝继位人宣统帝溥仪，这位末代皇帝活了六十一岁，但也是没有孩子留下。晚清接连三任皇帝都没有留下子嗣，的确是够让人震惊了。

接连三朝皇帝都没有留下一男半女，这在中国的封建历史上还是绝无仅有的，"不孝有三，无后为大"，对于平常人家来说如此，对于帝王家更是如此。一个皇帝没有生育能力，这是要被天下人耻笑的。

执掌大清权力的父亲

溥仪即位之后，由于年纪太小，载沣掌握了大清朝实际的权力。对于这个两代为帝的家庭来说，所谓树大招风，因此不得不韬光养晦，低调做人。前文已经说过，老醇亲王奕𫍯在光绪即位以后，便辞去了全部职务，希望以此远离政治斗争。然而，光绪长大以后与慈禧的对立还是让奕𫍯的处境极为尴尬。一方面，他与荣禄等人甚为友善，最后还结为亲家；另一方面他和支持光绪的翁同龢等人关系也很不错。为了不让慈禧对他有任何意见，他甚至放弃了所有原则，在督办北洋海军的建设时，挪用经费给慈禧修造颐和园。载沣也继承了乃父的此种家风。小心翼翼，明哲保身。朝中大事，几乎都由庆亲王奕劻和其他军机大臣做主。他则摆出一副超然世外与世无争的架势。

不过，载沣虽然低调如此，有一件事情他却始终耿耿于怀：那就是光绪的失势，他始终认为，如果不是袁世凯关键时刻倒戈，百日维新就不会失败，而光绪也就不会受到慈禧的百般凌辱，最终郁郁而终。因此，他处心积虑要为光绪报仇。一时间，民间流言四起，传说载沣已经将袁世凯秘密处死。

然而，流言终究是流言。事实上，载沣要想除去实力已经异常强大的袁世凯，几乎是不可能完成的任务。他只能团结一帮年轻气盛却没有任何政治斗争经验的少壮派满族亲贵来筹划此事，然而这一举动却遭到了庆亲王奕劻和张之洞的坚决反对。

据说，当载沣和几位军机大臣碰头，把自己的计划和盘托出时，所有的军机大臣都吓了一跳。庆亲王更是连说不妥。他认为，袁世凯虽然现在已经被夺了军权，但北洋新军都是他的手下，段祺瑞、冯国璋、王士珍等人都是他一手提拔起来的。如果这些人造反，带兵进京，谁挡得住？

最后，万般无奈的载沣只好同几位军机大臣达成妥协，以袁世凯患"足疾"为由，将其免职，令回原籍。载沣自以为从此可以安然无恙，然而过了不久，革命的风暴席卷全国，已经对清廷彻底失望的袁世凯卷土重来趁势夺取了政权。这就是他所想不到的了。

就这样，大清朝的政局，愈加动荡了。

清政府推行新政时，定下了预备立宪的计划，但由于慈禧的去世，继续推行这一计划的权力，交到了载沣的手里。由于这也是光绪遗诏中所关心的事情，载沣并不敢怠慢。宣统元年（1909 年），如期举行了各省谘议局的选举；第二年，资政院也告开院。正当全国人民翘首以盼第一任内阁的建立的时候，载沣却作出了一个愚蠢的决定。

愚蠢的皇族内阁

宣统三年（1911年）载沣任命了第一届内阁。然而，这一届内阁有13名成员，居然有9人是满人，而这9人中又有7人是宗室子弟。内阁总理大臣就是军机大臣庆亲王奕劻。除此之外，清廷还宣布，由于内阁制度为首创，为了慎重起见，本届内阁仅根据内阁办事暂行章程成立，具体国务处理还依照原来的政治模式进行；并且，军事方面的问题也不由内阁总理大臣负责，而是由军咨府大臣载涛负责。由于这届内阁徒有其表，它被立宪党人和革命党人异口同声地讽刺为"皇族内阁"；载沣的决策失误，也让社会舆论大失所望，认为清廷根本无意立宪，既然和平手段无法解决，就以武力夺取之。很多立宪党人从此倒向革命派。革命的风暴迅速席卷了大江南北。

武昌起义

革命党人策划起义

清宣统三年（1911年）四月，清政府借口实行铁路国有，将民办的川汉、粤汉铁路收归国有，并将铁路修筑权作为抵押，向英、法、德、美四国银行团借款。川、鄂、湘、粤等省人民对清政府的卖国行径极为愤怒，展开了各种形式的反抗斗争。

宣统三年（1911年）正月初一，湖北革命组织文学社宣告成立，蒋翊武为社长，詹大悲为文学部长，刘复基为评议部长。它将"推翻清朝专制，反对康梁的保皇政策，拥护孙文的革命主张"作为宗旨，得到广大新军士兵的拥护。越来越多的新军士兵加入文学社。文学社还努力促进与共进会的联合。由于会党群众不受约束，难以依靠他们来取得革命的成功，湖北共进会领导人孙武也开始将工作重点转向新军，有大批新军加入了共进会。

这就使湖北革命运动由宣传发动阶段迅速进入到行动阶段。

黄花岗起久失败后，本来准备响应起义的共进会加强了与文学社的联系，在两湖地区抓紧酝酿革命行动。七月二十二日，文学社、共进会举行了联席会议，会议讨论了两团体的合并问题，并计划在武昌采取行动，发动起义。会议决定建立统一领导、统一指挥、统一计划、统一行动的机构。军事方面，蒋翊武任总指挥，孙武任参谋长。指挥部设在武昌小朝街八十五号。政治方面，刘公任总理，并公设若干政治筹备员负责文告、印信、符号及炸弹制造等，总部设在汉口租界。两个革命团体的合并，使武汉地区革命力量迅速扩展。在总数约为1.7万名的湖北新军中，到武昌起义爆发前夕，有1/3以上的人都加入了革命团体。

八月初三，文学社、共进会举行联合会议，商讨起义事宜：中秋节起义，推举蒋翊武为临时总司令，孙武为参谋长，在军事方面做出了种种部署，在组织上为发动起义做好了准备。但恰好在此时出现了南湖炮八标士兵暴动，打乱了整个起义部署。

八月初二晚，炮八标三营左队士兵汪锡九、梅清福等请假离营，同营参加革命团体的兵士赵楚屏、霍殿臣等为这些人送行，他们的活动遭到了值日排长刘步云的干涉，众人很是不满。第二天，部队竟对汪、梅、赵、霍四人处以军棍的惩罚，这惹恼了士兵们，他们当即捣毁了营房的玻璃、家俱，并从炮房中拉出了大炮。有新军士兵跑到城内去向孙武、邓玉麟等人报告情况，要求立即下令起义。文学社与共进会马上召开紧急会议，商讨此事。会上根据刘复基的意见，决定仍照原来的计划行事，让为首的赵楚屏、霍殿臣等"逃亡"在外，其他人仍回到自己的部队听候命令，一切过错都可推诿于赵、霍二人身上。南湖事件很快平息下来，没引起大的风波。

武汉的局势十分紧张，革命党人准备发动起义的消息被清朝军警侦知，他们经常派探子在革命党机关周围窥视。八月十八日，孙武等人在汉口俄租界宝善里十四号内制造炸药，这时候刘公的弟弟刘同手挟着香烟走进来，不巧香烟灰余烬引起了炸药爆炸，孙武的面部被炸伤，当即被抬往法租界同仁医院救治。租界巡捕闻声赶来，革命党人只得仓促撤离。革命党人制好的旗帜、印信、文告、钞票和党人名册都落入了巡捕的手中。清朝军警遂大批出动，在武汉三镇进行搜捕。

起义爆发

武汉的革命党人正处在危急关头。宝善里事故发生的当天上午，蒋翊武、刘复基、彭楚藩等人在武昌小朝街八十五号机关部商议起义日期，宝善里事故他们直到下午才得知，本来议定要等待黄兴来后再发动起义，此时，大家一致同意提前起义，"只有提前干，或可死里求生"。根据以前的计划，蒋翊武草拟了一道命令，派人分送各标、营，命令于当夜十二时发动起义。

是夜，蒋翊武、刘复基、彭楚藩等人在小朝街机关部静等起义的举行。但是，意外的事件发生了，清廷军警逮捕并杀害了刘复基、彭楚藩等革命领袖。由于南湖炮队没有接到起义的命令，而没有采取行动，其他各标、营、队的革命士兵也没有贸然发难。

尽管清廷破坏了革命党领导机关，大肆捕杀了许多革命党人，但是革命的行动却无法遏止。根据十八日机关部传下的起义命令，新军中的革命士兵暗中开始组织起来。十九日，起义首先在拥有雄厚革命基础的工程营中爆发。共进会员、工程营革命党人总代表熊秉坤在士兵中很有威信，与三十标、二十九标的党人取得联系，部署了起义一事，与二十九标的蔡济民约定晚间点二道名时，由工程营鸣枪三声为号，发动起义。

十九日晚工程营士兵金兆龙、程正瀛与巡哨的排长陶启胜发生冲突，程正瀛打响了武昌起义的第一枪。

枪声划破了宁静的夜空，工程营的士兵立即响应，拿起枪枝，奔出营房。熊秉坤马上集合起义的新军，向清军发动攻击。在密集的枪声中，反动军官纷纷躲了起来，革命士兵控制了全营。熊秉坤带领着部队奔向楚望台军械库，去夺取武器弹药。守卫军械库的李克果在听到枪声后，下令士兵拼命抵抗。守库的工程八营左队革命党人罗炳顺、马荣乘机提出"没有子弹，怎么抵抗"。李克果命令打开军械库分发子弹。罗炳顺、马荣得到了子弹后，立即鸣枪宣布起义。熊秉坤率部赶到后，两支起义队伍汇合在一起，控制了军械库。

二十九标在听到工程营起义的枪声后，蔡济民立即鸣枪响应，率众击退了前来阻挠的反动军官，冲出了营门，沿途击毙了三十一标的一些旗兵，来到楚望台。测绘学堂的士兵在晚自习时，听见起义的枪声后，学生们立即行动起来，在方兴、李翊东的组织下，向军械库进发，与先期到达的其他革命士兵一起汇合。

南湖炮八标早就做好了起义的准备，当晚，城内响起了枪声，城北塘角方面火光冲天。徐万年、王鹤年、蔡汉卿等人马上拖出大炮，发炮以示响应。随后便拖着19尊炮向中和门前进。沿途他们击溃了伏击他们的清军，与城内派来迎接的金兆龙等部、绕城而来的第二十一混成协辎重、工程两队的革命士兵汇合，一起到达楚望台。

后来又有不少革命的新军士兵到达楚望台军械库，他们齐集在起义的大旗下，在楚望台商量如何进攻督署。这时，反革命军队聚集在城西南角，革命军在东南角。革命军不仅占据有利地形，将城内制高点掌握在手中，而且还有充足的枪械，占有一定的优势。所以革命军决定迅速攻下督署，不给敌人以喘息的机会。曾参加过日知会，有较多军事知识的工八营左队队官吴兆麟被推举为临时总指挥，以指挥众人攻打总督衙署。吴兆麟当众宣布了约章，命令熊秉坤、马荣、邝杰各领兵分三路进攻督署；程国贞指挥炮队，在中和门城楼及蛇山等处布设阵地，向督署及第八镇司令部发起炮击；其余分别执行巡查、策应、防守等任务及后备待命。

接近午夜时分，起义部队向督署发起了猛攻。第一、二次进攻都失利了，第三次进攻开始后，在督署附近放火照明，火光冲天，炮队得以准确地发炮击中督署的所在地和第八镇司令部马房等处。各路革命军突破防线，第八镇司令部被起义军攻克，随后义军逼近督署。湖广总督瑞澂见革命党人攻势甚猛，惊恐万状，仓皇逃窜，乘"楚豫"号兵舰离开武昌。

在争夺督署的激战中，守敌依靠几挺机枪的火力压制住起义军，并组织反扑，起义军一度退守保安门。由熊秉坤等数十人组成的敢死队攻到总署辕门下，在勇士们一次次的进攻下，湖广总督衙门终于落到革命军的手中。

次日清晨，革命军占领了武昌城所有的官署与城门，红地十八星旗高高地飘扬在黄鹤楼上空，武昌起义获得了胜利。

袁世凯逼宫

袁世凯复出

武昌起义的成功，引起一些帝国主义的仇视和惊恐，它们开始考虑对武昌起义进行武装干涉。英、美、法、德、日等国，在短短的几天就调集10多艘军舰在武汉江面待命，监视革命派的行动。但是帝国主义对中国国内形势的迅速发展感到吃惊，它们不敢贸然行动，而在所谓"中立"的幌子下积极寻求和扶植新的代理人，以维护它们在华的侵略特权和利益。帝国主义一直对手握北洋军事集团的袁世凯极为欣赏，袁世凯也成为它们的忠实走狗。英国驻华公使朱尔典曾接到英国政府的电报：我们对袁世凯已经产生了极好的感情和崇敬。因此，在北京外交使团的会议上，美国公使嘉乐恒第一个提出促请清政府起用袁世凯的主张，各国公使对此表示一致赞同。

回籍"养疴"的袁世凯，一直在伺机东山再起。他的心腹遍布于北京与北洋陆军之中，家中设有电报，消息极为灵通。身为内阁协办大学士的徐世昌是袁世凯的心腹密友，他随时为袁世凯提供情报，通过他，袁世凯对政局了如指掌。他同北京的外国使馆也一直保持着联系，依仗帝国主义做靠山。因此，帝国主义促请起用袁世凯，并不出人意料。

武昌起义的第四天，在各方面的压力下，清摄政王载沣，决定起用袁世凯。八月二十三日袁世凯被任命为湖广总督，兼办"剿匪"事宜，除湖北原有军队归他节制调遣外，袁世凯还可以调用其他水陆各援军。袁世凯嫌职权太小，借口足疾未痊，不肯出来为清廷收拾局面，并提出六项出山条件。大要为：

第一，于明年召开国会；第二，组织责任内阁；第三，宽容此次事变之人；第四，解除党禁；第五，须委以指挥水陆各军及关于军队编制之全权；第六，必须保证充足之军费。

清政府派往南方镇压武昌起义的北洋新军，接受了袁世凯的指示，只在信阳、孝感之间徘徊，陆军大臣荫昌根本指挥不动。此时，湖南、陕西、江西、山西等省已先后独立，驻滦州的新军第二十镇统制张绍曾举行兵谏，要求速开国会，组织责任内阁，在此情况下，清廷被迫接受袁的 5 条要求，于九月初六日下谕任命袁世凯为钦差大臣，拥有指挥一切军队的大权，以冯国璋、段祺瑞分统第一、二两军，召荫昌回京。但清廷对袁世凯的第二条要求仍未置可否。这时袁仍在等待时机。九月初九，清廷下谕取消现行内阁章程，对内阁进行改革，不再以亲贵充国务大臣，起草宪法，解除党禁。九月十一日，袁世凯才同意出山，由彰德南下誓师。同日，清廷解散奕劻内阁。翌日，袁世凯被任命为内阁总理大臣。

这些信条的颁布，并不能使革命者和广大人民消除他们对清廷的仇恨心理，也没有改变清廷的四面楚歌的处境，但它却使袁世凯借以取得了组阁全权。

清帝退位

1912 年 1 月 16 日，袁世凯率领全体阁员上奏，要求皇太后和皇上立即召集皇族开会，决定是否实行共和制。袁世凯非常狡猾，他在去紫禁城养心殿见隆裕太后呈递奏折时，装着很伤心的样子，往红毡垫上一跪，双肩耸动，鼻子抽泣，满面是泪，哽咽着哭诉。表面上，他是个清王朝的大忠臣，暗地里，他的亲信赵秉钧、梁士诒等却在逼宫。

与此同时，北洋将领段祺瑞等人，又在袁世凯指使下，发表联名通电，要求清王朝立即同意共和，否则将带兵攻入北京。所有这些，把清帝推得离退位越来越近。

1月30日，隆裕太后再度召开御前会议，已无人敢公开反对清帝退位了。载沣、奕劻等人都认为，"官军既无斗志，不若逊位全终，犹得优遇"。隆裕太后见局势已经无法挽回，只好于2月3日，让袁世凯全权负责，与南京政府讨论优待退位条件，经几番修订之后，终于达成《关于大清皇帝辞位之后优待条件》，共8款：第一，清帝退位后，其尊号仍存不废。第二，民国待以外国君主之礼。第三，皇室岁费400万两，由民国供给。第四，暂居故宫，日后移颐和园。第五，其宗庙陵寝永远奉祀。第六，其原有私产由民国特别保护。第七，原禁卫军归民国陆军部编制，额数俸饷仍如其旧。第八，另还商定了待遇皇族四条和待遇各族七条规定。2月11日，隆裕太后接受优待条例。

2月12日，隆裕太后颁布懿旨，溥仪辞位，赋予袁世凯组织临时共和政府的权力，命其与民军协商统一办法并由外务部照会各国公使。6岁的小皇帝溥仪由隆裕太后带着于养心殿举行最后一次朝仪礼。清朝自清太祖努尔哈赤建国算起是297年，自清世祖入关算起是268年，至此成为历史。

第二次登基

民国六年（1917年）七月一日，溥仪第二次登极当皇帝，这年溥仪刚满11岁。复辟，和他的一切生活起居诸事一样，别人怎样说，就怎样做，连说什么话，怎样说，都是别人（师傅）教的。虽不能说全无个人意志，喜怒哀乐尚属于他个人，但政治大事，他绝无自主之权，亦无自主之能。

这次复辟是由中华民国的长江巡阅使、安徽督军张勋一手导演的，康有为也帮了不少忙。

张勋（1854～1923年），原是清朝的江南提督。他始终不承认民国政府，一直留着辫子，他的部队也都和他一样留着辫子，他被称作"辫帅"，他的军队也被叫作"辫子军"。张勋早年的时候参加过中法战争，是个偏将，后来就升成参将，再后来袁世凯做了大总统就一直跟着袁世凯。1913年，他因率军镇压孙中山发动的二次革命有"功"，被袁世凯提拔为长江巡阅使，统率 2 万军队驻扎在徐州一带。1916 年袁世凯称帝败亡后，北京政府大总统是黎元洪，国务总理为段祺瑞。他们之间矛盾重重，被称为府院之争。民国六年围绕着对德宣战问题，府院之争不可开交，政局动荡不已。张勋遂乘机联络前清遗老遗少及保皇党人康有为等，积极为复辟作准备。

正好此时黎元洪、段祺瑞都拉拢张勋。张勋拖之再三，最后决定应黎元洪之请，用调停时局的名义北上。1917 年 5 月，因是否解散国会问题，大总统黎元洪和国务总理段祺瑞争持不下。黎下令解除段的职务。段到天津后，即策动北洋各省督军在徐州集会示威。会后，一些省宣布独立，不承认北京政府。黎元洪被迫召张勋入京调解。

张勋以调解黎、段冲突为名，带领 3000 军队于 6 月 14 日入京。张勋进京以后就去叩见当时住在紫禁城的宣统皇帝爱新觉罗·溥仪。1917 年 6 月 30 日晚，张勋进入清宫，召开"御前会议"，张勋对宣统说了复辟的意思，宣统皇帝当时只有十几岁，他回答说年龄小，恐怕难当大任，张勋就说当年康熙 8 岁登极，也不照样做了一番事业嘛，宣统就说那就勉为其难吧。深夜，张勋派兵占据火车站、邮电局等要地，同时派人劝黎元洪"奉还大政"。7 月 1 日凌晨，张勋穿上清代的朝服朝冠，率领康有为等群党，拥 12 岁的溥仪登极。当天发布八道上谕，把民国六年改为宣统九年，恢复清末官制，封官受爵：封赠黎元洪为一等公，任命张勋、王士珍、陈宝琛、梁敦彦等为内阁议政大臣，万绳式、胡嗣瑗为内阁阁丞，梁敦彦、王士珍、张镇芳、雷震春、萨镇冰、朱家宝、詹天佑、沈曾植、劳乃宣、李盛铎、贡桑诺尔布为外务、参谋、度支、陆军、海军、民政、邮船、传、学、法、农工商、理藩等部大臣，徐世昌、康有为为弼德院正副院长，还任命了各部尚书和督抚。

复辟后，溥仪每天一半时间在毓庆宫听老师的唠叨，不是读书，是接受指导。其余的半天，披阅待发的上谕和内阁官报，接受叩拜，或欣赏蚂蚁倒窝，玩骆驼。总之，少部分出乎孩子的天性，大部分参与傀儡的活动。

不过，紫禁城里的确"繁荣"了一阵子，热闹了一阵子。一时间，京城的大街小巷又都挂起了龙旗。老百姓受张勋之命，悬挂龙旗，有的甚至用纸做的龙旗应付。清朝袍褂、发辫，都成了畅销货。清室王公遗老们，抢购朝服，定制马尾假发辫，穿戴上大摇大摆地出入宫门，招摇过市。师傅们精神倍增，忘乎所以。大总统黎元洪在宣统复辟之后，坚持不退出总统府，陈宝琛竟然要溥仪赐他自尽。倒是溥仪心地善良，没有见利忘义，回答师傅说："我刚一复位，就赐黎元洪死，这不像话。民国不是也优待过我吗？"太妃们乐得不知如何是好，几乎天天都去神佛面前烧香。内务府的官员们穿戴得特别整齐，嫌人手不够，又增加了几个人。他们兴奋的不是大清"恢复"江山，而是自己恢复失去的天堂。

复辟消息传出后，全国舆论一致声讨。孙中山在上海发表讨逆宣言，并命令各省革命党人出师讨逆。各大城市群众团体、社会名流，纷纷集会，发表通电，坚决反对复辟，要求讨伐张勋。黎元洪拒绝与复辟分子合作，逃入日本使馆避难。握有军事实力的段祺瑞借助全国反对复辟的声势和日本政府的财政支援，于7月3日在天津附近的马厂组成"讨逆军"，誓师讨伐张勋。"讨逆军"很快攻入北京，张勋的辫子军只有3000人，一触即溃。7月12日，张勋仓皇逃入荷兰使馆。次日溥仪再次宣布退位，只坐了12天龙椅又下了台。段祺瑞于7月14日到北京，重掌政府大权。

三圆皇帝梦

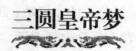

与日本人勾结

1924年11月5日，溥仪被冯玉祥赶出皇宫，迁醇王府。复辟时的溥仪住在乾清宫，国民政府每年只提供50万元生活费。溥仪住在北府，门外国民军看管着，他不得自由出入。自从溥仪迁到北府，他周围的人对冯玉祥心中没有底，不知将发生什么情况，气氛非常紧张。溥仪的父亲载沣失魂落魄，语无伦次，半点主意也没有，溥仪倒很庄严平静。

事实上，溥仪本来就对王公大臣的禁锢、封锁不满，出宫以后根本不打算在北府久留，拟购裱褙胡同一处房屋，从北府迁出。11月26日，溥仪写给张作霖的信中说："数年以来，困守宫中，囿于闻见"，乘此出宫后的机会，"拟为出洋之行"，需准备一段时间，"日内欲择暂驻之所，即行移出醇邸。"在力主出洋派各种人物的推动下，溥仪下决心外逃。溥仪与陈宝琛、庄士敦"悄悄地商议了一个计策"，这个计划既对官方保密，也瞒着王爷。但事先与日本使馆取得联系，得到了支持。

29日溥仪与郑孝胥、陈宝琛逃往东交民巷的日本使馆。在日本使馆，郑孝胥、罗振玉的态度发生突变，简直视溥仪为他们看管的囚徒。罗振玉对前来看望溥仪的王公遗老们正言厉色地说："这里不同在北府，每天来的人太多，对于使馆治安上很不相宜。我已和使馆方面谈妥，今后有事要来的，就在星期三、五两日；其他的日子要来，就必须经过使馆方面许可才能进来。"溥仪的情绪很不好，对溥佳说："我来到日本使馆以后，感觉很不方便，就连院子走走都不随便。""可是北府也不能再回去了，我一定要想办法离开这里。"

溥仪在日使馆住了近三个月，他决定去日本留学。罗振玉出台唱主角，他和日本使馆书记官池部政次策划，并得到芳泽同意，决定把溥仪送到天津去。他对溥仪说到天津好做出洋准备，溥仪同意了。冯玉祥军队入京后，溥仪曾和他的伴读兄弟溥杰、溥佳秘密商议，如果宫中不能住，即去天津，到早先准备在英租界的住处去。民国十四年（1925年）年二月二十三日，溥仪向芳泽公使夫妇辞行、道谢，合影留念，然后由专程来京的天津日本总领事馆的警察署长和便衣警察护送，罗氏父子（福葆）陪同，前往天津。

溥仪抵达天津，先在日本大和旅馆住一天。次日，池部夫妇陪婉容、文绣及溥仪在日本使馆的一套人马到天津，移居"张园"。张园占地约20亩，中间一座楼房，主人是前清驻武昌第八镇统制张彪。张彪为了表示忠于清帝，坚决不收房费。溥仪在此住了4年多。张彪死后，民国十八年（1929年）七月，溥仪一家搬到陆宗舆的"乾园"，与清朝遗老遗少以及张作霖、段祺瑞、吴佩孚等往来。当时蒋介石正和地方实力派混战，溥仪"静观变化，静待时机"，改"乾园"为"静园"，在此住到民国二十年（1931 年）。去东北之前，他做了 6 年的"寓公"。其间，文绣与他协议离婚，曾经轰动一时。

登极伪满洲国

1931 年，日本帝国主义发动"九一八"事变，侵占了我国东北，这是日本全面侵华的第一步。为了掩人耳目，1932 年，日本在东北成立了伪满洲国傀儡政权，寓居天津的溥仪终于被日本侵略者选中，去长春出任伪满洲国"执政"。

几天前，日本大特务土肥原贤二接到关东军的命令，秘密来到天津，找到住在静园的溥仪，劝诱他去东北，牵头成立由日本人操纵的"满洲国"。他对溥仪说，关东军对"满洲"绝无领土野心，只是"诚心诚意地，要帮助满洲人民，建立自己的新国家"。

这一次，溥仪动心了。爱新觉罗家族的这个后裔，自从被渴望共和的中国民众赶下皇帝宝座，一直留恋他仅仅享受过不足 3 年的无上尊荣。现在，给他提供过庇护的日本人，似乎又给了他一个复辟皇权的机会。他还有几分犹豫，溥仪固然日夜盼望"重登大宝"，但对于建立一个新国家这样的大事，还不敢轻举妄动。于是，他向土肥原刨根问底："你所说的这个新国家，是个什么样的国家？"

土肥原闭着眼睛撒了一个大谎："我已经说过是独立自主的，是由宣统皇帝完全做主的。"

溥仪还是没有得到他想要的答案，便说："我问的不是这个，我要知道，这个国家是共和还是帝制？是不是帝国？"

土肥原含糊其辞地说："这些问题到了沈阳都可以解决。"

满脑子复辟梦的溥仪却不含糊："不！如果是复辟，我就去，不然的话，我就不去。"

土肥原立刻顺着他的话说："当然是帝国，这是没有问题的。"

溥仪这下来劲了："如果是帝国，我可以去。"

土肥原见目的已经达到，高兴地说道："那就请宣统皇帝早日动身吧……

祝陛下一路平安。"

溥仪没想到，他和土肥原的这次秘密会见，很快就被报纸披露出来。记者一针见血地指出，土肥原此行的目的，是要把溥仪搬到东北去做傀儡。

看了当天的报纸，溥仪在静园召开了一个"御前会议"，要听听一班旧臣的意见。他听着大家激烈的辩论，嘴里没有表态，心里却认为反对他立刻出山的陈宝琛"忠心可嘉，迂腐不堪"。他把社会上对他的规劝和警告，一概置之不顾。

老奸巨滑的土肥原，为了达到目的，又耍了个诡计吓唬溥仪，要让溥仪觉得天津不可久留，坚定去东北的决心。

有一天，溥仪正在听谋臣给他讲帝王之道，突然，贴身侍从祁继忠慌慌张张地跑进来，连声喊道："不好了！炸弹！两个炸弹！"

溥仪瘫在沙发上，吓得站不起来，好不容易才问明白是怎么回事。原来，刚才有个陌生人送来一筐礼品，说是原东北保安总司令部顾问赵欣伯差他送来的。他放下礼品，匆匆告辞而去。祁继忠按照惯例检查礼品，只见水果筐子里赫然躺着两枚炸弹！静园的居民们惊魂未定，日本军警闻讯赶来，检验炸弹，得出结论：是张学良的兵工厂制造的。

这件事当然是土肥原一手炮制的。祁继忠是日本人收买的间谍，他伙同日本特务，把炸弹放进水果筐里，演出了上面的闹剧。

第二天，土肥原派翻译过来对溥仪说："宣统皇帝不要再接见外人了，还是早些动身吧。"

溥仪想到昨天发生的事情，想到这两天收到的一些恐吓信："如果你不离开此地，当心你的脑袋！"溥仪还想到一件更可怕的事情：祁继忠接到维多利亚餐厅一名茶房打来的电话，告诫溥仪近几天不要去那里吃饭，因为有些形迹可疑的人，好像衣服里藏有电刀，准备刺杀满清末代皇帝。茶房还认出那些人都是张学良派来的杀手。

土肥原一手安排这些圈套，溥仪蒙在鼓里，越想越怕，便对土肥原的翻译说："好！请你尽快安排吧。"

翻译说："遵命！为了陛下的安全，请不要告诉不相干的人。"

一天傍晚，按照日本人的安排，祁继忠把溥仪藏在一辆敞篷汽车的后箱，悄悄开出了静园。土肥原叫日本浪人在天津制造暴乱，掩护他们出逃。他们顺利地通过各个路口，溥仪在一家日本饭店换上日本军装，改乘日军司令部的军车，畅通无阻地到达英租界码头，登上一艘没有灯光的小汽船。船上堆了沙袋和钢板，还暗藏了一大桶汽油。这桶汽油是土肥原专门为毫不知情的溥仪准备的，按照计划，只要溥仪一行被中国军队发现，日本兵就会把它点燃，让溥仪和汽船同归于尽。

危机四伏的小汽船，载着溥仪的复辟梦想，把他送往黯淡的前程。土肥原的阴谋得逞了。溥仪辗转路过旅顺、沈阳，三个月后，溥仪到达长春，就任伪满洲国"执政"。

1934年3月1日，在日本导演下，溥仪在长春"称帝"。美国二十世纪福克斯公司在"满洲国"首都新京郊外的杏花村拍摄了溥仪的登极大典。溥仪身穿清朝皇帝的龙袍，举行即位的"郊祭仪式"。

日本关东军与溥仪对用何种方式举行皇帝即位大典的想法大相径庭。关东军承认溥仪是"满洲国皇帝"而不是"大清国皇帝"，因此要溥仪穿"满洲国陆海空军大元帅正装"，而不是清帝的龙袍。双方各不相让，最后决定溥仪先穿龙袍举行登极告天礼，再穿"满洲国陆海空军大元帅正装"，在"勤民楼"举行即位典礼。

东北的3月仍然寒风凛冽，大风翻舞着溥仪身上的龙袍，在临时用土堆起来的"天坛"上，溥仪庄严地举行了告天即位的古礼，向天帝禀报自己即位。从这一天始，溥仪不再称"执政"，圆了他的"皇帝"之梦，过上了盼望已久的"天子生活"。即日起，"满洲国"改为"满洲帝国"，年号"康德"。这样，溥仪成了中华民族的败类，成了日本侵略军的傀儡。

走向新生

1945年8月15日，日本正式宣布无条件投降，伪满洲国也随之垮台。

溥仪在出逃日本的途中，于沈阳机场被苏联伞兵俘虏，后押往苏联。溥仪在苏联渡过了5年的拘留生活。1946年8月溥仪被遣返北京，在"远东国际军事法庭"上作证。1950年，苏联政府把溥仪等一批伪满战犯转交给中国政府。

溥仪在哈尔滨战犯管理所里，经过了一个从疑惧到认罪到接受改造的过程。他初到战犯管理所时，心里充满绝望与恐惧，不相信中国共产党的改造政策，不肯认罪。同时，他处处不肯放下皇帝的架子，拒绝接受改造。对于溥仪这种态度，战犯管理所从各个方面做了大量细致的工作。经过一个时期，溥仪的态度有所转变。1953年，在对战犯罪行进行调查时，溥仪开始逐步认罪。

1956年，我国发展国民经济的第一个五年计划已经胜利在望，为了促进战犯的认罪和改造，人民政府组织他们到东北各地去参观学习，溥仪亲眼看到东北人民在中国共产党的领导下，经过短短的时间取得的伟大成就，受到莫大的教育。之后，他认真接受改造。关押在抚顺战犯管理所的9年中，他彻底放弃了"复辟、中兴、当皇帝"的念头，并盼望能以中华人民共和国公民的身份重返北京与亲人团聚。1959年，中华人民共和国国庆10周年前夕，中华人民共和国政府发布特赦令，溥仪被特赦释放。他终于由一个清朝末代皇帝，被改造成为一个中华人民共和国的公民。

1960年2月16日，新春佳节刚过，溥仪把这一天视为"幸福生活的开始"。这天，他遵照周恩来的指示，随市民政局专程送行的殷兆玉，来到西山脚下中国科学院植物研究所北京植物园。他并非来观赏花卉，而是来上班！他高兴地写道："这是我在特赦后第一次参加伟大祖国的社会主义建设，是参加劳动的第一天！"

植物园的两位负责人在办公室热情地接待了这位"末代皇帝"。有位负责人以开玩笑的语气说："'皇帝'到我们植物园工作，我们很荣幸啊……"

"现在，我是一个公民，前来报到。"溥仪说着，并极其严肃认真地向植物园的领导递上了介绍信。

1961年3月，溥仪任政协文史资料委员会专员。1964年担任政协全国委员会委员。工作生活一直很充实，但他从监狱出来时，妻子一死一离，没有了家庭。确切地说，他一入宫就没了家庭，没有过普通人的温暖，没有得到过真正的母爱，也没有真正的夫妻感情。

在植物园，在政协，人们都很关心他的生活。他得了慢性疾病，市民政局、植物园、全国政协等单位的领导，为他寻医治病，他的身体慢慢健康起来。他不会照顾自己的生活，一天到晚丢三落四的。有时枕巾不见了，晚上脱衣服时才发现是早晨穿衣服时把枕巾穿在衬裤和棉裤中间；粮票丢了，他又不好意思讲，只好吃那仅剩的一两粮；雨伞、钱包、存折、刚拿到手的工资……他都丢失过，连那块他怀着深情精心保存的金壳怀表也不例外地"失踪"过，幸亏大家帮忙找回来。他回家时还不止一次误入别人房间……如果有个贤内助，也许可以把他的生活管理起来。毛泽东、周恩来都很关心他的婚事，建议他再婚。溥仪决定接受大家的好意，几经周折，与李淑贤结了婚，婚后二人生活幸福。

1967年10月，溥仪病逝于北京，终年62岁，骨灰安放在八宝山革命公墓。